Chip: 7.50

Concours (concertino)

6138

ESQUISSE

D'UNE

INTERPRÉTATION DU MONDE

A LA MÊME LIBRAIRIE

ŒUVRES D'ALFRED FOUILLÉE
Bibliothèque de philosophie contemporaine

La Propriété sociale et la Démocratie. 4ᵉ édit. 1909. 1 vol. in-16..	2 fr. 50
La Démocratie politique et sociale en France. 2ᵉ édit. 1910. 1 vol. in-8°..	3 fr. 75
La Pensée et les nouvelles écoles anti-intellectualistes. 2ᵉ édit. 1911. 1 vol. in-8°..	7 fr. 50
La Liberté et le Déterminisme. 5ᵉ édit. 1 vol. in-8°......	7 fr. 50
Critique des systèmes de morale contemporains. 6ᵉ édit. 1912. 1 vol. in-8°..	7 fr. 50
La Morale, l'Art, la Religion, d'après Guyau. 7ᵉ édit., augmentée. 1 vol. in-8°...	3 fr. 75
L'Avenir de la Métaphysique fondée sur l'expérience. 2ᵉ édit. 1 vol. in-8°..	5 fr. »
L'Évolutionnisme des idées-forces. 4ᵉ édit. 1 vol. in-8°....	7 fr. 50
La Psychologie des idées-forces. 3ᵉ édit. 2 vol. in-8°.....	15 fr. »
Tempérament et Caractère, selon les individus et selon les races. 4ᵉ édit. 1901. 1 vol. in-8°..........................	7 fr. 50
Le Mouvement positiviste et la conception sociologique du monde. 2ᵉ édit. 1 vol. in-8°................................	7 fr. 50
Le Mouvement idéaliste et la réaction contre la science positive. 3ᵉ édit. 1 vol. in-8°....................................	7 fr. 50
Psychologie du peuple français. 4ᵉ édit. 1 vol. in-8°.....	7 fr. 50
La France au point de vue moral. 5ᵉ édit. 1 vol. in-8°......	7 fr. 50
Esquisse psychologique des peuples européens. 4ᵉ édit. 1 vol. in-8°...	10 fr. »
Nietzsche et l'immoralisme. 2ᵉ édit. 1 vol. in-8°.........	5 fr. »
Le Moralisme de Kant et l'amoralisme contemporain. 1907. 1 vol. in-8°..	7 fr. 50
Les Éléments sociologiques de la morale. 1905. 1 vol. in-8°.	7 fr. 50
Morale des idées-forces. 2ᵉ édit. 1908. 1 vol. in-8°.......	7 fr. 50
Le Socialisme et la sociologie réformiste. 2ᵉ édit. 1909. 1 vol. in-8°...	7 fr. 50
Esquisse d'une interprétation du monde, d'après les manuscrits de l'auteur revus et mis en ordre par Émile BOIRAC. 1 vol. in-8°...	7 fr. 50
Philosophie de Socrate. 2 vol. in-8°........................	16 fr. »
La philosophie et la sociologie d'Alfred Fouillée, par Augustin GUYAU. 1 vol. in-8° avec portrait et autographe.	3 fr. 75

OUVRAGES DE M. E. BOIRAC

L'idée du phénomène. 1 vol. in-8° de la *Bibliothèque de philosophie contemporaine*.................................	5 fr. »
La Psychologie inconnue. *Introduction et contribution à l'étude expérimentale des sciences psychiques.* 2ᵉ édit., revue. 1912. (Couronné par l'Institut.) 1 vol. in-8° de la *Bibliothèque de philosophie contemporaine*.................	5 fr. »

ESQUISSE

D'UNE

INTERPRÉTATION DU MONDE

PAR

ALFRED FOUILLÉE

MEMBRE DE L'INSTITUT

d'après les manuscrits de l'auteur revus et mis en ordre

Par Émile BOIRAC

Correspondant de l'Institut, Recteur de l'Académie de Dijon.

PARIS
LIBRAIRIE FÉLIX ALCAN
108, BOULEVARD SAINT-GERMAIN, 108

1913

Tous droits de traduction, de reproduction et d'adaptation réservés pour tous pays.

PRÉFACE

En présentant au public philosophique l'œuvre posthume d'Alfred Fouillée, nous avons conscience de remplir un devoir de reconnaissance en quelque sorte filiale. Comment, en effet, nous serait-il possible d'oublier que c'est à lui, à son enseignement, à ses conseils, que nous devons tout ce que nous sommes? A cette heure obscure de la vie, où le jeune homme hésite devant sa propre destinée, c'est lui qui décida de notre vocation philosophique, lui qui soutint et encouragea nos premiers pas dans la carrière.

Qu'il nous soit permis d'évoquer ici le souvenir, toujours vivant après tant d'années écoulées, des plus pures émotions d'enthousiasme et de ravissement qu'ait éprouvées notre jeunesse. C'était un bien modeste théâtre que cette petite classe de Philosophie du lycée de Bordeaux où trente jeunes gens, presque des enfants, venaient s'asseoir chaque jour pour écouter ses leçons; et cependant jamais peut-être orateur ne déploya des moyens plus puissants pour subjuguer les intelligences et charmer les âmes. J'imagine que Socrate devait produire sur les jeunes Grecs qui l'entouraient un effet comparable à celui que nous ressentions alors ; mais, dans les comparaisons de notre admiration naïve, c'était un autre nom plus grand, plus sacré, qui nous venait involontairement à l'esprit. Ce grand front tout rayonnant de la lumineuse ardeur de la pensée, ce regard si profond et si doux, cette parole si simple, si familière, et d'où cependant le sublime jaillissait tout à coup comme un éclair, toute cette physionomie, dont nous subissions, sans pouvoir l'analyser, l'impression unique, nous emplissait d'une sorte de vénération religieuse.

Il nous apportait en effet la révélation d'un monde inconnu, le monde des vérités métaphysiques ; il semblait l'ouvrir devant nous, et c'était pour nous une véritable ivresse que de gravir à sa suite ces âpres sommets d'où la raison humaine n'entrevoit plus que comme un amas de nuages perdus à l'horizon l'ensemble lointain et décoloré des choses sensibles.

Métaphysicien, Alfred Fouillée l'était alors sans réserve ; mais le haut idéalisme de sa métaphysique nous apparaissait tout imprégné des plus pures préoccupations morales. L'Institut venait de couronner son beau mémoire sur la *Philosophie de Platon*, et il travaillait en ce moment tout à la fois à un second mémoire sur la *Philosophie de Socrate*, où, par suite de la nature même du sujet, le point de vue métaphysique devait être primé par le point de vue moral ; et à sa thèse sur *la Liberté et le Déterminisme*, où il se trouvait amené, par l'étude des idées de responsabilité et d'obligation morale, à aborder de front l'examen des conditions essentielles de la moralité. Si l'importance de la morale dans l'ensemble de sa philosophie n'a depuis lors cessé de croître, c'était déjà par son action morale que l'enseignement d'Alfred Fouillée imprimait dans l'âme de ses élèves les traces les plus profondes et les plus durables.

Et ce qui subsiste par-dessus tout, c'est le souvenir de l'admiration sans cesse renouvelée par le spectacle de cette intelligence merveilleusement active, toujours en mouvement, en évolution et en progrès, s'ouvrant à toutes les idées, non pour les accepter telles quelles, mais pour les repenser et en quelque sorte pour les recréer à nouveau, pénétrant au fond de chacune d'elles pour y saisir l'âme de vérité qui s'y cache, d'une largeur, d'une souplesse, d'une fécondité extraordinaires.

Au moment où Fouillée fut enlevé par la mort, son esprit, jamais lassé de produire, avait conçu le projet de deux ou peut-être trois ouvrages, où il se proposait de poursuivre l'application de sa doctrine fondamentale des Idées-Forces aux plus hauts problèmes de la philosophie contemporaine. Du moins le recueil des très nombreuses pages manuscrites, dont nous avons reçu des mains de la fidèle compagne de sa vie le précieux dépôt, nous a paru se diviser assez naturellement en trois parties distinctes : premièrement, des liasses renfermant des sortes de chapitres, plus ou moins complètement élaborés, d'un même livre, avec la mention commune : *Esquisse d'une interprétation du monde*; deuxièmement, des notes plus ou moins étendues, non classées, réunies dans trois grandes chemises qui portaient le titre : *Religion*; enfin, épars au milieu des précédentes ou ramassés en des cahiers dépourvus de titre, des fragments, parfois d'assez grande dimension, se rapportant tous à la question de la contingence et de la nécessité ou de la liberté et du déterminisme. Restent en dehors de ce classement une foule de notes, de pages, de morceaux, relatifs à des questions philosophiques très diverses, matériaux préparés sans doute pour d'autres œuvres, entrevues dans un plus lointain avenir.

Nous avons, en tout cas, dans un papier écrit de la main de Fouillée lui-même et daté de mars 1911, des indications précises sur les deux ouvrages auxquels il travaillait à ce moment et que la mort seule l'a empêché de mener à bonne fin : l'*Esquisse d'une interprétation du monde* et les *Équivalents philosophiques de la Religion*.

« La liste actuelle de mes ouvrages se trouve au faux titre de mon dernier livre : *la Pensée*.

» Restent à publier :

» 1° L'*Esquisse d'une interprétation du monde*, dont les principales parties sont achevées ;

» 2° Les *Équivalents philosophiques de la Religion* (aujourd'hui simplement en préparation et qui, si je mourais, ne pourrait être publié).

» On réunirait alors tout ce qui reste de mes manuscrits (de présentable) dans le volume sur l'*Interprétation du monde*. »

Notre premier soin, en ce qui concerne l'*Esquisse d'une interprétation du monde* a été de rechercher selon quel plan l'auteur se proposait de ranger les chapitres déjà ébauchés et disposés les uns à la suite des autres, sans ordre bien apparent, sous une même enveloppe.

Nous avons été assez heureux pour trouver dans un lot de papiers marqués de la mention *Rebuts* deux projets de plan qui nous ont permis, croyons-nous, de reconstituer à peu près exactement l'économie générale de l'ouvrage.

Voici le premier de ces plans :

Le monde selon la science et la philosophie. — L'interprétation philosophique et scientifique du monde.

PREMIÈRE PARTIE

LA CONCEPTION SCIENTIFIQUE DU MONDE

I. — L'espace et le temps, l'ordre, le nombre, etc. Mathématique ; Géométrie imaginaire, etc.

II. — Le mouvement. Principe de la mécanique.

III. — La matière. L'atomisme, l'énergétisme.

IV. — La vie ; Guyau, Bergson. Le vitalisme.

V. — Le psychique.

DEUXIÈME PARTIE

CONCEPTION PHILOSOPHIQUE DU MONDE

La méthode en philosophie.
La philosophie intuitionniste.
La philosophie des idées-forces.
La volonté de conscience, principe de l'existence.
Le panpsychisme.
La contingence.

Rapports du physique et du moral. Parallélisme et concordance. Réponse à Bergson.

Le second plan, plus développé, plus circonstancié et certainement postérieur, se trouve d'accord dans ses grandes lignes avec le classement virtuel qui résulte des titres inscrits par Fouillée lui-même en tête d'un certain nombre de chapitres préparés en vue du travail final de rédaction. Malgré les lacunes du commencement, il donne une idée assez complète et vraisemblablement exacte de la physionomie générale de l'ouvrage, tel qu'il aurait été si l'auteur avait pu y mettre la dernière main.

ESSAI SUR L'INTERPRÉTATION DU MONDE. PLAN (*Suite*).

Introduction.
Chapitre Ier............................
Chapitre II..............................
Chapitre III.............................
Chapitre IV.............................
Chapitre V. — L'infinité du monde. La première antinomie cosmologique.
Chapitre VI. — L'interprétation du monde par la matière et le mouvement. Le mécanisme.
Chapitre VII. — La divisibilité à l'infini. La seconde antinomie cosmologique.
Chapitre VIII. — Les arguments de Zénon d'Elée.
Chapitre IX. — L'interprétation du monde par l'énergie et la qualité sensible.
Chapitre X. — L'interprétation du monde par la vie. Le vitalisme.
Chapitre XI. — L'interprétation du monde par le

psychique. La volonté de conscience et les idées-forces.

Chapitre XII. — L'interprétation du monde par l'intelligence. Les idées-forces de la connaissance, fonctions communes de la pensée et de la réalité. L'interprétation du monde par la volonté. Le volontarisme universel.

Chapitre XIII. — L'interprétation évolutionniste du monde. Evolutionnisme mécaniste et qualitatif. Evolutionnisme idéo-psychique.

Chapitre XIV. — Synthèse de la contingence et de l'auto-déterminisme des idées-forces.

Chapitre XV. — L'interprétation pluraliste et l'interprétation moniste.

Chapitre XVI. — Hypothèses sur la destinée du monde. Les antinomies dynamiques. Conservation et dégradation de l'énergie. La mort du monde. Le retour éternel. Le progrès.

Sur presque toutes les parties de ce vaste ensemble, les manuscrits laissés par Fouillée contenaient des développements plus ou moins prêts pour l'impression, et qu'il s'agissait surtout de coordonner et de relier entre eux. Malheureusement ils présentaient aussi une lacune trop considérable pour qu'il fût possible de la combler sans courir le risque de substituer à la vraie pensée de l'auteur une pensée étrangère. Rien de précis ne correspondait dans ces manuscrits aux chapitres qui devaient occuper la partie centrale du livre, chapitres X et XI, et deuxième section du chapitre XII, interprétation du monde par la vie; interprétation du monde par le psychique; interprétation du monde par la volonté.

Malgré cette regrettable lacune, — *pendent opera interrupta*, — l'*Esquisse d'une interprétation du monde* constitue à nos yeux le monument le plus important que la philosophie française ait encore élevé à cette branche de la métaphysique appelée par Kant cosmologie *rationnelle* ou *transcendantale*. C'est bien une cosmologie, en effet, que Fouillée a prétendu édifier, non, comme la vieille ontologie scolastique si âprement critiquée par Kant, sur la seule base de la raison, mais sur la double assise de la science et de la conscience, avec toutes les ressources de la pensée. On s'explique ainsi la part considérable faite dans cette œuvre à la discussion des antinomies kantiennes, ces formidables objections dressées contre la possibilité de toute cosmologie par la *Critique de la raison pure*.

En ce qui concerne les *Equivalents philosophiques de la Religion*, nous n'avons trouvé dans les papiers réunis en trois gros cahiers sous le titre *Religion* que des indices malheureusement trop vagues sur le plan de l'ouvrage projeté; seulement des notes de quelques lignes visiblement tracées à la hâte. L'une d'elles, peut-être la plus ancienne, au-dessous de ce titre : *Les Equivalents philosophiques* (1) *de la Religion*, énumère les chefs suivants :

Connaissance et croyance.
Nature et origine des religions.
Liberté et spiritualité.
Immortalité.

(1) Les mots (*scientifiques*) sont rajoutés dans l'interligne.

Divinité.
Sentiment religieux.
Avenir de la religion.

Une seconde note, sous ce même titre : *les Equivalents philosophiques de la Religion*, contient les indications suivantes : L'équivalent intellectuel de la religion est la philosophie théorique et pratique.

I

I. Nature et pérennité de la philosophie; son irréductibilité aux sciences positives.
II. Réductibilité de la religion à la philosophie.

II

I. Connaissance et foi.
II. Pragmatisme.
III. Idée-force de pensée.

III

Idée-force de bien.
Philosophie morale.

IV

Les postulats moraux : liberté et spiritualité; immortalité; divinité. Leur valeur.

Enfin, une troisième note, plus confuse, plus informe, toujours sous le même titre, contient une énumération qui peut se restituer ainsi :

Eléments psychologiques de la religion.
Eléments mythiques et historiques : dogmes, mythes, rites.
Eléments sociologiques : Eglises, culte.
Eléments esthétiques.
Eléments métaphysiques et moraux.
Foi, espérance, amour.
Science et foi ; volonté et foi. Pragmatisme. Idée-force de vérité.
Espérance. Idée-force de progrès.
Amour. Idée-force de personnalité, d'humanité, de divinité.
Origine (de la religion).
Destinée (*id.*).

Les fragments qui suivent, et qui étaient intitulés *Préface*, feront sans doute mieux voir quelle eût été l'idée maîtresse de l'ouvrage.

« Le titre de ce livre indique que nous voulons, par l'intermédiaire des idées-forces, opérer une synthèse, une conciliation entre des choses jusqu'ici opposées l'une à l'autre sous les noms de Religion, Philosophie et Science. C'est l'unité fondamentale de ces trois termes que nous voulons établir.

» Qu'on ne se méprenne pas d'ailleurs sur le sens du mot *équivalent :* il ne signifie pas un pis-aller, un succédané. Ce sont, au contraire, les religions positives qui, en ce sens, sont de vrais équivalents mythiques de la philosophie, de la morale et de la sociologie. Les *équivalents* philosophiques des religions sont, à vrai dire, les vrais fondements de ce que la religion même contient d'acceptable pour l'intelligence. Malgré cela, nous emploierons le mot *équivalent*, que nous avons introduit il y a des années dans le problème de la liberté et du déterminisme et que Guyau a si magistralement appliqué à la morale. La méthode des équivalents, des substituts, des moyens-termes et du passage aux limites nous semble pouvoir être féconde dans le domaine religieux comme dans tous les autres. »

Fouillée, en effet, qui définit la religion (entendons la religion *positive*) « une foi métaphysique, morale et sociale, non philosophique et non scientifique, à forme mythique, dogmatique et rituelle, qui, quoique individuelle en son acte intérieur, relie une société et en fait un organisme spirituel », se proposait sans doute de réfuter ce qu'il appelle « le grand paralogisme de l'apologétique contemporaine ».

« Lisez les apologistes contemporains de la religion, vous verrez qu'ils ont une tactique commune : démontrer l'insuffisance des sciences positives pour nous apprendre le fond de l'être et de la vie, la loi suprême de l'existence, l'origine du monde et notre destinée future. De là ils s'empressent de conclure : la religion est nécessaire. Ils négligent d'examiner, à côté de la science, la philosophie, et de démontrer l'impuissance de cette dernière. Ils négligent en même temps de démontrer que la religion (laquelle ?) peut résoudre ces problèmes autrement que d'une manière métaphysique. Ce qui ne les empêche pas de conclure comme s'ils avaient fait toutes ces démonstrations. »

Or, selon Fouillée, « la religion se pose exactement les mêmes questions que la philosophie première.

» 1° Que suis-je et que sont les autres êtres ?

» 2° Que dois-je faire et pourquoi ?

» 3° Que puis-je espérer ?

» Ce sont les problèmes auxquels Kant ramenait la philosophie : notre vraie nature, notre destination morale, notre destinée à venir. Si la philosophie était absolument impuissante à résoudre ces problèmes dans quelque mesure que ce soit, la religion aurait-elle le privilège d'une puissance supérieure (1) ? »

Selon le désir exprimé par Fouillée, nous avons réuni dans un appendice, après l'*Esquisse d'une interprétation du monde*, tous les fragments des *Equivalents philosophiques de la religion* et du reste des manuscrits qui nous ont paru susceptibles d'être présentés au public.

Attentif à ne jamais trahir la pensée de notre illustre et vénéré maître, nous nous sommes efforcé de remplir fidèlement ses intentions. Si le lecteur relève quelques imperfections dans l'exécution de notre travail, nous le prions de les excuser en considération de la difficulté de la tâche.

E. BOIRAC.

Dijon, le 1ᵉʳ février 1913.

---

(1) « Personne n'a sans doute de certitude sur l'au delà ; mais il ne suffit pas d'affirmer énergiquement des fables et de les imposer sous peine de condamnation dans cette vie et de damnation dans l'autre, pour changer les incertitudes en certitudes. » (*Manuscrits Religion.*)

INTRODUCTION

LA TÂCHE ACTUELLE DE LA PHILOSOPHIE

La situation présente de la philosophie n'est pas sans quelques ressemblances avec l'état critique où elle se trouvait à l'époque de Socrate et de ses disciples.

Les personnages qui occupaient alors la scène se divisaient en deux chœurs principaux, celui des physiciens ou « physiologues », celui des sophistes, sans compter celui des « mythologues », partisans des croyances traditionnelles ou chercheurs de symboles nouveaux. Les physiologues s'absorbaient dans l'étude de la nature et ne connaissaient guère, pour l'interprétation du monde, que les éléments matériels ou leurs rapports mathématiques. Les sophistes, déclarant que l'homme est « la mesure de toute chose », battaient en brèche l'idée de « vérité », pour y substituer l'utilité pratique ou la coutume sociale. — Aujourd'hui le rôle des physiologues est tenu par nos savants positivistes; celui des sophistes, par nos pragmatistes, qui d'ailleurs se réclament eux-mêmes de Protagoras et déclarent la guerre à Platon : la vérité, selon eux, est purement humaine et purement pratique.

D'un côté, donc, toute *réalité* semble s'évanouir dans les phénomènes extérieurs et mécaniques; de l'autre, toute *vérité* tend à se perdre dans l'utilité individuelle ou sociale; la science même n'a plus de valeur que relativement à nos besoins et dans la mesure où elle nous permet d'agir sur les choses pour les adapter aux fins humaines. Nietzsche, un des chorèges du pragmatisme contemporain, n'a pas assez de sarcasmes pour Platon, pour son monde *réel* au delà des phénomènes, pour son monde *vrai* au delà des apparences ; il faut, selon lui, restaurer le phénoménisme d'Héraclite et le relativisme de Protagoras. Si la réaction anti-platonicienne triomphait, la haute philosophie spéculative, qui poursuivait le réel et le vrai, aurait bientôt disparu au profit de la technique scientifique, morale ou sociale, qui n'atteint que le « commode » ou le « pratique ».

Heureusement, la philosophie spéculative est loin de disparaître, surtout en France, où, depuis quarante ans, elle a pris le plus remarquable essor et dans toutes les directions.

Depuis un certain nombre d'années, chez quelques-uns, elle revêt une forme nouvelle ou en apparence nouvelle ; elle devient une métaphysique d'intuition et de sentiment, superposée à la philosophie d'action et de pratique que soutiennent les pragmatistes. Les abus d'une méthode faussement scientifique, qui prétendait traiter les choses morales comme les choses matérielles et qu'on a justement appelée le *scientisme*, ont provoqué l'excès contraire : le retour au sentiment immédiat comme vrai moyen de connaissance, non plus scientifique, mais philosophique.

D'après les partisans de cette méthode, la tâche de la métaphysique future serait de substituer l'intuition et l'instinct, vrais révélateurs de l'absolu, aux procédés ordinaires de réflexion, d'observation intérieure, d'induction, d'analogie, de déduction, qu'on a jusqu'ici considérés comme les seuls capables d'établir à la fois sur les faits et sur le raisonnement une interprétation intelligible du monde. L'essentiel, en philosophie, serait de restaurer chez l'homme les facultés divinatrices que paraissent avoir les animaux, uniquement guidés, semble-t-il, par leur sagesse instinctive. Dans la philosophie première, l'intuition remplacerait ou compléterait la réflexion, la sympathie suppléerait à la comparaison et à l'analogie, l'instinct à l'induction et à la déduction. Tous les procédés laborieux d'analyse et de synthèse préconisés par les auteurs de « Discours de la Méthode » ou de *Regulæ ad directionem ingenii* ne seraient qu'un exercice préliminaire, d'ailleurs utile et même indispensable, pour aboutir à la grande question : Comment vivez-vous la vie réelle et absolue, et comment sympathisez-vous avec les autres vies par le sentiment, par l'action, par la pensée ? Chaque philosophe s'efforcerait de symboliser au moyen du langage, — surtout du langage imagé, plus voisin du sentiment immédiat, — sa vie interne et profonde, indivisiblement sentie et vécue, ce serait comme la musique de son âme. Les autres philosophes échangeraient leurs plus intimes impressions avec les siennes. A la mélodie sortant du cœur et de l'esprit de chacun répondraient les mélodies des autres, et l'ensemble finirait par produire le grand concert philosophique. Ce serait entre tous une suggestion réciproque d'intuitions par voie de « sympathie » intellectuelle, comme si les cordes d'une lyre, non encore accordée, à force de vibrer sous les doigts, arrivaient à se mettre elles-mêmes d'accord par l'éveil progressif de vibrations harmoniques.

En face des diverses tendances de l'esprit contemporain que nous venons d'indiquer, nous essaierons de faire voir que la tâche de la philosophie actuelle est triple :

1° Affirmer et démontrer sa pérennité en face de la science positive, tout en s'alliant à cette dernière pour l'interprétation du monde ;

2° Maintenir sa portée spéculative et sa valeur de vérité, en face des praticiens et techniciens de toute sorte qui voudraient la subordonner à la recherche utilitaire ou même morale des fins humaines ;

3° Maintenir son caractère propre d'*intellection du réel*, tout en faisant leur part légitime aux suggestions du sentiment immédiat et intuitif, de l'instinct et de la sympathie.

Le triple problème qui se pose ainsi à la pensée contemporaine est, en quelque sorte, vital pour la philosophie et, à ce titre, commande toute l'attention de ceux qui s'intéressent aux idées sur le monde et sur la vie, de ceux qui comprennent la force de réalisation inhérente à ces idées. Marx a dit : Interpréter le monde n'est rien, le transformer est tout. Certes, la philosophie doit être transformatrice, créatrice d'idéaux et créatrice de réalités. — Mais, pour transformer le monde, ne faut-il pas d'abord l'interpréter dans son passé, dans son présent et surtout dans son avenir ? Cette interprétation ne restera pas purement spéculative ; elle passera dans la pratique par la force efficace qui appartient aux idées. Le réel appelant l'idéal et réciproquement, nous ne pouvons concevoir ni le réel ni l'idéal sans vouloir conformer l'un à l'autre. — Bien plus, interpréter le monde, c'est déjà le transformer en y ajoutant quelque chose qui n'y était pas d'abord compris : notre propre interprétation. Celle-ci est un microcosme qui vient se superposer au macrocosme ; par là l'homme n'est plus seulement, comme le croyait Leibniz, un miroir de l'univers, il est un des agents de l'évolution universelle. Non moins que l'homme d'action et plus encore peut-être, le philosophe contribue, par ses idées, à l'histoire de l'univers.

I

LA PHILOSOPHIE ET LA SCIENCE AUX POINTS DE VUE DE L'ÊTRE ET DE LA PENSÉE

Est-il vrai d'abord, comme le répètent volontiers nos positivistes et « physiologues », que, les sciences particulières s'étant détachées toutes du tronc de la philosophie pour vivre d'une vie indépendante, l'arbre antique et vénérable perde aujourd'hui sa sève, se dessèche et meure ? La philosophie disparaîtra-t-elle au profit des sciences, seules qualifiées désormais pour interpréter le monde et la vie ?

Il y a tout au moins, remarquons-nous d'abord, une chose qui ne saurait disparaître : c'est l'*idée* même de la philosophie comme recherche de ce qu'il y a de *radical* et d'*universel* dans la *réalité*. Or cette *idée* exerce une action et tend à se réaliser ; si sa réalisation complète est impossible, sa réalisation progressive n'est pas démontrée impossible. Par cela même que la conception de la philosophie est un idéal, elle est aussi une force ; elle meut l'intelligence, elle meut toute l'âme et l'empêche de se murer dans aucune science particulière, pas plus que l'univers n'y est muré.

Mais la philosophie est plus qu'une idée ; elle a, elle

aussi, et aura toujours sa réalité, quelque incomplète qu'on la juge ; elle a sa nature spécifique et sa valeur propre, que la première tâche du philosophe actuel est de mettre en pleine lumière.

La philosophie est, selon nous, le plus haut effort de cette volonté qui fait le fond de notre être et que nous avons proposé ailleurs d'appeler la « volonté de conscience », par opposition à la « volonté de vie » de Schopenhauer et à la « volonté de puissance » admise par Nietzsche. En effet, la philosophie est une tentative pour prendre conscience, aussi profondément et aussi largement qu'il est possible à l'homme, d'abord de ce qui constitue notre réalité propre, puis de celle des autres êtres et du monde entier. La philosophie pourrait se définir : la recherche progressive de la conscience radicale et intégrale. Les savants positivistes de l'avenir, comme ceux du présent, auront beau traiter par le dédain ce qu'ils appellent la « maladie philosophique », la philosophie n'est pas une maladie, elle est ce qu'il y a de plus normal dans la volonté de conscience : l'ambition de tout embrasser et de s'unir au tout par la pensée, par le sentiment, par la volonté.

C'est à cette *conscience* universelle qu'aspire déjà, mais sans pouvoir l'atteindre en sa sphère propre, la science elle-même. Supposez achevée l'optique, elle ne suffira pas pour donner à un Saunderson, outre la connaissance parfaite de toutes les lois de la lumière, la *conscience* de la lumière, du bleu, du rouge, du vert et de leurs nuances. On ne peut pleinement connaître une sensation sans l'éprouver. La science ne peut donc être une connaissance complète du réel sans la conscience, parce que tous les éléments de la connaissance sont, en dernière analyse, des faits de conscience et tous les éléments de la réalité connaissable des faits révélés à la conscience. Mais, dans l'avenir comme par le passé, la conscience ne pourra jamais être appliquée à l'interprétation du réel que par une étude qui domine toutes les sciences objectives : la philosophie.

La science dite positive d'un objet, cherche ce qui constitue, non pas sa réalité propre, mais seulement ses relations. La philosophie essaie et essaiera toujours de connaître l'objet lui-même. Si je ne vous ai jamais vu, mais qu'on m'énumère toutes les personnes avec lesquelles vous êtes en relation et la nature de vos rapports avec tout votre entourage, je ne dirai pas pour cela que je vous connais. C'est pourtant de cette manière que le chimiste, par exemple, connaît l'atome d'hydrogène, comme étant dans telle relation avec celui d'oxygène, avec celui de chlore, etc. Étrange *positivité*. La science, qu'on nomme positive, qu'on devrait appeler relative et idéale, n'est qu'une connaissance partielle de rapports partiels séparés de l'ensemble, qu'elle s'efforce de ramener finalement à des rapports logiques et mathématiques dans l'espace et dans le temps. Elle dégage du donné ce qui est géométriquement et mécaniquement représentable; mais la géométrie et la mécanique n'épuisent pas tout le donné, encore moins le *donnant*, je veux dire la conscience, terme intérieur auquel se rapportent, pour nous tous les autres. Alors même que la science parle de *termes*, plantes, animaux, hommes, etc., elle ne désigne encore par là que des ensembles complexes de relations dont le fond reste en dehors de sa sphère.

La philosophie, au contraire, a plus que jamais pour tâche de poursuivre les termes concrets entre lesquels s'établissent les rapports abstraits; elle doit être essentiellement la recherche du réel et de l'existant; soit qu'elle puisse, soit qu'elle ne puisse pas atteindre complètement son but, elle va vers lui, elle est mue par l'idée-force de *réalité* ultime, et c'est là, pour l'esprit humain, la plus puissante, la plus irrésistible de toutes les idées. Jamais on n'empêchera l'esprit de se poser cette question : qu'est-ce qui est réel?

La science *positive*, à notre époque, est justement fière de ses certitudes; mais elle n'est certaine que parce qu'elle se contente des *comme si* et se suspend à des *hypothèses*. Tout se passe pour nous, dit-elle, comme si les corps s'attiraient, comme si les volumes des gaz étaient en raison inverse des pressions. La science est donc en partie artificielle et hypothétique. — La philosophie, elle, se donne pour tâche de rejeter les *comme si*, les analogies, les fictions; son idéal serait de voir face à face ce qui est, au moins ce qui est en nous et pour nous, ce que nous concevons ou appréhendons, comme existant en vertu de la nature de notre pensée et de notre conscience. Idéal impossible à atteindre entièrement, mais dont il est possible de se rapprocher sans cesse.

La philosophie, qui se mêla jadis à la science, ira donc en se distinguant de plus en plus des sciences positives. Une proposition de philosophie première, par contraste avec celles des sciences particulières, est une proposition qui porte soit sur quelque chose de simple et de fondamental *pour nous* dans notre conscience, soit sur quelque chose qui s'étend absolument à *tout* ce que nous pouvons concevoir. L'*individuel* indécomposable et l'*universel* infranchissable, l'élément de la réalité et le tout de la réalité, le terme de notre humaine analyse et le terme de notre humaine synthèse, voilà les objets de la philosophie *humaine*. On dira : — Ce n'est pas le terme absolument premier. — Soit, ce terme est premier pour notre pensée ; nous en avons l'idée et ne pouvons penser que sous cette idée directrice. La philosophie de notre époque doit rejeter tout dogmatisme transcendant et s'appuyer sur l'expérience. C'est là, par rapport à l'ancienne ontologie, sa caractéristique essentielle. Pour interpréter le monde, elle devra, elle, par le moyen de la conscience et dans la conscience même, poursuivre le radical, tout au moins ce qui en est le plus voisin.

Sans doute, la philosophie future, pas plus que la philosophie d'autrefois, ne pourra rien saisir d'absolument primitif par la pensée proprement dite, qui est une *réflexion* sur l'existence en devenir continu. — Mais, si la pensée réfléchie complique nécessairement la vie spontanée de la conscience, ce n'est pas à dire pour cela, comme beaucoup le prétendent, qu'elle l'altère. On peut toujours, sinon penser le primitif lui-même, du moins s'en rapprocher et le traduire en idées de plus en plus voisines de ce qu'il est. Ces idées sont aussi des sentiments, elles sont même des actions et incitent à de nouvelles actions. C'est précisément parce qu'elles ont ce caractère actif qu'elles nous révèlent non pas seulement des formes et contours, mais le fond même de la vie et de l'existence, qui est action accompagnée de sentiment plus ou moins sourd. Ce sont donc, en ce sens, nos idées-forces les plus fondamentales, qui sont des ouvertures sur la réalité la plus fondamentale.

Par cela même que la philosophie sera toujours l'étude de l'être universel et individuel, comme l'ont cru les Platon et les Aristote, elle sera aussi toujours l'étude de la *pensée*, car l'être n'est donné à lui-même que dans la pensée, qui seule l'affirme et le pose comme existant véritablement, qui seule prononce à la fois le *cogito* et le *sum*.

Quoi que nos savants puissent dire et puissent faire, le sujet pensant restera toujours en dehors de toutes les sciences d'objets, qui sont les sciences dites positives. La philosophie aura donc toujours, outre un objet propre, un *sujet* propre : la *pensée* dans son rapport avec la *réalité*, rapport qui est précisément la *conscience* ou plutôt la *volonté de conscience universelle*.

En partant de la pensée, dont l'identification avec le réel est ce que doit poursuivre la philosophie de notre temps, nous prenons ce mot de pensée, comme le fit Descartes, au sens le plus large, qui embrasse la conscience entière; sensations, sentiments, tendances, appétitions, non moins que jugements, raisonnements et idées. Il y a de la pensée dans tous les faits ou actes de conscience, parce qu'aucun d'eux ne peut se saisir lui-même et devenir conscient que par un acte de discernement qui est déjà la pensée en germe, le sujet saisissant un objet; de plus, aucun d'eux ne peut être posé comme *réel* et affirmé comme *vrai* que par la pensée. Nous n'admettons nullement la séparation classique des « facultés » : intelligence, sensibilité, volonté. Pas de pensée sans quelque sentiment et sans quelque vouloir; pas de sentiment ni de vouloir sans quelque pensée; l'intellectuel, le sensitif et le volitif sont toujours inextricablement mêlés. Quand l'esprit sépare l'un de ces éléments c'est qu'il met l'accent sur un des moments de son évolution, sur un point où apparaît plus distincte, soit l'intelligence, soit la sensibilité, soit la volonté. L'œuvre de la psychologie contemporaine est de retrouver en tout état ou acte intérieur le même « processus » à triple aspect, que nous avons nommé « le processus appétitif » : sensation, émotion, appétition.

Ainsi conçue, la psychologie sera essentiellement philosophique, puisqu'elle partira toujours du réel concret, conscient ou subconscient, et aboutira toujours au réel concret, devenu de plus en plus conscient pour la pensée. Son travail proprement *scientifique* ne consistera jamais que dans l'établissement de simples rapports internes et de lois internes, comme celles de l'association des idées, comme aussi de rapports entre ces lois internes et les lois externes, entre le mental et le physique; mais ce qu'il y aura toujours de profondément *philosophique* dans la psychologie, c'est le point de vue de la conscience de soi : nous nous y plaçons nécessairement pour nous voir vivre de la vie qui se sent et se pense elle-même, seule vie réelle et complète d'après laquelle nous pouvons interpréter toute autre vie.

À la différence de la psychologie pure, la philosophie ne doit pas rester confinée dans l'étude du moi, elle doit être, selon nous, une psychologie étendue à l'univers. À la différence de la science positive, elle ne se borne pas à considérer les différents êtres du dehors et à les interpréter dans ce qui n'est pas eux; elle cherche à s'unir par la pensée avec l'être de tous les êtres, à nous faire prendre conscience d'eux et, conséquemment, à reproduire en nous par induction, par analogie, par représentation concrète, leur vie intérieure (1). La science se contente, dans le grand bal masqué de l'univers, de noter du dehors les costumes et de dénombrer les figures de danse; la philosophie s'efforce de lever les masques, d'atteindre les visages et surtout les cœurs. Elle prend, pour ainsi dire, la place de tous les autres êtres, hommes, animaux, plantes, minéraux, et cherche à pénétrer leur existence immanente, leur développement interne; elle est, encore un coup, la psychologie universelle.

II

LA PHILOSOPHIE ET LA SCIENCE AUX POINTS DE VUE DE LA QUANTITÉ, DE LA QUALITÉ, DE LA CAUSALITÉ ET DE LA FINALITÉ.

Nous venons de comparer l'interprétation philosophique et l'interprétation scientifique par rapport aux deux grands

(1) C'est le point de vue sur lequel nous avons insisté autrefois dans l'*Avenir*

points de vue de l'*être* et de la *pensée*; comparons-les maintenant par rapport aux grandes idées de la *quantité*, de la *qualité*, de la *causalité* et de la *finalité*; nous verrons s'accuser encore le contraste.

La quantité, avec son expression spatiale ou numérique, est l'objet propre de la science positive, qui s'efforce de tout ramener aux lois de la quantité dans l'espace et dans le temps. La philosophie ne s'occupe de la quantité que pour rechercher l'origine et la valeur de cette idée, que pour se demander si elle est applicable à toutes choses ou si elle doit être restreinte aux choses matérielles.

Pourtant, il est une espèce de quantité dont la philosophie s'occupe spécialement : c'est celle que Kant appelait la quantité intensive ou intensité, par contraste avec la quantité extensive. Si les états de conscience n'ont pas d'étendue, ils peuvent avoir une intensité dont les degrés sont variables; à ce titre, ils ont une puissance impulsive, une force au sens large de ce mot, et c'est précisément pour cela que nous considérons les idées, les sentiments, les désirs, comme des forces qui tendent à réaliser leur objet même pour y trouver leur satisfaction. L'intensité est la manifestation de l'activité qui appartient à la conscience, à ses états divers, à ses changements de toutes sortes. Quelques philosophes ont voulu ramener l'intensité à la qualité pure et simple, mais, selon nous, autre est l'action plus ou moins intense, autre la qualité proprement dite, avec ses nuances spécifiques (1).

Nous avons toujours, pour notre part, conçu la qualité

---

de la métaphysique fondée sur l'expérience, livre écrit en 1888, et que nous avons repris plus tard dans la *Morale des Idées-forces*. De son côté, M. Bergson l'a développé avec une remarquable ampleur, mais en concevant comme intuitive et non comme inductive la méthode de la philosophie. Nous reviendrons tout à l'heure sur ce point d'essentielle divergence.

(1) Qu'on nous permette encore de le rappeler, dans *la Liberté et le Déterminisme*, il y a déjà quarante ans, nous avions opposé le point de vue de la *qualité* et du progrès qualitatif, qui est celui de la philosophie, au point de vue mécanique de la quantité et de l'équivalence, qui est celui de la science positive. Plus tard, dans l'*Évolutionnisme des idées-forces*, on peut lire un chapitre intitulé : « Point de vue qualitatif, hiérarchie des Phénomènes », et enfin, dans l'*Avenir de la métaphysique fondée sur l'expérience*, nous avons montré que la tâche de la science est de « ramener à l'homogénéité quantitative l'hétérogénéité qualitative des choses », qui est, au contraire, l'objet propre de la philosophie.

comme essentiellement « psychique » (1). On parle bien de qualités physiques, comme la chaleur ou la lumière; mais ce qu'il y a de qualitatif dans la chaleur, ce qui, à ce point de vue, la distingue de la lumière, c'est la sensation qu'elle nous fait éprouver. Supprimez nos sensations, qui ne sont pas des objets de la physique, il ne reste plus que des mouvements auxquels, pour les distinguer et les classer, nous donnons les noms subjectifs de chaleur, lumière, son, etc. Dans la couleur rouge, qu'est-ce que la science positive considère? Ce n'est nullement la qualité sensible du rouge, ce n'est nullement ce que nous éprouvons et sentons en présence d'une rose vermeille; c'est 1° le rapport physiologique entre notre impression et ses objets; 2° les rapports physiques des objets entre eux. Et, par objet, le physicien n'entend toujours que des ensembles de relations, isolées des autres pour notre organisme et acquérant ainsi une certaine indépendance objective.

Il s'ensuit que la qualité, *comme telle*, échappe à la science positive; celle-ci roule sur ce que Stuart Mill appelle des faits de « séquence » et sur des quantités; elle ne se sert ou ne devrait jamais se servir des qualités que provisoirement, comme symbole de rapports non encore analysés et de quantités non encore calculées. C'est ce qu'oublient certains physiciens de notre époque, qui voudraient ramener la physique au point de vue péripatéticien et scolastique. La qualité de chaleur n'est ou ne doit être, pour le physicien, qu'une manière de nommer les ondulations éthérées dont les rapports quantitatifs correspondent à notre sensation de chaleur. Toute qualité, pour le physicien qui comprend bien sa science, est essentiellement « occulte ».

Le philosophe, au contraire, s'installe dans le monde des qualités, soit réelles, soit idéales. Pour lui, la qualité est la manifestation propre de l'existence; l'être sans qualités est égal au non-être. Le philosophe ramène la quantité elle-même à une espèce de qualité, la plus pauvre de toutes. Aussi est-ce par les qualités essentielles qu'il définit l'être, de manière à caractériser ainsi ce qu'il a d'individuel, tout en déga-

---

(1) C'est encore un point de vue que M. Bergson a développé plus tard de la façon la plus approfondie.

geant les qualités communes qui le rattachent aux autres êtres.

Il est à remarquer que la qualité n'est jamais immobile et, pour parler le langage d'Auguste Comte, « statique ». (1). Elle est toujours « dynamique » et en voie de changement. L'être, avide de la variété et de l'accroissement, a une tendance perpétuelle à passer d'un certain mode de qualité à un autre, et d'une conscience plus pauvre à une conscience plus riche; c'est cette tendance interne, cette volonté de conscience, qui est le vrai principe de l'évolution. Elle est, selon les expressions que nous avons jadis proposées, « l'évolution en train de s'accomplir » par contraste avec « l'évolution accomplie » et toute faite, que la science positive étudie. Son étude n'est donc plus du domaine de la science positive, qui ne considère que les résultats; seule, la philosophie étudie le mouvement interne de l'évolution et montre que, en dernière analyse, ce mouvement est de nature psychique. Il est l'inquiétude de l'être qui s'agite en vue du mieux, qui aspire à la conscience croissante et plus pleine. La seule évolution véritable, celle qui est *en train* de se faire et non toute faite, ne se constate que dans l'existence consciente. Elle est l'incessante « appétition » qui fait la vie mentale.

De la considération du changement évolutif, passons, maintenant à la considération de l'activité qui l'explique. Nous aborderons ainsi une catégorie nouvelle et importante : celle de la causalité. La science positive, en interprétant l'évolution cosmique, s'en tient aux lois extérieures et superficielles du changement, c'est-à-dire : 1° aux formules purement quantitatives (mathématiques et mécaniques), dont Descartes a montré l'importance ; 2° aux formules purement empiriques de « concomitance » ou de « séquence » dans l'espace et dans le temps, sur lesquelles Stuart Mill a tant insisté. Non seulement la science ne cherche pas une source première d'où descendrait le torrent des phénomènes, mais, dans ce torrent même, elle se borne à constater l'ordre selon lequel les flots coulent, puis à soumettre au calcul la régularité qui se cache sous les sinuosités du cours.

(1) C'est un point que nous avons établi dans l'*Evolutionnisme des Idées-forces*.

Pour cela, comme Berthelot l'a bien fait voir, la science n'a à sa disposition que deux données : la *masse* des éléments et la nature de leurs *mouvements*. Or, elle ne pourra jamais tirer de là une explication vraiment causale. En effet, la masse, scientifiquement considérée n'est encore elle-même qu'une formule de mouvements possibles, en résistance à d'autres mouvements possibles ; les « éléments » matériels ne sont que des arrêts provisoires dans la régression à l'infini, et on les formule géométriquement pour en faire des atomes jusqu'à nouvel ordre indivisibles ; enfin la nature des mouvements ne consiste qu'en leur vitesse, en leur direction, en leur composition, toutes choses d'ordre spatial et temporel qui se traduisent encore en pures formules.

Même dans l'ordre biologique, le savant ne peut, pour ainsi dire, que tâter le pouls à la réalité vivante, compter les battements, en mesurer l'intensité et le rythme, exprimer le tout par un graphique ; mais il n'a pas à rechercher la force cachée qui anime l'organisme ; il n'essaie pas de saisir la vie dans sa causalité mystérieuse.

Le philosophe, lui, à ses risques et périls, doit se poser le grand problème de la *production* et de l'activité vraiment causale. Il doit chercher, au moyen de l'expérience intérieure, à remplir en quelque sorte cette idée de cause qui est toujours restée vide pour le savant et à lui donner enfin un contenu positif. Au delà du monde vulgaire des *apparences sensibles*, au delà du monde scientifique des *lois abstraites*, le philosophe a pour tâche de pénétrer et d'interpréter un troisième monde, le seul véritable, celui des *activités réelles*. Or, ces activités, il ne pourra jamais se les représenter que par analogie avec l'unique espèce de causalité que nous puissions prendre comme en flagrant délit d'action, à savoir la nôtre, qui se révèle à soi dans la volonté inhérente à notre être. C'est là que le réel palpite en nous et pour nous ; c'est là qu'il devient nous-mêmes ; il est en nous sensation et appétition, en d'autres termes, passion et action.

Dès lors, en présence de tous les autres êtres, nous n'avons que deux partis possibles : ou les laisser à l'état d'X absolument indéterminés, ou bien *mutatis mutandis*, les figurer comme *d'autres nous-mêmes* à des degrés très divers et projeter en eux quelque activité plus ou moins analogue à celle dont nous avons le sentiment quand nous avons conscience d'agir au lieu de pâtir, de vouloir et de désirer au lieu de sentir. Après tout, nous sommes dans le monde et le monde est partiellement en nous; sans s'égaler au tout, la partie peut donc interpréter le tout d'après ce qui se passe en elle-même; sans méconnaître le caractère fragmentaire de cette interprétation psychique, le philosophe peut la confronter avec le témoignage de l'expérience externe et scientifique. C'est le travail qui s'impose plus que jamais à lui, à mesure que la science montre mieux son impuissance à saisir les causes quelconques.

L'ancienne métaphysique, ou ontologie, se flattait de saisir, sous le nom de substance, quelque chose qui serait différent à la fois des phénomènes extérieurs et de la conscience intérieure. Kant a montré la vanité de l'entreprise; mais il ne s'ensuit nullement que toute idée de réalité substantielle soit vaine. Ce qu'on doit chercher et ce qu'on peut atteindre, nous l'avons vu, c'est la conscience de l'être en nous et, par analogie, dans les autres êtres; c'est donc la réalité substantielle prise en flagrant délit au plus profond de notre conscience et non en dehors de toute conscience ou de toute action. Cause et substance ne font qu'un.

En même temps que l'idée de cause, nous avons aussi celle de *fin*, qui n'a pas moins d'action sur notre pensée. Nous puisons encore cette idée, comme celle de cause, dans notre volonté même, dans l'insatiable appétition qui fait le fond de notre vie. En nous, le mouvement évolutif ne se relie pas seulement au passé par ses causes; il est, par sa direction, en marche vers l'avenir; il n'est pas seulement une « poussée » par derrière; il est une aspiration en avant. Cette aspiration essentielle à l'existence et sans laquelle elle retomberait aussitôt dans le néant comme l'éclair dans la nuit, peut prendre deux formes principales. Dans la première, l'être n'a pas conscience de la fin qu'il poursuit avec une spontanéité sans retour sur soi; il agit sans voir et sans savoir où il va. Dans la seconde forme, au contraire, l'être se représente une fin à l'avance et la poursuit avec réflexion, les yeux ouverts. Il est abusif de réserver le nom de finalité à ce second mode, qui n'est que le mode intellectuel ; l'autre, tout sensitif et appétitif, n'en est pas moins déjà la finalité à son début. Il est faux de dire : *ignoti nulla cupido*, puisque l'être aspire d'abord sans *connaître* l'objet de son aspiration.

Quelle est la nature, quel est le but dernier de la finalité interne et immanente, du désir inassouvi qui meut l'être? Voilà un nouvel objet de la philosophie, pour laquelle la recherche des fins est étroitement liée à la recherche des causes. Cet objet est plus que jamais en dehors des sciences positives. Celles-ci, en effet, n'ont absolument rien à voir avec les fins, surtout avec ces fins préconçues par l'intelligence que les cause-finaliers d'autrefois donnaient pour une explication des phénomènes. La science ne recherche pas même les fins intérieures et plus profondes, non préconçues, auxquelles peut tendre l'activité spontanée et qui, en définitive, sont de nature psychique, comme l'est l'activité elle-même. La philosophie seule est une recherche des fins immanentes, de l'idéal pressenti ou prévu qui se réalise lui-même en se concevant et en se désirant. En d'autres termes, pour parler la langue que nos contemporains affectionnent, la philosophie est la recherche des plus hautes *valeurs*, — Platon eût dit : des *idéaux* les plus élevés que puissent poursuivre la pensée et le désir. Ces idéaux ne sont pas en dehors de la réalité ; ils sont la réalité même arrivée à la conscience de sa vraie nature et de sa vraie direction.

En même temps qu'une psychologie amplifiée et généralisée, la philosophie est une sociologie à portée universelle. Il se produit, chez les êtres en société, des phénomènes originaux que la simple psychologie n'eût pas fait prévoir, pas plus que la physique ne fait prévoir la chimie. Les rapports sociaux étant les plus élevés de tous et se retrouvant dans les diverses manifestations de la vie, depuis les sociétés animales jusqu'aux sociétés humaines, leur étude peut jeter un jour nouveau sur les lois même de l'évolution universelle. C'est ici qu'il faut dire avec Comte : l'inférieur se comprend par le supérieur.

Pour résumer tout ce qui précède, la philosophie doit être désormais conçue, selon nous, comme la volonté de la conscience s'efforçant de saisir par la pensée *l'être réel*, dans son *individualité* et son *universalité*, avec ses *qualités* essentielles, son *changement* évolutif, sa *causalité* active et sa *finalité* tout interne. En d'autres termes, il y a du *réel* dans l'univers; il y a du *qualitatif* et non pas seulement du *quantitatif* dans l'univers; il y a du *changement*, par conséquent, de *l'actif* dans l'univers; enfin il y a dans l'univers des *appétitions*, des *aspirations* de ce qui est à ce qui peut être et même à ce qui doit être. Or, réalité, qualité, changement, causalité, finalité, tout cela ne saurait être appréhendé comme *existant* que dans la *conscience*, et affirmé comme *vrai* que par l'acte de la *pensée*. Si l'on admet ces diverses propositions, — et elles sont incontestables, — on admet que la philosophie aura toujours un objet, et que cet objet sera toujours différent de celui des sciences positives. La conception scientifique de la *nature* appellera donc toujours, comme nécessaire complément, une interprétation philosophique de *l'univers*, qu'elle ne saurait jamais remplacer.

Quant à la question de savoir jusqu'à quel point la philosophie pourra ou ne pourra pas atteindre son but propre, cette question fait elle-même partie de la philosophie. Ce qui est dès à présent certain, nous l'avons vu, c'est que l'homme a *l'idée* de la philosophie comme effort de son esprit tout entier, — pensée, sentiment, volonté, — pour se mettre consciemment en harmonie avec la totalité du réel. La question du connaître est pour elle inséparable de la question de *l'être*, mais cette dernière, en définitive, sera toujours la principale. Cette conception de la philosophie réconcilie toutes les autres; mais elle fait plus, elle en montre le lien et en découvre l'unité dans le moteur le plus profond de notre être, et, par extension, de tout être : volonté de conscience.

Pour rendre le monde aussi intelligible et aussi un qu'il est possible, il faut trouver un type d'existence universelle qui en fournisse, pour ainsi dire, l'unité de composition. Ce type d'existence doit-il être cherché dans la conscience ou au dehors ? Voilà le problème.

Mais d'abord, nous ne connaissons directement que ce qui est dans la conscience ; ce que nous disons être *au dehors* n'est conçu que médiatement.

En second lieu, le dehors n'est conçu que par une répétition ou une diminution de notre conscience. Par une répétition et duplication, s'il s'agit des autres sujets conscients que nous nous représentons à notre image. Par une diminution, s'il s'agit des êtres dits matériels, que nous concevons en les dépouillant d'un certain nombre des attributs de notre existence consciente; nous appauvrissons notre conscience, nous la réduisons à ce qu'elle offre de plus élémentaire : activité et passivité. De cette façon, nous concevons des forces extérieures qui ne seraient que des sources de résistance ou de mouvement, et nous répandons dans l'espace ces résidus de nos sensations visuelles ou tactiles, sous le nom de corps.

Selon Nietzsche, nous lisons le monde extérieur dans notre conscience comme le sourd-muet lit sur les lèvres les mots qu'il n'entend pas directement. Selon nous, au contraire, c'est quand nous regardons le monde extérieur que nous lisons sur les lèvres de la nature des mouvements dont le sens intérieur nous échappe; en nous seulement, au fond de notre conscience, retentit en écho la musique des sphères. Choisissez un type d'existence non conscient, non réductible à des états quelconques de la vie consciente, qu'arrivera-t-il? La conscience, avec son caractère absolument spécifique et *sui generis*, demeurera réfractaire et irréductible au type que vous aurez choisi. Dès lors, au lieu d'unité, vous aurez une dualité entièrement inexpliquée et inexplicable. Le problème de l'existence restera sans solution. Vous direz : il y a la matière et il y a la conscience, sans pouvoir ramener la conscience à la matière et sans essayer de ramener la matière au type de l'existence consciente. C'est là une solution *évasive*, un refus de solution.

Nous n'avons sans doute pas le droit, dans notre représentation de l'univers, de substituer purement et simplement la partie au tout; mais il faut, néanmoins, que nous nous représentions *incomplètement* le tout d'après les parties que nous en connaissons. Alors se pose le problème : Quelle partie faut-il prendre de préférence comme spécimen? Est-ce la plus pauvre en éléments ou la plus riche? Là où il y a une plus grande variété réduite à une plus grande unité, avons-nous plus de chance d'entrevoir le secret du tout? L'homme, par exemple, est-il un meilleur fragment de miroir pour l'univers qu'un des grains de poussière qui flottent dans l'air ambiant? La vie consciente de l'homme a-t-elle chance d'envelopper un plus grand nombre des éléments du tout que l'existence pauvre et monotone du minéral? Sont-ce les éléments figurables dans l'espace, auxquels aboutit par l'analyse la science humaine, qui constituent la réalité vraie, ou sont-ce les touts concrets, agissants et vivants, que nous appréhendons dans notre conscience? Par exemple, ce qui est réel, est-ce de souffrir et de pleurer sur la mort d'un être chéri, d'avoir la conscience remplie de l'image aimée, de tous les souvenirs qu'elle éveille et, en même temps, d'être privé, à jamais de la voir et d'entendre sa voix? Est-ce de se sentir mutilé, appauvri, souffrant, malheureux? Est-ce tout cela qui est réel, ou est-ce le tourbillonnement de corpuscules insensibles dans lesquels le scalpel de l'entendement anatomise notre cerveau, nos organes, le monde même qui nous entoure? *That is the question.* Où est l'apparence, où est la réalité? Pour nous, nous disons : Je souffre, donc ma souffrance est réelle, donc je suis réel en tant que souffrant; c'est ma conscience de souffrir qui, dans ce cas particulier, me révèle la réalité en la constituant pour sa part et en se révélant ainsi comme réelle. C'est donc dans la conscience qu'il faut descendre pour trouver ce qui est.

III

LA CRITIQUE DU PRAGMATISME

Outre les partisans exclusifs de la science, la philosophie actuelle trouve devant elle les partisans exclusifs de la pratique, qui, en ces derniers temps, se sont intitulés pragmatistes. La méthode, selon eux, consisterait à interpréter le monde, non pas d'après les éléments de réalité que nous trouvons en nous et d'après les lois que la science découvre au dehors de nous, mais d'après nos sentiments et nos besoins, d'après les nécessités de notre action.

Le pragmatisme contemporain est une extension utilitaire

de la méthode morale des postulats, que Kant avait appliquée à la métaphysique. Kant, pour introduire en philosophie sa méthode morale, avait une raison importante et digne d'examen ; il considérait la moralité comme un mode d'action *supra-sensible* et le devoir comme la loi d'un monde également supra-sensible ; cette loi lui paraissait donc donnée à l'homme d'une manière certaine au milieu même de la vie sensible, et elle pouvait communiquer sa certitude aux postulats de la liberté, de la divinité et de l'immortalité. Mais ce n'est pas ainsi que, de nos jours, les pragmatistes procèdent. Ils professent, avec William James, un empirisme absolu, auquel la loi morale n'échappe pas plus que tout le reste. Dès lors, la moralité n'est plus qu'un besoin supérieur de notre activité dans le monde de l'expérience, une condition de vie personnelle ou sociale, d'utilité pour l'individu ou pour la collectivité. La vie future elle-même n'est que notre vie empirique et temporelle prolongée au delà de la tombe ; elle peut devenir certaine du jour au lendemain, d'une manière tout empirique, par la découverte de communication avec les spiritistes, avec les morts, soit par l'intermédiaire des médiums, des tables tournantes, de l'écriture automatique, soit par la télépathie ou par les apparitions d'esprits, etc. La méthode morale n'a donc plus, pour le pragmatiste empiriste, le caractère rationnel et impératif, « catégorique et apodictique », qu'elle avait chez Kant ; en outre, elle se perd pour le pragmatiste au sein d'une méthode plus vaste, celle qui affirme pour les besoins de l'action en général (non pas seulement de l'action morale). C'est la méthode utilitaire, chère aux Anglo-Saxons.

Dans l'application de cette méthode, jamais on n'a vu s'élever un édifice de paradoxes comme ceux que le pragmatisme contemporain a entassés les uns sur les autres ; mais, selon nous, ce n'est pas avec cette tour de Babel qu'on escaladera le firmament philosophique. Protagoras est dépassé, et avec lui Gorgias, Polus, Calliclès, Hippias, tout le chœur des contemporains du bon Socrate. L'école pragmatiste, comme l'école nietzschéenne, semble vouloir, à l'inverse du *Discours de la Méthode*, proposer à la philosophie actuelle des « canons de logique » à rebours : 1º N'admettre pour recevables, en métaphysique, en morale et en religion, que des idées obscures, indistinctes et inévidentes ; 2° ne rien définir avec précision, ne rien analyser avec rigueur, la réalité étant un « flux » indéfini et indéfinissable (*fluxus*, *stream*), l'analyse, un jeu subjectif de « concepts » ; 3° ne pas établir de liens trop rigoureux et rationnels entre les idées, tout lien, surtout logique, étant factice ; se dispenser ainsi de preuves en règles, la preuve n'étant qu'un « discours » ; 4° ne faire ni divisions, ni classifications exactes, ni dénombrements complets, la division étant un artifice, la classification une discontinuité fictive au sein du réel continu. De là une philosophie fluente, fuyante, insaisissable et incommunicable, mais purgée, et pour cause, de « l'intellectualisme » comme de l'intelligibilité. C'est le « je ne sais quoi » qui s'évanouit entre les mains dès qu'on veut le saisir.

Si pourtant on essaie de démêler, dans l'amas des sophismes pragmatistes, ceux qui sont dominateurs et commandent tout le reste, on pourra mettre à part les cinq suivants, sur la valeur des idées, la nature de la vérité, son critérium, la méthode pour la découvrir, et le degré de certitude qui y répond.

1° Nos *idées* produisent toujours des *effets* qui peuvent devenir pour nous des *fins*, donc nos idées sont uniquement *valables* pour nos *fins*.

2° La *vérité* nous est utile comme *moyen*, donc elle n'est, en sa nature intime, que finalité, non rationalité.

3° Nous *jouissons* de la vérité, donc le critérium ultime du vrai est une *jouissance*, une satisfaction de besoin.

4° Toute *méthode* fait appel à l'*expérience* et à la *vérification* objectives ; donc toute méthode est une poursuite de fins subjectives posées par la volonté.

5° Toute *certitude* théorique peut devenir pratique ; donc le rapport de principe à conséquence n'est encore qu'un rapport de *moyen* à *fin*. — Tels sont les principaux paradoxes qui sont constitutifs du pragmatisme, et où chaque conclusion déborde manifestement ses prémisses.

Que nos idées produisent toujours des effets, qui peuvent ensuite devenir pour nous des fins, que nous soyons toujours actifs dans la connaissance, c'est ce que nous avons soutenu nous-même bien avant les pragmatistes; mais il n'en résulte nullement que toute la valeur de nos idées et de nos connaissances, surtout en philosophie, consiste dans les résultats qu'elles produisent, et non dans leur concordance intrinsèque avec les choses elles-mêmes, révélées à nous par l'expérience. « A la recherche des causes, disent les pragmatistes, la philosophie actuelle doit substituer la mesure des valeurs et les mesurer à l'efficacité des buts. » Autrement dit, les causes explicatives seront remplacées par les causes finales, et encore celles-ci seront-elles mesurées à nos buts humains, à nos valeurs humaines. Poussez à bout cet abandon de toute vraie science, comme de toute vraie philosophie, vous aboutirez à dire, avec Bernardin de Saint-Pierre, que les rochers des rivages ont été créés noirs pour avertir de loin les matelots en détresse, que le melon a été créé avec des tranches pour être mangé en famille. Voilà la recherche des « valeurs humaines ». Bernardin de Saint-Pierre était un pragmatiste avant l'heure.

« Qu'est-ce que la vérité? », demandent les pragmatistes avec Ponce-Pilate. Et ils répondent, avec Protagoras, que connaissait sans doute Pilate : Rien n'est vrai en soi, quoi qu'en puisse dire Platon, mais nous affirmons telles et telles choses comme vraies « parce que nous en avons besoin pour agir ». Toute affirmation est « un postulat en vue de l'action ». Est vraie, selon William James, la proposition telle que « l'affirmation de son objet est utile et efficace pour nos fins ». Ainsi la vérité se trouve déplacée; des objets et de leurs rapports, elle passe au sujet sentant et au rapport des objets avec le sujet pris pour but; c'est là, purement et simplement, nier toute vérité objective et ramener le vrai à l'utile, au praticable, au pratique. Du même coup, c'est nier la philosophie. En effet, celle-ci n'a pas seulement pour objet la recherche de la réalité telle que nous la pouvons appréhender par toutes les puissances dont nous disposons; elle a aussi et aura toujours pour objet, comme le crurent les Platon et les Malebranche, la « recherche de la vérité ». Le vrai, c'est le réel même en tant que posé et affirmé par une intelligence comme *objet* possible pour *toute* intelligence, comme quelque chose qui non seulement existe ou devient, mais qui, même passé, conserve éternellement ce caractère d'avoir existé, et ne peut plus en être dépouillé par aucune puissance humaine ou surhumaine. Affirmer un fait, n'eût-il que la durée d'un instant, c'est l'élever à la dignité de quelque chose qui, d'une certaine manière, existe à jamais pour toute intelligence. Ainsi la pensée, en déclarant le réel universellement affirmable, éternise le fait qui passe et change l'éclair disparu en un jour sans fin.

L'objectivité *plus qu'humaine* du vrai n'empêche pas la découverte du vrai d'être un résultat de tout l'effort humain. On a dit excellemment, à propos de William James, que, pour la théorie courante, la vérité est une découverte, pour le pragmatisme, une invention (1). Mais par là, selon nous, on ne fait que mettre en évidence la confusion pragmatiste de la vérité avec la connaissance. C'est de la connaissance qu'on a toujours dit qu'elle est une découverte, quand elle est vraie, c'est-à-dire en concordance active avec le *réel*. Ce n'est pas à dire que la connaissance, par un autre côté, ne soit pas *invention*, en ce sens qu'elle est un effort de l'intelligence pour reconstruire le réel dans l'esprit, pour inventer des hypothèses qui soient en une concordance plus ou moins approximative avec le réel, qui nous le fassent toucher dans la mesure où elles expriment des rapports réels. Toute découverte non fortuite présuppose une invention; toute idée est active et est un produit d'activité. Mais toute invention n'a de valeur que si elle aboutit à une découverte.

Nous ne saurions donc accepter l'antithèse établie par le pragmatisme entre découvrir et inventer. Une pure invention est chimérique; une pure découverte, qui serait absolument passive, est impossible dans le domaine de la science. L'Amérique a pu être d'abord une invention de Colomb, mais elle est ensuite devenue une découverte; et il faut convenir que, même avant Colomb et son invention, il était vrai qu'elle existait. La vérité de la mort de Socrate n'est pas une invention; la vérité de notre mort future n'est pas une invention et, quoique cette vérité ne soit pas logée d'avance dans « une cachette » où nous la découvririons en mourant, il n'en est

---

(1) M. Bergson, Préface de *Vérité et le Réalité* par M. James.

pas moins vrai, dès maintenant, c'est-à-dire affirmable et intelligible pour toute intelligence, que la mort arrivera pour nous, comme pour tous.

Les pragmatistes reprochent à la philosophie qui les a précédés de poursuivre des vérités qui regardent en arrière, au lieu de vérités qui regardent en avant et portent sur ce qui *sera*. Mais la vérité regarde à la fois en arrière, en avant, de toutes parts dans l'espace et dans le temps, parce qu'elle est indépendante des lieux et des moments. Même pour la vie future, qui est « en avant », les conditions de cette vie sont préexistantes; sinon, elle n'aura pas lieu. Si ces conditions n'existent pas, dès maintenant et aussi en arrière, William James aura eu beau, dans une pensée généreuse, promettre à ses amis de leur envoyer des messages après sa mort; les messages ne viendront pas : l' « *invention* » des *spirites* ne sera pas devenue une « *découverte* ».

La vérité, selon les pragmatistes, « s'est faite peu à peu » grâce aux efforts des individus ou des sociétés. — Non, ce qui s'est fait peu à peu, c'est la connaissance, la philosophie, la science, l'harmonie de l'esprit avec les choses, lesquelles étaient déjà affirmables, intelligibles, réelles et vraies avant que, peu à peu, nos affirmations y devinssent plus ou moins conformes. Les choses et leurs rapports n'ont pas attendu que nous les « inventions » pour exister, pas plus que la planète Neptune n'a attendu Leverrier. Le pragmatisme roule sur l'ambiguïté du mot vérité, qui désigne tantôt une *harmonie de notre intelligence avec les réalités*, tantôt les *rapports intelligibles qui existent objectivement entre les réalités elles-mêmes et rendent possible le rapport même de ces réalités à toute intelligence, y compris la nôtre.*

Nous ne voulons pas de vos vérités toutes faites, répètent les pragmatistes. — Que vous les vouliez ou non, elles s'imposent à vous et à tous. C'est une vérité toute faite que vous existez; c'est une vérité toute faite que vous n'existiez pas il y a cent ans et que vous n'existerez plus dans cent ans; c'est une vérité toute faite que vous ne pouvez pas à la fois, sans contradiction, être et ne pas être et que, quand vous cesserez de vivre, votre mort aura des *causes* qui, dès maintenant, commencent à agir au sein de votre organisme. Et quand vous serez mort, il demeurera vrai que vous avez vécu et cessé de vivre. Nulle omnipotence ne pourrait anéantir cette vérité de fait qui survit au fait lui-même et le consacre en le perpétuant pour toute intelligence. Bref, quand on dit qu'il n'y a point et ne doit point y avoir pour la philosophie actuelle de « vérités toutes faites, » on abuse de l'ambiguïté chère au pragmatisme : les vérités ne sont pas toutes faites dans nos intelligences, si vous entendez par vérités les rapports exacts qui se produisent entre notre intelligence même et les choses, c'est-à-dire, au fond nos *connaissances* ; mais, si vous entendez par vérités les rapports intelligibles qui sont immanents aux réalités mêmes et affirmables pour toute pensée, n'y eût-il de fait aucune pensée pour les affirmer, on peut dire alors que les vérités sont toutes faites ou préformées avec les réalités mêmes et dans les réalités. C'est seulement en ce sens que le platonisme doit être pris si on ne veut pas, au lieu d'une exposition fidèle, présenter une défiguration des systèmes qui admettent la radicale intelligibilité du réel, non pas pour nous, mais en soi et pour une conscience qui serait adéquate à la réalité même.

William James nous dit que « la vérité n'est pas une propriété stagnante des idées ». Mais quelle philosophie a jamais considéré la vérité comme une propriété stagnante ? S'il est vrai que les corps pesants tombent dans le vide avec la même vitesse, il n'y a rien de stagnant dans leurs mouvements ni même dans leurs rapports ; la vérité qui est dans notre affirmation est elle-même un rapport de conformité entre notre manière de penser, laquelle est une certaine action intérieure, et la manière dont les choses agissent extérieurement. Il n'y a là rien de stagnant, quoiqu'il y ait constance de rapports entre des actions changeantes. Irez-vous donc jusqu'à répondre qu'il n'y a absolument rien de constant dans la nature ni dans la pensée et que, quand la fleur du matin est fanée le soir, la vérité de son existence cesse avec elle, s'abîme dans le même néant que sa réalité d'un jour ? Non, il y a un rapport des choses à l'intelligence qui est différent de leur existence plus ou moins éphémère et qui les enrichit d'une valeur qu'elles n'auraient pas par elles-mêmes, d'une intelligibilité qui est vérité.

Les pragmatistes imaginent un faux intellectualisme pour le réfuter; jamais aucun philosophe n'a prétendu faire consister la réalité dans des abstractions, jamais personne n'a considéré la vérité hors de tout esprit réel ou possible; les don Quichotte modernes vont jusqu'à construire eux-mêmes des moulins à vent pour le plaisir et l'honneur de rompre contre eux des lances dialectiques.

Le pragmatisme profitant de ce que l'homme ne peut pas, ne doit pas s'éliminer lui-même entièrement du monde dont il est partie et qu'il interprète, conclut de là que ce qui doit être désormais la mesure de nos idées sur le monde, sur la réalité et sur la vérité, ce sont nos besoins et nos fins, comme si nous n'avions pas une autre mesure, celle-là objective : la *pensée*, aidée de la *sensation* qui la confirme et lui donne le caractère d'*expérience*. Les pragmatistes ont beau parler sans cesse de l'expérience, ils la méprisent sans cesse, puisqu'au lieu de l'interroger, ils interrogent nos désirs intérieurs.

Sans doute la philosophie première n'a pas, comme la science positive, la ressource de la vérification expérimentale, mais ce n'est pas à dire que le choix des idées philosophiques doive être uniquement réglé par nos besoins ou désirs. Là où manque la possibilité de vérifier, la ressource du philosophe, à l'avenir comme dans le passé, sera de rechercher ce qui établit entre nos idées la plus grande concordance, de manière à ce qu'elles forment un tout bien lié, sans *contradiction interne* et où les principes contiennent la *raison* des conséquences. Là encore, la vérité est l'intelligibilité, la rationalité intrinsèque, à laquelle l'expérience même est suspendue et sans laquelle l'expérience serait impossible. Quant à nos besoins pratiques, ils n'ont le droit de cité en philosophie, que quand ils sont des besoins *moraux*, c'est-à-dire exprimant la direction essentielle de notre raison et de notre volonté, indépendamment de tout plaisir ou besoin. Mais alors on revient au point de vue de Kant, qui domine le point de vue pragmatiste de toute la hauteur du moral par rapport à l' « utile » et au « commode ».

IV

LA CRITIQUE DE L'INTUITIONNISME

L'intuitionnisme contemporain, bien qu'opposé en un sens au pragmatisme, procède, comme lui, d'une réaction contre l'intellectualisme. On sait avec quelle force le romantisme allemand, dans l'interprétation du monde comme dans celle des sociétés, réagit contre le rationalisme exclusif du dix-huitième siècle, en opposant la vie à la pensée, le sentiment au raisonnement. Jacobi assigne pour tâche à la philosophie de réfléchir sur nos sentiments spontanés et naturels, pour les mettre en lumière et en montrer la légitimité. Nous avons, selon lui, une intuition « qui est comme l'organe naturel de l'esprit », comme une « révélation intime ». « La science spéculative, écrit-il en 1803, ouvrage de la réflexion, rejette à tort tout savoir primitif. » Les Arabes disaient qu'Aristote avait été une coupe qui puisait partout sans pouvoir épuiser l'univers. Jacobi parle de même de tous les grands spéculatifs. « Ma philosophie part du sentiment et de l'intuition. La spéculation peut servir uniquement à prouver son propre vide sans les révélations du sentiment, et à les *confirmer* par là même, mais non à les *fonder*... L'objet de mes recherches a été constamment la vérité native, bien supérieure à la vérité scientifique. »

Selon Schopenhauer et Kant, toute connaissance a pour objet ce qui est soumis à la causalité dans le temps et dans l'espace, ce qui est pensable et intelligible. Schopenhauer en conclut que la pensée a ainsi pour objet la pensée même, qu'elle se retrouve dans tout ce qu'elle prétend distinguer d'elle; elle est réduite à se repaître de ses propres abstractions qu'elle décore du nom de réalité. La métaphysique qui repose sur ce fond ruineux ne peut être qu'une logique, comme celle de Hegel. « C'est une philosophie qui met les questions la tête en bas. » Il y a pourtant un moyen, un seul, de pénétrer par delà cette forme extérieure de la réalité, jusqu'à cette « chose en soi » que Kant nous interdit, dont Schelling et Hegel ne nous montrent que l'ombre. C'est au sentiment immédiat, à l'intuition qu'il appartient de nous révéler le fond même de l'existence universelle. Or, ce que l'intuition découvre sans intermédiaire, par une sorte de rentrée en soi, c'est la volonté, la volonté « partout et toujours identique à elle-même, c'est-à-dire étrangère aux formes du temps et de l'espace, dégagée des liens de la causalité, parce qu'elle est elle-même la cause en soi, la cause d'elle-même ». Il ne s'agit pas là d'une volonté *pensée*, mais d'une volonté *en acte*, d'une volonté *sentie*. Cette volonté, qui n'est pas plus la mienne que la vôtre, étant libérée de l'*individualité* que produisent le temps et l'espace, se manifeste comme volonté de *vie*, comme vouloir-vivre; et le monde n'est que son évolution. L'intuition de l'instinct nous révèle bien mieux cette évolution que tout le travail de la pensée, car l'instinct est la vie se créant ses organes et ses fonctions, la pensée n'est qu'une application au réel des catégories de temps, d'espace et de cause, lesquelles ne sont que les formes communes de l'intelligence et de la matière extérieure : le monde extérieur est « ma représentation » et n'est que ma représentation. Au delà est le réel absolu, le réel en soi. Il y a donc quelque chose au-dessus de l'intelligence, c'est le sentiment intuitif; il y a quelque chose au-dessus du phénomène soumis aux lois de la causalité, c'est l'absolu; il y a quelque chose au-dessus de la science, dont l'objet est le phénomène matériel, c'est la métaphysique, dont l'objet est le principe même de la vie, la volonté.

On peut, avec Guyau, faire subir à la métaphysique de Schopenhauer, sans en modifier la méthode, une modification importante. Schopenhauer considère le temps comme une forme commune de l'intelligence et de ses objets. Cela est vrai du temps scientifique et mathématique qu'on mesure par l'espace, mais on peut soutenir, et on a soutenu, que le temps véritable n'est pas une simple forme de la pensée, qu'il est, au contraire, au delà de la pensée et exprime la réalité même de la vie en son écoulement. Guyau a fait voir que le temps scientifique, avec sa succession régulière mesurée par l'espace, est lui-même comme « une quatrième dimension de l'espace »; mais ce n'est là, selon lui, que le « lit » où coule le fleuve du temps. Le vrai temps, c'est le « cours même de la vie » qui est l'appétit, le désir non encore intelligent, mais discernant déjà, par un sentiment immédiat, sa non-satisfaction de sa satisfaction. La satisfaction à laquelle l'être vivant tend et vers laquelle il fait effort se détache en une « perspective intérieure » pour former le futur; le présent, c'est l'appétit même, c'est la vie; le passé, c'est l'image de la satisfaction déjà obtenue qui se projette en arrière par un autre effet d'optique intérieure. L'être vivant arrive ainsi à *penser* sous forme de temps le flux même de sa vie, la tendance de son appétit à sa propre satisfaction. Notre être véritable n'est plus alors dans un absolu intemporel, comme celui de Schopenhauer; nous vivons dans un absolu temporel, absolu parce qu'il est la réalité même de la vie et son fond dernier, mais temporel parce qu'il est fuyant, toujours en action, en aspiration et en devenir. De cette vie réelle et vécue nous avons dès l'origine une conscience immédiate, un sentiment interne qui ne se distingue pas de la vie même. Puis de la vie sentie et, pour ainsi dire, agie, nous détachons deux choses qui n'en sont que les « extraits et abstraits ». La première, c'est la conception *de l'être*, la seconde, c'est celle *de la pensée*. Au lieu de dire avec Descartes: *cogito, ergo sum*, Guyau dirait plutôt: *vivo, ergo sum, ergo cogito* (1). Il arrive par là à concevoir la philosophie comme une « expansion de la vie » prenant pour objet « la vie elle-même dans toute son intensité et dans toute son extension ». La philosophie a été ainsi, pour la première fois, définie par Guyau: l'étude de la *vie*, non plus celle de l'*être* et de la *conscience*, qui, encore une fois, ne sont à ses yeux que des « extraits et abstraits de la vie », des idées moins riches que le sentiment de la vie elle-même et obtenues par une sorte de retranchement opéré sur la vie.

Nietzsche, de son côté, a fait de la « puissance » l'objet de l'aspiration universelle et, par voie de conséquence, l'objet de l'aspiration philosophique. La métaphysique ne serait ainsi qu'une des formes de la volonté de puissance ou de domination: s'emparer du monde par la pensée pour le maîtriser.

(1) Guyau, *Genèse de l'idée de temps* et *L'irréligion de l'avenir*.

Un principe analogue à ceux de Guyau et de Nietzsche a reçu les plus beaux développements dans la philosophie de la durée pure soutenue par M. Bergson. La durée, selon lui, ne fait qu'un avec la vie, avec l'être véritable ; la pensée, avec ses concepts, est simplement une adaptation à la matière, un extrait de la vie interne, que le sentiment déborde. Comme pour Schopenhauer, l'intelligence et la matière se correspondent pour M. Bergson : intellectualité et matérialité, au fond, ne sont qu'un. Par delà l'intelligence et la matière, au sein de la durée pure, non plus de l'éternité, la vie se saisit-elle-même en une intuition immédiate ; et elle se saisit, non pas à l'état d'immobilité, mais comme mobilité, comme un « élan » que rien n'arrête. Le vouloir-vivre de Schopenhauer, en évolution dans le monde, est devenu « l'élan vital », principe d'une évolution créatrice où l'instinct s'oppose à la pensée, comme une vision du dedans même de l'être s'oppose à une vision du dehors. Pour saisir l'évolution de la vie réelle, il faut donc faire ce que conseillait Schopenhauer : se retourner par une sorte de conversion intérieure, passer du domaine superficiel de la pensée dans les profondeurs de l'intuition. Là se retrouve l'absolu de Hegel, identique au devenir, mais ce n'est plus qu'un absolu de force vitale, analogue à ce vouloir-vivre de Schopenhauer, qui est la volonté agissant dans le temps.

Pour ériger ainsi en méthode le sentiment immédiat de la vie, les intuitionnistes soutiennent que, jusqu'à eux, la philosophie avait toujours été conçue d'après le type mathématique, et sa méthode d'après la méthode mathématique. — Or c'est là, croyons-nous, une assertion que dément toute l'histoire de la philosophie. Platon lui-même a formellement distingué la connaissance mathématique de la connaissance philosophique. L'opposition s'accuse encore chez Aristote, puis chez les Alexandrins. Quant à Descartes, n'oppose-t-il pas le monde intérieur de la pensée au monde extérieur et mathématique de l'étendue, les données de la conscience à celles des sens, la liberté même de l'esprit au mécanisme de la nature ? De même pour Spinosa, chez qui la démonstration *more geometrico* n'est nullement une identification de la métaphysique et de la géométrie, mais seulement un procédé de méthode déductive n'excluant pas l'expérience. Leibniz dit que tout se fait *mathématiquement*, mais il ajoute aussitôt que tout se fait aussi *métaphysiquement*. Kant a établi une antithèse complète entre le mécanisme mathématique et l'objet de la philosophie. Schopenhauer a formellement opposé la physique et la métaphysique.

En France, Maine de Biran, Renouvier, Ravaisson, Lachelier, Boutroux, Guyau, nous-même, personne en un mot n'a représenté la philosophie comme une mathématique universelle, ni comme une mécanique, ni comme une physique. Ce qui semble une nouveauté est donc une glorieuse tradition.

Que la tâche de la philosophie actuelle soit de renoncer aux entités, aux abstractions, pour prendre sur le fait même la réalité évoluante, ce n'est point nous qui le contesterons, ayant depuis longtemps mis en lumière l'avenir de la « métaphysique fondée sur l'expérience ».

Mais qu'est-ce qu'on entend au juste par la vie? Est-il vrai que cette idée soit plus claire et plus fondamentale que celle d'être et celle de pensée? Nous ne le croyons pas. Quand nous disons : « Je vis », nous voulons dire : j'ai conscience *d'exister* en relation avec d'autres êtres qui agissent sur moi par la sensation et sur lesquels je réagis par la motion. En d'autres termes, j'ai conscience de sentir et d'agir, de me mouvoir, de mouvoir et d'être mû. Toutes ces idées impliquent celle d'existence et celle de conscience discernant l'actif et le passif, le sujet et l'objet; elles impliquent le *sum* et le *cogito*, qui restent les vraies idées fondamentales de toute philosophie. La nature de la vie, comme celle de la matière, sont *parmi* les objets de la philosophie; elles ne sont pas son objet même, qui est toute la *réalité*; on n'a donc pas le droit d'introduire d'avance dans la définition même de la philosophie une solution préconçue, celle du vitalisme universel.

La recherche philosophique n'est ni un simple « déploiement de puissance », ni une simple « expansion de la vie », c'est une expansion de la conscience tout entière, qui veut penser ce qu'il y a de plus intelligible, désirer ce qu'il y a de plus désirable, et vouloir ce qu'il y a de meilleur. Ce n'est pas là le triomphe du moi orgueilleux et dominateur rêvé par Nietzsche; c'est l'absorption consciente du moi dans l'universel. Ce n'est pas la dernière démarche de l'égoïsme vital, c'est l'élan suprême du désintéressement intellectuel et volontaire.

Si la philosophie présente ne peut plus se contenter de simples concepts, elle ne peut pas davantage, croyons-nous, se contenter d'intuitions qui nous révéleraient, dit-on, les réalités par un sentiment immédiat de ce qui *est* comme il *est*.

Au sens exact, l'intuition d'une réalité consisterait à la voir telle qu'elle se verrait si elle pouvait se voir. En conséquence, l'intuition serait *adéquate* à son objet; cet objet étant, comme toute vraie réalité, unique en son genre et spécifique, l'intuition aurait le même caractère. Toute vraie réalité étant encore, selon les intuitionnistes eux-mêmes, matériellement indécomposable en éléments, continue, indivisible et simple, l'intuition devrait encore offrir la simplicité indivise d'une vision qui embrasse tout d'un seul regard, sans que rien lui reste opaque ou impénétrable. Noble et généreux rêve, assurément, dont la réalisation constituerait la plus grande des découvertes philosophiques et nous mettrait enfin en possession de l'absolu. Malheureusement, l'intuition ainsi entendue est tout d'abord invérifiable et impossible à constater. Comment constater que j'atteins la réalité absolue et qu'il n'y a rien, dans mon « intuition », de relatif à ma nature propre, à ma constitution mentale? Comment constater que tels et tels autres philosophes ont eu la vision du réel absolu, face à face? Comment, en un mot, distinguer le « voyant » du « visionnaire »? Le doute méthodique de Descartes et le doute critique de Kant subsisteront toujours, et il sera toujours vrai qu'une seule chose y échappe : le *cogito* ou le *sentio*, qui nous laissent en présence du pur objectif comme subjectivement réel, mais ne nous révèlent objectivement aucune réalité absolue, telle qu'elle est en soi.

Non seulement l'intuition, avec sa simplicité irréductible, est invérifiable, mais encore elle est impossible, parce qu'elle est contradictoire en son essence, et, de plus, en contradiction avec les principes de la philosophie qui essaie de la préconiser. En effet, l'intuition nous est représentée, d'une part, comme une connaissance par le dedans qui nous ferait pénétrer la réalité des êtres; d'autre part, on attribue aux êtres réels l'*unicité* absolue, ce qui fait qu'ils sont eux et constituent quelque chose d'original, de *sui generis*, d'impossible à reproduire. Comment donc un être différent d'eux, à savoir le philosophe, aura-t-il l'*intuition* de leur être propre ? S'il avait cette intuition, il ne ferait plus qu'un avec l'être qu'il veut voir du dedans, de même qu'une *prévision* complète et absolue devrait coïncider avec la chose même qu'elle prévoit, faire un avec l'agent dont elle annonce l'acte. Une complète vision par le dedans est aussi inintelligible, même de la part d'un être surhumain, qu'une complète prévision ; le temps, futur ou présent, ne fait rien à l'affaire. Pour avoir l'intuition exacte de ma vie propre, Dieu devrait en éprouver les douleurs comme les joies, les défaillances morales comme les beaux élans.

Dira-t-on que, sans coïncider entièrement, on peut avoir une représentation des autres êtres très voisine de celle qu'ils ont ou pourraient avoir ? Fort bien ; mais alors c'est une représentation et non une intuition ; c'est une *copie*, une *ressemblance*. Nous revenons de l'intuition à l'intellection ; notre prétendue vision intime est une *analogie* soumise à toutes les règles de la méthode intellectuelle d'analogie, sans lesquelles elle ne serait plus que pure imagination.

La prétendue vision d'un objet en tant que sans lien de ressemblance ou de causalité avec les autres, en tant qu'hétérogène par rapport à eux et discontinu, n'est que l'absence de la vision des liens réels qui unissent l'objet à tous les autres : l'intuition de l'absolue unicité est alors une pure ignorance, une limitation ou négation, que l'on érige en connaissance positive. L'individuel ne peut être saisi qu'en nous et par acte de conscience immédiate, non par vraie intuition ; au dehors de nous, il nous échappe nécessairement. Encore n'est-il en nous-mêmes que relatif, enveloppé de relations qui dépassent notre individualité et la relient à l'universalité. Notre *unicité* n'est pas absolue : c'est l'unicité de notre conscience pour nous-mêmes, qui la rend discernable de toute autre conscience ; mais cette discernabilité n'empêche pas la continuité et la connexion avec le tout.

Comment, en particulier, pourrions-nous avoir l'intuition de la matière ? D'abord, nous ne pouvons pas avoir l'intuition d'une réalité matérielle telle qu'elle se verrait du dedans, si elle se voyait; cela est contradictoire, car, si elle se voyait, elle ne serait plus la même qu'elle est en ne se voyant pas; elle ne serait plus matérielle. Un charbon ardent et lumineux n'est pas le même charbon qu'à l'état froid et obscur. Quant à l'essence de la matière, en général, peut-on avoir l'intuition d'une essence, et d'une essence qui est générale, applicable à tous les objets matériels? Là encore, contradiction. De même pour l'intuition des autres vies. Si un être vivant ne se voit pas lui-même et n'a pas la conscience claire de soi, vous ne pouvez pas l'avoir à sa place, car alors ce n'est plus lui tel qu'il est, mais tel que vous vous le représentez par analogie. Que sera-ce s'il s'agit de saisir par intuition l'essence de la vie en général?

Nous voilà donc sans cesse rejetés sur nous-mêmes au moment où nous voulions, par l'intuition, pénétrer dans les autres êtres et donner ainsi un double à leur unité, une copie à leur originalité, qui « n'existe qu'une fois et ne peut se reproduire ». En nous-mêmes, du moins, pourrons-nous enfin réaliser l'intuition, qui ne saurait nous servir pour les autres, puisque nous ne pouvons faire de leur dedans notre dedans?

La conscience nous révèle certainement notre existence, avec telles et telles modifications actuelles; mais embrasse-t-elle toute notre réalité telle qu'elle est, telle qu'elle se verrait si elle pouvait se voir en entier, devenir parfaitement lumineuse et, par cela même, autre qu'elle est quand elle est obscure? Non, nous n'avons pas la pleine et entière conscience de nous-mêmes comme nous sommes absolument. Nous n'avons pas l'intuition de notre individualité complète et réelle, mais seulement la conscience partielle de nous-mêmes au moment présent, qui passe et n'est déjà plus. L'intuition, qui nous était fermée pour autrui, nous est aussi, de toutes les manières, fermée pour nous-mêmes, nous ne pouvons avoir de notre moi total qu'une image partielle, une représentation inadéquate, une copie, une analogie; nous ne pouvons qu'avoir au passage la conscience d'une petite partie de notre être et nous penser ensuite dans notre tout, dans notre réalité concrète et intégrale. C'est chose fâcheuse, mais c'est chose à laquelle nous ne pouvons rien. Si c'est notre durée pure qui nous constitue, cette durée étant hétérogénéité et nouveauté incessante, le passé n'y subsiste que sous une forme en grande partie inconsciente, qui ne laisse voir dans le présent qu'un ou deux points de lumière; il s'ensuit que l'intuition de notre durée réelle est impossible et que nous ne pouvons l'embrasser tout entière intérieurement dans notre vision; nous n'avons sur elle qu'une vue instantanée. Là encore la vraie intuition se dérobe à nous; nous ne possédons toujours que la conscience, avec ses limites, avec ses défaillances, avec son insuffisance à nous étaler tout entier sous notre regard intérieur, tel un rouleau déployé où nos yeux pourraient tout voir. Notre humaine condition, c'est d'avoir conscience et de penser : à Dieu seul appartiennent, pourrait dire Bossuet, la puissance, la majesté et l'intuition.

Quelque intuitionniste ou anti-intellectualiste dira peut-être, en se servant d'ailleurs de son intelligence : Toutes ces distinctions de moi et de non-moi, de ma réalité et de notre réalité, ne sont que relatives et plus apparentes que vraies. Je puis avoir l'intuition de votre vie parce que votre vie ne fait qu'un avec la mienne : « Insensé qui crois que je ne suis pas toi! » — « *Tat wam asi*, tu es moi. »

Ainsi se pose le dernier problème relatif à la méthode intuitive : Avons-nous vraiment l'intuition de l'Être des êtres, qui suppose que nous sommes cet être et, avec lui, tous les autres êtres? L'intuition panthéiste et bouddhiste est-elle possible?

En tout cas, une telle intuition, si elle existe, n'est pas dès le début discernable et évidente, recouverte qu'elle est nécessairement par toutes les données sensibles. Pour la dégager, pour montrer qu'elle est la condition de toutes nos opérations intellectuelles et de toutes les démarches de notre volonté, il faudrait avoir épuisé les ressources de la méthode à la fois expérimentale et conceptuelle.

De plus, si une telle intuition existe, elle sera seule de son espèce et il n'y aura qu'une seule intuition supra-intellectuelle. — Or les intuitionnistes semblent multiplier les intuitions de ce genre. Tantôt ils nous disent que nous avons, en nous, l'intuition du *libre arbitre*, d'une liberté créatrice qui ne dépend pas de ce qui existait avant elle, qui, indépendamment de son propre passé et du passé de l'univers, peut créer du nouveau sans lien proportionnel d'effet à cause, du nouveau en dehors de la loi qui régit les effets et leur rapport aux causes. Est-ce là une intuition distincte de celle du *divin*, de celle de l'acte créateur du monde et de nous-mêmes, ou ne serait-ce pas plutôt une intuition identique à celle-là? De même, on nous dit que nous avons l'intuition de la *vie* comme d'un élan toujours créateur qui va de l'ancien au nouveau. Cette vie, qui semblait d'abord simplement ce qu'on entend d'ordinaire par se sentir vivre ou laisser vivre, devient alors la vie divine en nous, la liberté divine accomplissant en nous et par nous son œuvre créatrice. On nous attribue enfin l'intuition de l'essence de la *matière*, et il se trouve que cette essence est encore la vie en un moment de descente et de recul. La matière est un je ne sais quoi de passif qui aide et entrave à la fois l'action de la vie créatrice. Nous ne sortons pas, en définitive, de l'intuition du réel absolu créant le monde en nous et par nous, comme dans et par les autres êtres.

Quelque séduisant que soit ce nouveau panthéisme et quelque opinion que l'on ait sur sa vérité intrinsèque, toujours est-il qu'il est un système philosophique et même religieux.

Ajoutons que, si de tels systèmes sont plausibles, c'est uniquement au point de vue de l'idée et de la pensée, comme expression de la dernière démarche de la pensée même, de la dernière idée à laquelle elle aboutit; mais ils sont insoutenables au point de vue de l'intuition, qui ici plus que jamais, est contradictoire. Avoir l'intuition de l'Etre des êtres par le dedans, le voir comme il se verrait s'il se voyait, comme il se voit s'il se voit, c'est chose invérifiable, car on ne peut sauter au-dessus de sa tête, sortir de sa volonté pour saisir la volonté, transcender sa vie pour devenir la vie. — C'est là, de plus, une contradiction dans les termes, car une telle intuition ne serait exacte et vraie que si elle était adéquate et complète, que si elle embrassait le réel absolu comme il s'embrasse lui-même; le caractère *unique* de l'existence absolue entraîne l'unicité de son intuition. Si donc j'ai une vraie intuition de Dieu, il n'y a plus de distinction possible entre cette intuition et celle que Dieu a de lui-même ; ce n'est plus mon intuition à moi philosophe vivant en l'an de grâce 1911, c'est l'intuition divine. On reconnaît là le rêve éternel des mystiques, mais ce rêve est contradictoire. Ou il y a tout ensemble Dieu et le mystique, et dans ce cas le mystique n'a pas d'intuition possible, ou il n'y a plus que Dieu, et alors le mystique n'a pas davantage d'intuition ; il est anéanti.

Dans cette alternative, il ne reste plus à la méthode intuitive qu'une ressource : surmonter le principe de contradiction et dire : J'ai conscience d'être réellement Dieu et moi, en dépit de la contradiction logique. Sous toutes ses formes, l'intuition est donc la contradiction même et, si elle existe néanmoins, nous ne pouvons l'affirmer, comme existante, car toute affirmation implique l'exclusion de la contradiction. *Ergo taceamus.* L'extase mystique est silencieuse, inexprimable et surtout incommunicable. La philosophie, elle, est par essence une communication de pensées et de raisons fondées sur une *commune expérience* de faits internes ou externes, constatables *pour tous*.

Comme second procédé de la philosophie intuitionniste, on a proposé la « sympathie », sorte de dilatation de la conscience qui la ferait pénétrer en autrui et dans l'essence même de la vie ou de la matière.

Si le savant, a-t-on dit, obéit à la nature pour lui commander, le philosophe, lui, n'obéit ni ne commande ; il « sympathise ». L'intuition se transforme ainsi en un procédé tout différent d'elle-même ; ce n'est plus qu'une répétition en nous de ce qui est en autrui et de ce qui, au fond, est unique, donc impossible à répéter. — Qu'est-ce à dire, sinon que la sympathie est une simple représentation cérébrale par suggestion nerveuse ? Le philosophe ne peut pas plus se contenter de ses sympathies pour se représenter la réalité vraie, que le moraliste ne peut s'en contenter pour se représenter la moralité vraie. Adam Smith, pour fonder la morale sur la sympathie, était obligé de recourir aux sympathies d'un spectateur impartial, c'est-à-dire capable, précisément, d'éliminer ses sympathies spontanées au profit de ses jugements réfléchis ; à plus forte raison le philosophe doit-il être un spectateur impartial du monde ; il doit employer l'analogie et l'induction méthodique, non substituer les sentiments aux raisons.

Il en est de même pour l'instinct. Les intuitionnistes en veulent faire un procédé de la philosophie, afin de compléter la manière de voir proprement *humaine*, qui est la raison, par la manière de voir des autres animaux, qui, selon eux, est l'instinct. Mais, de ce que l'instinct est parmi les *objets* d'étude du philosophe, il ne s'ensuit nullement que le *sujet* humain doive ériger l'instinct en procédé de méthode philosophique. L'instinct moral, l'instinct religieux méritent d'être étudiés, pris en considération, impartialement critiqués; mais il ne suffit pas, pour le philosophe, de s'écrier avec Rousseau : « Conscience, instinct divin », ou avec Lamartine : « Immortelle et céleste voix! » Un élément du problème n'est pas une méthode pour résoudre le problème.

L'intelligence, dit-on, n'est faite que pour l'action sur les choses et, conséquemment, ne nous fait pas pénétrer dans le fond des choses, tandis que l'instinct les connaît par l'intérieur même. — On peut faire à ce sujet deux réponses décisives.

La première, c'est que l'instinct est fait, bien plus encore que l'intelligence, pour permettre à l'animal d'agir en vue des besoins de la vie, soit individuelle, soit spécifique, et de la vie matérielle. Quand un animal, sans connaître la mort, fait ou semble faire instinctivement le mort pour échapper à un danger, il n'agit que pour les besoins de sa propre conservation animale, et on ne voit pas qu'il pénètre pour cela, mieux que l'intelligence, la nature de la vie ou de la mort. Au reste, il ne simule vraiment pas la mort et est simplement immobilisé par les réflexes de la peur. Quand l'abeille fait instinctivement des cellules, une ruche, des provisions de miel, elle agit pour ses besoins et pour ceux de l'espèce; on ne voit pas que cette action aveugle la fasse pénétrer plus que notre intelligence au fond des choses. Nos instincts à nous, hommes, ont aussi pour but l'action, l'action en vue de l'individu ou de l'espèce. Ils sont la part de l'animalité en nous. Loin de se fier à eux, le philosophe doit s'en méfier, lorsqu'il s'efforce de surmonter notre animalité, et même notre humanité, pour voir le réel tel qu'il est, indépendamment de nos besoins individuels ou spécifiques. Quant à l'existence en nous d'instincts qui n'auraient plus rien de biologique et de social, d'instincts qui seraient proprement métaphysiques et tournés vers *l'être en tant qu'être,* comme dirait Aristote, c'est une question à examiner pour la science philosophique, ce n'est pas un point de départ pour la méthode philosophique. Si l'homme, d'ailleurs, a de tels instincts surhumains, cosmiques, divins, ils n'auront guère de ressemblance avec les instincts de la ruche ou de la fourmilière ; ne seront-ils point simplement ce qu'on est convenu d'appeler la raison, c'est-à-dire l'intelligence en son principe même? Est-ce un instinct ou un acte de raison qui me fait chercher des raisons à toutes choses et me révolte contre toute conséquence sans principe, contre tout effet sans cause? La raison, si vous voulez, est un instinct, mais c'est l'instinct universel, l'instinct des instincts, et ainsi, quand l'intelligence passe des prémisses aux conséquences, des conséquences à d'autres conséquences, elle obéit au fond à la loi suprême qui régit tout l'univers. C'est donc gratuitement qu'on érige l'instinct en connaissance intérieure, tandis qu'on laisse l'intelligence à l'état de connaissance *superficielle.*

Mais il y a plus, c'est gratuitement qu'on voit dans l'instinct une *connaissance* quelconque, alors qu'il est seulement une organisation automatique de tendances et d'actions aboutissant à un effet déterminé, utile pour la vie de l'individu et de l'espèce, mais n'impliquant pas même l'ombre d'une connaissance vraie, c'est-à-dire d'une *conscience des raisons des choses et des raisons des actes.* L'insecte qui pond ses œufs là où ils pourront se développer, *ne sait pas* ce qui arrivera, ne connaît ni l'enchaînement des causes et des effets, ni l'enchaînement des moyens et des fins. Alors même qu'il semble le plus prévoyant, il ne *prévoit* rien. Comment donc voir en son instinct une *connaissance,* et une connaissance supérieure à l'intelligence? En tout cas, c'est là une théorie particulière de l'instinct, théorie plus ou moins mythique et mystique, dont on n'a pas le droit de partir pour ériger l'instinct en méthode ou complément de méthode. Notre sagesse consciente vaut bien la sagesse inconsciente du petit oiseau qui brise machinalement la coquille de son œuf et se met machinalement à marcher ou à voler. Raisonner, c'est une manière de marcher et même de voler qui mène plus loin et plus haut que toutes les autres. J'admire les clairvoyances de l'instinct aveugle, que l'on veut opposer à l'intelligence comme une connaissance par le dedans à la connaissance par le dehors; j'admire nos sœurs les fourmis et nos sœurs les abeilles, mais, quelque divinatoire que soit leur instinct, je doute qu'il dépasse les nécessités purement vitales de la fourmilière ou de la ruche, pour embrasser cet infini où plane la pensée humaine.

Pour rabaisser l'intelligence au profit de l'instinct et de l'intuition, on la réduit arbitrairement à une seule de ses fonctions : celle de l'entendement conceptuel. — Mais l'intelligence comprend d'autres fonctions plus essentielles et plus importantes : 1° la perception, 2° la conscience spontanée ou réfléchie, 3° ce qu'on nomme la raison, pouvoir de poser des principes universels et nécessaires. Quand on critique l'intelligence, a-t-on le droit d'oublier la *perception* et la *conscience* ? A-t-on le droit de prendre pour accordé que la *raison* est un pur entendement conceptuel sans valeur propre et originale ? C'est là, de nouveau, se placer dans un système de conclusions préconçues, pour tracer à la philosophie sa méthode, qui doit être pourtant au-dessus du système. Opposer ainsi l'intelligence à l'intuition et à l'instinct, c'est abuser du mot *intelligence*, qui désigne tantôt l'intelligence entière, y compris les intuitions (s'il y en a), tantôt l'entendement discursif, qui ne fait qu'appliquer ses concepts aux données préalables des sens et de la conscience selon les principes préalables de la raison. C'est l'intelligence tout entière qui est le procédé philosophique, auquel l'intuition, si elle existe, ne peut s'opposer, puisqu'elle-même doit être un moyen d'*intelligence*, un moyen de *compréhension*. Quant à l'instinct, il ne peut apporter que des compléments de témoignage, soumis à la critique que l'intelligence doit faire de tout témoignage.

V

LE VRAI RÔLE DE L'INTUITION EN PHILOSOPHIE

Nous venons de voir que, sous aucune de ses formes, une *intuition*, au sens exact, ne peut être donnée. Il n'en est pas de même de l'intuition au sens figuré, comme *représentation synthétique et analogique*.

Platon, dans la septième lettre qui lui est attribuée, dit de sa philosophie qu'elle ne peut être exprimée en paroles de la même manière que les autres recherches, mais qu'après une longue familiarité avec la réalité elle-même, après avoir vécu avec elle, tout d'un coup, comme au moment où le feu s'allume et où la lumière brille, la vérité cherchée apparaît dans l'esprit et s'y alimente de tous les matériaux qui s'y trouvent amassés. Après avoir décrit l'insuffisance du langage et de tous nos moyens de recherche discursive, il ajoute qu'on ne doit néanmoins abandonner aucun des instruments que nous avons à notre disposition, mais qu'après une longue combinaison de sensations, de définitions, de raisonnements, l'intuition du réel brillera tout d'un coup comme une flamme (1). — Descartes dit, à son tour, qu'il faut faire des dénombrements, des exercices de raisonnement, des analyses qui rendent la pensée de plus en plus sûre et prompte, si bien que, finalement, ce qui était d'abord successif et discursif puisse être à la fin embrassé d'un seul regard de l'esprit, *simplici mentis intuitu*.

Dans le sens où Platon et Descartes prennent le mot, il existe assurément une intuition philosophique, comme il existe une intuition scientifique et une intuition artistique. Mais que peut être cette intuition *finale*, dont parlent Platon et Descartes, sinon une rapide *synthèse* de représentations, de jugements, de sentiments, qui s'étaient élaborés inconsciemment en nous, sous l'influence d'une idée directrice et d'une impulsion corrélative à l'idée? C'est comme une

---

(1) Platon, *Lettres*, VII, 341, 344.

conclusion de prémisses lentement accumulées, de nombreux faits observés, de raisonnements condensés par une « longue patience ». Tous les résultats de l'effort discursif se combinent inconsciemment dans le cerveau et, à un certain moment, quand la charge électrique est préparée, l'étincelle part, ou, pour revenir à l'image de Platon, quand la chaleur a atteint un certain degré, la flamme jaillit; la pensée voit ce qui doit être, ce qui est; mais c'est toujours la *pensée*.

Le savant, dans son inspiration, imagine et croit *voir* des *rapports* ou harmonies, des lois, comme Faraday croyait voir des lignes de force s'entre-croisant dans le monde entier; le philosophe, lui, place derrière les lois des réalités et croit aussi les voir semblables à ce qu'il sent en lui-même, à ce dont il a la conscience ou la subconscience. Mais « l'intuition », du côté des objets, n'est toujours que divination, à la fois intellectuelle, imaginative et sensitive; du côté du sujet, elle n'est que conscience du mental qui se pense lui-même et qui est parce qu'il se pense.

L'historien, obligé d'être artiste en même temps que savant et érudit, ayant à ressaisir des choses passées qui ne peuvent être réellement revues, est obligé de faire appel à l'intuition artistique pour opérer une sorte de résurrection. Mais il est clair que l'intuition d'un Michelet n'est pas une vraie connaissance par le *dedans* des hommes et des événements du passé; elle n'est que l'imagination surexcitée par tous les faits patiemment recueillis, l'imagination qui finit par croire qu'elle voit Charlemagne ou Jeanne d'Arc. Une telle vision emprunte toute sa valeur à la connaissance exacte que l'historien a acquise et aux inductions motivées qu'il a pu faire. S'il a du génie, ses divinations seront véridiques, mais elles ne seront jamais ni des expériences immédiates du réel, ni des procédés méthodiques de découverte. Pas plus que l'historien ou l'artiste, le philosophe ne peut voir les êtres et les choses par le dedans.

Nous avons nous-même, dans un livre écrit en 1888, montré le rôle de l'imagination intuitive et même de la *divination* dans la métaphysique, qui est un *art supérieur* en même temps qu'une sorte de supra-science. Mais, si la métaphysique se réduisait à l'art de deviner (par pure impression ou par sympathie) ce qui se passe dans l'intérieur des êtres, les femmes l'auraient déjà menée loin, car elles ont une merveilleuse divination, une nature plus « instinctive » en même temps que plus « sympathique ». Métaphysicien encore, le poète qui sympathise avec toutes choses et qui, assurément, acquiert un sens profond de la vie universelle. Si la philosophie doit tenir compte des impressions accumulées en nous par la réflexion même et par la vie « vécue », c'est à la condition de les critiquer et d'en déterminer méthodiquement la valeur. La vraie philosophie ne saurait être ni une vision de dilettante à la manière de Renan, ni une « vision passionnée » à la manière de William James, ni même une vision de penseur à la manière de Ravaisson.

La doctrine de ce dernier, qui est le prédécesseur et le maître de nos intuitionnistes actuels, est à la fois une œuvre d'imagination créatrice et de réflexion savante. Ce grand seigneur de la philosophie semble nous promener dans un parc aux lignes classiques comme celui de Versailles, où se dressent les statues des dieux et des philosophes; et, de toutes parts, ce sont des échappées vers les grands horizons. Plein des souvenirs de l'antiquité, il nous dit: « Aristote a *prononcé*..... Platon a *prononcé*..... » et lui-même à son tour prononce. Perdu dans la pensée de la pensée, comme Aristote, mais dédaigneux de la preuve, dont Aristote avait donné les règles et l'exemple, il ne se souvient guère des démonstrations. Il vous attire à ses idées par une finalité analogue à celle du dieu de la métaphysique; on est sous le charme. Mais dès qu'on essaie de raisonner, ce qui est la tâche ingrate du philosophe, dès qu'on veut se rendre compte, définir, déterminer, constater, procéder méthodiquement, par analyse et par synthèse, **soumettre les hypothèses au contrôle logique de la simplicité, de la fécondité, de la cohérence, de l'efficacité théorique et pratique, observer les *faits* d'expérience et les enchaîner par des *raisons* intelligibles,** le charme est rompu, on reste dans l'incertitude; on se demande si la beauté est toujours la vérité, et si la spéculation philosophique gagnerait à se perdre dans l'intuition artistique, quelque secours que celle-ci puisse lui apporter.

L'intuitionnisme contemporain, pour nous communiquer

au moyen du langage ses impressions les plus intimes, s'exprime par images successives et diverses, qui ont pour but d'empêcher l'esprit de se fixer sur une seule représentation. C'est un procédé de suggestion sentimentale qui met les lecteurs dans une disposition sympathique propre à évoquer l'état d'âme voulu par le magicien philosophe. Pour notre part, nous croyons aussi que l'image a un rôle important dans la philosophie; ceux qui penseraient qu'un écrivain qui emploie des images, Guyau par exemple, est un poète et non un philosophe, oublieraient la part essentielle de l'imagination dans la connaissance.

Mais d'où vient la valeur philosophique de l'image? De ce que la métaphore est une *comparaison*, donc un raisonnement par analogie, un établissement instantané de rapports ou de liens plus ou moins subtils entre des choses très diverses, entre le domaine de la matière et celui de l'esprit. En dépit du dicton populaire, comparaison c'est raison, c'est *raisonnement* abrégé, condensé et discret, c'est *proportion* établie entre des valeurs différentes. Sous l'imagination philosophique, nous retrouvons donc la pensée. En philosophie, les images valent ce que valent les rapports qu'elles expriment. Il ne suffit pas, selon nous, qu'elles soient suggestives d'états d'âme, il faut qu'elles soient *significatives* de pensées et, simultanément, de réalités. Mais, alors même, elles nous fournissent seulement des rapports réels. Les termes, du moins ceux autres que nous, fuient toujours l'intuitionniste, qui ne parvient ni à les saisir ni à nous les faire saisir par son imagination divinatrice, si riche soit-elle.

En philosophie, comme ailleurs, la vraie méthode, la seule qui ait une valeur pour tous comme pour chacun, a donc toujours été et sera toujours l'expérience intérieure et extérieure, contrôlée par l'expérience concordante d'autrui, l'observation et l'introspection aboutissant à l'emploi alternatif de l'analyse et de la synthèse, puis à la critique, qui prend soin de montrer que ni l'analyse n'est « exhaustive », ni la synthèse n'est « intégrale ». Le philosophe, dans son analyse réfléchie, ne peut jamais dire : — « J'ai touché le fond absolu »; dans sa synthèse réfléchie, il ne peut jamais dire : — « J'ai embrassé le tout absolu »; en parlant et en écrivant, il doit, en quelque sorte, ponctuer tout ce qu'il dit ou écrit, mais, après avoir mis un point au bout de sa pensée, il ne doit pas s'empresser de dire : « C'est tout ».

Autre chose, en effet, est le réel, que nous touchons en nous-mêmes, autre chose l'absolu, c'est-à-dire la réalité existant par soi indépendamment de toute relation, y compris la relation à notre propre pensée. Notre existence est réelle et nous en avons la conscience certaine ; elle n'est pas pour cela une existence absolue. Nous n'avons aucune conscience de l'absolu, qui n'existe dans notre pensée qu'à l'état d'idée, limite de toutes les autres idées. Quant au rapport de notre existence à l'absolu, il n'est pas davantage un objet d'intuition primitive ; c'est un objet de réflexion et de doctrine, comme le prouve la diversité même des systèmes qui s'y rapportent, les uns dualistes, les autres monistes. Notre unification avec le principe de l'être est la fin de la philosophie, non le commencement, alors même qu'on aboutirait à cette conséquence que, pour pouvoir être la fin et le terme de la pensée philosophique, l'unité de chaque être avec l'Etre a dû être le commencement de la réalité.

VI

CONCLUSION

La conclusion finale de cette étude, c'est que la philosophie, à notre époque, doit se faire tout ensemble aussi spéculative et aussi pratique qu'il est possible. Après la période de critique que Kant a inaugurée, elle doit, sans rien abandonner de l'esprit critique qui lui est essentiel, maintenir les hautes visées qui caractérisèrent toutes les grandes doctrines, se mettre en présence du réel tel qu'il est et s'efforcer de le voir face à face.

Pour cela elle ne doit négliger aucun des procédés qui sont à sa disposition et, tout d'abord, les opérations proprement intellectuelles : expérience intérieure et extérieure, analyse et synthèse. Mais, le réel n'étant pas de nature purement intellectuelle, il est certain que les procédés de l'intelligence pure ne sauraient s'égaler à lui. L'objet des sciences positives est, de sa nature, épuisable par l'intelligence, parce qu'il ne consiste que dans les rapports des choses, non dans leur réalité intime ni dans leur activité profonde. L'objet de la philosophie ne saurait être épuisé de la même manière, parce qu'il y a dans la réalité *autre chose* que de l'intelligence; il y a dans le réel de l'activité plus ou moins aveugle ou clairvoyante, il y a dans le réel de la sensibilité plus ou moins sourde ou aiguë, il y a dans le réel des formes instinctives d'adaptation qui diffèrent de l'entendement réfléchi. Toutes ces puissances du réel ne sont pas sans un rapport profond avec les lois essentielles de l'intelligibilité, qui les dominent comme elles dominent tout le reste.

C'est d'ailleurs en nous-mêmes que nous en trouvons le type, c'est en nous que nous voyons l'activité et la volonté à l'œuvre, c'est en nous que nous sommes témoins du plaisir et de la peine, des émotions plus ou moins confuses, du bien-être ou du malaise indistincts, du sentiment continu, quoique confus, de la vie animale et végétative. Toutes ces manifestations de l'être, qui ne sont pas intellectuelles, nous les affirmons cependant intelligibles, parce qu'elles sont toutes soumises, de fait et de droit, aux deux grandes lois de l'intelligence : identité et causalité. Nous avons beau ne pas toujours voir les causes de nos sensations et émotions, de notre humeur gaie ou triste, de nos tendances obscures et subconscientes, de nos volitions spontanées, bien plus, de nos volitions réfléchies : nous sommes certains que ces causes existent, que tous nos états ou nos actes ont leurs raisons suffisantes et que, de plus, pas un d'eux ne porte la contradiction dans son sein, quelque contraires qu'ils puissent paraître entre eux. C'est d'après tout ce que nous trouvons dans notre conscience, et pressentons dans notre subconscience que nous pouvons nous représenter et essayer de nous expliquer la vie dormante du minéral, la vie à demi éveillée du végétal, la vie de plus en plus vigilante et remuante de l'animal.

Nous n'avons donc pas besoin de facultés mystérieuses pour pénétrer dans le réel; nous n'avons besoin ni d'intuitions supra-intellectuelles, ni d'instincts supra-intellectuels, ni de sympathies supra-intellectuelles. Le fil de l'analogie avec notre conscience ne nous abandonne jamais dans le labyrinthe de la Nature. S'il nous abandonnait, n'ayant point d'ailes pour fuir en l'air, nous n'aurions plus qu'à nous arrêter, impuissants et silencieux; nous resterions à jamais perdus dans les ténèbres. Cherchons donc toujours et partout, sinon l'intellectuel, du moins l'intelligible. La philosophie est sans doute l'âme tout entière appliquée à pénétrer le réel, mais elle n'a d'autre moyen de le connaître, de le comprendre, de le traduire à soi et aux autres, que de lui appliquer les lois de l'intelligence, qui s'appliquent aussi à l'activité et au sentiment. L'intelligence n'est pas en dehors du reste, en dehors du réel; elle est le réel même parvenu à l'existence pour soi. La philosophie, étude du réel, est donc nécessairement intellection, non pas sentiment et volonté, quelque part qu'elle doive faire au sentiment et à la volonté. C'est par des inductions méthodiques qu'elle doit faire cette part, non en se laissant guider par des impressions vagues ou de vagues divinations. Tout, en philosophie, doit être motivé et raisonné, ce qui ne veut nullement dire que la philosophie doive réduire toute l'étude de la réalité à la pure raison ou à de pures idées de la raison. Non, elle doit seulement partir de ce principe qu'il y a en toutes choses de l'intelligible, et que rien ne peut se produire en dehors des lois posées par l'intelligence comme universelles : identité et causalité. La tâche de la philosophie, comme celle de la science, c'est de mettre de plus en plus en évidence la profonde rationalité des choses. Elle ne sépare jamais réalité et intelligibilité, vie et lumière; elle aussi a pour devise : *Fiat lux!*

Par cela même qu'elle est ainsi la plus spéculative de toutes les spéculations, la philosophie est aussi la plus pratique de toutes les pratiques. Il y a en elle identité entre l'acte le plus haut de la pensée et l'acte le plus haut de la moralité; de part et d'autre c'est le désintéressement absolu, c'est le moi s'identifiant avec le tout. La philosophie, connaissance des réalités vraies, est donc du même coup affirmation et même génération des valeurs vraies. Pour rendre la philosophie réellement *pragmatique*, gardons-nous de la rabaisser à la poursuite de l'utile et du commode. C'est précisément parce qu'elle se déprend entièrement de nos utilités, de nos commodités, de nos fins humaines, qu'elle nous élève à la vie morale et nous révèle des fins plus qu'humaines. Après s'être demandé ce qui est réellement réel et vraiment vrai, elle se demande ce que vaut le réel, ce que vaut le vrai, ce que vaut le monde entier, ce que vaut la vie, ce que vaut l'intelligibilité découverte par l'intelligence dans le monde et dans la vie. En un mot, le dernier des problèmes philosophiques, c'est le problème du *bien*. Toute interprétation de l'existence est en même temps une évaluation de l'existence.

Il est clair que cette évaluation, une fois faite, doit dominer la morale, mais, en elle-même, elle n'est pas encore la morale ; elle fait partie de la philosophie première, qui, outre le réel ultime et le vrai ultime, cherche le bien ultime. Sans la réalité immatérielle qui est dans les phénomènes matériels, il n'y aurait pas de psychologie ; sans la vérité intelligible, qui est au fond de toutes les relations saisies par l'intelligence, il n'y aurait pas de logique ; sans le bien, qui est également au fond du réel et du vrai, il n'y aurait pas de morale. La philosophie voit partout et en tout l'être, le vrai et le devoir-être ; je veux dire que rien ne lui paraît fixé et immobilisé dans l'existence du fait actuel ; elle érige ce fait même en vérité par l'intelligibilité qu'elle y montre, puis elle voit au delà du fait la tendance à changer et à changer en mieux, au delà de ce qui est, ce qui *peut* être, ce qui *doit* être.

Pour accomplir cette partie de sa tâche, qui en est l'achèvement, elle ne se place pas au point de vue de nos fins proprement humaines, mais elle subordonne ces fins elles-mêmes à quelque chose qui les explique en les dépassant.

Ce que la philosophie actuelle, quand elle interprète le monde, doit retenir des doctrines qui introduisent les considérations morales dans la spéculation métaphysique, c'est que la philosophie ne peut pas se réduire à une sorte de science froide et de miroir glacé, comme les sciences qui portent sur des objets extérieurs et sur leurs relations dans l'espace et dans le temps. C'est l'être tout entier, l'être intime, qui est l'objet de l'interprétation philosophique, c'est l'être à la fois pensant, sentant et voulant; c'est, si l'on veut, le « cœur » en même temps que l'intellect. Il en résulte une perpétuelle intervention de tous les éléments de notre être dans les grands problèmes philosophiques qui intéressent précisément notre être tout entier. La philosophie est l'usage réfléchi et motivé de toutes nos puissances intimes pour pénétrer l'intimité du réel; de même que la religion est l'usage spontané, imaginatif et sentimental de ces mêmes puissances. Il y a longtemps que Platon lui-même, dédaigné des modernes Protagoras, a dit : il faut philosopher avec toute son âme, non seulement parce que toute l'âme n'est pas trop pour rechercher la vérité dernière touchant la réalité, mais parce que l'âme entière est la réalité même parvenue au point le plus haut de son évolution. On a donc le droit, quand on interprète le monde, de placer au fond des choses le germe de tout ce que nous trouvons développé en nous-mêmes.

Outre cette tâche spéculative et indivisiblement morale, la philosophie de notre époque a une tâche sociale qui va croissant.

Les sociétés modernes ont besoin de fins nouvelles ou renouvelées à concevoir, à aimer et à vouloir; elles ont besoin d'une justification scientifique et philosophique des fins les plus hautes que l'humanité puisse poursuivre; elles ont besoin d'un idéal en harmonie avec la réalité, idéal qui, sous une forme de plus en plus consciente et raisonnée, puisse s'imposer à l'éducation, à la conduite nationale et internationale.

Outre que le mouvement scientifique des sociétés modernes réclame une morale aussi scientifique qu'il est possible, le mouvement industriel, qui n'est que la science appliquée à la vie matérielle, réclame une application parallèle de la science à la vie sociale.

Dans l'ordre matériel, le progrès de l'industrie aboutit au progrès du *bien-être*; il tend à augmenter l'*intensité* et la *durée* moyenne de la vie, ainsi que son *extension* dans l'*espace* et son *expansion sociale*; il aboutit donc à augmenter ainsi la valeur de la vie. Il tend de même à se traduire par une augmentation parallèle de *jouissances*, compensée d'ailleurs en partie sur certains points par une augmentation de souffrances. A tort ou à raison, la masse de l'humanité espère que les jouissances, grâce à une civilisation mieux comprise et mieux ordonnée, finiront par l'emporter plus qu'à présent sur les souffrances. C'est le fond même des espoirs socialistes.

Pour réaliser cet idéal dans la mesure du possible, la morale des sociétés modernes doit chercher une conciliation, aussi grande qu'il sera possible, entre la doctrine du *devoir* et celle du *bonheur*. Par cela même, elle reviendra en partie au point de vue antique, mais de manière à en opérer la synthèse avec le point de vue chrétien. Les anciens ne séparèrent jamais sagesse et félicité; l'idée de la vie heureuse était, à leurs yeux, inséparable de celle de la vie vertueuse. Les Chrétiens, comprenant le côté triste de la vie et la nécessité du sacrifice, creusèrent l'abîme entre sagesse et bonheur. Les modernes doivent, selon nous, chercher une synthèse qui unisse de nouveau les deux termes, et qui par là réconcilie la moralité avec la nature.

Cette synthèse en enveloppera une autre, celle du bien *individuel* avec le bien *social*. Ici encore, l'antiquité nous a donné l'exemple; elle ne séparait pas le bien du citoyen d'avec le bien de la Cité. La morale antique était essentiellement civique. Mais tandis que, dans l'antiquité, la Cité avait des bornes étroites, elle tend, depuis le christianisme, à embrasser la société humaine tout entière. Il faut donc que la morale soit, non seulement *naturelle* et non seulement *individuelle*, mais encore *universelle*, c'est-à-dire qu'elle recherche la commune loi de la nature, de l'individu et de la société. Les trois idées dominatrices : *nature, personnalité, collectivité*, doivent être réconciliées en un tout qui satisfasse à la fois les besoins scientifiques et philosophiques de l'esprit moderne. La vraie morale sera donc **indivisiblement une œuvre de conscience individuelle et de conscience collective**.

Toute société a besoin d'idées-forces communes. Ces idées, qui deviennent une sorte de trésor social, **ont pris dès la plus haute antiquité la forme religieuse. A la horde correspondait** généralement la croyance aux esprits, au clan l'animisme, à la Cité le polythéisme, à la grande vie **nationale et internationale le monothéisme. Nous trouvons partout et toujours,** dans l'histoire des sociétés, **des représentations collectives qui enveloppaient une philosophie du monde et de la vie**; aujourd'hui, nous sommes témoins d'une sorte d'anarchie intellectuelle qui enlève à notre civilisation moderne sa force d'action morale en même temps que de création esthétique et de transformation sociale.

Où va notre société actuelle? Elle semble l'ignorer. Ce qu'elle veut, elle ne le sait guère. **Les fins les plus hautes et les plus désintéressées demeurent noyées dans la brume**; dès lors, au lieu de travailler pour l'incertain, la plupart des hommes s'attachent au certain, c'est-à-dire à ce qu'il y a de plus rapproché, de plus immédiatement utile, à ces intérêts dont Marx veut faire les seuls **moteurs de l'histoire**, dont les pragmatistes osent faire les **moteurs de la science** même et de la philosophie. De là à l'égoïsme universel il n'y a qu'un pas. C'est donc un but clairement défini qui nous manque, c'est une idée directrice qui s'impose à tous les esprits. Que derrière tous les nuages brille une étoile au ciel des idées, hommes et peuples iront à l'étoile.

ESQUISSE
D'UNE INTERPRÉTATION DU MONDE

CHAPITRE PREMIER

La réalité et l'intelligibilité du monde.
Insuffisance de l'interprétation idéaliste du monde.

Avant d'entreprendre une esquisse de l'interprétation du monde, il est nécessaire d'examiner et de critiquer un à un les principaux caractères que le monde présente à notre observation et à notre pensée et qui sont comme les formes essentielles de son existence ; car, c'est seulement grâce à cet examen et à cette critique qu'il nous sera possible de trouver les éléments de l'interprétation que nous cherchons.

Or, le monde nous apparaît comme *réel*, d'une réalité qui s'impose tout à la fois à nos sens et à notre intelligence, donc tout ensemble objective et intelligible ; il nous est donné dans l'*espace* et dans le *temps* qui lui impriment leur propre caractère d'*infinité* non seulement en grandeur mais en petitesse ; il se manifeste enfin à nous comme étant le théâtre de *changements* incessants et d'un continuel déploiement d'*activité*.

Réalité ; infinité dans l'espace et dans le temps ; force ou causalité, tels sont donc les trois aspects généraux sous lesquels nous devons tout d'abord envisager le monde et dont tout essai d'interprétation doit avant tout tenir compte.

I. — La réalité du monde. L'objectivation par la volonté de conscience.

La réalité du monde se confond pour nous avec son objectivité ; mais comment de nos sensations, qui, prises en elles-mêmes, sont purement subjectives, pouvons-nous faire sortir un monde objectif ? — La réponse, ce semble, n'est pas absolument identique, selon qu'il s'agit de l'animal ou de l'homme.

L'animal objective d'abord pratiquement, c'est-à-dire qu'il réagit comme s'il n'était pas seul, sous l'influence de représentations d'autres animaux ou objets ; l'animal est pragmatiste.

Chez les êtres supérieurs, la pensée aboutit à une objectivité réfléchie différente de l'objectivité automatique. Le premier *objet* que nous saisissons par la pensée, c'est nous-mêmes, c'est le *sujet*, dès qu'il se réfléchit sur soi. Le sujet pose alors sa propre *réalité*, qu'il sentait auparavant sans la penser. En d'autres termes, à la conscience spontanée et indistincte succède la conscience réfléchie et distincte, qui est seule la vraie conscience. Le sujet s'*objective* lui-même à ses propres yeux.

Mais, si la conscience, à son premier acte de réflexion, devient ainsi distincte, c'est qu'elle saisit en elle-même des *différences* : ses états ou changements lui apparaissent comme dissemblables. Cette aperception de la différence implique, simultanément, l'aperception de la ressemblance. Si le sujet sentant et agissant ne retrouvait rien en lui-même d'un instant à l'autre, s'il ne se reconnaissait pas dans ses changements sans fin, il n'aurait ni l'aperception de la ressemblance ni celle même de la différence, parce qu'une différence *absolue*, sans aucune ressemblance, serait insaisissable comme telle ; en supposant qu'elle existât de fait, elle ne pourrait être consciente d'elle-même : elle serait l'équivalent d'une création instantanée suivie d'une annihilation non moins instantanée.

L'être naîtrait et mourrait au même moment, puis renaîtrait et mourrait de nouveau ; mais cette vicissitude incessante ne permettrait que le sentiment de ce qui est actuel sans aucune comparaison possible avec ce qui fut, donc sans aucune conscience de ressemblance ou de différence. De fait, il n'en est pas ainsi. Tout être sentant, même le plus inférieur, ne saisit pas en lui des termes isolés ; il saisit des relations de similitude ou de dissimilitude entre ces termes, parce qu'il a un perpétuel sentiment de son être même, une perpétuelle conscience de sa réalité, ainsi que d'une certaine identité entre son être actuel et son être passé. Par là, la conscience se trouve en possession, 1° d'une réalité intime avec laquelle elle ne fait qu'un et qui est elle-même, 2° d'une relation sans laquelle elle n'existerait pas à l'état distinct : la relation de différence dans la ressemblance ou de ressemblance dans la différence.

Maintenant, en quoi consiste cette réalité dont la conscience a l'aperception en elle-même et qui, pour la réflexion, devient objet tout en restant sujet ? — Selon nous, cette réalité constitutive de l'être conscient est la volonté. Par là, nous entendons une activité essentielle tendant à s'exercer et jouissant de sa propre exertion. On ne saurait trop le redire, l'être qui n'agirait pas n'aurait pas d'existence, puisqu'il ne se manifesterait par rien. Ne produisant aucun effet qu'on pût lui attribuer, il n'aurait aucune propriété. Si le fer est dur, c'est qu'il y a en lui un ensemble d'actions résistant à notre action. Si l'eau de mer est salée, c'est qu'il y a en elle un ensemble d'actions capables de produire en nous, comme effet final, une certaine sensation de saveur. Toute propriété est un rapport de causalité réciproque, une interaction. On peut en dire autant de la *qualité*, qui est toujours un mode de *causalité* et implique toujours une activité quelconque.

Ajoutons que l'activité est toujours tournée vers l'avenir en même temps que vers le présent et, par la mémoire, vers le passé ; elle n'est jamais satisfaite d'elle-même et de son état actuel ; elle est toujours *tendance*, *appétition*. C'est surtout ce trait qui lui donne le caractère de volonté. En d'autres termes, la causalité de l'être réel enveloppe une finalité immanente, qui n'est pas la *conception* d'une fin idéale, mais la tendance spontanée vers une fin imparfaitement réalisée : c'est donc la volonté de conscience. Au fond de l'être, causalité et finalité ne font qu'un. Si l'être était satisfait de son état de conscience actuel, il ne ferait aucun effort pour en sortir, il ne déploierait pour cela aucune activité ou causalité ; il dormirait à jamais dans le présent sans aucune appétition de l'avenir. Mais il n'en est pas ainsi : le désir est attaché à l'être même ; il est son moteur, il fait sa vie.

La volonté constitutive de l'être ne se saisit pas à part de ses manifestations et exertions, sinon d'une conscience indistincte et confuse. Nous avons conscience de vouloir *ceci* ou *cela*. La conscience claire de la volonté suppose donc la conscience claire des différents actes de la volonté et de leurs différents objets. Nous revenons ainsi à l'aperception des différences et ressemblances, qui est le commencement de la pensée ou de la conscience distincte et se réfléchissant sur elle-même. Ce rudiment de la pensée existe chez les plus humbles animaux, tout comme y existe la conscience plus ou moins sourde de la volonté indéfectible et sans cesse en action.

En possession de ces deux choses, la volonté consciente de sa réalité et la volonté consciente de ses relations de différence et de ressemblance avec elle-même, l'être sentant peut arriver à se représenter d'autres êtres, qui ne sont pour lui, au début, que d'autres volontés plus ou moins analogues à la sienne. Quand son action rencontre une résistance qui l'arrête, il la continue par l'imagination, mais en la concevant comme *différente* de la sienne ; en d'autres termes, il applique spontanément le rapport de différence et celui de ressemblance aux actions dont il ne voit pas l'origine en lui-même. Il ne peut rien concevoir de réel que comme activité, causalité, volonté, parce qu'il est lui-même volonté et, à l'origine, ne connaît rien en dehors de lui-même. Ainsi se prolonge-t-il idéalement derrière la résistance qu'il rencontre, maintenant ainsi sa volonté avec le moindre abandon possible ; mais il est obligé d'affecter le vouloir qui lui résiste du signe *différent* ou *autre*; et c'est ainsi qu'il conçoit une volonté *autre* que sa volonté, quoique la même sous certains rapports. L'objectivation suppose donc à la fois volonté et pensée, c'est-à-dire conscience plus ou moins réfléchie, différenciée en elle-même et concevant des différences hors d'elle-même.

L'objectivation n'est pas, toutefois, une application d'un concept abstrait de causalité, mais elle est la causalité en exercice, rivée à l'être, ne faisant qu'un avec l'être et prenant conscience de soi dans son exertion même, qui devient *assertion*. Du même coup, la raison, qui est l'attribution de raisons et de causes actives à toutes choses, est inhérente virtuellement à la conscience de l'être vivant et ne fait qu'un avec elle. Tous les animaux, au fond, sont raisonnables, ou préraisonnables, non pas seulement l'homme. Ce n'est point une « *ombre* de raison » qui, selon le mot de Leibniz, est départie aux bêtes, c'est un germe très réel de raison, qui fait que, dès que les animaux ont conscience de leur activité propre, ils placent une activité derrière toute chose, comme raison et cause de tout acte qui n'est pas leur acte propre.

L'idéalisme subjectif ou le solipsisme, selon lequel le moi existerait seul, sans réalité qui dépassât la pensée individuelle, est impossible à soutenir, puisque la pensée individuelle ne peut elle-même s'exercer sans objet et que la volonté individuelle rencontre cet objet sous la forme de résistance ou de concours. De là le *cogito ergo sumus*, qui est inhérent au *cogito ergo sum*.

L'objectivation est encore aidée ou plutôt nécessitée par la forme spatiale que prennent toutes les perceptions, surtout visuelles et tactiles. L'espace est la simultanéité d'existences multiples se manifestant par la juxtaposition qui les montre en dehors les unes des autres. Un monde spatial fait nécessairement contraste avec le sujet sentant et pensant, qui le projette hors de lui-même.

En définitive, nous objectivons dans l'ordre de la *qualité* par le contraste de l'étendu et du psychique ; dans l'ordre de la *causalité* par l'extension du psychique au delà de ses propres limites. Dépouillé peu à peu des éléments trop personnels, le psychique devient le physique et s'étire dans l'espace sous forme d'*objet* visible ou tactile. L'objectivation, en un mot, est un procédé qu'emploie la volonté de conscience pour se maintenir et s'accroître en n'abandonnant d'elle-même que ce qui est nécessaire pour la représentation d'autres volontés à son image ou, tout au moins, d'autres *activités*, d'autres *causes*, d'autres *êtres* doués de qualités correspondant aux siennes propres et contenant la *raison* de ses propres modifications.

Chez l'être vivant, nous avons vu que le mécanisme de l'objectivation est tout monté d'avance ; il s'exerce au moyen de *réactions motrices* dont l'être a conscience tout comme il a eu conscience de ses premières actions motrices. Heurtez un animal quelconque, la réaction motrice de cet animal sera aussi inévitable que celle d'un corps que vous frappez. Et non seulement il y a proportionnalité entre l'action et la réaction, mais il y a aussi une certaine analogie ; toute conscience de réaction motrice suppose la conscience d'une action antérieure rencontrant limite ou obstacle, puis réagissant pour écarter la limite ou l'obstacle ; l'obstacle lui-même est aussitôt *représenté* à l'imitation de l'être qui le sent, *ex analogia*. Ainsi se produit comme un dédoublement de l'être, qui, en devenant plus tard réfléchi, sera le sujet et l'objet, le moi et l'autre que moi. La soudaineté de l'opération, devenue de plus en plus machinale et instinctive par une longue hérédité, ne doit pas nous la faire confondre avec une intuition qui appréhenderait immédiatement les objets en eux-mêmes. La réalité du monde extérieur ne semble immédiatement contenue dans la sensation que parce que la sensation passive et involontaire se distingue immédiatement de la volonté active qui constitue l'être vivant et s'oppose à elle.

L'animal ne perçoit pas en eux-mêmes les autres animaux ; il perçoit en lui-même leur image, qui ne reste pas seulement physique, mais devient bientôt psychique. Il ne perçoit pas davantage en eux-mêmes les objets inanimés, la terre où il marche, le rocher, la montagne, le soleil ; tout en lui est représentation accompagnée d'émotion et d'appétition.

L'image d'un danger que court le membre d'un troupeau éveille chez le troupeau entier une sorte de réflexe à rebours, le sentiment corrélatif de peur et le début du mouvement de fuite. Peu à peu, grâce à toutes les images des états ou actes d'autres êtres, grâce à tous les rudiments d'appétition et d'action qui accompagnent ces images et en font de vraies forces, l'être animé voit se dessiner dans sa conscience des représentations d'autres êtres, représentations non pas seulement extérieures et spatiales, mais intérieures et psychiques qui deviennent des foyers secondaires d'action. C'est là un effet d'imagination spontanée et de suggestion.

Il en est ainsi dans l'humanité. Nous *sentons* d'abord avec les autres, que nous *percevons* ; puis, plus tard, nous les *concevons* et les *comprenons*; l'accord primitif des sensibilités enveloppait déjà le germe de l'accord des intelligences. L'idée d'*autrui* est celle d'autres êtres sentant et agissant comme nous ; la force inhérente à cette idée est celle qui était déjà présente dans la sympathie instinctive; c'est la liaison de la représentation interne à l'appétition motrice. En un mot, les sensibilités en sympathie et les émotions en synergie nous transportent spontanément au delà des limites de notre moi avant que la pensée réfléchie et conceptuelle accomplisse sciemment le même passage ; mais c'est que, dans le mécanisme et le dynamisme des émotions concordantes, il y a déjà, comme nous l'avons dit, des représentations ou perceptions concordantes, il y a des états de conscience concordants ; or ces représentations et états de conscience, accompagnés d'impulsions, sont déjà, sous une forme rudimentaire, des idées-forces, à la fois représentatives et opératives. L'objectivation est un cas non d'intuition, mais d'image-force.

Nous ne pénétrons pas dans les autres êtres par une opération supra-intellectuelle : ce sont plutôt les autres êtres qui pénètrent en nous sous forme d'images émouvantes et impulsives.

Dès lors, tous nos états d'esprit sont polarisés ; ils offrent tout ensemble la dualité et l'union indissoluble du sujet qui sent ou perçoit, de l'objet senti ou perçu. Ce sujet n'a pas d'abord besoin d'être *centré* nettement sous forme de *moi*; l'objet n'a pas besoin non plus d'être nettement centré en chose distincte du moi. Ce qui est essentiel à l'état conscient, c'est la polarisation plus ou moins implicite que nous exprimons d'une manière explicite par sujet-objet. De là la formule que nous avons proposée : *cogito, ergo sumus; sentio, volo, ergo sumus*. Elle marque sous une forme nécessairement *réfléchie* la dualité spontanée qu'enveloppe l'unité mentale, l'aimantation invincible qui fait que le plus humble animal distingue plus ou moins vaguement son action de l'action des choses autres que lui. C'est l'*altérité* d'existence à son origine ; c'est l'objectivation qui commence.

Le Monde extérieur est donc extrait du tout de la conscience et posé réel par la volonté de pleine conscience, qui projette un double d'elle-même derrière ce qui la limite et s'oppose à elle (1).

(1) La réalité ne saurait se limiter à notre pensée individuelle, tout le monde y consent ; mais qui sait, demandera-t-on, si ce qui nous dépasse ainsi et où nos pensées individuelles ont leur fondement est bien un objet ou un ensemble d'objets formant un monde ? Ne serait-ce point une pensée plus large, lien et principe des esprits, qui n'en seraient que les phénomènes? — Ce problème existe à coup sûr ; mais il ne se pose qu'à la fin de la métaphysique et à propos de la *pensée* proprement dite en tant que distincte de la sensation, de l'émotion et de l'appétition vitales. Il est difficile d'admettre que, quand un animal inférieur distingue ce qui le blesse par dehors et ce dont il jouit au dedans, quand il réagit aux excitations extérieures, c'est une pensée plus large dont il a le sentiment et qui se révèle à lui sous forme de plaisir ou de souffrance. Avant de faire reposer la matière sur une pensée dont elle ne serait que le phénomène dans l'espace, il faut commencer par admettre l'existence de la matière elle-même et des corps dans lesquels elle se divise, comme aussi de la vie physiologique et mentale dont la matière est inséparable. Il est possible que le ver de terre sente en Dieu et que nous pensions en Dieu, mais c'est là une question de théologie rationnelle qui doit être réservée aux spéculations dernières sur le fond de l'être.

II. — L'INTELLIGIBILITÉ DU MONDE.

Il semble d'abord que l'idée de réalité soit ce qu'il y a de plus étranger à celle d'intelligibilité, de plus autonome et se suffisant à soi-même sans l'aide de l'intelligence. Il n'en est rien.

Sans doute il y a une réalité qui se sent en nous et se pose d'elle-même sans qu'il soit besoin de la faire entrer en relation intelligible avec une totalité dont elle est partie. Encore faut-il, pour que nous ayons vraiment une conscience distincte de notre réalité, que nous la discernions dans son opposition à autre chose, que le sujet se pose en face de quelque objet; et c'est là le commencement de l'intelligence. Mais ce n'est pas tout. Si nous nous bornons à ce qu'on nomme l'intuition de notre réalité intérieure, à quoi se réduira cette réalité? Au changement actuel de conscience, au phénomène mort-né. Dès que nous y ajoutons des souvenirs, il faut que ces souvenirs soient en connexion intelligible les uns avec les autres et en connexion avec l'état actuel. Tous les souvenirs qui ne prennent pas place pour mon intelligence dans la trame continue de ma mémoire ne sont pas admis à la réalité; c'est donc mon intelligibilité pour moi-même qui fait ma vraie et durable réalité pour moi-même. Je n'existe que comme synthèse intelligible aboutissant à une *totalité* à la fois une et multiple, à une détermination qualitative ou intégration de différences et de ressemblances, à une permanence dans le changement ou individuation, à une réciprocité causale ou solidarité avec moi-même et avec les autres êtres, à un déterminisme enveloppant le possible dans le réel et tirant sans fin l'un de l'autre. En un mot, je ne pose ma réalité au-dessus du phénomène fuyant où se perd ma conscience que par l'application de toutes les fonctions intellectuelles qui rendent le réel intelligible.

Que sera-ce donc si je pense aux réalités différentes de la mienne ? Ici, toute intuition directe est impossible parce que contradictoire. Je ne saisis que l'effet en moi des êtres autres que moi : ces êtres, il faut que je les réalise moi-même en moi, et cela, en vertu des lois de l'intelligibilité. Ils ne sont réels pour moi que si je les conçois *causes*, que si je les conçois sujets plus ou moins *permanents* ou, comme disaient les anciens, *substances*; ils ne sont réels que si je les conçois comme des *totalités*, comme des *intégrations* de différences et de ressemblances, enfin comme des *déterminismes* où le possible et le réel sont unis. En outre, il faut qu'ils prennent place dans l'ensemble des causes à moi connues, des sujets à moi connus, des totalités à moi connues, des déterminismes à moi connus. S'ils sont sans aucune relation avec le reste, ils n'existent pas pour moi. Sous tous les rapports, c'est leur intelligibilité qui fait leur réalité (1).

Au fait, quand nous avons une représentation, une image qui ne se lie en rien à tout le reste, nous nous disons : « Je rêve » ou « j'ai une hallucination » parce que la seconde et la plus essentielle condition de l'intelligibilité fait alors défaut: la liaison rationnelle. Nous distinguons surtout le rêve de la veille par cette condition, alors même que les « présen-

---

(1) Les philosophes mêmes qui rejettent l'universelle intelligibilité sont amenés à la postuler tout aussi explicitement que nous-mêmes pour expliquer notre croyance à l'existence du monde matériel et du monde spirituel. Pour que le monde de la matière, le monde des « images », soit dit existant, ils conviennent que non seulement il doit être perçu, mais encore qu'il doit être rationnellement lié, donc intelligible. « Toutes ces images agissent et réagissent les unes sur les autres dans toutes leurs parties élémentaires selon des lois constantes, que nous nommons les lois de la nature. La science parfaite de ces lois permettrait sans doute de calculer et de prévoir ce qui se passera dans chacune de ces images. » (Bergson, *Matière et mémoire*, p. 1.) — Voilà donc non seulement l'universelle intelligibilité du monde matériel, mais encore son universel déterminisme qui devient une condition de son objectivité. En sera-t-il de même pour le monde spirituel ? Oui, car ici comme ailleurs, l'existence implique « deux conditions réunies : 1° la présentation à la conscience, 2° la connexion logique ou causale de ce qui est ainsi présenté avec ce qui précède et ce qui suit. La réalité pour nous d'un état psychologique ou d'un objet matériel consiste dans le double fait que notre conscience les perçoit et qu'ils font partie d'une série, temporelle ou spatiale, où les points se déterminent les uns les autres. L'existence implique toujours à la fois « l'appréhension consciente et la connexion régulière ». (*Matière et mémoire*, p. 217.) — Donc, dans le monde psychologique, comme dans le monde physique, rien ne peut être dit *existant* qui ne soit intelligible et même rationnel.

tations à la conscience », dans le rêve, seraient aussi vives qu'à l'état de veille. Tant il est vrai que l'intelligibilité s'impose partout à la réalité et que les plus anti-platoniciens finissent par être obligés de platoniser. Les exceptions apparentes aux lois sont des *rêves* et les rêves sont des *exceptions apparentes* aux lois.

D'où l'on pourrait conclure, selon nous, que tout ce qu'on nous dit exister en dehors de ces deux nécessités de l'existence, possibilité d'être appréhendé par une conscience et connexion rationnelle, lesquelles sont précisément aussi les deux conditions de l'intelligibilité, tout cela (par exemple, le libre arbitre indéterminé) ne peut être que *non existant*.

III. — Insuffisance de l'interprétation idéaliste du monde.

L'idéalisme pur et absolu consiste à croire que le monde, — tel du moins que je puis le connaître et en parler, — se compose exclusivement de représentations, et même de *mes* représentations actuelles ou possibles, matérielles ou formelles. Par représentations possibles, l'idéalisme entend, par exemple, celle du soleil lorsqu'il est au-dessous de l'horizon; par représentations formelles, il entend celles du temps, de l'espace et de tout ce qu'on peut y construire à priori; il y place aussi celles des lois qui régissent à priori tous les phénomènes, comme les lois de causalité.

Mais n'existe-t-il que *mes* représentations? — Pour moi et dans mon monde, oui, répond l'idéaliste; mais il peut y avoir d'autres systèmes de représentations, d'autres mondes, en partie parallèles, en partie identiques au mien : parallèles dans tout ce qu'ils ont de sensible, les représentations des autres sujets sentants différant des miennes selon la différence des points de vue, comme le voulait Leibniz; identiques dans tout ce qu'ils ont d'intelligible, c'est-à-dire de mathématique ou de métaphysique, car la représentation du temps, de l'espace, de la causalité, de la finalité, ne peut pas différer d'un sujet pensant à un autre.

« Il n'y a même, selon l'idéalisme absolu, de sujets pensants différents qu'en tant que leurs pensées s'incorporent à des représentations sensibles différentes, — ou plutôt il n'y a, à proprement parler, que des sujets sentants, qui pensent une seule et même pensée. »

Un éminent idéaliste français contemporain, M. Lachelier, considère cette unique pensée comme la substance commune dont les différents sujets sentants ne sont que les accidents. L'idéalisme, qui se présentait d'abord sous une forme psychologique, devient ainsi une doctrine métaphysique : « *Mon* monde devient *le* monde, dans la mesure où ma pensée devient la vérité et, à ce titre, la substance unique et universelle. » Par là, se réconcilient les deux sens que le mot d'idéalisme a dans l'histoire de la philosophie. — « L'idéalisme absolu, conclut M. Lachelier, élimine l'idée de *sujets*, distincts de leurs représentations et qui seraient à leur manière des *choses* : pour l'idéaliste il n'existe absolument que des représentations, les unes sensibles et individuelles, les autres intellectuelles et impersonnelles [1]. »

« Pour l'idéaliste, dit à son tour M. Bergson, il n'y a rien de plus dans la réalité que ce qui *apparaît à ma* conscience ou à *la* conscience en général [2]. » Cette dernière définition nous semble enfermer une ambiguïté, qui porte sur les mots *apparaître à*. Ces mots semblent désigner des objets qui deviennent des phénomènes et *apparences*. Mais l'idéalisme, précisément, n'admet pas qu'il y ait de *purs objets* capables d'apparaître à la conscience, mais existant en dehors de toute conscience.

Force lui est bien cependant de constater la correspondance harmonique des représentations dans les différentes consciences individuelles et de placer quelque part, en dehors

---

[1] *Vocabulaire philosophique* au mot *Idéalisme*.
[2] Bergson, *Le Parallélisme psychologique*. Compte rendu du Congrès de Genève, 1904, p. 429.

de l'individualité de ces consciences, le principe de cet accord.

M. Lachelier, en kantien platonisant, a suivi cette voie : il a cherché à saisir l'existence supra-sensible moins encore dans le sujet pensant lui-même, ou à la racine à la fois du sujet et de l'objet, que dans ce qu'il nomme : « le *formel* de la pensée elle-même, en deçà de toute réalité, tant objective que subjective. » C'est, dit-il, un idéalisme absolu qui dépasse à la fois le réalisme matérialiste et le réalisme spiritualiste. La grande difficulté est de se représenter ce qu'il faut entendre par ce *formel* pur au delà de toute matière et de tout contenu. Au premier abord, cela semble le dernier résidu de l'abstraction : c'est une idée de l'être sur laquelle est fondé l'être même, et, qui, toute idée qu'elle soit, a un mode d'existence et d'action supérieur à tous les autres. Telle était l'*idée du bien* d'où Platon fait sortir l'essence et l'existence. Vide absolu ou plénitude absolue? La pensée hésite.

Le défaut de l'idéalisme absolu, à nos yeux, c'est qu'il est exclusivement intellectualiste et ne considère que la pensée proprement dite, dont il fait la vraie et seule substance des choses. Or, l'intelligence n'épuise pas en nous tout l'être : nous sommes des sujets sentants et capables de vouloir; nous sommes avant tout des centres de volonté. Nous admettons donc, contrairement à M. Lachelier, des sujets vraiment distincts de leurs « représentations », au sens intellectuel de ce dernier mot; nous ne pensons point qu'il n'existe absolument que des représentations, les unes individuelles, les autres impersonnelles, ni que notre véritable existence soit uniquement dans ces dernières représentations, pensées divines soutenant et même constituant notre pensée. Nous admettons un idéalisme volontariste.

Les idéalistes disent : « Imaginer disparu tout être pensant et se demander ce qui se passerait alors est chose absurde et contradictoire. Vous ne pouvez supposer toute pensée abolie, car, cela même, vous ne le feriez qu'en pensant, donc en contredisant par votre acte ce que votre discours voudrait poser (1). » Il y a là, croyons-nous, une *ignoratio elenchi*. Si je suppose l'anéantissement de toute pensée, je ne place pas cet anéantissement au moment même où je pense, ce qui serait en effet contradictoire, mais au moment où moi et tous les autres êtres pensants aurions cessé de penser, ce qui n'est nullement contradictoire. Avec un tel raisonnement, on ne pourrait pas même supposer qu'on ne pensait pas il y a mille ans, et qu'on ne pensera plus après la mort, car, en faisant ces suppositions, on pense.

Ce qu'on ne peut supposer, ce n'est pas l'annihilation de tout être *pensant*, au sens propre du mot, mais de tout être qui n'aurait absolument rien des éléments psychiques que nous découvrons en nous-mêmes par la conscience ou pressentons dans la subconscience. Ce qui n'offrirait plus absolument rien d'analogue à notre existence psychique, ce qui n'en pourrait être conçu comme une diminution ou une amplification, n'est pas pour nous concevable d'une conception positive : c'est un X qui ne peut pas se distinguer de zéro. C'est seulement par cette affirmation que, pour notre part, nous sommes idéaliste, et, en même temps, volontariste, la volonté étant elle-même un sujet et objet de conscience.

(1). Notre idéalisme relatif consiste à croire que, partout, la réalité et la conscience sont inséparables. Si faible et si rudimentaire que puisse être la vie consciente, elle est, pour l'idéaliste, la seule vie possible et la seule existence possible ; il y a partout quelque sentiment obscur, quelque obscur appétit, quelque volonté qui est le vrai *sujet* de la conscience.

CHAPITRE DEUXIÈME

L'infinité de l'univers. — La première antinomie cosmologique.

I. — La thèse finitiste.

Le monde est-il fini ou infini dans le temps? Le monde est-il fini ou infini dans l'espace? Telle est la double alternative, objet de la première des antinomies cosmologiques, devant laquelle, selon Kant, l'esprit humain est condamné à osciller éternellement entre deux positions contradictoires.

A notre avis, dans cette antinomie cosmologique, où les thèses concluent en faveur du fini et les antithèses en faveur de l'infini, les thèses sont toutes sophistiques.

Le sophisme commun sur lequel elles reposent consiste à prendre pour mesure de la réalité donnée dans son tout l'opération analytique de l'esprit humain qui va des parties au tout ou du tout aux parties au moyen de la numération. Il est clair qu'on n'obtiendra jamais un tout infini en ajoutant une partie à une autre, alors même que cette opération se continuerait indéfiniment. Mais quand on pose la question : L'infini existe-t-il? il est évident qu'on ne pose pas cette autre question : — L'infini peut-il être ou construit ou épuisé par l'addition successive ou la soustraction successive des parties finies? Ce sont là deux questions tout à fait différentes, l'une qui concerne le réel, l'autre qui concerne notre mode de penser et, plus particulièrement, de compter. C'est un paralogisme de confondre les deux problèmes et de donner pour preuve que l'infini n'existe pas notre impossibilité de le construire par l'addition du fini au fini. Ce paralogisme est d'autant plus énorme que la seconde proposition : « Nous ne pouvons ni former ni épuiser l'infini par addition ou soustraction, » loin de contredire la première, en est, au contraire, la conséquence et la confirmation. Si l'infini est réel, il s'ensuit que nous, hommes, nous ne le reconstruirons pas idéalement par une addition de parties qui sera toujours finie et n'égalera jamais l'infini.

La thèse sur le fini est donc, non pas la contradiction, mais la confirmation de l'antithèse sur l'infini.

A l'appui de la thèse sur la nécessité d'un monde fini dans le temps et y ayant un premier commencement, Kant dit : « L'infinité d'une série consiste en ce que cette série ne peut jamais être achevée par une synthèse successive (1). » S'agit-il de la synthèse successive opérée par nous, et qui, en réalité, est une analyse successive? Il est manifeste que l'impossibilité de cette synthèse ou de cette analyse ne prouve rien contre la réalité d'un monde infini dans le temps et sans premier commencement. La synthèse en question désigne-t-elle l'évolution même de l'univers, qui a épuisé et fini jusqu'au moment actuel une infinité passée *a parte ante?* En ce cas, l'apparente contradiction de l'infini fini n'est qu'un jeu de mots. Quand on dit que l'infinité des états antérieurs du monde est finie au moment présent, on ne veut nullement dire qu'elle cesse d'être infinie *a parte ante*. Ce fait qu'une série infinie d'instants aboutit à l'instant présent n'implique pas que cette série infinie doive être finie *a parte ante*. On veut simplement dire que si nous, nous voulons refaire la synthèse à rebours, par régression et addition successive de parties à parties, nous n'arriverons jamais

---

(1) *Critique de la Raison pure*. Trad. Barni, II, p. 48.

à l'exhaustion de l'infini. Mais c'est ce qui est contenu dans l'idée même de l'infini actuel, au lieu d'être la négation de cette idée. Avec un tel raisonnement, on nierait la possibilité de *concevoir* (je ne dis pas de tracer) une ligne infinie à partir d'un point A où elle commence, où elle *finit* si vous voulez. La conception même de l'espace deviendrait impossible et toute géométrie s'écroulerait.

On n'a donc nullement démontré que l'infinité actuelle du passé soit contradictoire, parce qu'elle suppose une série sans fin, qui trouve cependant sa fin dans le moment présent. Le sophisme de ceux qui nient l'infinité dans le temps consiste à confondre le *regressus ad infinitum* qu'offre le temps à notre esprit, avec un *progressus* de la réalité *ad infinitum* qui se trouverait cependant fini et terminé. Mais on n'a nullement le droit d'intervertir la série, d'en changer le sens et de dire : pour qu'il y ait régression possible à l'infini dans le passé, il faut que le passé ait été lui-même un *progressus ad infinitum* et que ce *progressus* soit pourtant venu échouer, comme un flot mourant, sur la rive du présent. Etant donnée la série du passé que l'on peut figurer par une ligne indéfinie allant de droite à gauche, de A à X :

..... X ←――――――― A

on croit pouvoir la remplacer par la même ligne indéfinie, allant de gauche à droite vers l'avenir,

A ――――→―― X .....

et on conclut qu'il faut trouver un premier commencement A. Toutes ces opérations abstraites sont incorrectes et n'expriment pas la réalité concrète des choses. Il y a *regressus ad infinitum* dans le passé à partir du présent et *progressus ad infinitum* dans l'avenir; voilà la réalité, mais nous n'avons pas, nous, le droit de renverser l'ordre ni de dire qu'un passé infini sans commencement est contradictoire, parce qu'il aurait une fin dans le moment actuel; ce n'est pas sous le même rapport, ni dans le même sens, que la série est sans fin et a une fin. La contradiction n'existe donc que dans l'esprit de Kant et de Renouvier. La nature n'est pas obligée d'attendre, pour exister et progresser à travers le temps, que nos calculs mathématiques, toujours inadéquats au réel, lui en donnent l'autorisation.

De même, la prétention de réduire l'infinité à un nombre infini, donc contradictoire, est un sophisme. La série du passé n'est pas un « nombre infini » de positions ou changements de positions; elle est une pluralité infinie et *sans nombre* de positions, ce qui n'est pas la même chose, ce qui est même tout le contraire. Renouvier fabrique des monstres logiques pour les détruire ensuite. Sa logique est une vaste *ignoratio elenchi*. L'infinité est par définition même innumérable; donc elle dépasse tout nombre fini, et, en elle-même, elle n'est pas un nombre, elle est ce au sein de quoi l'analyse peut ajouter ou retrancher indéfiniment des nombres.

« Mais, dit Renouvier, l'infinité est une multiplicité, et on ne se représente pas la multiplicité sans l'enfermer dans un nombre. » — Je réponds qu'il ne s'agit pas de savoir si nous pouvons nous *représenter* une multiplicité infinie, mais de savoir si elle est contradictoire et impossible; or elle ne l'est pas. *Multiplicité* n'est pas nécessairement *nombre*.

Rien de plus multiple que ce qui est sans nombre et dépasse tout nombre, puisque, dans ce cas, aucune pluralité finie ne peut l'épuiser et qu'il reste toujours plus que nous ne pouvons compter. Le nombre n'est qu'un procédé d'analyse et de figuration; c'est, pour parler comme Kant, un simple schème de la quantité. La quantité en elle-même se prête à l'analyse numérique, mais c'est précisément parce qu'elle est une synthèse inépuisable à toute analyse opérée par considération de parties finies (1).

---

(1) Cf. dans la *Critique philosophique*, 6ᵉ année, 26 avril 1877. « Oui, dans l'ordre purement idéal, nombre et infini s'excluent absolument, et on en peut conclure, relativement à l'ordre réel, que, si une collection de choses données

Nous avons donc le droit de redire que la thèse du monde fini dans le temps est un ensemble de sophismes, où l'on conclut faussement des conditions de l'analyse finie et humaine à l'impossibilité d'un infini actuel supérieur à toute analyse. L'Ἀνάγκη στῆναι d'Aristote ne s'adresse qu'à la pensée humaine, non à la réalité.

Des considérations analogues s'appliquent à la thèse du monde fini dans l'espace.

Pour la démontrer, Kant s'appuie sur la thèse même du monde fini dans le temps. Il faudrait, dit-il, pour faire la synthèse du monde infini dans l'espace, employer un temps infini et finir cette infinité du temps.

« Nous ne pouvons, dit-il (1), concevoir la grandeur d'un *quantum* qu'au moyen de la synthèse des parties, et la totalité d'un *quantum* de ce genre que par la synthèse complète ou par l'addition répétée de l'unité. Donc, pour concevoir comme un tout le monde remplissant tous les espaces, il faudrait regarder comme complète la synthèse successive des parties d'un monde infini ; c'est-à-dire qu'il faudrait qu'un temps infini fût considéré comme écoulé dans l'énumération de toutes les choses existantes, ce qui est impossible. »

Kant brouille ici le temps et l'espace ; de plus il confond

---

forme un nombre, ce nombre est nécessairement fini ; mais s'ensuit-il qu'il ne puisse exister dans la réalité des collections qui ne forment pas de nombre, en ce sens qu'aucune numération, quelque prolongée qu'elle soit, ne parviendra jamais à en épuiser la totalité ? Or, comment appeler ces collections, si on ne les appelle infinies ? Mais, dira-t-on, le nombre qui les exprime est infini. C'est nous prêter, répondrons-nous, la contradiction même dont nous ne voulons pas. Nous disons, en effet, que ces pluralités, ces multitudes, ne peuvent être exprimées par aucun nombre, que l'opération par laquelle on les dénombrera ne rencontrera jamais de limite, la réalité ne se lassant jamais de fournir. C'est nous l'idée de nombre qui exclut l'idée d'infini ; mais il ne semble pas évident que l'idée de pluralité, de multitude l'exclue. L'idée de nombre, en effet, est une idée subjective ; elle représente l'opération de l'esprit qui, s'appliquant à une pluralité donnée, se propose d'en faire la somme. Il est bien certain que, du côté de l'esprit, cette opération est toujours bornée et qu'il est toujours possible de reculer la borne. Il n'est pas aussi certain que, du côté des choses, la pluralité qu'elles contiennent ne soit capable de suffire à la prolongation indéfinie de l'opération qui les dénombre. Je ne dis pas qu'il existe en effet des multitudes telles qu'aucune numération ne les épuise, aucun nombre ne les exprime, je dis qu'on peut les concevoir, et que leur notion n'enferme, à ce qu'il semble, aucune contradiction. » *La critique de l'infini*, lettre de M. Boirac.

(1) *Critique de la Raison pure*. Trad. Barni, II, p. 48.

l'impossibilité d'une synthèse de l'infinité spatiale par addition successive de parties avec l'existence réelle d'un monde infini et, *ipso facto*, impossible à refaire par synthèse successive de parties finies. C'est là donner l'infinité même, l'infinité inépuisable, comme preuve de la non-infinité; c'est se battre contre soi-même. Vous ne *finirez* jamais l'infini par une synthèse successive qui, encore un coup, n'est au fond qu'une analyse successive et toujours finie, en d'autres termes, l'infini est l'infini; donc, conclut la thèse, l'infini serait fini et ne peut exister sans contradiction. Il est évident que la contradiction est dans le raisonnement même sur lequel la thèse s'appuie.

Nous conclurons que, dans la prétendue antinomie de Kant, la thèse est fausse; d'où il suit qu'il n'y a pas d'antinomie.

II. — L'ANTITHÈSE INFINITISTE.

Exposons maintenant les raisons de l'antithèse, c'est-à-dire du monde infini dans le temps et dans l'espace. Là seulement nous aurons de vraies raisons.

Nous ne nous arrêterons pas aux inductions fondées sur l'expérience, où l'idée de l'infini triomphe de plus en plus.

La science dilate sans cesse, par ses découvertes, la sphère du monde dans l'espace et dans le temps. Plus les télescopes deviennent puissants, plus les mondes se multiplient au delà des mondes. Plus la géologie et l'astronomie font de progrès, plus le passé de la terre, du système solaire et du système stellaire, s'allonge en siècles incalculables. Une induction toute naturelle nous fait croire que, si nous pouvions aller toujours devant nous dans l'espace, nous trouverions toujours des mondes. Un héros de Jules Verne pourrait seul s'imaginer qu'il va trouver une limite extrême de l'univers « *finis ultimus naturæ* », pour y planter le drapeau français et s'écrier : voilà le bout du monde ; au delà, plus rien que le vide infini.

De même, dans le temps, ceux qui croient à la Bible peuvent seuls s'imaginer que l'on pourrait reculer jusqu'au moment solennel du *Fiat lux*.

Penser que notre monde est un tout clos, c'est ressembler à l'enfant qui croirait, comme dit saint Augustin, avoir pris l'Océan dans sa coquille.

Mais il est clair que ces inductions expérimentales proprement dites sont insuffisantes en ces problèmes et qu'il faut toujours en venir à des déductions rationnelles.

La première raison à invoquer selon nous, c'est que nos opérations analytiques et discursives (parmi lesquelles il faut ranger nos synthèses elles-mêmes, analyses renversées et toujours discursives) ne peuvent pas être et ne sont pas la mesure du possible ou du réel. C'est le cas de répéter une fois de plus le mot de Pascal : « La pensée se lassera de concevoir plutôt que la nature de fournir. »

La seconde raison, c'est que l'infinité actuelle est la seule condition qui rende possible et objective notre analyse sans fin.

Le troisième motif, c'est que si notre analyse possible est sans fin, cette absence de terme, cette possibilité continuelle d'addition ou de soustraction résulte de ce que les mêmes raisons de continuer l'opération subsistent toujours et qu'il n'y a aucune raison de l'interrompre à tel point plutôt qu'à tel autre. C'est ainsi que la série des nombres finis est infinie, parce que, ayant conçu la possibilité d'ajouter une première fois l'unité à elle-même, nous concevons des raisons identiques pour l'ajouter une seconde fois, une troisième fois *ad infinitum*. Les conditions n'étant jamais changées, la conséquence ne peut jamais être changée. Ajouter *un* à *cent* ou l'ajouter à *deux*, c'est la même opération dans les mêmes conditions réglée par les mêmes raisons positives sans intervention d'aucune raison négative qui dirait tout d'un coup *veto* à notre opération, à notre numération. En un mot, nous concevons l'infini par *identité de raisons* et l'on peut dire que l'infinité est l'expression de la raison même, le concept rationnel par excellence. Il est obtenu par une induction fondée elle-même sur une déduction, dont le nerf est que les mêmes principes entraînent les mêmes conclusions.

Mais, jusqu'à présent, nous ne sommes encore que dans le conceptuel, dans l'infinité *conçue*. Or, il s'agit de passer à l'infinité réelle. Nous n'y pouvons passer, remarquons-le d'abord, qu'au moyen de notre conception même puisque nous ne pouvons pas nous transporter dans le réel et avoir conscience du monde infini. Dès lors, il s'agit : 1° d'être conséquent avec nos conceptions, 2° de voir si la réalité, dans la mesure où nous la saisissons, contredit ces conceptions.

Sur le second point, nous savons déjà à quelle conclusion tendent les inductions tirées de l'expérience.

Sur le premier point, pour être conséquents avec nous-mêmes, nous devons admettre que, si nous pouvons concevoir un temps après un temps, un espace après un espace, c'est que la réalité même est soumise à une loi dont la loi de notre pensée est l'expression. Les mêmes difficultés qui nous empêchent de concevoir un monde fini dans notre pensée nous empêchent de le concevoir fini dans la réalité. Kant, se souvenant de Leibniz, dit à l'appui de l'antithèse qui pose l'infinité : « Admettons que le monde ait un commencement : comme le commencement est une existence précédée d'un temps où la chose n'est pas, il doit y avoir eu un temps antérieur où le monde n'était pas, c'est-à-dire un temps vide. Or, dans un temps vide il n'y a pas de naissance possible de quelque chose, puisque aucune partie de ce temps ne contient plutôt qu'une autre une condition distinctive de l'existence qui l'emporte sur celle de la non-existence (soit que l'on suppose que cette condition naisse d'elle-même (1) ou par une autre cause) (2). » — Répondre que le temps a commencé lui-même avec le monde, c'est détruire l'idée du temps, qui implique l'in-

---

(1) C'est la supposition que devait faire Renouvier.
(2) *Critique de la Raison pure*. Trad. Barni, II, p. 48.

finité *a parte ante* comme l'infinité *a parte post*. De plus, en admettant cette hypothèse étrange, on n'est pas plus avancé. En effet, au moment même où le temps commence avec le monde, soit il y a cent mille milliards d'années plus vingt jours, sept heures, vingt minutes, dix-huit secondes, et quarante tierces, la raison demandera toujours pour quelle raison déterminée ce commencement n'est pas distant de nous de deux cent mille milliards, au lieu de *cent milliards seulement*. Il n'y aura aucune raison de temps assignable et il n'y aura non plus aucune autre raison quelconque qu'on puisse assigner. Nous serons donc toujours obligés de concevoir la naissance du monde il y a tant d'années comme dépourvue de toute raison et de toute « condition distinctive » qu'on puisse poser.

Si l'on répond : — « Cette condition peut exister sans que vous la connaissiez », je répondrai : « Vous la connaissez encore moins que moi ; vous n'avez donc pas le droit de la poser réelle ». En outre, une telle condition est introuvable dans le monde lui-même et dans le temps, puisque, au premier moment, le monde entier et le temps commencent l'un et l'autre et ne renferment aucune condition préalable de leur existence. Il vous faudra donc supposer qu'il a plu à un créateur du monde de le faire commencer il y a tant d'années, et ceci pour faire plaisir aux finitistes. Mais, pour supposer une telle décision, il nous faut à nous-mêmes des raisons. Or, il n'y en a pas. Nous ne pouvons supposer que Dieu n'a eu la puissance de créer qu'il y a tant de milliards d'années, tant de jours, tant d'heures et tant de minutes. Ce pouvoir créateur qui est obligé de ne se produire qu'à un moment précis, est une conception extravagante en contradiction avec la toute-puissance attribuée par ailleurs à Dieu. Donc, ou il faut se taire sur la divinité, ou il faut en parler congrûment. De même il faut se taire sur le monde ou il faut en parler selon les lois de notre pensée, seul moyen à notre disposition pour en affirmer ou en supposer quoi que ce soit. Nous en revenons toujours à dire : Il est absolument arbitraire, et sans l'ombre de raison quelconque, de dire que le monde a commencé d'une manière précise il y a tant d'années, de jours, d'heures et de minutes. — L'antithèse de la prétendue antinomie est donc aussi rationnelle que la thèse est irrationnelle. Si le monde est créé par une puissance infinie et éternelle, il doit être créé éternellement et il doit avoir une existence antérieure sans commencement. S'il n'est pas créé et s'il a en lui-même ses conditions immanentes d'existence, il a de même toujours existé, rien au dehors de lui ne l'empêchant d'être et la puissance d'être étant toujours en lui. Quant à notre impuissance à reconstituer à *rebours* son existence infinie dans le passé, elle montre que notre analyse est toujours finie, tandis que la réalité synthétique qui constitue le monde est infinie.

Au reste, nous n'avons pas besoin de dire avec Kant que, « dans le cas où le monde serait fini, un temps vide ainsi qu'un espace vide formeraient les limites du monde (1) ».

Il n'est nullement nécessaire, selon nous, d'imaginer ce temps vide, qui ne serait qu'une durée sans être la durée de rien, ou cet espace vide, qui ne serait l'étendue de rien de réel. C'est à l'intérieur du temps réel et de l'espace réel qu'il faut se placer, pour comprendre que, si le monde a tel âge déterminé, il aurait pu être reculé de manière à avoir un âge plus considérable, et ainsi de suite à l'infini. Si je suppose qu'un être particulier du monde, moi, par exemple, aurait pu naître cent mille ans plus tôt, je fais une supposition abstraite et en l'air, car ma naissance dépend de conditions qui n'étaient pas réalisées il y a cent mille ans. Mais s'il s'agit du monde entier, de deux choses l'une : ou sa naissance est sans conditions, et alors aucune condition ne m'empêche de le concevoir existant plus tôt, aucune condition ne l'empêche lui-même d'exister plus tôt ; ou sa naissance a pour condition une puissance créatrice inconditionnée, et alors il est impossible de relier à cette puissance créatrice le pouvoir de faire

---

(1) *Critique de la Raison pure.* Trad. Barni, II, p. 50.

commencer le monde plus tôt, encore plus tôt, toujours plus tôt, ou même de ne pas le faire commencer et de le produire toujours. La condition étant éternellement présente, le monde doit être éternellement présent. Dans toutes ces considérations la question du temps *vide* et celle de l'espace *vide* n'ont rien à voir.

La réponse aux finitistes est donc topique si on leur répond, comme nous le faisons, en se plaçant non en dehors, mais en dedans de leur monde, et en prouvant qu'on peut toujours, en quelque sorte, le dilater à l'infini; le prendre plus grand dans l'espace et plus âgé dans le temps, sans qu'aucune raison puisse être assignée qui limite l'étendue ou la durée du monde à un nombre de kilomètres ou d'années. Un espace, qu'il soit plein ou vide, peut bien être borné par des phénomènes; mais des phénomènes ne peuvent être bornés par un espace *vide en dehors d'eux*. Il en est de même du temps. Mais, tout cela accordé, Kant a parfaitement raison de dire qu'on n'en peut conclure le caractère fini du monde dans l'espace et dans le temps et que ce sont précisément les partisans du monde fini qui sont obligés, pour le situer dans l'espace, d'imaginer un prétendu espace vide infini qui l'enveloppe, un prétendu temps vide infini qui le précède. Par le seul fait de cette conception, la « déraison », sous forme d'arbitraire, est installée dans le monde même, sans qu'on ait besoin de voyager par la pensée dans un prétendu vide infini, et dans un temps également vide et également infini. Toute limite supposée est un pur « décret de l'esprit », c'est-à-dire, en termes plus crus, une pure absurdité.

Il y a, objectera-t-on, dans notre intelligence deux lois qui aboutissent à des conséquences contradictoires. La première veut que ce qui *existe*, étant déterminé, soit achevé, et nous ne concevons l'achevé, le complet, que sous la forme du fini. La seconde loi veut que toute chose ait sa raison et que cette raison soit autre chose, à l'infini. La première loi concerne l'être et le pose fini, la seconde concerne les raisons d'être et en fait une série infinie.

Nous répondrons que la première loi, bien interprétée, n'a pas pour conséquence nécessaire le fini. En premier lieu, malgré notre tendance à faire de l'être un je ne sais quoi d'immobile et de tout fait, comme une pierre, une maison composée de pierres, etc., nous arrivons à comprendre qu'une telle représentation fixe de l'existence est toute matérielle ; elle provient de ce que nous nous représentons plus facilement un être ayant des limites déterminées dans l'espace. Il y a là un simple besoin de notre imagination. Mais, en fait, les êtres que nous connaissons et approfondissons finissent toujours par nous révéler en eux-mêmes un mouvement, tout au moins un changement, un devenir. L'être, tel que nous en avons conscience en nous-mêmes, enveloppe l'activité ; l'activité, à son tour, suppose une manifestation qui consiste en quelque changement, son effet ; en elle-même, elle implique une tendance, qui implique à son tour une direction vers l'avenir et un début de changement pour la réalisation de cet avenir. La réalité n'est point enfermée dans l'adage géométrique et spatial de Parménide : l'être est, le non-être n'est pas. L'être tend à être plus et autrement qu'il n'est : il n'est pas immuable, parce qu'il n'enveloppe pas en soi la perfection, la satisfaction complète de soi. L'être est, en effet, un *nisus*, un *conatus*. S'il en est ainsi, on ne peut jamais dire qu'il soit complet, achevé, fixé dans des limites immobiles, comme un portrait dans son cadre. L'être est en évolution, et toute évolution, au lieu de représenter quelque chose de fini, est une aspiration à l'infini qui, pour l'analyse, enveloppe déjà de l'infini et de l'inépuisable. En un mot, comme nous l'avons fait voir dans la seconde édition de *la Liberté et le Déterminisme*, la thèse du fini est toute statique, tandis que la réalité est essentiellement dynamique. On ne peut donc pas dire que ce soit une loi inéluctable de la pensée que de se représenter tout comme terminé, limité, fini. C'est un stade de la représentation, qui lui-même repose sur des rapports vrais existant entre les choses, mais ce n'est pas une nécessité de la pensée. Il y a dans l'espace et dans le temps des choses qui ont de réelles limites, au moins pour nos sens et notre représentation; le disque de la lune, par exemple, se détache nettement sur le ciel; la ligne de l'horizon sépare le ciel de la mer; dans le temps, le passé se détache du présent et la douleur terminée est nettement séparée du soulagement qui la suit. Bref, il y a discontinuité, au moins apparente, dans les choses sensibles, et cette apparence est *bien fondée* dans des rapports qui sont exacts. Mais, sous la discontinuité, nous retrouvons toujours la continuité; jamais le vide absolu ne se révèle. Si donc il y a du fini, il y a toujours aussi, du côté quantitatif, dans le temps et dans l'espace, de l'infini où le fini lui-même se détache. Toute étendue finie enveloppe en soi l'infini et est enveloppée par l'infini; de même pour toute durée.

III. — Conclusion.

La thèse finitiste s'arrête à la surface des choses, à leurs contours, à leur forme spatiale et temporelle, à leur forme sensible. Un peu de réflexion ne tarde pas à retrouver sous les surfaces et les formes l'infinité réelle dans l'espace et dans le temps. Toute existence qui est *durable* et *étendue*, est un infini quantitatif, soit de quantité extensive, soit de quantité intensive. De plus, tout changement de cette existence dans le temps, tout mouvement dans l'espace est une synthèse réelle et pourtant infinie; ce que Zénon prenait pour un obstacle au changement et au mouvement en est la condition même ou plutôt l'essence.

Il n'en résulte pas que, tout étant *infini* sous le rapport de la quantité, tout soit *parfait* sous le rapport de la qualité. Ce sont là deux idées mal à propos confondues. Même sous le rapport quantitatif, la perfection serait l'infinité absolue, par exemple l'immensité, qui est un infini de puissance infiniment infini par rapport à l'espace, infini tel qu'on n'y peut plus rien ajouter. L'infini constitué par une étendue finie ne saurait se confondre avec l'infini infiniment infini de l'immensité. Puisqu'il y a dans la réalité, tout comme dans le calcul infinitésimal, des infinis de différents ordres, ce qui est infiniment grand par comparaison peut aussi être par comparaison infiniment petit.

L'infinité du temps passé s'accroît sans cesse par l'addition du temps présent; mais c'est précisément parce qu'il y a des infinis de divers ordres. Nous savons aussi que notre pensée se perd nécessairement dans la considération de ces infinis parce qu'elle procède toujours par analyse successive ou synthèse successive de parties finies. Mais, sous tous les rapports, la réalité échappe à cette analyse et à cette synthèse conceptuelles.

Les infinis terminés et limités sous un ou plusieurs rapports, ces infinis finis, sont partout. Dans l'espace, à partir d'un point supposez une ligne infinie, elle sera infinie dans un sens et aura une limite au point considéré. Supposez un rectangle ayant deux côtés infinis et pas de quatrième côté, vous aurez un infini terminé par trois côtés. Placez à côté de ce premier rectangle infini un second rectangle infini de même base; la somme de deux rectangles constituera un nouveau rectangle infini qui sera le double du premier; de même pour les angles, qui sont des infinis limités par deux côtés et qui fournissent l'exemple d'infinis doubles, triples, quadruples les uns des autres.

Tout fini enveloppe l'infini. Une ligne finie enveloppe une infinité de positions que le mobile réalise et épuise en passant du point A au point B. Le moindre de nos gestes épuise des infinis. Le nombre fini enveloppe, lui aussi, l'infinité. Le nombre est infiniment divisible et peut être remplacé par des séries infinies. Le nombre *deux* est égal à :

$$1 + \frac{1}{2} + \frac{1}{4} + \frac{1}{8} \ldots \text{ etc.}$$

Son infinité est double de l'infinité du nombre *un*.

Cantor a essayé d'établir l'existence de nombres proprement infinis. — Si on objecte que ce sont là de pures abstractions, nous répondrons que rien ne nous autorise à supposer qu'elles ne sont pas réalisées dans la nature, notamment dans l'espace, le temps et le mouvement. Encore un coup, le moindre des mouvements parcourt une série réellement infinie de positions réelles, et c'est à ce prix seulement qu'on peut parcourir un millimètre, en dépit de Zénon d'Élée. Il en est de même dans le temps ; une seconde parcourue est une infinité de positions dans le temps parcouru ; et par ces positions (terme métaphorique) nous n'entendons rien de spatial ; nous voulons dire seulement que toute *continuité* dans le temps est une infinité réalisée entre des limites qui la déterminent. Le fini peut donc être infini sous certains rapports, et l'infini peut être fini sous certains rapports, sans la moindre de ces *prétendues* contradictions qui troublent le sommeil du néocriticiste.

La distinction aristotélique de l'infinité potentielle et de l'infinité réelle n'est pas valable. Si l'infini existe vraiment en puissance, qui nous assure qu'il n'existe pas en réalité ? S'il est possible, il peut être réel. De fait, on ne doit pas se lasser de le répéter, Achille et la tortue parcourent des séries réellement infinies de positions, sans quoi il n'y aurait pas de mouvement. La division à l'infini de la ligne A B est effectuée de fait par la pointe de mon crayon quand je trace cette ligne en allant d'une extrémité à l'autre par un mouvement continu. C'est étrange, assurément ; mais tout est étrange. Exister, c'est étrange ; changer, c'est étrange ; vivre et mourir, c'est étrange ; penser, c'est encore plus étrange. Ne nous imaginons pas que le fini soit moins étrange que l'infini et plus compréhensible en soi. Comme dit Guyau :

« Nul pourra-t-il jamais aller au fond de rien ? »

Tout le temps que Renouvier a vécu, nous lui avons demandé de prouver que l'*innombrable*, le *sans nombre* est contradictoire ; jamais nous n'avons pu obtenir de lui cette preuve. C'était pour lui un article de foi que, sans le nombre, rien ne peut exister. Mais il est naïf de dire : « Les mondes ne peuvent être innombrables, car, s'ils l'étaient, je ne pourrais pas les compter. » Les mondes s'inquiètent fort peu que l'homme les compte : ils n'ont pas attendu nos additions pour exister. Quoi qu'en dise la Bible, tout existe *sine numero, pondere et mensura*; et c'est précisément pour cela qu'une fois l'infinité des choses existant, tout ce qui s'y trouve de particulier est soumis au nombre, au poids et à la mesure.

CHAPITRE TROISIÈME

La divisibilité à l'infini.
La seconde antinomie cosmologique.

L'antinomie de la divisibilité à l'infini et de la simplicité repose sur deux concepts artificiels qui n'atteignent pas les choses, celui de *composé* et celui de *simple*.

« Toute substance composée dans le monde l'est de parties simples et il n'existe absolument rien que le simple ou le composé du simple. En effet, supposez que les substances composées ne le soient pas de parties simples; si vous supprimez par la pensée toute composition, aucune partie composée ne subsistera et (puisqu'il n'y a point de parties simples) il n'y aura non plus aucune partie simple, c'est-à-dire qu'il ne restera plus rien (1). »

Cet argument repose sur un artifice de langage.

Il est clair que, si on entend par composé, ce qui est constitué par du simple, on en déduira que tout composé suppose le simple. Mais c'est qu'on aura mis d'avance dans la prémisse la conclusion. La vraie question n'est pas de savoir si le composé suppose le simple, mais s'il y a dans la nature de vrais composés qui ne seraient qu'une relation extérieure et accidentelle entre des parties simples et indépendantes, comme lorsqu'on entasse des boulets de canon en amas régulier. Nos agrégats humains sont assurément des rapports

---

(1) *Critique de la Raison pure*, trad. Barni, tome II, p. 6.

tout extérieurs entre parties relativement simples prises pour unités, mais il s'agit de savoir si la nature opère comme nous et se contente de mettre à gauche ce qui était à droite, en haut ce qui était en bas, sans modification plus profonde.

« La composition, dit Kant, n'est qu'une relation accidentelle de substances qui peuvent subsister sans elle, comme des êtres existants par eux-mêmes (1). » Mais une telle notion est tout humaine et ne convient pas à la réalité des choses, où tout se tient, agit et réagit, où aucune relation n'est purement accidentelle, où aucune « substance » ne peut subsister sans sa relation avec d'autres. Cette idée de « composition » est donc inadmissible.

Il en est de même de l'idée de simple. — Qu'est-ce qu'on entend par là? On n'en sait absolument rien. Une simplicité dans l'ordre de la *qualité* ne se conçoit pas. Aucune qualité n'est simple; tout ce qui est qualitatif est complexe et suppose un ensemble extraordinairement complexe de sensations fondues en un ensemble *sui generis*. Dira-t-on que l'impression spécifique répondant à cet ensemble dans la conscience est simple sous prétexte qu'elle est originale, particulière et seule de son espèce? C'est donner au mot de simple un sens tout spécial qui n'a rien à voir avec la question des composés et des substances composées. C'est ainsi que M. Bergson nous attribue une foule d'intuitions qu'il dit simples, comme celles de la vie, de la mobilité, de la liberté; il croit même à l'existence de sentiments simples, comme le sentiment religieux. A ce compte, tout état de conscience, ayant son originalité unique et ne devant jamais revenir exactement le même, sera simple. Nous voilà loin de l'antinomie kantienne.

Toute qualité ou propriété est toujours l'interaction de deux choses au moins, puis, quand on l'examine de plus près, de trois choses, de quatre, de cinq, et ainsi de suite à l'infini. « L'or est jaune, » cela signifie que l'impression de jaune résulte d'une action de la lumière sur l'or, puis de ces deux

---

(1) *Critique de la Raison pure*, trad. Barni, tome II, p. 55.

actions sur notre rétine. L'action de la lumière sur l'or est la réaction de l'or sur la lumière, l'action de ce couple sur nos yeux, et la réaction de nos yeux sur ce couple, voilà les premiers éléments de la propriété de jaune appartenant à l'or. Mais si l'or n'était pas pesant, dur, résistant, s'il n'avait pas telles propriétés physiques et chimiques, il ne renverrait pas le rayon jaune; approfondissez les propriétés de l'or et vous les verrez solidaires les unes des autres, puis solidaires de la nature de la matière, de la pesanteur, de la gravitation, etc. De même pour les propriétés de la lumière; solidaires des propriétés de l'éther, du magnétisme notamment, solidaires aussi de la gravitation produite par l'éther, etc., etc. Quant aux propriétés de notre rétine, elles enveloppent également des relations et interactions plus grandes que tout nombre donné. Une propriété finie, une qualité finie est donc découpée dans un ensemble infini de propriétés et de qualités qui s'impliquent mutuellement.

Passons à la catégorie de la *quantité*. Ici moins que jamais nous trouvons du simple. La quantité n'est jamais formée d'éléments qui soient vraiment simples et indivisibles. La quantité est toujours divisible à l'infini et enveloppe toujours l'infini. Une ligne n'est pas composée de points indivisibles. Le point n'est qu'une *limite*, non une unité composante. L'étendue est composée de composés qui sont eux-mêmes composés de composés. A vrai dire, il n'y a pas dans la réalité de *composition*; il y a un tout infini et continu donné d'un seul coup et dans lequel, après coup, nous traçons des divisions; nous opérons des analyses conceptuelles suivies de synthèses ou compositions non moins conceptuelles. L'étendue n'est ni simple ni composée; elle est continue, donc infinie. Dans le temps, il n'y a pas davantage de simplicité vraie ni de vraie composition. L'instant indivisible n'est qu'une limite idéale; d'autre part, un laps de temps quelconque n'est pas un *composé* de parties simples. Il y a là quelque chose de *sui generis* qui ne peut se définir par nos concepts abstraits. La quantité intensive, à son tour, n'est ni simple ni composée d'unités simples accidentellement agrégées et dont chacune pourrait subsister à part. Bref, la quantité est le domaine de l'infini.

Dans la catégorie de la *relation*, notamment de la relation causale, comme dans celle de la qualité, l'infini règne. Nous venons déjà d'en voir une preuve, puisque, dans le fond, toute qualité est un résultat de la causalité réciproque universelle et que cette causalité réciproque nous entraîne de relations en relations *ad infinitum*. Il n'y a jamais de dernière relation, pas plus que de dernière cause ou, si l'on veut, de première cause. Une fois la pensée mise en branle à la recherche des relations causales, elle est comme le mobile qui, lancé dans l'espace et ne rencontrant rien qui l'arrête, irait sans fin à travers l'immensité pendant toute l'éternité.

Reste la catégorie de l'existence, de la réalité, de ce qu'on nomme la *substance*. Mais qu'est-ce que la substance nue dont on prétendrait qu'elle est ou simple, ou composée de simple? Il y a là une pseudo-idée, recouvrant une image toute spéciale et matérielle, empruntée aux opérations humaines que nous accomplissons en bâtissant, par exemple, une maison avec des pierres pour substance. Qui croira que la nature procède ainsi? Le réel, en son fond, échappe à nos concepts antithétiques de simplicité et de composition; il n'est ni simple, ni composé; il est ce qu'il est, sans que nous en puissions pénétrer la nature; tout ce que nous en pouvons dire, c'est qu'il enveloppe toujours et partout l'infini; c'est que, plus nous le connaissons, plus nous y découvrons de relations multiples et que, si nous pouvions pénétrer entièrement une réalité quelconque, nous la verrions liée à l'infinité des autres par une infinité de relations, non pas abstraites, mais réelles elles-mêmes et, qui plus est, actives ou causales. L'infini seul existe. Le fini n'est qu'un certain nombre de relations considérées seules par abstraction et n'ayant qu'une indépendance relative, qu'une limitation relative. Tout est multiple et infiniment multiple, soit par la qualité, soit par la quantité, soit par l'activité, soit par la réalité. Ce qui ne veut pas dire que cette multiplicité soit une composition, un agrégat d'unités pouvant exister à part. Ces unités n'existent pas, cette composition n'existe pas. Aucun de nos concepts ne peut exprimer la vraie nature du réel, et c'est le concept d'infinité qui s'en rapproche le plus, avec ses diverses formes de continuité universelle et d'interaction universelle. La thèse de la *simplicité* repose donc bien, comme nous l'avons dit au début, sur des idées ou plutôt sur des images factices et humaines. Elle est, en dernière analyse, sophistique.

Il résulte de là, tout d'abord, que l'atomistique, si on en veut faire une expression métaphysique du réel, est inadmissible. Il y a, dans la nature, des atomes relatifs, en ce sens qu'il y a dans la réalité infinie des réalités offrant certains caractères constants dans l'état actuel du monde. Il y a des atomes chimiques, par exemple; mais ces atomes sont des mondes ou des systèmes de monde et ne sont pas plus simples que le système solaire. Ils ne sont pas pour cela des *composés* à la mode de l'homme; ils sont des ensembles infiniment complexes de relations infiniment multiples qui se détachent dans une infinité d'autres relations infiniment multiples. Tout baigne dans l'infini et est infini. La réalité n'est pas dans un élément dernier; elle est dans le tout et dans les touts concrets qui sont eux-mêmes dans le tout. Il n'y a point d'éléments et le tout lui-même n'est pas un *composé* d'éléments; il *est*, et les divers êtres ne sont qu'en lui, et par lui.

Comme l'atomistique, la monadologie est inadmissible. La monadologie n'est d'ailleurs qu'une atomistique dans l'ordre *dynamique* au lieu de l'ordre mathématique et mécanique. La monade est un atome de force, d'activité, de causalité efficiente et en même temps finale. Qu'est-ce qu'une force et un atome de force? Qu'est-ce qu'une activité atomique, qui se suffirait à elle seule, qui n'agirait qu'en elle-même et par elle-même et sur elle-même, sans fenêtre sur le dehors, quoique en correspondance et harmonie, préétablie ou non, avec tout le dehors ? Nous revenons, dans ce système, aux substances simples, c'est-à-dire à deux conceptions (celle de la substance et celle du simple) qui n'offrent aucun sens déterminable. Et si, comme nous sommes obligés de le faire, nous douons les substances simples d'activité, l'idée d'activité nous oblige à concevoir des rapports de causalité qui sont eux-mêmes inconcevables dans la solitude du simple et qui entraînent des solidarités infinies. Aussi Leibniz est-il obligé de replacer l'infinité dans la monade simple et il se trouve à la fin que la prétendue simplicité est toute idéale, que le réel enveloppe toujours l'infini.

La solution des premières antinomies, qui sont mathématiques, consiste, selon Kant, à renvoyer les adversaires dos à dos : — Nous ne pouvons, par aucune intuition, saisir le monde comme chose en soi, comme réalité ; nous ne pouvons donc ni dire qu'il est infini dans le temps et l'espace, ni dire qu'il ne l'est pas, ni dire qu'il est résoluble en êtres simples, ni dire qu'il ne l'est pas. — Mais il ne s'agit point du monde comme chose en soi, il s'agit du monde de l'expérience, dont nous n'avons pas, il est vrai, l'intuition totale, mais sur lequel nous pouvons raisonner et tirer des conclusions.

Commencement, avons-nous dit, ne se comprend que si on l'applique à un commencement dynamique ou causal du monde, non à un commencement temporel : dire que le monde commence n'est soutenable que si on parle de l'*origine* du monde entier par rapport à un être absolu qui lui serait supérieur. De même, les éléments « indivisibles » du monde ne peuvent être des choses dans l'espace, ni des quantités. Il faut passer à l'ordre des qualités et des existences pour les entrevoir.

Les *individualités* douées de *qualités* propres ne sont pas des atomes, ni même proprement des monades ; ce ne sont pas des *simples*; ce ne sont pas non plus des *composés* de simples ; il y a là un mode d'existence tout différent des questions de simplicité ou de composition.

L'antinomie du fini et de l'infini a-t-elle été mieux résolue par Aristote au moyen de la distinction du possible et de l'actuel? L'infinie divisibilité du temps, de l'espace, de la matière, serait seulement, dit-on, une « possibilité » sans rien d'actuel. Kant et Hégel, sans parler de Renouvier, ont répété le même argument. Mais les possibilités de subdivision doivent être elles-mêmes actuellement infinies et fondées sur ce que l'objet se prête à ces possibilités, grâce à une infinité actuelle de conditions qui les autorisent. S'il n'y a pas dans un objet de quoi fournir à des possibilités infinies de subdivision, la subdivision aura une limite. Les parties que la subdivision à l'infini pourrait déterminer dans une ligne, quoique continues et parce que continues, sont donc déjà réelles dans la ligne même. La solution aristotélicienne de l'antinomie n'est qu'apparente.

CHAPITRE QUATRIÈME

L'interprétation du monde par l'étendue.
L'idée d'espace et la volonté de conscience.

I. — LA REPRÉSENTATION ET LA RÉALITÉ DE L'ESPACE.

La représentation de l'espace est, selon nous, une projection de l'idée motrice, qui elle-même enveloppe la volonté de pleine et actuelle conscience. L'idée de l'espace abstrait, infini et homogène, avec ses trois dimensions, est tirée par abstraction des divers mouvements *volontaires* que, de fait, nous pouvons exécuter, et cette abstraction est pour nous un moyen de discernement, de conscience du milieu et du monde extérieur.

Quand l'enfant tend la main en avant pour saisir un objet, tantôt il y parvient, tantôt il n'y parvient pas; tantôt l'objet résiste, tantôt il cède et permet la continuation du mouvement. De là une organisation progressive des divers efforts, moteurs et des diverses résistances.

Cette organisation se complique par la découverte des mouvements *de côté* que provoque la résistance d'un objet; si, par exemple, l'enfant touche un objet dur, il est porté à faire glisser sa main latéralement; si l'objet est de petite dimension, le mouvement arrêté en avant pourra continuer d'abord latéralement, puis de nouveau en avant, donc selon deux dimensions. Quand l'enfant retire sa main en arrière, surtout pour l'écarter de quelque chose qui le blesse ou lui fait peur, il ne confond pas plus ce mouvement en sens opposé qu'il ne confond la crainte avec le désir. Pour regarder sa mère ou pour se hausser jusqu'à son sein, il est obligé de lever la tête en haut. Plus tard, quand il peut marcher, il y a un sens où il va, tantôt en avant, tantôt en arrière. Dans ce dernier cas, il retrouve la même série d'impressions renversées, les mêmes objets environnants dans un sens inverse. Il y a un autre sens où, rencontrant un obstacle, comme un mur ou une barrière, il peut marcher à droite et revenir à gauche, ou inversement. Enfin, il y a un sens où il peut s'élever, par exemple en sautant, puis retomber, et cela plusieurs fois de suite.

Les diverses séries de mouvements finissent par laisser dans la mémoire trois groupes d'impressions distinctes. La volonté de conscience, par l'attention qu'elle accorde à ces groupes d'impressions, lorsqu'il s'agit de mouvoir le corps dans un sens ou dans l'autre, complète la distinction d'abord presque passive par une distinction active. Bref, de l'ensemble des mouvements volontaires en tous sens finissent par se dégager les trois dimensions, qui, de fait, y sont contenues. Mais ce n'est que par un effort d'abstraction, donc encore de volonté de conscience, que l'enfant finit par concevoir longueur, largeur et hauteur. C'est là le résidu d'une multitude d'exercices à la fois moteurs et intellectuels.

Quelles sont maintenant les propriétés que notre intelligence découvre dans l'espace une fois abstrait de son contenu sensible ?

Tout espace qui n'est qu'espace est nécessairement homogène, puisqu'on a éliminé par abstraction toute réalité qualitative, du moins, toute qualité autre que le haut, le bas, l'avant, l'arrière, etc......

Il est isotrope en ce sens que toutes les directions y ont les mêmes propriétés ; il est continu, il est illimité.

De plus, le seul espace que nous puissions appeler de ce

nous en sachant ce que nous disons et ce dont nous avons la représentation intérieure, c'est l'espace à trois dimensions, si bien que par tout point on peut mener seulement trois lignes perpendiculaires entre elles ; toute supposition de nouvelles perpendiculaires est un artifice de combinaison et d'abstraction.

Enfin, l'espace est homaloïdal, c'est-à-dire qu'on peut y construire des figures semblables à toute échelle. Comment ne le serait-il pas, étant homogène et absolument vide ?

Les mêmes conditions et raisons qui sont en un lieu sont également en tous les lieux ; toute ligne peut donc également s'allonger ou se raccourcir ici ou là ; ces mots *ici* ou *là* désignent des points *quelconques* d'un espace toujours identique à lui-même. Les géométries qui suppriment ces deux dernières propriétés sont vraiment « imaginaires » et introduisent dans l'espace abstrait des conditions spéciales que pourrait réaliser un je ne sais quoi qui le remplirait et agirait pour déformer ce qui s'y trouve.

L'espace, ainsi compris, a-t-il une réalité objective ?

On peut discuter sans fin sur l'*objectivité* de l'étendue. Dans cette question comme dans la plupart des autres, il faut distinguer les rapports vraiment objectifs d'avec la *représentation* que nous nous faisons des objets eux-mêmes. Il est possible que notre représentation de l'étendue et des objets qui s'y trouvent soit inexacte ; elle est à coup sûr incomplète. Il est possible que le grand trou noir sans limites, où nous situons les corps, soit une façon imaginative et encore sensible de se figurer la réalité, le résidu ultime de nos sensations visuelles, tactiles et surtout cinétiques. Mais qu'importe, si toutes les relations dites spatiales subsistent et constituent un ordre spécifique nécessairement conçu par la pensée, puis sans cesse vérifié par l'expérience ? Qu'il y ait ou qu'il n'y ait pas dans la réalité quelque chose comme ce que nous appelons l'espace, toujours est-il que, pour aller de Marseille à Paris, il faut toujours passer par Lyon, Dijon, etc., et employer à cela tant d'heures ; de même, si un corps est lancé par une fenêtre, il tombera toujours et selon telles lois ; de même le triangle et le cercle exprimeront toujours des rapports objectifs, de quelque manière qu'ils se *réalisent* par l'activité des choses. Peut-être n'y a-t-il dans le monde que des *changements* et des *rapports de changements* auxquels nous prêtons la forme spatiale en vertu de nos sensations visuelles, tactiles et cinétiques ; le *mouvement* n'en reste pas moins une certaine forme de changement qui est bien *sui generis*, qui diffère du simple changement dans le temps, de la simple succession ou simultanéité dans le temps. Bref, il demeure certain : 1° que l'espace existe, tout au moins en *idée* ; 2° que cette idée directrice *agit* en nous comme instrument de pensée et d'action, si bien qu'elle est une idée-force ; 3° que tout se passe au dehors comme s'il y avait dans les choses l'*analogue* ou le *corrélatif* de ce qu'il y a de fondamental dans notre représentation des rapports spatiaux.

Il faut se contenter de ces trois points et renoncer à savoir ce qu'un esprit qui ne serait pas soumis à la représentation de l'espace placerait de réel sous nos représentations spatiales, qui, en tout état de cause, conservent une suffisante objectivité au point de vue théorique et pratique.

II. — LA CONCEPTION PRAGMATISTE DE L'ESPACE.

A la conception synthétique, à la fois réaliste et idéaliste, que nous venons d'exposer, le pragmatisme oppose une conception toute différente, qui ne nous paraît pas devoir résister à la critique.

Pour le pragmatisme, l'espace, et aussi le temps, ne seraient que des schèmes de notre action possible sur la matière ; ils exprimeraient, d'une manière abstraite, le double travail de solidification et de division que nous faisons subir à la continuité mouvante du réel pour nous y assurer des points d'appui pratiques.

Cette doctrine nous semble un cercle vicieux. Si nous avons une action *possible* sur la matière, c'est précisément parce que la matière est réellement soumise aux conditions de l'espace et du temps ; ces conditions ne sont rien moins que les lois géométriques et mathématiques, qui rendent sans doute notre action possible, mais qui rendent aussi les actions mutuelles des corps possibles, indépendamment de nous. La géométrie n'est pas faite pour nos besoins et nos actions, mais nos besoins et nos actions sont soumis aux lois de la géométrie, comme à celles de l'arithmétique. L'espace homogène, le temps homogène, ne sont nullement un espace « solidifié », un temps « solidifié » ; homogénéité n'est pas solidité et exclut au contraire toute solidification, toute résistance d'arêtes ; de même le temps homogène n'est ni solide, ni fixe et arrêté ; il est, au contraire, la succession perpétuelle considérée indépendamment de ce qui se succède et coule. Sans la réalité du temps homogène comme condition imposée aux choses, la succession et la durée concrètes seraient impossibles, comme les corps et leurs rapports seraient impossibles sans les propriétés de l'espace homogène. On ne fait pas pour cela, de l'espace et du temps, des êtres à part des choses, mais dans la réalité multiforme et mouvante on distingue les conditions uniformes et stables de l'espace et du temps. En un mot, l'action présuppose donnés et ne donne pas elle-même l'espace et le temps.

En ce qui concerne plus particulièrement l'espace, le pragmatisme, roulant comme toujours dans un cercle vicieux, commence par se donner l'espace infini et continu rempli d'une matière également continue et en universelle réciprocité d'interaction ; puis il se demande comment nous morcelons la matière en objets divers et il répond : C'est pour nos besoins pratiques ; en conséquence, nous supposons l'espace même divisible arbitrairement, et cela à l'infini, toujours pour nos besoins pratiques. Ainsi naît l'idée de l'espace homogène infini.

Une telle « pratique », en vérité, est bien subtile et fait

de bien singuliers raisonnements sur la divisibilité à l'infini ou sur l'homogénéité absolue. C'est tout au contraire, parce que nous concevons tout d'abord l'espace sous les objets qui le remplissent que nous pouvons arriver aux notions géométriques de divisibilité infinie et de l'identité de tous les lieux. Jamais il ne fut nécessaire, pour distinguer un animal d'une pierre ou d'un rocher et diviser l'un de l'autre, de concevoir la divisibilité à l'infini et l'homogénéité parfaite de l'immensité. En faisant naître les vérités géométriques de nos besoins empiriques de morcelage, les pragmatistes renversent en réalité l'ordre naturel des choses.

III. — INSUFFISANCE DE L'INTERPRÉTATION DU MONDE PAR L'ÉTENDUE.

Maintenant l'étendue pourrait-elle fournir une interprétation satisfaisante du monde ? — Nous ne le croyons pas. Le caractère essentiellement inexplicable de l'espace et de ses trois dimensions, joint au caractère essentiellement abstrait et *vide* de l'espace, s'oppose à ce que toute philosophie fondée sur l'idée d'étendue puisse s'offrir comme une explication radicale du monde ou, tout au moins, voisine de ce que nous concevons de plus radical.

L'étendue en effet est une quantité extensive, mais dont ni l'unité composante, ni la pluralité, ni la totalité infinie ne s'expliquent par elles-mêmes et par elles seules sans recours à quelque activité dont elles expriment et figurent la puissance d'extension à l'infini.

De plus, la quantité extensive de l'espace n'explique pas la quantité extensive du temps lui-même. Vous aurez beau considérer sans fin les trois dimensions ou même les n-dimensions de l'espace, jamais vous n'en ferez jaillir le temps avec sa succession du passé au présent, du présent au futur : il y a manifestement plus dans le temps que dans l'espace.

La troisième espèce de quantité, l'intensive, est encore plus étrangère à la pure étendue, qui ignore le *degré*, le plus et le moins *intense*, et qui ne connaît que les *partes extra partes*.

Que dire de la *qualité* ? Dans l'espace, elle subsiste encore mais réduite au minimum et comme à l'état d'évanouissement. Les qualités de l'espace sont ses dimensions, où apparaît la dernière ombre du haut et du bas, de la droite et de la gauche, de l'avant et de l'arrière, c'est-à-dire des mouvements qualitativement divers qu'une activité quelconque peut accomplir.

Mais le *mouvement* lui-même est étranger à l'espace, quoique s'accomplissant dans l'espace : celui-ci s'étale immobile à l'infini, dans son vide uniforme. Aucune de ses parties ne peut être déplacée, quoiqu'elle exprime la possibilité d'un déplacement. Tout changement est en dehors de l'immobilité spatiale, qui dort d'un éternel sommeil.

Bien plus, tout *changement* ne saurait se réduire à un arrangement ou à un dérangement de parties, ce qui n'est que le changement local ou mouvement. Alors même que le mouvement dans l'étendue serait une condition de tout changement, le changement qualitatif ne serait pas une simple mise à droite de ce qui était à gauche. Tous les changements de conscience impliquent autre chose que du mouvement. Le mouvement est lui-même soumis à des conditions de durée et de vitesse, conditions qui ne sauraient s'expliquer ni par l'espace seul ni par la durée seule, mais qui ne peuvent s'expliquer que par des actions s'exerçant au milieu d'autres actions et réclamant un certain temps pour vaincre les résistances.

A plus forte raison, toute *cause*, toute activité productrice de changement dépasse-t-elle l'espace, qui est l'inertie même et est impuissant à remplir son vide absolu. Comment donc serait-il *substantiel* ? Comment offrirait-il une réalité subsistante, se manifestant par des phénomènes quelconques ? C'est ici que Leibniz objectera qu'il faut quelque force ajoutée à l'étendue pour lui donner de l'être, de la résistance, du plein. Quant à la vie et à la pensée, l'espace y est plus étranger qu'à toute autre chose. Il n'est, en somme, qu'un ensemble de possibilités ou de virtualités, qui ne s'expliquent pas par elles-mêmes, mais réclament une cause réelle et réellement agissante.

Il faut donc chercher ailleurs l'interprétation concrète de l'univers matériel et mental.

CHAPITRE CINQUIÈME

L'interprétation du monde par la durée et le changement temporel.
L'idée de temps et la volonté de conscience.

I. — LA RÉALITÉ DU TEMPS.

Si l'on peut concevoir un monde sans réelle étendue qui cependant, au moyen des actions réciproques de ses éléments, réaliserait tous les rapports que nous nommons spatiaux et produirait même, chez les êtres sentants, la représentation spécifique de l'étendue, peut-on de même imaginer un monde sans *temps* qui cependant produirait des rapports d'apparence temporelle et nous donnerait l'illusion de la durée ? Que l'étendue soit un simple mode de représentation humaine ou animale pour les choses coexistantes, nous avons vu que cela est concevable, qu'il est même probable que notre intuition de l'étendue renferme des éléments tout subjectifs de sensation et d'appétition ; mais nous sommes obligés d'admettre que, si l'ordre des choses coexistantes n'est pas en lui-même proprement spatial, il est du moins *temporel*; sinon, que signifierait la coexistence? L'espace évanoui, il faudra bien qu'il reste le temps. Par aucun effort de la pensée nous ne pouvons faire évanouir le temps lui-même, du moins pour tout être fini et changeant. Certains rêves orientaux peuvent bien, en apparence, planer au-dessus du temps, dans je ne sais quel monde où s'efface la distinction nette du présent, du passé et de l'avenir; mais c'est là concevoir une sorte de présent perpétuel, un point d'arrêt dans le flux des choses, *punctum stans*, une réduction de la durée à une seule dimension, le présent.

Une des erreurs principales de Kant est donc d'avoir mis sur le même plan le temps et l'espace, d'avoir raisonné pour l'un de la même manière que pour l'autre, d'avoir enfin admis la subjectivité du temps au même titre que celle de l'espace, comme si le caractère le plus constant et le plus indéniable de notre existence propre pouvait se confondre avec la manière dont nous apparaissent des objets qui ne sont plus nous. On pourrait aussi bien dire *Cogito, ergo duro* que *Cogito, ergo sum*, la conscience étant le sentiment perpétuel d'un changement qui n'exclut pas une certaine identité. L'existence supra-temporelle nous échappe et nous ne la concevons que par voie de raisonnement. Mais, en nous, *l'apparence* changeante de l'avant et de l'après est elle-même un avant et un après. L'illusion du temps est la réalité du temps, comme l'illusion de la douleur est la réalité de la douleur.

De plus, la durée a ce double privilège, selon nous, que sa négation entraîne contradiction et est en désaccord avec le principe de causalité. En effet, si je souffre à un instant et que je jouisse à l'autre instant sous le même rapport, la suppression du temps implique que je jouis et souffre sous les mêmes rapports. Bien plus, je nais et meurs, j'existe et cesse d'exister. Si c'est en des moments divers, pas de contradiction ; mais si la différence du temps disparaît entre être et ne pas être, comment éviter la contradiction ? Le dilemme d'Hamlet ne se posera plus : *être égalera non être*. De même, le principe de causalité implique un changement comme effet de quelque cause. Là où nous ne voyons rien de nouveau, nous n'éprouvons pas le besoin de chercher une cause nouvelle. C'est le changement qui nous fait introduire parmi les conditions une condition autre que les précédentes. Le changement rend donc seul possible pour nous, outre l'application du principe de contradiction, celle du principe de causalité. Et, comme le changement implique la durée, il s'ensuit que le temps est bien la condition, *sine qua non* des opérations fondamentales de la conscience.

Aussi la prétention qu'ont aujourd'hui certains physiciens de changer les notions d'espace et de temps, par leurs spéculations sur l'électro-magnétisme est une chimère et un cercle vicieux; toute expérimentation et tout raisonnement sur la physique présupposent les notions de l'espace et du temps telles que nous les concevons et perdraient toute leur valeur si ces notions étaient altérées.

II. — LA GENÈSE DE L'IDÉE DU TEMPS.

Voyons maintenant quel est le vrai fond de cette durée que nous ne pouvons supposer anéantie et comment nous en acquérons le sentiment.

Sans la *tendance* plus ou moins *intensive*, sans l'*appétition* plus ou moins *active*, essentiellement identique au vouloir, il n'y aurait point pour nous de durée. La vraie durée, c'est l'appétition même en exercice, non pas la mobilité du devenir. Nous avons fait voir ailleurs (1) que l'appétition enveloppe simultanément le germe d'une prévision et d'une mémoire. Presque tous les philosophes ont cherché à expliquer l'idée du temps, soit par un simple jeu de représentations fixes, soit par une intuition de pures qualités en succession continue; ce qu'il faut, selon nous, considérer avant tout, c'est l'appétition et la volonté de conscience.

Nous ne pouvons, en effet, avoir conscience de deux états internes contradictoires, qui s'annuleraient réciproquement; nous sommes donc obligés de les mettre en dehors l'un de

(1) *Psychologie des idées-forces*, II, p. 95.

l'autre, quoique liés l'un à l'autre ; l'un est dans le présent, celui que nous sentons comme réel et actuel ; l'autre est dans le passé, celui qui n'est plus qu'une image coexistant avec la réalité contraire et contrastant avec cette réalité. Cet ordre seul nous permet d'avoir conscience, d'embrasser la multiplicité dans l'unité. Quant au futur, il se ramène à l'activité tendant vers autre chose, cherchant ce qui lui manque. Tout besoin appelle la possibilité de le satisfaire ; l'ensemble de ces possibilités, dit Guyau, c'est ce que nous désignons sous le nom de futur. Un être qui ne désirerait rien, qui n'aspirerait à rien, verrait se fermer devant lui le temps. Le futur ne fut à l'origine, en quelque sorte, que « l'intervalle conscient entre le besoin et la satisfaction, la distance entre la coupe et les lèvres. »

D'autre part, le temps est essentiellement une synthèse de ce qui ne change pas et de ce qui change. Pur changement, c'est vicissitude d'états sans lien interne ; pure immutabilité, c'est un état fixé à jamais et comme figé en soi. Que nous le comprenions ou ne le comprenions pas par la pensée réfléchie et abstraite, la réalité unit les deux contraires dans le temps, et c'est la conscience de cette union opérée par nous-même qui est la conscience active de la durée, la seule possible, car toute conscience passive laisse s'échapper les fragments du temps sans pouvoir les recueillir, comme des feuillets détachés d'un livre que le vent arrache à nos mains.

Kant a fait du temps la caractéristique de ce qu'il appelle le *sens intérieur*, mais de pures *sensations* ou représentations qualitatives, extérieures ou intérieures, ne feront jamais le temps : elles sont passives, elles arrivent toutes faites sans notre concours, elles s'imposent à nous comme un je ne sais quoi auquel on ne peut rien changer sur le moment où il se produit et se manifeste. Le changement, en lui-même et s'accomplissant, est inconcevable à qui ne se change pas ou ne tend pas à se changer. La série bariolée des états du *sens interne* demeure telle quelle, si je ne place pas au-dessous mon appétition de quelque chose *d'autre*, appétition qui est le *réel* du changement et en est aussi la *cause*. Le *changé* ne se conçoit que par ce qui *change* quelque chose, et ce qui change quelque chose ne se conçoit que par ce qui se change ou s'efforce de se changer en vue de quelque état ultérieur autre que l'état présent.

L'erreur de la plupart des psychologues est d'avoir absorbé le changement temporel dans les deux termes entre lesquels il se produit, termes que, le changement une fois accompli, nous distinguons l'un de l'autre. Répétons ce que nous avons dit dans la Préface au livre de Guyau : Un être qui change en passant du plaisir à la douleur peut se *sentir* en *train de changer*, alors même qu'il ne *conçoit* pas le rapport des deux termes du changement. Le sentiment immédiat de la durée et du changement est celui d'une opposition intérieure et même d'une contradiction que nous levons ensuite par la pensée, en plaçant les deux termes dans deux moments successifs. C'est cette dernière opération vraiment intellectuelle qui engendre la conscience claire du temps.

Ainsi, le *combat* dont parle Héraclite et dont il fait le père de toutes choses, est bien le père du temps, seul moyen de résoudre l'opposition des contradictoires en les séparant l'un de l'autre dans deux moments successifs. Le principe abstrait de contradiction est l'expression de ce processus vivant, perpétuel, qui fait le fond même de notre réalité. Nous passons sans cesse d'un contraire à l'autre et nous les disposons ensuite par la pensée en moments successifs.

Quant à nous, nous avons toujours soutenu, depuis nombre d'années, que ce dont on a primitivement conscience, ce n'est pas la fixité, mais le changement interne. Nous avons conscience des transitions sous les états : le point de vue statique doit être complété par le point de vue dynamique, qui voit dans tout fait mental et dans toute idée où il s'exprime non pas seulement un état accompli, mais un processus en train de s'accomplir. *En train* n'est pas encore assez dire ; il s'agit d'un changement tendant à s'accomplir, faisant effort pour s'accomplir, désirant et voulant s'accomplir. Sous l'image présente, qui peut envelopper plus ou moins confusément quelque chose de spatial, il y a une tendance au changement qui n'a plus rien de spatial et qui est le fond même du temps. Un être sans volition et sans appétit, s'il en pouvait exister de tel, n'aurait aucune conscience de sa durée et encore moins de la durée. C'est dans la tendance et l'effort qu'il y a le germe du contraste entre ce que nous possédons et ce à quoi nous tendons, qui n'est pas encore et nous manque, qui est non présent actuellement mais virtuellement présent. L'appétition est presque toujours accompagnée de motion, l'effort est plus ou moins moteur; mais ce n'est pas en tant que moteur que l'effort nous donne la conscience de la durée : en tant que moteur, il nous donne seulement la perception de l'espace, plus ou moins attachée à la conscience de la durée même, et qui sert à lui donner un caractère distinct, tranché, représentable, objectif.

Supposez un éventail multicolore grand ouvert; ce sera l'espace et non pas le temps: supposez que l'éventail d'abord fermé s'ouvre en laissant apparaître chaque couleur; cette hétérogénéité qualitative, cette disparité ne sera pas le temps. Supposez même qu'au moment où je vois une couleur, l'autre subsiste à côté, soit en image perçue, soit en image représentée; ces images, fortes ou faibles, successives ou simultanées, constitueront des états qualitatifs présents, mais sans ombre de passé ni surtout de futur. Pour sortir de l'espace et du présent statique, il faut un éventail qui se sente s'ouvrir. Encore ne serait-ce pas assez; il faut un éventail qui tende à s'ouvrir, qui fasse effort pour s'ouvrir et qui ait conscience, non pas seulement de ses parties simultanées ou successives, mais de la transition active et actuelle d'un état à l'autre, qui ait la volonté d'un état autre que l'état présent.

Des qualités hétérogènes qui se soudent ne sont toujours, en effet, que des qualités diverses, successives, et continues, comme la diversité spatiale est une quantité épandue et immobile dans la continuité du simultané. Le temps n'est pas un simple rapport de qualités ni une simple combinaison de qualités; il est un caractère spécifique du réel même, qui non seulement est ainsi *qualifié* et peut être en même temps *quantifié*, mais qui a conscience de sa réalité comme d'une appétition toujours inassouvie, toujours tendant à s'assouvir. Les catégories de la quantité et de la qualité sont ici insuffisantes; il faut passer par la catégorie de la *causalité*, je ne dis pas seulement de la *loi*, mais de la causalité active, de la *production* d'un effet qui n'existait pas tout à l'heure, qui était futur et qui existe maintenant, qui est présent, et sera aussitôt passé.

Il faut bien d'ailleurs qu'il existe une forme dernière et suprême de la conscience, laquelle tient à ce que toute réalité dont nous pouvons avoir conscience a toujours cette forme : c'est celle de la durée et de la succession. Il n'est pas étonnant que nous ne puissions rien nous figurer en dehors, puisque jamais aucune sensation, aucune appétition, aucune représentation, aucune action mentale ou motrice ne nous est donnée en dehors. Ce n'est pas une raison pour faire du temps une *idée innée* et toute formée dans l'esprit. Ne confondons point le procédé général de représentation et d'optique intérieure avec un cadre à priori. Toutes nos représentations, si l'on veut, sont innées ou naturelles, en ce sens que chacune a un caractère spécifique et irréductible, comme la sensation du blanc, du bleu, du rouge, celle du son, celle de la chaleur, celle du froid. On aura beau combiner les sensations des sept couleurs, on ne pourra pas en déduire la sensation du blanc. Il y a donc de l'originalité et de la nouveauté dans toutes les représentations intérieures. — Nouveauté de pure apparence, direz-vous. — Mais ici la prétendue apparence est tout; la sensation du blanc est constituée par une certaine manière de *paraître* ou plutôt d'*être* que rien ne peut faire prévoir à celui qui n'en a pas l'expérience. Quant à la réalité extérieure, nous ne la connaissons qu'en tant qu'elle nous *apparaît*, elle, par l'intermédiaire de nos sensations. On pourrait donc prétendre en ce sens, que nos sensations sont à priori. Mais en autre sens, il est clair que nos sensations ont été acquises par l'évolution de la conscience en correspondance avec celle du système nerveux, et que nous ne naissons pas avec la tête meublée de couleurs, de sons, de saveurs ou d'odeurs.

Les caractères de la théorie que nous proposons sont donc que la conception du temps : 1° est essentiellement objective, 2° qu'elle n'est pas purement quantitative et statique, 3° qu'elle n'est pas purement qualitative, ce qui la rendrait encore statique, 4° qu'elle est appétitive et par conséquent en relation intime avec le principe de causalité, 5° qu'elle est également en rapport essentiel avec le principe de contradiction, qui force la pensée à concevoir l'exclusion du passé par le présent.

III. — Le temps et la qualité.

Nous avons examiné le temps au point de vue de la causalité et de l'activité, qui est pour nous l'essentiel. Examinons-le maintenant sous le rapport de la qualité.

Considérée sous cet aspect, la durée dont nous avons la conscience immédiate n'est pas une pure hétérogénéité qualitative ; elle est, au contraire, une certaine homogénéité introduite dans l'hétérogénéité, les qualités les plus diverses et les plus disparates ayant ce caractère commun qu'elles se *succèdent* temporellement en nous ou pour nous. Ce que nous appelons *durer*, c'est d'être toujours le même sous l'infinie diversité des qualités qui passent. C'est ce qui permet à la pensée de dégager du sentiment immédiat de la durée la conception d'un temps homogène. Cette conception, parfaitement légitime, est conforme au réel, en ce que notre réalité, tout en étant changeante et multiforme, a aussi un caractère d'uniformité temporelle dont elle ne peut se dépouiller : elle va nécessairement du présent au futur et laisse nécessairement derrière elle le passé.

Il en résulte que la diversité temporelle est nécessairement *ordonnée* et que l'ordre du temps est ternaire : passé, présent, futur. De plus, cet ordre est *irréversible*. On ne peut pas remonter le cours du temps, comme, dans l'espace, on remonte le cours d'un fleuve. Assurément le temps n'est pas un « milieu » comme l'espace, puisque *milieu* implique espace. Le temps n'est pas non plus une *ligne* dans l'espace. Mais s'ensuit-il qu'il n'ait pas son homogénéité abstraite, mais *vraie*, quand on le vide par la pensée de son contenu, de même que l'espace devient homogène par le même procédé, quoiqu'il soit partout rempli de matière différenciée et hétérogène? Si une certaine homogénéité dynamique ne liait pas activement l'hétérogénéité qualitative, nous serions toujours dans les royaumes morts de la quantité et de la qualité pures, non dans le domaine du réel, de l'actif et du vivant.

Il n'y a pas plus d'opposition entre la durée vraie, concrète et psychologique, qui est hétérogène, et le temps homogène ou mathématique, qu'il n'y en a entre ce qu'on appellerait l'étendue vraie, concrète et physique, et l'étendue mathématique. Il n'y a pas pour le temps deux manières d'exister; il n'y en a qu'une : succession continue. C'est ainsi que le temps a toujours été conçu comme une certaine espèce de *changement* qui se retrouve dans tous les autres changements, par exemple, dans le changement du plaisir à la peine, de l'action au repos, etc.; et sans laquelle les autres espèces de changement seraient impossibles. Le changement temporel est sous tous les changements qualitatifs. La diversité, l'hétérogénéité qualitative, par elle seule, n'est pas une diversité temporelle, une succession continue de présents qui viennent et qui s'en vont.

La différence du temps vécu et du temps mathématique n'est pas la différence du concret et de l'abstrait. Elle est parallèle à la différence de l'espace concret et de l'espace abstrait. Il y a une *présence* dans l'espace comme il y a une présence dans le temps, une actualité dans l'espace comme il y a une actualité dans le temps; ce sera, par exemple, tel *complexus* de qualités ou d'actions ; tel objet blanc ou noir, agissant de telle manière, etc. Supprimez par abstraction toute cette hétérogénéité qualitative, ne considérez que l'ordre continu de juxtaposition (non plus de succession), que l'avant et l'après juxtaposés et simultanément donnés : vous aurez l'espace abstrait ou mathématique.

Dans le temps psychologique, il y a une différence *qualitative*, une hétérogénéité essentielle entre le présent, le passé et le futur. Le présent est l'élément même du temps ; il est l'existence actuelle, la sensation actuelle, l'action qui se fait, la conscience du réel. Le passé est une série de *présents* qui ne sont plus, mais ont été et se sont suivis sans interruption ; l'avenir est une série de présents qui ne sont pas encore, mais qui seront et se suivront sans interruption. Le passé ne nous est présent que par le souvenir présent, le futur n'est présent que par la prévision présente. Maintenant ne considérez dans le temps que la succession continue de présents qui, après avoir été futurs, sont actuels et, après avoir été actuels, sont passés ; faites abstraction du réel et de l'actuel, ainsi que de leur sentiment, qui est inhérent au présent, au *nunc* ; vous aurez ainsi éliminé par abstraction la différence qualitative qui caractérise pour la conscience le présent, le passé et le futur ; il ne restera plus que la propriété abstraite et générale de la succession continue, avant, pendant, après, le glissement perpétuel du présent devenant passé après avoir été futur, puis présent ; les trois éléments du temps, devenus ainsi abstraits et dépouillés de leur caractéristique psychologique d'*actualité*, de *souvenir* et d'*attente*, deviendront homogènes sous le rapport de la succession continue selon un ordre toujours le même : ce sera le temps mathématique. Il s'ensuit que le temps psychologique, sous son hétérogénéité d'éléments successifs, est aussi homogène *comme succession* que le temps mathématique ; il n'y a, encore un coup, qu'une manière d'être présent, passé, futur : elle est la même pour Pierre ou Paul, pour le soleil ou pour l'homme.

On a voulu, il est vrai, faire de la durée l'apanage des êtres vivants et la retirer aux choses matérielles. Mais c'est encore ce que nous ne saurions admettre. Le soleil, dont nous parlions tout à l'heure, dure tout aussi bien que nous et de la même manière, mais inconsciente; il dure parce que tous les changements et mouvements qui le constituent passent continuellement et continûment du présent au passé en laissant place à d'autres changements ou mouvements qui sont les effets subsistants et présents des changements qui ont précédé et ne sont plus. Le fait que le soleil ne se souvient pas de son passé ne l'empêche nullement d'avoir un passé qui n'est plus présent, quoiqu'il ait contribué à amener le présent, lequel amène l'avenir. S'il n'y a pas compénétrabilité réelle du passé et du présent dans le soleil, il n'y en a pas davantage dans l'être vivant. Le soleil n'en est pas moins, comme l'être vivant, gros de son passé et gros de son avenir; seulement il n'en sait rien, et bien des êtres vivants, comme le ver de terre, ne le savent pas plus que lui.

L'apparente identité des objets matériels ne les fixe pas plus hors du temps que notre apparente identité ne nous y fixe. *Passer* n'est pas un privilège de la vie,—triste privilège! C'est la loi commune de toutes choses, de la montagne comme de la fleur qui croît sur ses flancs. C'est donc par un artifice qu'on distingue la durée *vécue* de toute autre durée; elle a sans doute ses qualités propres, mais ce ne sont pas des qualités temporelles propres, pas plus que la qualité de rouge n'est pour l'orange une qualité spatiale propre. Quand même, par impossible, une chose ne changerait que sous le rapport du temps, en demeurant la même sous tous les autres rapports, par exemple, une étoile vraiment fixe et immuable, elle changerait toujours temporellement, et son présent, quelque identique qu'il fût à son passé, aurait toujours la caractéristique essentielle de l'actualité et de l'existence, tandis que son passé ne serait plus et son avenir ne serait pas encore. Il y aurait succession temporelle continue, quoique cette succession ne fît apparaître aucune qualité nouvelle.

IV. — LE TEMPS ET LA QUANTITÉ.

Sous le rapport de la quantité, le temps offre une originalité analogue. Il est bien une quantité extensive, mais *sui generis*. Il est, en conséquence, une multiplicité ramenée à une certaine unité qui est seule de son espèce. Quand nous disons que le temps est une *grandeur extensive*, sans avoir pour cela rien de spatial, nous n'entendons pas seulement le temps mathématique, mais encore et avant tout le temps que nous vivons, la durée réelle et purifiée de tout autre élément que les éléments temporels. La durée de ma douleur ou de mon effort est une grandeur extensive; la durée d'un de mes pas, quand je marche, est également une grandeur extensive, parfaitement distincte de l'espace que mon pas mesure. Je puis, dans le même temps, faire un grand pas ou un petit pas, je reconnais l'égalité approximative de mes pas successifs sans avoir aucun besoin de l'espace pour cette mesure; je puis aussi hâter le pas et, indépendamment de tout espace, juger les intervalles de temps plus courts entre le moment où je sens mon pied droit toucher le sol et le moment où mon pied gauche le touche. Le fait que ma durée intérieure est en même temps *qualitative* et *hétérogène* ne change rien à la nature de la durée *comme telle*; que je souffre ou jouisse en marchant, la durée de mes pas pourra être la même, et nous avons vu que c'est la *durée* qui constitue le temps réel, non la *qualité* qui s'y mêle, ou que la durée sous-tend. (1)

On prétend, il est vrai, que le nombre est spatial, parce que, réduits au temps, nous ne pourrions former des nombres

---

(1) Guyau a beaucoup insisté, et d'une manière bien originale, sur les rapports de l'espace et du temps; il a même représenté l'idée du temps comme tellement mêlée à celle de l'étendue que le temps *conçu* est comme « une quatrième dimension de l'espace ». Mais il a aussi nettement marqué le caractère original du temps, qui est tout psychologique; il a distingué ce qu'il appelle le « cours » interne du temps du « lit » où il coule, et qui seul prend une forme spatiale, numérique, mathématique.

cardinaux, mais seulement des nombres ordinaux. Ainsi, un élancement douloureux, puis un intervalle, puis un nouvel élancement, ne nous apparaîtrait que comme premier élancement, deuxième élancement, nombre ordinal, mais non comme *deux*, nombre cardinal, qui se trouve réalisé dans l'espace par la simultanéité de deux objets sous nos yeux. Nous ne saurions admettre cette théorie. La mémoire produit une simultanéité du deuxième élancement et du premier, sans quoi nous ne saurions pas que c'est le deuxième et ne pourrions concevoir le nombre ordinal. Or, si nous avons simultanément deux ou trois images d'états passés, nous pouvons très bien former le nombre cardinal 2 ou 3, indépendamment de l'espace. Il est d'ailleurs certain que des images spatiales viennent se mêler à toutes nos opérations arithmétiques, mais ce ne sont pas ces images qui les constituent, ni qui les rendent possibles, quelque secours qu'elles leur apportent.

Le nombre provient donc de la conscience et du temps, non de l'espace. C'est en nous, dans nos sensations et dans nos efforts moteurs, que nous percevons d'abord la multiplicité comme l'unité. Le ciel étoilé aurait beau étaler devant mes yeux ses myriades de points brillants ; si mon attention n'allait pas de l'un de ces points à l'autre par un effort plus ou moins insensible et si je n'éprouvais pas dans le temps des impressions successives, réunies ensuite par le souvenir, la multiplicité des astres dans l'espace n'existerait pas plus pour moi qu'elle ne semble exister pour l'animal qui dresse la tête vers le ciel et ne voit pas les étoiles. La première et la plus fondamentale multiplicité pour l'animal, c'est celle de l'appétit non satisfait et de l'appétit satisfait ; avoir grand'faim et manger, avoir grand'soif et boire, voilà le contraste primitif, la dualité primitive. Les deux contraires qui luttent dans l'effort sont la peine et le bien-être ; du sein de la peine nous faisons effort vers le plaisir de la délivrance, et, quand cette délivrance se produit, la série interne du temps se projette dans notre conscience.

En somme, dans cet ordre de la quantité, nous croyons qu'il faut distinguer trois grandes sortes de multiplicité : la multiplicité spatiale, la multiplicité temporelle, la multiplicité de degré. Les deux premières appartiennent à la grandeur extensive, la troisième à la grandeur intensive. La multiplicité numérique n'est que l'expression schématique et discontinue des autres multiplicités qui sont continues.

Le temps représenté par des nombres discontinus est comme un sablier qui ne laisserait passer par un trou imperceptible qu'un seul grain à la fois, si bien que les grains de sable seraient séparés l'un de l'autre ; le temps réel et continu est comme une clepsydre qui laisse tomber un petit filet d'eau ininterrompu. Les deux façons de considérer le temps aboutissent à des mesures identiques ; le savant n'est pas dupe de la discontinuité des mesures numériques où, d'ailleurs, le calcul différentiel introduit la continuité. Le temps scientifique n'est pas plus discontinu que la durée réelle, quoique, pour le mesurer, on y introduise des limites en faisant abstraction de ce qui peut se passer de concret entre ces limites. De même, pour mesurer l'espace, on fait abstraction de ce qui se passe entre certaines limites et on ne suppose pas pour cela que les intervalles cessent d'être continus.

Dès que nous *concevons* le temps, dit-on, au lieu de le sentir, nous le spatialisons et le rendons *discret*. Nullement. Si *concevoir* n'est pas *sentir*, concevoir n'est pas nécessairement *se représenter* d'une manière sensible et imaginative, quoique l'image puisse aider le concept et lui servir de symbole. On peut parfaitement concevoir des rapports *logiques* sans leur prêter un caractère *numérique* ; on peut concevoir des rapports numériques sans leur prêter un caractère *géométrique* ; on peut concevoir des rapports géométriques sans leur prêter un caractère *temporel*. Réciproquement, on peut très bien *concevoir* des rapports temporels sans leur attribuer un caractère géométrique ou spatial. L'ordre qu'on établit entre le passé, le présent, l'avenir, ordre irréversible, est bien un véritable ordre, comme nous l'avons remarqué plus haut ;

il n'est pas pour cela géométrique ni même arithmétique. Que nous nous *représentions* volontiers le temps sous forme de ligne, comme aussi sous forme du mot *temps* ou du mot *durée*, cela ne prouve nullement que nous le *concevions* comme *ligne* ou comme *mot*. Qui jamais, en fait, a conçu le temps comme une vraie ligne droite? On n'en pourrait trouver des exemples que dans les asiles d'aliénés. Ceux qui veulent réduire le temps à l'espace parlent souvent de la durée comme d'un *cours*, d'un *flux*, d'un *écoulement*; devra-t-on conclure de leurs images poétiques qu'ils conçoivent le temps comme un flot qui coule?

Non seulement il est inexact que nous concevions le temps par l'espace, mais, tout au contraire, c'est l'espace que nous concevons par le temps. Supposez un espace qui s'étendrait immobile devant un œil immobile et devant un esprit également immobile; aucune conception de l'espace, de ses parties et de ses dimensions, ne sera possible; la profondeur et la largeur ne se conçoivent que par des mouvements en avant ou par des mouvements latéraux qui les parcourent. Ces mouvements mêmes répondent à des actes de motion, qui, à leur tour, ne sont discernables que par des actes *successifs* d'attention. Si donc il n'y avait pas en nous une *série* d'actes d'attention qui changent et se distinguent l'un de l'autre, ainsi qu'une série de sensations également changeantes, nous ne concevrions pas l'étendue. Mais les changements d'attention et les changements de sensation ne sont eux-mêmes perceptibles que comme étant des changements successifs et *temporels*, que comme constituant un *ordre dans le temps*. Sans cet ordre temporel, l'ordre spatial serait pour nous comme s'il n'était pas. La tête fixe devant la mer bleue, par exemple, sans attention discursive, on ne percevrait qu'un *complexus* bleu qui serait sans ordre spatial et ne constituerait pas même une surface explicitement *étendue*. Loin donc que le temps conçu soit spatial, c'est l'avant et l'après dans l'espace qui présupposent l'avant et l'après dans les actes d'attention, l'avant et l'après dans le temps. La spatialisation du temps n'est qu'un troisième moment qui suit les deux autres et qui n'est que la mensuration du temps au moyen de rapports établis après coup avec l'espace. Cette mesure par l'espace a beau être la plus rigoureuse, elle n'est pas la seule possible. De violents battements de cœur qui se font sentir à intervalles réguliers nous donnent l'impression de durées égales; quand deux ou trois battements se précipitent tout à coup, nous avons l'impression d'inégalité. Nous n'avons pas besoin pour cela d'un métronome dont les oscillations parcourent des lignes égales. Comme toute unité spatiale de mesure offre une fixité au moins très approximative, nous choisissons les unités de ce genre au lieu d'unités de souvenir, qui n'auraient pas la même délimitation précise; mais, en l'absence de tout mètre, de tout pendule, de toute horloge, un malade dans son lit peut très bien apprécier qu'il s'est écoulé tel ou tel laps de temps moins court entre une crise douloureuse et une autre.

En somme la *représentation* spatiale du temps n'est pas la *conception* du temps qu'elle présuppose, et la conception elle-même est précédée de la *conscience* du temporel, du sentiment de la durée, qui n'est pas un simple sentiment de diversité qualitative et hétérogène, mais un sentiment *sui generis*, irréductible à tout autre et inhérent à l'actualisation du changement intérieur, au perpétuel passage d'une modification à une autre, surtout d'une action à une autre. S'il en est ainsi, le temps *pensé* n'est que la conscience réfléchie du temps *vécu* et *senti*, mais il n'en est nullement une falsification. D'autre part, le temps *figuré* par l'espace est un artifice scientifique légitime, qui n'implique aucune sophistication du temps interne auquel il emprunte lui-même tout son sens et sa portée.

On nous objectera sans doute que la science dénature le temps en le ramenant à du statique et à de l'immobile. Mais l'astronomie, en prenant des points de repère temporels, qui peuvent être en même temps des points de repère spatiaux, ne réduit nullement pour cela le changement temporel à des *immobilités*, pas plus qu'elle n'y réduit le mouvement spatial. En effet, les points de repère considérés sont des points de *changement* ou *de mouvement*, non des points de repos. Zénon d'Élée disait que, si un *mobile* est en un point A du temps et de l'espace, il est immobile dans ce point; mais le savant dit : il est *en mouvement* de tel point à tel autre, de tel moment à tel autre. Que l'on mesure le temps par des simultanéités, par des rapports, par des formules qui sont elles-mêmes immobiles et expriment des relations déterminées, cette mesure n'entraîne pas pour un Newton ou un Laplace la fixité de la durée et du mouvement; elle n'entraîne que la fixité approximative de tels rapports entre des mouvements ou changements.

Un autre reproche adressé à la conception scientifique du temps, c'est qu'elle considère des *instants*; or, il n'y a pas d'*instant* indivisible, immédiatement antérieur à un autre instant. — Mais qu'importe, s'il y a une durée antérieure à une autre durée? Les difficultés de la divisibilité à l'infini n'ont rien à voir avec le fait qu'une rage de dents soudaine, par exemple, était précédée, je ne dis pas d'un instant sans douleur, mais d'une durée quelconque, d'un « intervalle de durée » sans douleur. C'est sur des *temps* et laps de temps que nous raisonnons toujours, même quand il s'agit des êtres inorganisés; nous ne supprimons jamais la considération du temps en mécanique ou en astronomie, et par temps nous entendons toujours des durées, quoique pour nos calculs, nous soyons obligés d'enfermer ces durées entre des *limites* que nous nommons *instants* et que nous déterminons avec la plus grande approximation possible. Nous disons alors que l'éclipse de soleil aura une durée de tant de minutes, tant de secondes, tant de dixièmes, etc., et nous sommes bien persuadés que, si nous ne pouvons pas préciser davantage, il y aura cependant une limite de séparation précise dans la réalité entre l'occultation et la non-occultation.

Une dernière objection au temps mathématique est la

suivante. Quand le mathématicien, dit-on, calcule l'état futur d'un système au bout du temps T, rien ne l'empêche de supposer que, d'ici là, l'univers matériel s'évanouisse pour réapparaître tout à coup. C'est le T ième moment seul qui compte. Ce qui coulera dans l'intervalle, c'est-à-dire le temps réel, ne compte pas et n'entre pas dans le calcul. — Mais la supposition du monde anéanti est contraire à l'hypothèse dont on part. Si je calcule une éclipse, je ne m'amuserai pas à supposer l'univers anéanti pendant l'éclipse, puisque mon problème suppose une occultation du soleil par la lune qui *durera* un temps X dans l'*intervalle* de T à T'. C'est cet intervalle que je tâche de déterminer. Pour cela, je suis sans doute obligé de considérer les deux *limites* qui le déterminent, mais cette considération, loin de supprimer l'intervalle, implique qu'il existe et persiste.

Le mathématicien et surtout le physicien ne raisonnent donc nullement dans l'hypothèse cartésienne de la création continuée, comme si l'univers mourait et renaissait sans cesse, par des *fiat* continûment successifs ; ils supposent, au contraire, que l'univers subsiste toujours, qu'il y a toujours des *intervalles*, qu'il n'y a pas de moment immobile et indivisible, que le fleuve infini coule sans cesse et qu'aucune de ses gouttes, si petite soit-elle, ne reste immobile et indivisée dans le présent.

Je puis supposer, dites-vous, que le mouvement simultané de tout le système solaire et stellaire a été réellement doublé ou triplé ; les *relations* resteront les mêmes. — Vous pouvez faire toutes les suppositions dans l'abstrait ; vous pourriez aussi bien supposer que ma vie s'accélère de moitié en même temps que tout le reste, comme on prétend que le défilé des images s'accélère dans certains songes où le fumeur d'opium vit des années en une nuit. Les suppositions mathématiques sont dans l'abstrait. Il demeure vrai pour tous, même pour le mathématicien, que le temps ne se dilate ni ne se contracte, soit qu'il s'agisse d'êtres vivants et sentants, soit qu'il s'agisse de systèmes astronomiques, parce que la durée d'un phénomène dépend de la réunion de toutes ses causes, réunion qui a elle-même une durée. Si nous laissons de côté la folle du logis, nous verrons que T n'est pas seulement un pur nombre, mais un *temps*, un temps limité qui présuppose que la chose considérée persiste pendant tout l'*intervalle*, pendant le *laps* de temps, et que ce *laps de temps* a une quantité extensive, une durée déterminée, loin d'être indéterminé. Que serait une unité de temps sans temps, un calcul d'unités de durée qui supprimerait la durée au lieu de la faire entrer expressément dans le calcul?

Des considérations qui précèdent, il résulte qu'il n'y a pas de distinction réelle entre la durée pure, le temps psychologique et le temps scientifique. Ce dernier peut sans doute s'exprimer par des formules symboliques qui laissent de côté le changement même, mais personne ne s'y trompe et chacun sait bien que le passé, le présent ou l'avenir n'ont pas l'immobilité de l'espace. Le savant ne passe point par des immobilités pour aller au mouvement; il va au contraire du mouvement à des rapports fixes, qui n'entraînent pas une immobilité des divers mobiles, mais sont des relations de changements ou de mouvements.

CHAPITRE SIXIÈME

L'interprétation du monde par la durée et le changement temporel (*suite*).
La critique de la philosophie de la durée.

I. — LA PRÉTENDUE SUBSTANTIALITÉ DE LA DURÉE.

Après avoir examiné le temps sous le rapport de la qualité et de la quantité, nous devons l'examiner sous le rapport de la substantialité et de la causalité.

Nous rencontrons de nouveau ici la théorie de la durée pure, telle que l'a présentée l'éminent philosophe qui y a suspendu toute son interprétation du monde. Il s'agit de savoir si, comme il le croit, la durée est par elle-même « substantielle » et si elle est par elle-même « active » ou « causale ».

La durée, selon M. Bergson, « est le fond de notre être, et, nous le sentons bien, la substance même des choses avec lesquelles nous sommes en communication. » — « Quant à la vie psychologique, telle qu'elle se déroule sous les symboles qui la recouvrent, on s'aperçoit sans peine que le temps en est l'étoffe même (1). »

Nous touchons ici au cœur même de la philosophie de la durée. L'auteur de cette doctrine neuve et hardie a bien voulu la résumer ainsi à notre usage et nous inviter en quel-

---

(1) *Évolution créatrice*, pages 4 et 42.

que sorte à y pénétrer le plus profondément possible : « L'idée de l'indivisibilité du changement, de l'indivisibilité du temps qui dure, l'idée que le mouvement est donc réel et que le repos est illusoire, l'idée que nous devons rompre avec l'habitude de passer par l'immobile pour aller au mouvement (habitude qui est le fond de la plupart de nos manières de penser); l'idée que le changement est substantiel et n'implique pas une chose qui change, que le mouvement se suffit et n'implique pas un mobile, l'idée que le passé demeure présent, l'idée enfin qu'il faut, pour étudier les grands problèmes, se placer dans la *durée pure*, voilà le point central auquel il me paraît nécessaire de rapporter tous les autres. »

En d'autres termes, la durée et le changement sont *substantiels* ; la durée est *active* ; comme toute réalité absolue, la durée est simple et indivisible, de même que le changement et jusqu'au mouvement ; c'est dans la mobilité qu'est la réalité, et c'est là que nous devons la chercher au lieu de poursuivre quelque chose qui dépasserait le changement et le temps ; telle est la thèse capitale qui s'impose à notre attention.

Nous avons toujours soutenu, pour notre part, que le repos est une pure apparence, que le mouvement est partout, et que l'immobilité n'est qu'un cas-limite du mouvement même, qu'on ne doit donc pas concevoir le mouvement par l'immobilité, mais l'immobilité par le mouvement, et ce qui est *effectué* par ce qui est « en train de s'effectuer ». Nous avons aussi toujours ramené la « substance » à l'action et à la causalité, au lieu de la concevoir comme un substrat immobile et mort, à l'image d'une matière en repos qui serait le sujet du mouvement. Nous sommes donc heureux de nous être ainsi trouvé d'accord à l'avance avec l'auteur de l'*Évolution créatrice*. Mais il n'en est plus de même, à notre grand regret, pour les théories qui lui sont vraiment propres. Nous serons donc obligés de dire ici : « *Discerne causam meam* ».

D'abord la durée est-elle substantielle, se suffisant à elle-même, sans qu'il soit nécessaire de concevoir quelque existence qui dure? Le soutenir, c'est, pour éviter de réaliser la catégorie de substance, réaliser une simple propriété générale de l'existence, un processus que nous saisissons en nous-mêmes dans un *sujet*, dans une conscience. Il ne s'agit pas ici de se figurer je ne sais quel objet immobile comme un point de l'espace, pour passer ensuite de cette immobilité à la vie. Le sujet conscient n'est ni un objet immobile ni un objet mobile. Mais ce qui est réel en lui et partout, c'est l'existence qui dure, l'activité qui se développe temporellement ; et c'est cette existence active que nous saisissons en nous par la conscience, non une « durée. » Il y a bien autre chose dans la vie intérieure et dans l'existence active que la durée, que la propriété de présenter des moments divers et continus. Ce n'est pas la durée qui est « vécue », c'est la vie qui dure, et la vie ne vit pas la durée, mais vit les sensations et appétitions, les changements et efforts qui la remplissent ou plutôt la constituent, par leur ordre dans la conscience. Au delà du désir et du vouloir, peut-on vraiment saisir par intuition une durée absolument pure, qui ne serait que durée? Nous ne le croyons pas ; on saisirait alors un insaisissable noumène. D'autre part, une durée pure qui serait toute phénoménale et réduite au devenir sans l'appétition plus ou moins intense, ne serait qu'une vicissitude de qualités fuyantes sans *nexus* interne.

Grâce à ce qu'il y a d'incertain dans des expressions comme *durée concrète* et *étendue concrète*, on pourrait aussi bien dire que le soleil est de l'étendue concrète et de la durée concrète, car il demande de l'espace et du temps pour se produire, se prolonger et s'éteindre. On trouverait pourtant abusif de composer les êtres avec de l'étendue. La Joconde n'est pas un cadre concret. De même pour les nombres. Une fleur de crucifère n'est une *tétrade* concrète que pour un pythagoricien.

Outre une réalité propre, répond-on, il faut « attribuer au temps une activité efficace (1) ». — C'est là (nous le croyons

---

(1) *Evolution créatrice*, p. 18.

du moins) réaliser une abstraction. Ce n'est pas le temps qui, par son activité me fait « vieillir ». Je vieillis parce que certaines actions chimiques et vitales ne s'accomplissent plus en moi de la même manière ; parce que la nutrition de mes organes ne se fait plus aussi bien ; parce que mes vaisseaux s'encrassent et se durcissent, etc. Tout agit sur moi, en moi, autour de moi, excepté le temps, qui, encore un coup, n'est qu'une condition à laquelle les actions sont soumises par les résistances qu'elles rencontrent et par la nécessité de les vaincre.

De même, si je suis obligé d'attendre que « le sucre fonde dans mon verre », ce n'est pas la durée que j'attends, ce sont les actions et réactions mécaniques ou physiques de l'eau et du sucre ; la preuve en est que, si l'eau n'est pas présente, j'aurai beau attendre des jours et des nuits, le sucre ne fondra pas. Quand je pompe une eau profonde dans un grand puits, ce n'est pas l'écoulement de la durée que j'attends, c'est la série des coups de piston dont chacun n'élève l'eau qu'à une certaine hauteur. On dit, en vain, que le temps est un grand maître ; les grands maîtres, ce sont les agents qui exercent constamment leurs forces en réciprocité et en opposition. Le grand maître, c'est le déterminisme.

On nous dit : « La durée mord sur les choses et les transforme » ; on pourrait dire pareillement : « L'étendue mord sur les choses, puisque l'étendue appelée *flot de la mer* mord sur l'étendue appelée *rocher*. » De même que ce n'est pas l'étendue qui réellement mord, mais certaines actions ayant entre autres caractères celui de l'étendue, de même ce n'est pas la durée qui mord, ce sont certaines actions ayant entre autres caractères la durée.

Si l'on a pu objecter autrefois à Descartes que des morceaux d'étendue ne sauraient expliquer le réel, qu'il faut y ajouter quelque activité résistante, pressante et pressée, on peut objecter aujourd'hui que constituer le monde avec des durées n'est pas moins impossible. On a beau les remplir de qualités hétérogènes et changeantes ; ces qualités n'expliquent pas beaucoup mieux l'univers que les figures de géométrie dans l'espace. Le réel du changement nous semble échapper à la philosophie de la durée, comme le réel du mouvement à la philosophie de l'étendue. En ce flux de qualités, la véritable action ne peut trouver place. Appeler « vies » des « durées » et supposer qu'il y a « plusieurs durées », comme il y a plusieurs vies hétérogènes, c'est réaliser un « concept » au moment même où on essaie de se donner une intuition au-dessus de tout concept. Il n'y a pas une multiplicité de durées infinies ; ma vie est simultanée avec la vôtre, non avec celles d'Aristote et de Platon ; la durée nous dépasse donc tous les deux. Elle ne coule pas plus vite en réalité pour vous que pour moi, quoique, si vous avez du plaisir et si j'ai de la peine, la même heure vous semblera courte et me semblera longue. Ces différences d'appréciations sont d'ailleurs renfermées en d'étroites limites, tout au moins celles d'une journée ou même celle d'un repas à l'autre. Nous ne produisons pas la durée comme l'araignée tire de soi son fil plus ou moins long ou court.

II. — La prétendue indivisibilité de la durée.

Pour ériger la durée en réalité absolue, on nous dit qu'elle est indivisible, que le changement qui en fait le fond est indivisible, que le mouvement même est indivisible. Commençons par examiner cette dernière thèse.

On a soutenu que le mouvement est simple et que si nous le divisons après coup, c'est par de simples points de vue divers pris sur la réalité. — Cette doctrine nous semble d'abord identifier la continuité avec l'indivisibilité. De plus, elle nous paraît identifier le mouvement dans l'*espace* avec l'effort qui, en nous, donne naissance à des mouvements musculaires, ou encore avec l'acte de volonté qui provoque l'acte moteur. Si je lève la main, dit-on, de A à B, ce mouvement, « senti du dedans », est un acte simple, indivisible. — Mais, du dedans, nous ne sentons pas le mouvement spatial, sinon par une série de sensations musculaires ou visuelles qui sont afférentes et proviennent du mouvement effectué ou en train de s'effectuer, qui effectue simultanément des changements sensoriels. Ce que nous sentons *du dedans*, c'est l'effort; encore Lange et James ont-ils prétendu qu'il est lui-même un ensemble de sensations afférentes. Du moins, l'acte de volonté est-il interne ; mais cet acte n'est pas le mouvement qui en résulte en vertu de la force de réalisation ou idéomotrice inhérente à la représentation d'un mouvement désiré.

Le mouvement, dit-on, est plus que les positions et que leur ordre, car il « suffit de se le donner, dans sa simplicité indivisible, pour que l'infinité des positions successives, ainsi que leur ordre, soit donnée du même coup avec, en plus, quelque chose qui n'est ni ordre ni position, mais qui est l'essentiel, la mobilité (1) ». — Une chiquenaude contre une bille la lance par une seule impulsion, en apparence indivisible, en réalité déjà multiple, et voilà sans doute la ligne du trajet donnée avec la mobilité de la bille ; mais ce n'est nullement la face « extérieure » de ma chiquenaude : c'est une série d'effets en grande partie étrangers qui se déroule. De même, quand je veux lever le bras, le mouvement décrit par mon bras n'est pas l'extérieur de ma volonté, mais il est le déroulement d'une série d'effets en grande partie étrangers à elle. On ne peut donc pas dire que « les positions en nombre infini et l'ordre qui relie les positions les unes aux autres », c'est-à-dire le mécanisme et le finalisme apparent de la matière, sont sortis spontanément de l'acte indivisible par lequel ma main est allée de A en B. Ils ne sont pas *issus* de cet acte; ils ont *suivi* cet acte.

« Considérons, dit lui-même ailleurs M. Bergson, un acte très simple, comme celui de lever le bras. Où en serions-nous, si nous avions à imaginer par avance toutes les contractions et tensions élémentaires qu'il implique, ou même à les

---

(1) *Evolution créatrice*, p. 99.

percevoir, *une à une*, pendant qu'elles s'accomplissent (1) ?
— Il résulte de là que, dans la réalité, le mouvement de notre bras se compose d'un nombre incalculable de contractions et de tensions élémentaires, impossibles à compter et à percevoir une à une, quoiqu'elles s'accomplissent vraiment une à une avec une extrême rapidité et que le mouvement du bras soit ainsi divisé en je ne sais combien de mouvements. Dès lors comment peut-il être déclaré « indivisible » ? Continu, oui ; mais indivisible et simple, non. Il ne pourrait y avoir de simple, encore une fois, que l'impulsion primitive donnée comme par un déclenchement et une explosion, l'effort premier pour lever le bras ; mais cet effort même se continue tout le temps et n'est qu'une longue série d'efforts élémentaires. Je le sens bien si, au lieu de lever mon bras à vide, je lève en même temps un fardeau ; je sens une série continue d'efforts s'accroître en intensité à mesure que mon bras lève le poids et rencontre une résistance croissante. Comment pourrait-on dire que ce mouvement est simple, indivisé et indivisible ? La série des sensations musculaires qui l'accompagne est elle-même une vraie série continue, qui se divise sans cesse de fait en passant d'une sensation à d'autres de nuance différente et de plus en plus pénibles. Je sens qu'à chaque moment je pourrais arrêter le mouvement de mon bras, si je voulais ; il n'en résulte pas qu'il se compose d'une série d'arrêts réels, ni même d'arrêts virtuels, mais il en résulte que, quoique produit d'un seul trait et sans interruption, c'est-à-dire continu et continuellement mouvant, il est toujours virtuellement divisible et qu'il divise toujours réellement *en acte* la trajectoire qu'il parcourt en traversant tous les points possibles de cette trajectoire.

« La nature, conclut-on, n'a pas eu plus de peine à faire un œil que je n'en ai à lever la main. » — Il semble bien, à la quantité de siècles nécessaires pour la formation de l'œil, que l'acte de la nature (en supposant qu'il existe une nature) n'ait

---

(1) *Ibid.*, p. 324.

pas été si facile. « Son acte simple s'est divisé automatiquement en une infinité d'éléments qu'on trouve coordonnés à une même idée. » — Mais comment le simple ou l'indivisible peut-il se diviser, soit qu'il s'agisse d'un élan simple de la nature vers la vision, ou d'un effet simple de mon vouloir ? Ici encore, n'y a-t-il point confusion d'une série d'effets avec une prétendue *face* extérieure et multiple d'un *acte* intérieur prétendu simple ?

Non moins que le mouvement, on déclare le changement indivisible, la durée indivisible. C'est là encore, croyons-nous, confondre l'*indivisible* avec le *continu*. De ce que dans le changement et dans la durée il n'y a pas *séparation* entre passé et présent par un intervalle vide de temps, il n'en résulte nullement que le présent coïncide avec le passé et ne s'en sépare pas sans cesse d'une façon qui maintient pourtant la continuité. Selon nous, le changement et la durée sont une division continuelle et continue qui fait que le présent *passe* sans cesse, tombe sans cesse de l'être temporel dans le non-être temporel, se sépare sans cesse du passé. Durée, c'est divisibilité infinie et incessante, non pas en parties spatiales, assurément, ni même en parties proprement dites, ni en *immobilités*, mais en passé et présent ; c'est là une chose *sui generis*, qu'on ne peut ramener à aucun autre type et où nous avons reconnu la condition nécessaire de la non-contradiction. Si souffrance et non-souffrance ne se séparaient pas, sans avoir besoin pour cela d'être « taillées en morceaux », nous avons vu qu'elles seraient contradictoires ; mais, en réalité, la conscience de souffrir et la conscience de ne pas souffrir se succèdent, donc se divisent ou se séparent, et à ce prix la contradiction disparaît. C'est parce que la durée est divisibilité vécue et sans cesse réalisée que nous pouvons après coup, par la réflexion, tracer des divisions fixes dans le temps. Bien plus, c'est la divisibilité du temps qui nous permet de diviser l'espace en le parcourant par nos mouvements volontaires et nos mouvements corrélatifs d'aperception. Sans la division primordiale, qui est au fond du changement et de la durée, aucune autre division ne serait possible. L'*irréversibilité* de la durée, qui est un de ses caractères essentiels, n'est précisément que l'impossibilité de faire être ce qui n'est plus, de rendre présent ce qui est passé, d'échapper à la perpétuelle division du temps. La Parque ne tranche pas seulement le fil à l'heure de la mort ; le fil de l'existence se coupe continuellement lui-même en passant par ses ciseaux, et la partie retranchée tombe dans le passé.

Mais, dit-on, au lieu d'une division, il y a « pénétration mutuelle » du passé, du présent, du futur. — Si cette pénétration n'est pas une simple métaphore, elle nous semble entraîner une contradiction. Le jour où le passé trouvera moyen de pénétrer, *comme tel*, dans le présent et le présent de pénétrer, comme tel, dans l'avenir, le jour où une crainte que je viendrai d'éprouver « fera corps » avec l'espérance actuelle, le jour où mon désir actuel fera corps avec sa satisfaction future, les contradictions seront réalisées *en même temps dans le même sujet*. Il y aura une durée où je serai à la fois souffrant et non souffrant, où la souffrance aura pénétré dans son contraire. Que si on parle seulement des effets de la souffrance passée, qui se mêlent au soulagement présent, on énoncera une vérité reconnue de tous : les effets d'une cause subsistent dans le temps. Mais il y a loin de là à la « compénétration » du passé et du présent, qui n'est que l'expression figurée de la *continuité* temporelle, comme la compénétration des points contigus serait l'expression, d'ailleurs inexacte, de la continuité spatiale. Bref, le passé et le présent ne font pas plus « corps ensemble » que les positions successives d'une pierre qui tombe.

Soutiendra-t-on que nous introduisons seulement après coup la *succession* dans la *durée* ? Mais qu'est-ce qu'une durée sans succession ? Un *tempus stans* ? C'est le sentiment même du *changement* et de l'altération, donc, de la succession, qui nous donne le sentiment de la durée ; sans passé, présent et futur, point de durée ; et sans succession, point de passé, de présent, de futur. Cet *ordre* tient à la continuelle division et impénétrabilité du présent et du passé, au continuel refus de contradiction qui fait le fond de l'être et de la pensée.

Les parties du temps sont encore bien plus en dehors les unes des autres que celles de l'espace, car celles-ci trouvent moyen de coexister et de ne pas s'exclure, tandis que le passé est absolument exclu par le présent; il n'y a point de choses qui soient plus en dehors l'une de l'autre et plus incompatibles que ce qui est et ce qui n'est plus. En vain donc on nous dira que, dans la durée pure, le passé demeure présent; et par lui-même, non par ses effets actuels, la présence du passé comme tel nous paraîtra toujours, non pas la durée, mais la négation de la durée, non pas le temps psychologique, mais la suppression du temps psychologique, soit au profit de cette « éternité » que l'on combat, soit au profit d'une identité des contradictions dans le temps que jamais Hegel lui-même n'a rêvée, et qui serait l'anéantissement de toute pensée, de toute conscience, de toute qualité, de toute réalité.

III. — LA PRÉSENCE DU PASSÉ.

Nous arrivons à la conséquence la plus extrême de la théorie qui réalise la durée : c'est la *présence* du *passé*.

« Notre vie psychologique tout entière, dit-on, conditionne notre présent; » tout entière aussi « elle se révèle dans notre caractère »; donc, « réunies, ces deux conditions assurent à chacun des états psychologiques passés une existence réelle, quoique inconsciente (1). »

Mais d'abord, au lieu de toutes les conditions exigibles pour l'affirmation de l'existence, il n'y en a vraiment ici

(1) Bergson, *Matière et mémoire*, p. 161.

qu'une seule : la liaison avec ce qui a précédé. Une autre condition essentielle, admise ailleurs par M. Bergson lui-même : *présentation à la conscience*, manque ici entièrement, puisque les états sont « *inconscients* ». Dire qu'ils se révèlent dans le caractère, c'est simplement dire que le caractère est l'effet d'états réellement passés dont il porte la trace. Si les états passés « conditionnent » les états présents, c'est parce qu'ils ont produit et laissé d'actuel, soit dans l'organisme, soit dans l'esprit, si on considère l'« esprit » comme distinct de l'organisme. Nulle part, nous ne trouvons du passé existant encore en lui-même, du passé non passé.

Si l'on dit que « le présent est *ce qui se fait* », tandis que le passé *est* et ne se fait pas, nous répondrons d'une part, que ce qui se fait *est* en train de se faire, donc *est*; d'autre part, que le passé *a été* fait, donc *a été*, donc n'est plus comme tel, et ne peut se survivre que dans ses effets présents.

Il n'y a pas plus de raison, nous dit-on, pour affirmer « que le passé, une fois perçu, s'efface, qu'il n'y en a pour supposer que les objets matériels cessent d'exister quand je cesse de les percevoir ». Comment se fait-il, ajoute-t-on, que l'on ait si peu de peine à admettre la perception des objets dans l'espace, alors même que nous ne les voyons pas, tandis qu'on fait des difficultés pour admettre que le passé, même non perçu, est toujours présent? — La réponse, c'est que la coexistence des objets dans l'espace, qui est l'ordre même des coexistences, n'est pas contradictoire, tandis que la coexistence du passé et du présent dans le temps, c'est-à-dire dans la succession interne, est la forme même de toute contradiction. Il est contradictoire de dire que l'acte de volonté qui m'a fait commettre une faute coexiste avec l'acte de volonté par lequel je m'en repens. Quand je tourne les yeux à droite, puis les retourne à gauche, je retrouve les mêmes objets dans l'espace, qui, en quelque sorte, m'attendaient, je vérifie leur coexistence. Mais pouvons-nous ainsi retrouver notre passé et en vérifier la présence réelle ?

Il n'y a pas d'*instant* présent, répond-on, nous ne percevons donc que du *passé*. — C'est là tirer argument de la considération des infiniment petits. Mais peu importe que l'instant pur soit une simple limite, si nous traversons réellement sans cesse cette limite, comme le mobile traverse le point, limite entre deux espaces. De ce qu'une impression sensorielle n'occupe jamais un instant infiniment petit et persiste pendant une certaine durée, de ce que le souvenir reste attaché à la perception présente, il ne s'ensuit point que le passé soit présent, sinon sous forme d'images présentes, et que nous ne passions pas continuellement du passé au présent et au futur. La doctrine de la présence du passé semble donc tout ensemble une négation du temps et une contradiction installée dans le temps. Toute théorie qui tend à rendre le temps simultané est le pendant d'une théorie qui rendrait l'espace successif et ferait naître les objets matériels à mesure que nous les apercevons en tournant les yeux autour de nous. Ce sont là deux conceptions parallèles qui nous semblent méconnaître également l'ordre des simultanéités et l'ordre des successions.

En outre, la philosophie de la durée nous semble accomplir elle-même l'opération qu'elle croit pouvoir reprocher aux autres philosophies : celle qui consiste à spatialiser le temps. En effet, elle se représente le temps (et non pas seulement d'une façon symbolique, mais d'une façon réelle) comme une accumulation d'images et d'états mentaux inconscients qui ne cessent pas de subsister quoiqu'ils ne soient pas aperçus. Cet amas d'états passés accompagne le présent et est expressément figuré dans *Matière et mémoire*, comme une ligne verticale, celle du temps, perpendiculaire à la ligne horizontale de l'espace. En réalité un amas d'états passés, toujours présents « en eux-mêmes » serait plus qu'une simple ligne ; il est un ordre de coexistences ou de survivances, dont la portion « utile », nous dit-on, apparaît seule à la conscience actuelle et agissante, mais dont le tout n'en est pas moins subsistant et « existant ». Or, qu'est-ce que l'ordre des choses coexistantes ou subsistantes, sinon l'espace, comme Leibniz l'avait bien vu? Le temps est donc obligé de se faire espace pour pouvoir faire coexister sa portion passée avec sa portion présente et retenir ainsi constamment ce que nous croyons disparu. La survivance réelle du passé dans le présent est, au sens propre, une conception spatiale du temps, qui assimile l'opération par laquelle nous retrouvons les objets dans l'espace à celle par laquelle nous les retrouvons dans le temps.

De même, quand on dit « Du moment que le passé s'accroît sans cesse, indéfiniment aussi il se conserve », on spatialise de nouveau le temps. — Mes *souvenirs* du passé s'accroissent quand je fais un voyage en Suisse, et ils se conservent un certain temps, mais cela ne veut pas dire que, quand je dors le soir après une ascension, l'ascension continue d'être actuelle et que le passé se conserve comme présent ou agissant. Ici encore, pour que la philosophie de la durée prenne un sens autre que métaphorique, il faut qu'elle identifie la succession des effets qui s'accumulent avec la causalité des actions successives qui les produisent en allant sans cesse du passé au présent, du présent à l'avenir; il faut en outre qu'elle se représente un emmagasinage du temps analogue à celui des objets étendus.

Une autre difficulté qui surgit est la suivante. Le mobilisme n'admet que du changement et du mouvement; que deviennent donc les choses passées? Sont-elles encore en changement et en mouvement? Mais alors, le passé n'est pas acquis tel quel, à jamais fixé dans sa vérité. Ou, s'il subsiste intégralement, tel qu'il s'est produit, et continue d'être tel qu'il fut, il en résulte que le mouvement actuel de notre vie est accompagné d'un ensemble de choses passées, qui sont immuables et demeurent présentement ce qu'elles furent autrefois. Comment concilier toute cette muabilité et toute cette immuabilité? N'y a-t-il point là un nouvel aboutissement à toutes sortes d'assertions contradictoires?

IV. — L'EXPLICATION DE LA VIE ET DE LA CONSCIENCE PAR LA DURÉE.

La philosophie de la durée pourra-t-elle du moins nous donner une explication satisfaisante de la vie et de la conscience ? Nous ne le croyons pas. Une succession de perceptions ne sera jamais, comme telle, une perception de successions. On oppose le temps vécu au temps pensé; mais la durée purement vécue, nullement pensée, serait-elle encore de la durée ? Elle serait vie, soit : qu'est-ce à dire ? Vivre est-il simplement avoir conscience de changer ? Ce serait là, selon nous, une conception contestable. Le fond de la vie est la conscience plus ou moins sourde du sentiment et de l'appétition. Que le sentiment soit de fait un changement, cela est possible, mais ce n'est pas cela qui importe; ce n'est pas ce rapport à ce qui précède qui constitue le réel du sentiment. Quand j'éprouve une douleur, alors même que je n'aurais aucune conscience d'avoir *changé* d'état, je n'en aurais pas moins conscience de souffrir; ce n'est pas la transition comme telle qui est souffrance, c'est le terme actuel de la transition. Pareillement, une appétition n'est pas simplement une *transition*, elle est, je ne dis pas un état *statique*, mais un acte qui existe *actuellement* comme tel et non pas seulement par rapport à un autre moment passé ou futur; ce n'est donc pas le changement, la transition, le devenir qui constitue la vie, quoique de fait la vie change, passe, devienne, au moins sous certains de ses aspects.

La « durée vécue » nous semble donc une expression peu claire; la durée ne peut pas être vécue; elle ne sera jamais la vie; elle n'est qu'attribut de la vie, non la vie même. Dire : « la durée vécue » c'est comme si on disait : la *couleur* objectivée, au lieu de dire l'*objet coloré*. Il ne faut pas mettre l'attribut à la place du sujet. Il faut dire : la vie qui dure, la vie durable ou durante, la vie *changeante*. On aura beau creuser le changement, le devenir, la durée; on n'y trouvera jamais la vie; pas plus qu'en creusant le mouvement, on n'y trouvera l'activité ni même la matière. En croyant toucher le réel dans l'expression : *durée vécue*, il nous semble qu'on reste dans l'abstraction.

Certes, il y a dans la conscience un certain sentiment particulier, un certain *feeling* qui répond au changement dans la durée, comme il y en a un qui répond au mouvement dans l'espace. Tout animal distingue spontanément l'ensemble d'impressions correspondant au repos du corps, l'ensemble d'impressions correspondant au mouvement passif du corps qu'une force étrangère meut, enfin l'ensemble d'impressions correspondant au mouvement volontaire du corps. Ce sont là des conditions essentielles pour vivre. De même, nous distinguons la permanence relative dans le même état général de conscience et la perturbation soudaine de cet état. Nous avons nous-même, dans la *Psychologie des idées-forces*, insisté sur les sentiments de transition que William James a eu raison de mettre en lumière. Les relations mêmes ne sont pas purement conceptuelles, elles répondent à des sentiments particuliers et *sui generis*, comme celui du contraste entre la moitié noire et la moitié blanche d'un disque. Mais la vie n'est pas plus le sentiment de la durée qu'elle n'est le sentiment du contraste entre noir et blanc.

Bien plus, vous aurez beau avoir des transitions et des sentiments particuliers correspondant de suit à ces transitions, tout cela ne formera pas une conscience de la transition, encore moins de la durée. Pour que nous ayons conscience de *durer*, il faut que l'état précédent non seulement retentisse dans le suivant d'une manière réelle par la trace de soi qu'il y laisse, mais encore subsiste en même temps que lui sous forme de représentation. Or c'est là le début de la pensée. Le sentiment actuel n'est plus unique, il est accompagné d'une image du sentiment précédent. Mais cela ne suffit pas encore, car il n'y aurait là qu'un jeu d'images simultanées et actuelles; il faut que l'être conscient ait une appétition, une tendance à un état qui n'est pas encore et qui constituera l'état présent, si ce dernier est agréable, ou le fera disparaître, s'il est désagréable. C'est cette appétition, c'est cet effort inlassable qui est la vie : *vivere est appetere*. L'être vivant se moque de la durée. Celle-ci n'est pour lui qu'un moyen et un effet. Il désire, il veut jouir, s'il souffre, ou continuer de jouir, s'il jouit déjà; pour cela il faut traverser le temps, pour cela il faut durer, il faut changer, il faut devenir; changeons donc, devenons, durons. Ainsi il n'y a là que des conséquences. Jamais la durée, le devenir, à eux seuls, n'ont constitué une vie.

Même quand on éprouve le sentiment propre de durer ou de devenir, on n'a pas *ipso facto* conscience de durer ou de devenir; on devient et on éprouve enfin quelque chose de particulier qui correspond au devenir, mais on n'a pas conscience de durer ni de devenir. Pour cela, la pensée est absolument nécessaire. Il faut une première et immédiate réflexion qui aperçoive dans l'actuel le futur en train de venir et le passé en train de partir. Il faut une certaine réduction à l'unité d'une même conscience. La vie qui dure a beau se sentir au passage, elle ne se sent vraiment durer que si elle commence à penser sa durée. Perdue dans l'instantanéité, elle ne sentirait ni ne penserait la durée. Elle sentirait sa réalité actuelle, sa réalité d'étincelle jaillissante, et voilà tout. Elle mourrait et renaîtrait au même moment pour renaître et pour mourir de nouveau en un moment ultérieur; rien ne relierait les étincelles successives, si rapprochées et même si contiguës fussent-elles dans la réalité. La conscience de la vie et de la durée implique un rudiment de pensée qui ne manque pas au plus humble des animaux. Bref, pour revenir à notre point de départ, une succession de perceptions pendant toute l'éternité ne sera jamais une perception de successions, ni surtout de la succession, de la durée, de la vie. Où la pensée n'est pas, il n'y a aucune conscience de succession, de durée. Aussi Guyau, en faisant procéder de la vie l'idée de temps, a-t-il ramené lui-même la vie à l'appétition. Il faut donc dire, non que la vie est la durée pure, ni « la durée concrète », ni la « durée réelle », pures abstractions réalisées, mais bien qu'elle est l'appétition, toute prête à se changer en pensée par la conscience même de sa direction et de ses limites.

Le vrai Dieu n'est ni Uranus ou l'Espace, ni Saturne ou le Temps ; il est Jupiter, Volonté et Pensée ne faisant qu'un.

V. — La durée et « l'élan vital ».

Aussi voyons-nous, dans la doctrine que nous discutons, la durée prendre finalement la forme de l' « élan vital », comme si cette transformation était nécessaire pour lui permettre de fournir une explication des choses plus positive et plus concrète.

Mais l'élan vital, si on cherche à mettre sous la métaphore une réalité, est-il une *tendance*? — Il semble bien qu'à chaque instant, dans la philosophie de la durée, la tendance soit distinguée du changement même et de la mobilité même. « Notre passé se manifeste intégralement à nous par sa poussée et sous forme de tendance, quoique une faible part seulement en devienne représentation (1) ». « Les propriétés vitales ne sont jamais réalisées, mais toujours en voie de réalisation ; ce sont moins des *états* que des *tendances*. Et une *tendance* n'obtient tout ce qu'elle vise que si elle n'est contrariée par aucune autre *tendance*. Comment ce cas se présenterait-il dans le domaine de la vie, où il y a toujours, comme nous le montrerons, implication de tendances antagonistes (2) » ? « L'élan originel est un élan commun, et plus on remonte en haut, plus les *tendances* diverses apparaissent comme complémentaires les unes des autres (3) ».

D'après ces passages et une foule d'autres, nous avions cru que la tendance se distingue du mouvement même,

---

(1) *Évolution créatrice*, p. 6.
(2) *Ibid.*, p. 14.
(3) *Ibid.*, p. 135.

comme en nous l'effort interne se distingue du mouvement de notre bras. Mais l'auteur de la doctrine a bien répondu que le mot *tendance* est pris « au sens mathématique, comme quand on dit qu'une quantité tend vers zéro », et qu'il n'y a là rien de distinct du mouvement même. Nous répondrons à notre tour que la tendance d'une quantité vers zéro n'est pas même un mouvement, loin d'être une tendance, et que, s'il faut prendre le mot tendance au sens mathématique, on ne comprend plus qu'une tendance « vise » quelque chose, ni que le passé puisse exercer une « poussée », subsister sous forme de tendance à défaut de représentation, ni qu'un élan rencontre des tendances « antagonistes ».

De plus, cette introduction des mathématiques dans la durée contredit tout le système. « Un changement héréditaire et de sens défini qui va s'accumulant et se composant avec lui-même, doit sans doute se rapporter à quelque espèce d'*effort*, mais à un effort autrement profond que l'effort individuel (1) ». « La vie est avant tout une tendance à agir sur la matière brute (2) ». Comment ramener une tendance de ce genre à la tendance d'une quantité variable vers un minimum ou un maximum ?

Toute l'évolution créatrice « repose sur l'idée d'une tendance de la vie de l'esprit dans la durée, puis d'une détente qui produit l'extension », l'étendue et la matière. On ne voit pas bien comment ces expressions ont un sens purement mathématique et non dynamique.

Mais, puisque nous y sommes invités par l'auteur même du livre, abandonnons l'idée de tendance. N'abandonnerons-nous pas pour les mêmes raisons l'idée d'*impulsion*, de poussée irrésistible ? L'impulsion, elle aussi, ne sera qu'un mouvement, la poussée ne sera qu'un mouvement. De même, que sera le « courant de la vie ? » Un mouvement. Enfin, que sera l'*élan vital ?* Un mouvement, une continuation de

(1) *Évolution créatrice*, p. 95.
(2) *Ibid.*, p. 105.

mouvement ou, si l'on veut, de changement. Elan vital ne pourra plus rien désigner à part des faits bruts de mouvement ou de changement. Comment alors pourra-t-il expliquer l'évolution, dont il ne sera qu'un autre nom métaphorique ? Et la vie elle-même, que sera-t-elle ? Elle ne pourra, elle aussi, être qu'une série de mouvements et de changements. Elle ne sera donc qu'un *mot* pour les désigner. Dès lors, comment la vie pourra-t-elle être une explication ? Comment produira-t-elle une impulsion, une poussée, un courant qui entraîne, des tendances antagonistes qui luttent entre elles ? Toute *force*, toute *énergie*, toute *activité*, tout *acte*, toute *tendance*, aura disparu. Et cependant on opposera le *dynamique* au *statique*. Mais ce dynamique n'aura rien de la δύναμις, il ne sera que mobilisme. Par là même, les causes auront disparu, les causes vraies, actives et efficientes; il n'y aura qu'un déroulement de phénomènes avec addition perpétuelle de modalités à d'autres modalités, de qualités à d'autres qualités. Le torrent d'Héraclite ira s'accroissant sans cesse, mais ce sera toujours un torrent de purs changements succédant à d'autres changements sans plus de causalité que de finalité. Toute explication par ce torrent vital, par l'élan vital, par la vie, sera apparente, non réelle; elle ne mettra qu'un terme abstrait et général à la place des phénomènes à expliquer. L' « élan vital » deviendra, lui aussi, l'équivalent de la force vitale et on ne pourra rendre compte des formes végétales ou animales par une grande et unique impulsion de la vie qui se serait subdivisée en espèces « comme le vent s'engouffre dans un carrefour ». Ce serait mettre le conceptuel à la place du réel.

Chez Schopenhauer aussi, le mouvement est la volonté devenue visible; mais Schopenhauer fait de la volonté la réalité vraie. Ici, c'est le mouvement qui est présenté comme la seule réalité. On hypostasie le mouvement et la mobilité sous forme d'*acte*, de *tendance*, d'*élan*, puis, en dernière analyse, l'acte même se perd en mouvement pur, en mobilité pure, en durée pure, puisqu'on déclare qu'il n'y a ni vraie *tendance*, ni vrai *acte*, donc pas de vrai « élan », mais seulement du mouvement ou changement qui seul est « substantiel » et n'a pas besoin d'autre chose que de lui-même.

Sans l'intensité, en effet, peut-on comprendre le perpétuel élan en avant dont nous avons parlé dans *la Liberté et le Déterminisme*, l'« essor incessant de la vie » dont nous avons parlé dans la *Psychologie des idées-forces*, l'élan vital dont M. Bergson parle aujourd'hui? Un essor, un élan sans intensité, voilà ce qui nous semble inconcevable. Il y a toujours des degrés dans tout élan, non pas seulement des nuances qualitatives, mais des nuances intensives. Il nous semble que la philosophie de la durée « hétérogène », elle aussi, est « cinématographique », avec cette amélioration que les vues instantanées qui nous révèlent des synthèses qualitatives sont indéfiniment rapprochées les unes des autres, peuvent même aller jusqu'à la continuité, comme les points d'une ligne; mais ce sont toujours des vues instantanées dont on ne peut dire que l'une *tend* à l'autre, *s'élance* vers l'autre, si l'on n'y introduit pas l'activité et l'intensité. Le point d'une ligne n'a pas d'élan vers l'autre point, et c'est pour cela que le mouvement qui parcourt tous les points suppose une force intensive. La doctrine de l'élan vital, sans cet élément essentiel, qui est le moteur, n'est plus qu'une cinématographie à nombre infini de vues mais sans ressort qui puisse la mettre en mouvement.

Inintelligible par rapport au passé, la philosophie de la durée ne l'est pas moins par rapport à l'avenir.

« La durée, dit-on, est invention, création, ou elle n'est rien du tout. » Quelle invention y a-t-il à ce que la présente nouvelle de la mort d'une mère entraîne telles conséquences futures, parmi lesquelles un chagrin profond et durable? Ce chagrin est-il une création de la durée ou n'est-il pas simplement une conséquence déterminée de l'affection que j'ai pour ma mère? La naissance d'un enfant qui entre dans la vie est-elle une véritable invention? Peut-on dire vraiment que cela seul dure qui crée, qui produit librement du nouveau ? Jamais personne n'a confondu le temps avec la liberté ni cru que ce qui change temporellement, fût-ce d'un changement passif comme celui du bien-être à la douleur, change librement.

VI. — Conclusion.

En résumé, la philosophie de la durée réalise le passé, le présent, le futur, parle de tous ces abstraits comme s'ils constituaient des réalités, les fait agir comme des causes, identifie ainsi la durée avec la causalité.

D'autre part, soutenir que le passé est toujours présent et que nous percevons directement le passé, c'est 1° détruire l'idée du temps, 2° le rendre contradictoire, 3° le changer en espace, au moment même où on veut le distinguer de l'espace; c'est aboutir à des propositions contradictoires. Nous avons vu, en effet, que le temps étant un « flux », une succession, si le passé est présent, il n'y a plus de succession réelle ni de temps; nous sommes dans cette éternité qu'on reproche éloquemment à Platon d'avoir conçue comme immuable. En outre, nous avons vu que, si les faits passés sont présents et si nous les retrouvons au fur et à mesure de nos besoins pratiques, il s'ensuit que le temps passé est une sorte de lieu où nous allons chercher nos souvenirs : le temps devient impossible à distinguer de l'espace où tout est simultanéité. La seule différence entre passé et présent est alors dans l'inconscience, où dort le passé, et la conscience, où le présent s'éveille pour agir; tout est toujours présent, mais une partie seulement est éclairée par un rayon mobile, comme toutes les parties de la mer sont présentes lorsqu'un phare tournant en illumine quelques-unes. Le temps est devenu analogue à l'espace.

Il en résulte que la doctrine qui s'efforçait d'être dynamique reste statique. Elle le reste d'autant plus, qu'elle donne pour fond à la durée la qualité hétérogène, au lieu de lui donner pour fond la *tendance* active, la volonté et plus spécialement la volonté de conscience s'efforçant de ramener le multiple à une unité que la conscience puisse embrasser, les contradictions à une succession de contraires qui lève les contradictions, les effets à une évolution de causes en réciprocité d'action, se faisant obstacle les unes aux autres et ne pouvant surmonter l'obstacle qu'avec le temps et le changement des conditions où elles opèrent.

La philosophie de la durée ne nous semble donc pas pouvoir fournir une véritable interprétation du monde, pas plus que ne le peut la philosophie de l'étendue. La durée ne rend pas compte de la quantité extensive dans l'espace, qui conserve toute son originalité par rapport à elle. Le métaphysicien voudrait, au profit de la durée et du changement qualitatif dans la durée, escamoter comme une muscade l'espace infini avec tous les mouvements spatiaux. L'opération est impossible, et elle est d'ailleurs inutile ; il faut toujours rétablir l'espace sous une forme ou sous une autre, tout comme, après avoir nié l'intensité, on est obligé de la rétablir sous la forme d'une certaine espèce de qualité. On aura beau dire que la *tension*, en se relâchant, produit une *distension* qui aboutit elle-même à une *extension* ; cette ingénieuse genèse de l'étendue nous semble avoir pour fondement la partie commune aux mots *tension*, *distension* et *extension*. Dans la réalité, s'il y a quelque chose de commun entre tension et distension, il n'y a plus rien de commun entre distension et extension. Jamais une détente de quoi que ce soit ne produira l'étendue ; et de son côté l'étendue ne sait ce qu'est tension ou distension.

La durée ne rend pas compte davantage de la qualité intensive et du degré ; elle ne rend pas compte de la force, de l'activité, de la puissance, de la tendance. — Aussi la philosophie de la durée nous semble rester entre le statique qu'elle fuit et le dynamique qu'elle cherche. La théorie de la mémoire, où le passé demeure présent, nécessairement intangible et stable, est statique ; la théorie de la durée vécue excluant toute tendance et puissance, toute δυνάμις, n'est nullement dynamique. A l'immobilisme du passé présent se trouve donc superposé un mobilisme qui n'est ni statique ni dynamique et ne peut s'expliquer par lui-même.

Pareillement la durée ne rend pas compte de la qualité, de son hétérogénéité et de son homogénéité, des différences et des ressemblances ; elle n'est en effet qu'un ordre d'apparition des qualités qu'elle ne constitue pas. La durée ne rend pas compte de la relation du passager au permanent, de l'accidentel au « substantiel » ; elle ne saurait remplacer la substance entendue non comme « pierre pensante », mais comme réalité active. La durée, en effet, ne rend nullement compte de la causalité et n'a elle-même aucune espèce de causalité. Elle ne rend compte, par cela même, ni du possible, ni du réel, ni du nécessaire : le temps futur est bien une virtualité mais qui tient à la réalité présente ; le présent est bien une réalité, mais qui tient à la causalité présente, non au temps ; le passé est bien une nécessité, mais en tant qu'il ne peut pas ne pas avoir été et ne peut pas avoir été sans cause et sans raison. Encore bien moins la durée peut-elle rendre compte de la vie, de la sensation, de l'émotion, de l'appétition, de la pensée, de la conscience, de la volonté de conscience, du pouvoir qu'a la volonté consciente et intelligente d'entrer comme facteur dans la détermination du futur. La durée, même purifiée de l'espace et même ajoutée à la qualité mobile, ne saurait donc, à notre avis, résoudre aucun des graves problèmes de la matière, de la vie, de la pensée et de la liberté.

Ce n'est pas le temps qui tisse la trame du monde aux mille couleurs ; c'est la grande navette, toujours active, de l'universelle causalité.

CHAPITRE SEPTIÈME

L'interprétation du monde par le mouvement.
Le mécanisme universel.

I. — LA MATIÈRE.

Puisque ni l'étendue, ni la durée, prises chacune à part, ne peuvent nous fournir une base suffisante pour l'interprétation du monde, nous devons nous demander si le *mouvement*, dans lequel s'opère la synthèse de l'étendue et de la durée, ne nous apportera pas justement le principe que nous cherchons. Mais le mouvement est, ce semble, l'état de quelque chose qui se meut, l'état d'un mobile; et ce qui se meut, le mobile, étant dans l'espace, est nécessairement matériel. La première question à examiner est donc celle de la nature de la *matière*.

La qualité la plus primitive de la matière, celle même qui nous en fait admettre l'existence, c'est l'*activité*. En effet, si la matière n'agissait pas sur nous, de quelque manière que ce soit, et ne produisait pas en nous de modifications, rien ne nous ferait affirmer son existence. La *matière* est un ensemble de *causes inconnues*, mais, à coup sûr, *actives* de quelque manière, puisque nous en subissons les effets (1).

---

(1) On a, il est vrai, représenté tous les objets de la nature comme n'étant qu'un ensemble d'images. — Images *de quoi?* Images *pour qui?* La question revient toujours. De même quand on dit que les objets sont des *représentations*; représentation de *quoi* et *pour qui?* Il faut toujours finir par remonter à des causes actives qui produisent en nous finalement des images et des représentations en correspondance avec le dehors.

Outre l'activité, les qualités premières et essentielles de la matière sont l'étendue et le mouvement, d'où procèdent la grandeur et la figure.

Il est clair que la matière est une pluralité, qu'elle est durable, et que son action, en s'exerçant sur nous, tombe sous la loi du *temps*; aussi le temps entre-t-il comme facteur dans tous les problèmes de mécanique.

En second lieu la matière est *étendue*, c'est-à-dire composée de parties multiples situées en dehors les unes des autres dans différents points de l'espace. L'étendue implique donc la *multiplicité* et la *divisibilité* de la matière.

En troisième lieu, ce qui nous révèle la matière, ce sont ses changements dans l'espace et dans le temps, qui sont la condition de tous les autres changements qu'elle peut manifester. Or le changement dans l'espace et dans le temps s'appelle *mouvement*. Toutes les conditions générales d'action nécessaires à la matière viennent donc se résumer dans cette propriété fondamentale : mobilité, qui implique la durée et l'étendue. La matière, à ce point de vue, est pour nous un ensemble de mouvements produits par une activité inconnue.

Ces mouvements, à leur tour, se manifestent pour nous sous des formes très diverses, qui tiennent en partie à la nature de la matière, en partie à la nature de nos organes et de nos sens. De là les qualités dérivées qui sont les modes d'action ou de manifestation particuliers de la matière. Ce ne sont plus seulement des propriétés mathématiques, où domine la considération de *quantité*, en d'autres termes des propriétés *quantitatives*; ce sont des propriétés physiques, où domine la considération de *qualité*, en d'autres termes des propriétés *qualitatives*.

La première et la plus fondamentale de ces propriétés secondes, est la *résistance*. Si l'étendue n'était pas résistante, nous ne saisirions ni l'impénétrabilité, ni la pesanteur. Toutefois, la résistance est bien une qualité *seconde*, et Descartes suppose possible une matière qui se déplacerait toujours devant nous sans jamais nous résister comme un fluide toujours mouvant. L'essentiel, c'est que la matière produise en nous des changements quelconques, lumière, par exemple, son, odeur, saveur, contact, etc.; quels que soient les changements, ils nous révèlent une cause extérieure, x, que nous nommons matière.

En est-il autrement de l'idée de *masse?* On peut dire que la masse, c'est ce qui *résiste* au changement de vitesse. Mais il ne faut nullement, dans la physique, se représenter cette résistance comme analogue à celle que nous éprouvons en touchant un solide. De plus, dans l'hypothèse des milieux impondérables, on admet quelque chose qui produit des effets sans *résister*. La résistance n'est donc qu'une figuration de l'action matérielle ou un de ses modes.

Ce que nous nommons matière est, selon le mot de M. Poincaré, « le lieu géométrique des singularités de l'éther », le lieu des points où l'éther est animé de mouvements tourbillonnants, comme le croit lord Kelvin avec Descartes, si bien que l'éther, à ces endroits, offre une résistance plus ou moins grande. Les atomes ne sont que des tourbillons, dont chacun est en relation intime avec d'autres tourbillons. Leurs parties peuvent être chargées d'électricité et constituer des *électrons*, mais cette charge elle-même n'est concevable que comme un mouvement de l'éther d'une certaine espèce (1). Aussi les atomes n'ont-ils pas besoin d'être solides plutôt que liquides ; la séparation entre les solides et les liquides va d'ailleurs diminuant pour la science moderne. Liquides et solides sont des systèmes de mouvements et de tourbillons qui ont une individualité approximative *jusqu'à un certain point*, comme le système solaire a une individualité approximative, quoiqu'il soit lié par ailleurs au système stellaire. Dans le ciel infini, le système solaire est un atome et les planètes sont des parties composantes des atomes astronomiques. L'atomisme peut donc parfaitement se concilier avec

---

(1) Voir plus loin, dans ce même chapitre, le passage concernant l'*atomisme*.

la continuité de la matière, où il n'introduit qu'une discontinuité relative. L'analogie des atomes et des astres se poursuit jusqu'au bout. L'isolement relatif du système solaire est « une apparence bien fondée », et même une réalité, en ce sens que la distance de ce système aux étoiles est énorme par rapport aux distances entre les planètes et le soleil; nous avons donc le droit et le devoir de raisonner sur le système solaire en tant qu'il est ainsi isolé, sans oublier le lien qui l'unit par ailleurs aux étoiles. Il en est absolument de même quand on raisonne sur un atome d'oxygène ou d'hydrogène et sur leurs rapports déterminés.

Du reste, nous savons que deux corps qui semblent se choquer ne se touchent pas réellement; donc il y a entre eux de la matière en mouvement qui établit de l'un à l'autre une continuité réelle, mais il ne s'ensuit pas qu'ils ne soient point distincts et, sous d'autres rapports, ne puissent être considérés comme discontinus. Une balle de fusil, tant qu'elle est dans le fusil, est séparée du crâne qu'elle va frapper, quoiqu'il y ait un milieu continu qui relie la balle et le crâne.

D'autre part, quoique la solidité des corps soit toute relative, il n'en existe pas moins des états tranchés de la matière. Entre l'état solide et l'état liquide, il y a des intermédiaires, mais entre l'état liquide et l'état gazeux nous n'en connaissons pas : il y a variation brusque de l'un à l'autre. De même, il y a variation brusque dans le passage d'un liquide à l'état cristallin. Ce dernier état est lui-même très déterminé et offre des propriétés géométriques qui lui donnent une individualité. Le corps des êtres vivants est encore plus distinct par rapport à tout le reste, quoique baignant dans un milieu dont on ne peut le séparer. Il y a à la fois continuité de milieu et discontinuité organique entre tous les poissons de la mer (1).

(1) Le principe de continuité dans la nature peut, d'ailleurs, être pris en bien des sens divers. Au point de vue mathématique, il consisterait à admettre non seulement qu'il existe partout et en tout des rapports de dépendance fonctionnels (ce qui est la forme mathématique du principe de raison suffisante), mais encore que toutes les fonctions sont *continues* (ce que Leibniz tendait à admettre). Or, cette seconde affirmation n'est pas contenue nécessairement dans la première. Il

Les actions des corps les uns sur les autres résultent vraisemblablement d'une modification du milieu ambiant. Le *champ de gravité* est une fonction de la distance, sans doute fort complexe, d'où résultent des forces répulsives à très petite distance, forces qui s'annulent, puis changent de signe pour se réduire à une loi d'attraction en raison inverse des carrés des distances entre des limites probablement fort étendues. Mais dans les fonctions qui représentent le champ de gravité figurent des termes qui, négligeables dans les conditions de notre expérience, peuvent prendre à de très grandes distances (ou à de très petites) une importance prépondérante, modifiant ainsi complètement l'allure de la loi de l'attraction. Il ne semble pas même, à priori, impossible de supposer que cette fonction s'annule à partir d'une certaine distance, laissant ainsi à prévoir la possibilité de mondes presque indépendants, ou dont la dépendance mutuelle est pratiquement et même théoriquement négligeable. De même, dans l'ordre de la vie, on peut concevoir des compensations et annulations de forces qui procurent une indépendance relative à l'être vivant et en font un individu véritable.

Le principe de la *conservation de la masse* est une application (exacte ou non, suivant la forme qu'on lui donne) du principe de causalité et du principe d'identité. Nous n'admettons pas que les effets puissent changer sans un changement dans les causes, ni que les causes elles-mêmes puissent changer sans raison interne ou externe ; donc, où nous n'avons pas lieu de supposer des raisons internes, des changements externes, nous n'admettons pas de changement possible. Nous croyons que ce qui est se conserve et demeure identique. Nous appelons *masse* ce qui se conserve ainsi identique au sein de l'espace sous les changements matériels. Le mot est d'ailleurs vague et ne prend un sens précis que quand on le traduit en formules algébriques ; mais ces formules mêmes

peut y avoir des raisons pour que certaines relations entre les choses aboutissent à des fonctions discontinues. D'autre part, les fonctions continues sont précisément les moins nombreuses et peuvent être considérées comme un cas particulier.

demeurent tout extérieures et n'expriment plus que certaines *relations* définies entre les mouvements, les vitesses, les accélérations, etc.

Quand on parle de l'indestructibilité de la *matière*, il faut donc bien comprendre que, ce qui constitue la matière nous étant inconnu, nous ignorons entièrement si la matière n'est pas une forme plus ou moins transitoire de quelque réalité plus profonde, qui seule est indestructible. Par exemple, en supposant que la matière soit une condensation de l'éther sous certaines conditions qui engendrent masse, pesanteur, etc., c'est l'éther qui sera indestructible, non la matière de notre physique. Et si l'éther lui-même, par hypothèse, n'est pas indestructible, c'est qu'il sera lui-même une forme transitoire de quelque réalité encore plus profonde. En un mot, ce qui est indestructible, c'est l'être en sa réalité ultime, que cette réalité soit une « substance », ou un « acte », ou un « vouloir ».

Des formules comme « rien ne se crée, rien ne se perd » sont essentiellement vagues. Ce que j'éprouve en ce moment, moi qui écris ces lignes, est un ensemble de sensations, de sentiments, d'actions, etc., qui, comme tel, est *neuf*, *spécifique*, *discernable* de tout le reste, sans qu'on puisse en fournir des sosies indiscernables. En ce sens, c'est quelque chose qui se crée. De plus, une seconde après, tout est changé; l'état présent a disparu et ne reviendra jamais de manière à être indiscernable de ce qu'il est présentement. Voilà donc quelque chose qui se perd. *Devenir*, c'est création continue, étant annihilation continue. Mais Spinoza dirait qu'il s'agit là des modes passagers de l'être, non de l'être vrai et fondamental.

II. — LE MOUVEMENT.

Le mouvement réel dans l'espace est et ne peut pas ne pas être continu, puisque, pour passer d'un point à un autre dans l'espace, il faut nécessairement parcourir l'espace intermédiaire, lequel est continu. On ne peut pas supposer que le mobile s'anéantit miraculeusement au point A pour reparaître plus loin au point B, d'une façon discontinue ; il traverse donc tous les espaces intermédiaires, sans pouvoir en escamoter aucun. De même, dans le temps, le mouvement ne cesse pas pour reprendre, ne se change pas soudain en repos pour redevenir ensuite mouvement ; il est donc continu et ne peut sauter par-dessus aucune portion du temps (1).

Le mouvement réel est-il absolu ? A-t-il lieu réellement dans telle direction et parcourt-il réellement tel espace, soit que nous puissions, nous, ou ne puissions pas déterminer absolument cette direction et cet espace ? — La science positive n'a besoin que de mouvements relatifs. L'astronomie calcule tout mouvement d'après un système de coordonnées qu'elle suppose fixes. Elle pourra prendre le soleil comme fixe, puis calculer les mouvements des planètes *par rapport* au soleil. Elle pourra ensuite calculer le mouvement du soleil par rapport à telle étoile ; elle pourra supposer un corps absolument fixe comme l'Omega de Newmann. En tout cela, les rapports sont réels et la terre, par exemple, se meut très réellement par rapport au soleil. Il est possible que, absolument, au lieu d'aller dans telle direction, il se trouve qu'elle va dans la direction contraire, mais enfin elle se meut, et celui qui connaîtrait tous les mouvements de l'univers pourrait dire dans quelle direction *réelle* elle se meut. Quand je me promène sur un bateau, il est possible, absolument parlant, que lorsque je crois avancer de l'est à l'ouest, j'aille de l'ouest à l'est, mais je n'en vais pas moins très réellement et absolument d'un bout à l'autre du bateau. Le matelot qui grimpe au mât et croit monter descend peut-être, absolument parlant ; mais il se meut, et la preuve en est qu'il est obligé de faire effort pour vaincre la pesanteur. Cet

(1) Voir chapitre suivant : *L'objectivité du mouvement et les objections de Zénon d'Élée.*

effort aboutit à lui faire atteindre très réellement le haut du mât, quelle que soit la direction finale que le mât, le matelot et le navire ont prise dans l'espace immobile par rapport à un point *fixe* de cet espace, qui, lui, ne se meut pas.

Au point de vue philosophique, non physique, le mouvement suppose le changement interne. S'il n'y avait aucune différence entre un corps en repos et un corps en mouvement, on ne comprendrait pas que l'un reste immobile et que l'autre passe sans cesse d'un lieu à l'autre. L'argument de la *Flèche* serait vrai; la flèche serait en repos à chaque position qu'elle occupe et ne pourrait plus se mouvoir en passant d'une position à l'autre. Leibniz a donc eu raison de dire qu'il y a dans le mobile quelque chose qui est la raison de son mouvement et qu'on peut appeler *force*, sans que cette notion métaphysique, ou plutôt psychologique, de force, d'effort, d'activité, doive être introduite en mécanique, sinon sous forme de symboles résumant les mouvements qui en sont les effets. Il y a encore là des apparences très fondées et même des réalités.

Mais, si la cause du mouvement est de nature psychique, on n'a pas le droit d'en conclure que le mouvement même, comme effet ou translation dans l'espace, manque de réalité. L'espace même constituât-il une représentation subjective des choses, liée à la nature de notre faculté représentative, il resterait toujours vrai que tout se passe dans la réalité comme si cette représentation correspondait à quelque chose de réel, que peut-être elle ne *figure* pas exactement. Que l'espace imaginé par nous soit ou ne soit pas comme nous l'imaginons, il est certain que, pour aller de Marseille à Lyon, il faut accomplir un long trajet dans le temps et dans quelque chose qu'on appellera comme on voudra, mais qui fait le même effet que l'espace. Il est certain qu'il y a alors non seulement un changement temporel, mais aussi un changement d'une autre espèce, un changement géométrique et géométriquement calculable.

Si le mouvement n'était qu'un changement qualitatif, il

faudrait dire, pour prendre un exemple de M. Couturat, que, quand un tramway passe, il n'y a pas réellement translation dans l'espace, mais changement qualitatif, et qu'une même molécule, s'altérant sur place, devient molécule des crins de cheval, molécule des voyageurs, molécule de bois et de fer, pour redevenir enfin molécule d'air transparent ; nous aurions eu toute la translation apparente sous forme d'altération qualitative. Mais qu'aurions-nous gagné à la réalisation de ce rêve bizarre ? La géométrie et le mouvement spatial subsisteraient toujours sous des formes plus ou moins équivalentes ; il n'en faudrait toujours pas moins monter dans le tramway pour arriver de Montmartre à la gare du Nord (1).

Que si la réalité du mouvement s'impose à nous, tout ensemble au point de vue pratique et au point de vue scientifique (d'ailleurs inséparables l'un de l'autre), il s'ensuit que la science ne saurait se soustraire à la nécessité de l'explication mécanique des phénomènes de la nature.

Une explication scientifique de faits matériels est en effet celle qui tient compte de tous les éléments du problème ; or, les faits matériels se passent dans le temps et dans l'espace selon des lois d'ordre, de nombre et de mesure ; on ne peut pas éliminer les rapports d'espace ; on ne peut pas éliminer le mouvement dans l'espace, ce qui serait éliminer le mouvement même et, avec le mouvement, le phénomène visible. Donc une explication n'est complète que si elle aboutit à une explication mécanique, et une explication mécanique est nécessairement géométrique, roulant sur les considérations d'objets figurés qui ont des dimensions déterminées. Donc encore le mécanisme est la seule explication scientifique ; en d'autres termes, le mécanisme est la condition même ou plutôt le contenu même de l'explication scientifique. Il n'est donc pas arbitraire ou objet de choix ; il s'impose nécessairement en vertu de la constitution de la pensée et de la con-

---

(1) Voir, en outre, chapitre suivant : *L'objectivité du mouvement et les objections de Zénon d'Élée.*

stitution des objets pensés. Des raisons de changement dans l'espace doivent être des raisons géométriques, spatiales et mécaniques. En dernière analyse, dire que tout phénomène physique a une explication mécanique, revient à dire que tout phénomène a des raisons suffisantes et adéquates sous tous les rapports où on le considère, y compris les rapports essentiels et caractéristiques de l'espace et du changement dans l'espace. D'autre part, tout changement psychique aura nécessairement des raisons plus que mécaniques, plus que géométriques, parce que le psychique contient des éléments absolument irréductibles à de simples changements temporels et spatiaux. Toute la mécanique du monde n'exprimera jamais adéquatement un plaisir, une douleur, une pensée. Autant le déterminisme mécanique est nécessaire et suffisant dans l'ordre physique, autant il est insuffisant et inadéquat dans l'ordre psychique, qui réclame un déterminisme supérieur, des raisons nouvelles et des causes nouvelles.

Ce n'est pas seulement parce qu'il est *clair*, *précis* et *mesurable* que le mouvement est choisi comme objet propre de la science ; c'est parce qu'il est le seul vraiment objectif, vraiment dépouillé de nos sensations subjectives. Les autres éléments « confus » dont les savants parlent comme composant la nature (1) sont confus, en effet, parce qu'ils sont un mélange de nos sensations et des rapports extérieurs dans le temps et l'espace, c'est-à-dire des mouvements. Des objets nous ne connaissons et ne pouvons connaître que leurs mouvements ; tout le reste est une mixture des rapports objectifs et des rapports au sujet sentant. Cette mixture peut être l'objet de descriptions, de classifications, de calculs, etc.; mais il n'y a de science proprement positive et objective que la science du mouvement ou de ses conditions quantitatives, temporelles et spatiales.

---

(1) « L'esprit humain, en observant les phénomènes naturels, y reconnaît, à côté de beaucoup d'éléments confus qu'il ne parvient pas à débrouiller, un élément clair, susceptible par sa précision d'être l'objet de connaissances vraiment scientifiques. » Boussinesq, *Leçons synthétiques de mécanique générale*, p. 1.

Il n'existe donc, à vrai dire, qu'une seule grande science positive de la nature, la mécanique, à laquelle tendent toutes les autres, parce que la mécanique est seule « la science des mouvements nécessaires », comme dit Kant. Seule elle étudie l'action des objets les uns sur les autres, leur causalité réciproque, et seule elle réduit les actions à des rapports non seulement possibles, comme en cinématique, non seulement réels, comme en dynamique, mais nécessaires. Elle réunit ainsi d'une manière indivisible possibilité, réalité et nécessité. Nous montrerons tout à l'heure que la mécanique elle-même est suspendue au principe de l'égalité entre l'action et la réaction, qui n'est lui-même qu'une immédiate application de la catégorie de réciprocité causale, laquelle devient dans l'espace réciprocité motrice, simple forme du déterminisme universel et mutuel dans l'espace et dans le temps. Ce déterminisme est l'objet propre de la science et il est lui-même indivisiblement dynamisme universel, mécanisme universel. La mécanique n'a pas d'autre objet; elle est donc la science même de la nature.

Même les savants qui croient pouvoir dépasser le mécanisme se voient finalement forcés d'y revenir. Selon eux, si la *représentation*, *ex analogia mentis*, de quelque chose qui *agit* ou *pâtit* est nécessaire au philosophe et commode pour le savant comme *figuration*, elle ne sert nullement aux déductions de l'homme de science. Il suffit à ce dernier de concevoir *quelque chose qui varie en fonction d'une autre chose*. Il peut alors appliquer les mathématiques. L'idéal de la science, concluent-ils, n'est pas proprement le mécanisme, mais le *mathématisme*. La notion scientifique fondamentale n'est pas celle d'espace ni celle de temps; c'est celle de *quantité* ou de *grandeur*.

Seulement il faut observer que les sciences *physiques* ne considèrent pas la grandeur en général, mais la grandeur dans des phénomènes qui se passent au sein de l'espace. Il en résulte que le mathématisme se change ici nécessairement en mécanisme. Sans doute on peut encore étudier des variations qui ne soient pas directement des variations mécaniques, comme celles de chaleur, d'électricité, etc.; mais on est toujours obligé à la fin de considérer l'espace et le temps, puisque la chaleur et l'électricité y ont leur domaine; de là le retour final aux variations de grandeur dans l'espace et le temps, lesquelles se traduisent par des mouvements.

III. — Les principes de la mécanique.

La mécanique repose sur trois grands principes : le principe d'inertie, le principe de l'indépendance des forces, le principe de l'égalité entre l'action et la réaction.

1° Recherchons tout d'abord quel peut être le fondement du *principe d'inertie*.

Si, à deux instants, les mêmes conditions sont réalisées, transposées seulement dans l'espace et le temps, les mêmes phénomènes se produiront, transposés seulement dans l'espace et le temps, qui, par eux-mêmes et par eux seuls, n'ont aucune espèce d'action et ne sont point des causes. Tel est le principe de causalité et tel est aussi le principe de l'inertie. Les mêmes conditions subsistant à l'instant A et à l'instant B, le même corps qui était en repos au premier instant ne pourra pas être en mouvement au second instant; ou, s'il est en mouvement, il ne pourra pas être en repos; ou, s'il est animé de tel mouvement en tel sens avec telle vitesse, il ne pourra pas être animé d'un autre mouvement en un autre sens avec une autre vitesse, etc. Si, pendant l'instant A, il se meut en ligne droite d'un mouvement uniforme, il ne pourra pas, à l'instant B (toutes choses demeurant égales d'ailleurs), ne pas se mouvoir en ligne droite d'un mouvement uniforme.

Sans doute le mouvement rectiligne et uniforme du corps en mouvement abandonné à lui-même dans l'espace sans aucune influence extérieure, mouvement qui est un corollaire de principe de causalité et d'inertie, n'apparaît pas tout d'abord comme évident. Les anciens ne l'admettaient pas;

encore aujourd'hui, chacun est tenté d'admettre que, si un corps est mû en ligne droite et abandonné à lui-même, il finira par s'arrêter. Mais cela tient à ce que, dans l'expérience, aucun corps n'existe qui ne soit soumis à des influences extérieures, à des frottements, à des résistances. La bille que l'enfant pousse du doigt, qui frotte le sol et l'air, s'arrête; l'enfant croira volontiers que tout corps abandonné à soi fera de même. Nous ne débrouillons pas tout d'abord les éléments d'un problème; nous ne les définissons pas avec rigueur; nous sommes trompés, comme le furent les anciens, par les conditions concrètes où les choses se présentent à nous; nous n'arrivons pas tout de suite à l'énoncé abstrait et parfaitement déterminé du problème : un corps qui a une raison de se mouvoir en un premier instant et en un premier point de l'espace et qui n'a extérieurement à lui aucune raison pouvant modifier son mouvement. L'application du principe de causalité est ainsi voilée par une représentation inexacte des conditions réelles où le mouvement a lieu. De là les erreurs. Mais ces erreurs mêmes sont encore des applications, quoique inexactes, du principe de causalité. L'enfant dit : c'est moi qui ai poussé la boule; sans cela elle n'eût pas bougé; c'est moi qui suis la cause; et, comme je ne continue pas de la pousser, elle va s'arrêter. En outre, l'enfant a l'intuition que la boule, en tombant, rencontre des obstacles et des résistances. Il ne démêle pas l'écheveau des données du problème. Il applique incomplètement et inexactement le même principe de causalité et d'inertie, qui, bien interprété et ramené à des conditions idéales, hypothétiques, a pour conséquence le mouvement rectiligne et uniforme à travers l'infinité de l'espace et du temps.

Au reste, comme nous venons de le dire, ce mouvement rectiligne et uniforme est tout idéal; il n'existe pas et ne saurait exister. Tout est plein dans l'univers et, tout ne fût-il pas plein, il n'y a et ne peut y avoir aucun corps qui ne subisse l'influence d'autres corps, aucun mouvement qui ne soit influencé par des forces extérieures; donc il n'y a aucun mouvement rectiligne et uniforme, précisément parce qu'il y en aurait un dans les conditions de causalité idéale dont nous avons parlé.

M. Poincaré ne peut donc arguer des applications inexactes de la causalité et du principe de l'inertie contre le principe même et prétendre qu'il est arbitraire et conventionnel, parce que les anciens l'interprétaient autrement que nous et croyaient au mouvement circulaire et spontané des corps. Ils n'étaient pas assez forts en mécanique pour discerner les conditions du mouvement circulaire, voilà tout. Et d'ailleurs si, par hypothèse, il y a des conditions quelconques qui font qu'un corps a un mouvement circulaire, ce mouvement continuera pendant toute l'éternité de la même manière, tant que de nouvelles conditions n'interviendront pas. C'est toujours le principe de causalité et d'inertie qui est indépendant par lui-même de la question du rectiligne ou du circulaire.

Comme l'a bien dit M. Painlevé, les longueurs, le temps et les phénomènes étant convenablement mesurés, les mêmes conditions initiales sont suivies des mêmes phénomènes. On objectera que le temps uniforme, conçu sur le modèle de l'espace, est une abstraction et une inexactitude. Mais, à ce compte, l'espace uniforme serait aussi une inexactitude. Dans la réalité, deux étendues concrètes ne sont jamais uniformes ni remplies de la même manière. Pareillement deux temps concrets diffèrent toujours par leur contenu. Est-ce une raison pour nier les propriétés et l'uniformité ou homogénéité de l'espace, hypothétiquement vide, du temps hypothétiquement vide ? Sans l'abstraction, pas de science possible. De ce que l'univers et ses parties ne sont jamais de tous points les mêmes à deux instants, il n'en résulte nullement l'impossibilité de la géométrie, de la mécanique et de la physique.

Semblablement, objecter à la mécanique qu'elle « morcelle » l'univers en corps indépendants alors qu'il n'y a pas de corps indépendants, c'est lui reprocher une abstraction nécessaire et exacte, qui n'est qu'un point de départ et qu'elle corrige immédiatement elle-même pour se rapprocher de la réalité concrète. Si un corps était indépendant, il serait immobile ou il serait animé d'un mouvement rectiligne et uniforme ; c'est précisément pour cela que nul corps n'est animé de mouvement rectiligne et uniforme, nul corps n'étant en fait indépendant. La réalité confirme, au lieu de la contredire, l'abstraction de la mécanique. De même, si la ligne droite existait, elle serait le chemin le plus court ; mais, comme elle n'existe nulle part, rien ne suit le chemin le plus court ; ce n'est pas là la négation, mais la confirmation de la géométrie.

2° Le principe de l'action simultanée et indépendante des forces et le principe de l'égalité entre l'action et la réaction sont deux principes auxiliaires de la mécanique, qui peuvent ne pas offrir un caractère aussi nécessaire que le principe de causalité ou d'inertie. Il est possible qu'ils soient empruntés à l'expérience, quoique Kant les croie nécessaires ; en tout cas ils ne sont ni arbitraires ni purement conventionnels.

Si tout a une cause, et si toute cause motrice n'agit que sous l'influence d'un autre mouvement, si aucune force ne peut se créer, ni se détruire, ni s'accroître à elle seule, ni se diminuer à elle seule, il s'ensuit que deux forces, mises ensemble et agissant simultanément, ne pourront par leur présence mutuelle, ni accroître, ni diminuer le total de leurs forces. Elles pourront sans doute produire à elles deux un travail qu'une seule n'eût pas produit ; mais ce travail s'expliquera tout entier par ces éléments ajoutés l'un à l'autre. La combinaison pourra créer des formes nouvelles, mais, au point de vue tout mécanique du mouvement dans l'espace et de sa direction, le principe de causalité exclut toute création de force *ex nihilo*, toute production de mouvement qui ne résulterait pas des mouvements antérieurs. De là dérive ce *principe de l'indépendance des forces* qu'on prétend posé d'une façon ou arbitraire ou purement empirique. De là aussi dérive le *parallélogramme des forces*, que certains traités de mécanique posent aujourd'hui en postulat premier, comme s'il ne devait pas se déduire de l'action indépendante des forces, qui n'est que l'action *nécessitée* des forces, l'action sans création, due au rapprochement dans l'espace et dans le temps. Si deux forces associées ne créent pas de force mécanique nouvelle et ne produisent aucun mouvement *ex nihilo*, on en déduit que leur action simultanée sur un point est la même que leur action successive sur ce point. Donc, si une première force, en un premier instant, agit selon un des côtés du parallélogramme, la seconde force, en un second instant, agit sur l'autre côté ; elle amènera donc le mobile à l'extrémité de la diagonale. Maintenant que les deux forces, au lieu d'agir successivement, agissent simultanément, le résultat final sera le même, et le mobile se trouvera amené selon la diagonale. Dans tout cela, pas le moindre décret de l'esprit, mais la fidélité logique aux prémisses posées et aux définitions acceptées.

On répond : l'expérience aurait fort bien pu démentir la composition indépendante des deux forces et nous montrer le mobile suivant une ligne autre que la diagonale. — En ce cas, nous aurions tout simplement cherché l'intervention d'une troisième force, d'une troisième cause de mouvement. Nous aurions conclu que nos premiers théorèmes n'embrassaient pas la totalité des causes en jeu dans la réalité, la totalité des mouvements produits par ces causes. Mais nous n'aurions jamais supposé qu'il se produisît des effets inexplicables par leurs causes, et, comme il s'agit ici d'effets purement mécaniques ou de mouvements, nous n'aurions jamais supposé des effets mécaniques inexplicables par des causes mécaniques, des mouvements inexplicables par des mouvements.

On invoque les combinaisons chimiques, où le composé est imprévisible par ses éléments. — C'est arguer de notre ignorance et, de plus, transporter la question de la quantité à la qualité. Vous mélangez une dissolution incolore d'iodure de potassium et une dissolution incolore de bichlorure de mercure : un beau sel rouge se précipite et vous vous extasiez. Mais d'abord, la couleur rouge n'a rien à voir dans l'affaire ; il ne s'agit pas de vos sensations qualitatives, mais des mouvements extérieurs ; or, à ce dernier point de vue, la combinaison n'offre absolument rien de nouveau, ni de « créé ». Si vous connaissiez tous les tourbillons d'atomes du premier sel et tous ceux du second, vous n'auriez qu'à appliquer le parallélogramme des forces : et vous verriez alors le précipité résulter de ses conditions aussi mécaniquement que le mouvement des sphères dans le système solaire. La composition des forces n'a pas plus produit de nouveau en ce cas que dans l'autre, de nouveau au point de vue mécanique et scientifique. La causalité est aussi rigoureuse en un cas que dans l'autre et, toutes les fois qu'il s'agit d'un changement dans l'espace et le temps, c'est-à-dire de mouvement, il faut toujours que le mouvement actuel dérive de tous les mouvements antérieurs, qu'il s'agisse d'une bille poussée par une autre, d'un sel précipité par deux autres sels, ou d'un soleil qui court éperdument après un autre soleil, en faisant par seconde des milliers de lieues.

3° Le *principe de l'égalité entre l'action et la réaction* est un mélange de considérations rationnelles et d'inductions expérimentales sans rien d'arbitraire. Kant y a vu l'expression de la catégorie la plus fondamentale de toutes, celle qui exprime le déterminisme universel et mutuel de l'univers, objet de la pensée : la catégorie de *causalité réciproque* entraînant la simultanéité et la solidarité de toutes les actions dans le temps et dans l'espace. Selon lui, nous ne pouvons pas même affirmer une véritable simultanéité de fait entre les objets si nous ne les laissons à l'état chaotique, sans lien de raison et de cause entre eux. La prétendue simultanéité n'est plus alors qu'une apparence incertaine, sujette au doute, en tous cas accidentelle et fugitive, ne pouvant constituer une loi, un objet d'affirmation générale ; simultanéité ne devient vraiment scientifique qu'en devenant solidarité, c'est-à-dire détermination mutuelle selon la loi de causalité. Mais alors, dans le domaine des forces et des mouvements, nous ne pouvons considérer aucune force comme isolée et agissant seule, aucun mouvement d'un corps comme séparé des mouvements d'autres corps. Tout est en action et réaction dynamique et mécanique ; cette action et réaction est l'objet propre de la mécanique universelle, à laquelle tendent toutes les sciences de la nature. La cinématique, en ne considérant que les mouvements, la dynamique, en considérant les forces, sont les vestibules de la mécanique, qui considère les relations mutuelles des forces et des mouvements, et s'applique ainsi à la réalité concrète. De là il suit que toute force exercée sur un objet y développe nécessairement une force. Si je presse un mur, le mur me presse ; si mon marteau choque une enclume, il est lui-même choqué.

Maintenant, l'action et la réaction sont-elles *égales* ? L'entendement le demande en vertu même de la réciprocité universelle des actions. Si une action s'exerçait sans une vraie égalité de réaction et pouvait ainsi à jamais dépasser l'action qui lui répond, il n'y aurait plus réciprocité véritable, ni vraie solidarité, mais *domination*, pouvant dépasser peu à peu toute limite et rompre l'équilibre universel. Frapper violemment un mur revient à être frappé violemment par un mur, et dans la même proportion ; on peut intervertir les rôles. Si ma tête tombe avec une certaine vitesse sur une dalle, c'est comme si la dalle, avec la même vitesse, était venue tomber sur ma tête. Le sens du mouvement n'importe pas ; la masse et la vitesse importent seules. Nous n'avons d'ailleurs aucune raison à priori pour supposer telle ou telle inégalité entre l'action et la réaction ; nous supposons donc l'égalité, que nous avons des raisons plausibles de supposer. Ces besoins de l'esprit et l'expérience se trouvent finalement d'accord : ils réclament la parfaite égalité dans la réciprocité d'action.

Nous ne sommes donc nullement devant une convention arbitraire qui aurait par hasard la chance de « réussir ». Il y a un lien rationnel entre les grands principes de la mécanique, répondant aux communes fonctions de la pensée et des choses : permanence substantielle, succession selon une loi causale, enfin simultanéité dans la réciprocité causale. L'une entraîne la persistance de l'énergie, l'autre, l'inertie et l'action indépendante des forces, l'autre la dépendance réelle de ces forces en tant que liées par une constante réciprocité et égalité d'action simultanée.

Il n'y a d'ailleurs aucune contradiction entre ce qu'on appelle l'action indépendante des forces et leur dépendance mutuelle dans la réciprocité d'action. L'inertie et l'action indépendante d'une force expriment de simples mouvements, abstraits par l'analyse, laquelle n'atteint le concret que dans la conception de la réciprocité universelle. C'est précisément parce qu'une force est solidaire de toutes les autres dans le déterminisme universel qu'elle ne peut se modifier à elle seule, qu'elle est ainsi appelée plus ou moins proprement *inerte* et que, dès qu'elle agit, son action continue avec une *apparente* indépendance tant qu'une nouvelle action n'intervient pas. L'indépendance prétendue est, au fond, la dépendance par rapport à un certain nombre d'actions actuellement réalisées, si bien que rien ne changera tant que ces conditions dominantes ne changeront pas elles-mêmes, tant que l'ensemble des forces considérées ne sera pas changé.

Remarquons, en outre, que le mécanisme n'est pas absolument lié aux formes actuelles de la mécanique classique, qui s'applique aux corps visibles animés de mouvements dont la vitesse est notablement supérieure à celle de la lumière. Il est possible que certaines lois de notre mécanique soient applicables seulement à certaines formes de la matière et du mouvement ; ce sont les lois qui sont vraiment empiriques et dégagées de *notre* expérience. Par exemple, nous ne savons pas au juste en quoi consiste la masse ni ce qui la constitue réellement : les chimistes croient qu'elle tient surtout à la nature chimique des corps, non à leur nature physique. La nature de la matière, en général, nous est profondément voilée. Comment donc pourrions-nous raisonner sur les masses avec une rigueur absolue ? Nos théorèmes sur les masses portent sur des conceptions de masse abstraites et algébriques, mais les masses réelles peuvent nous révéler un jour certaines lois que notre mécanique actuelle ne renferme pas. Au reste, la vraie méthode prescrit d'expliquer le plus de choses possibles par les principes déjà connus et de ne pas supposer précipitamment une mécanique nouvelle, paradoxale, en contradiction avec tout ce que nous savons. Il y a donc un double excès à éviter : la prétention de tout tenir d'avance dans les formes actuellement connues, et la prétention de saisir des nouveautés mécaniques sans lien avec les formes vraiment nécessaires et universelles de la pensée scientifique.

IV. — L'ATOMISME.

Quelle idée devons-nous nous faire de l'atome dans lequel la plupart des physiciens s'accordent à voir l'élément ultime de la matière ? et quelle place devons-nous faire à l'atomisme dans l'hypothèse du mécanisme universel ?

L'atomisme n'est nullement, comme on se l'imagine, le mécanisme poussé jusqu'au bout ; il est, au contraire, le mécanisme arrêté à moitié chemin. Comment supposer que certains corps sont réellement indivisibles et ne présentent plus en eux-mêmes des mouvements de parties plus petites à l'infini ? Comment, dis-je, faire cette supposition sans borner le mécanisme, sans le faire échouer sur les limites de l'atome ? Le mécanisme intégral va à l'infini ; aucun mouvement ne trouve de borne infranchissable, aucun frisson de l'océan ne vient mourir sur un rivage immobile.

Ainsi, l'infinité et la continuité de la nature n'empêchent nullement le mécanisme d'être universel dans l'espace et dans le temps. Mais cela ne veut pas dire qu'il soit la seule chose qui existe, la seule explication de la réalité. Descartes admettait l'infinité du monde et sa plénitude sans aucun vide absolu ; il n'en aboutissait pas moins à considérer des tourbillons de matière subtile ou de matière pondérable soumis aux lois les plus rigoureuses de la mécanique. Ce qui est essentiel aux sciences de la nature, ce qui s'impose d'avance à elles, ce n'est pas l'atomisme proprement dit, comme on l'a soutenu, mais c'est le mécanisme, puisque tout phénomène physique, objectivement considéré dans l'espace et dans le temps, est un changement, donc un mouvement.

M. Duhem a remarqué que l'atomisme est conduit, par les nécessités du calcul, à traiter un système d'éléments discret comme s'il était un tout continu. Il y a alors une quantité considérable d'intégrales qui entrent en jeu. Mais cette nécessité ne prouve pas du tout, comme semble le croire M. Duhem, que l'atomisme soit en faute. Le *discret*, pour être relatif et partiel au sein du continu, n'en existe pas moins. Les atomes peuvent avoir leur individualité relative et former des systèmes relativement clos dans le tout, comme les planètes tournant autour du soleil sont des systèmes qui se détachent dans le monde stellaire. L'atomisme n'est donc pas seulement une convention commode; il a sa vérité et sa réalité. C'est en considérant la chimie qu'on peut surtout s'en rendre compte.

L'atome chimique, en tant qu'unité définie dans la subdivision de la matière, occupe aujourd'hui dans la science une situation inexpugnable, selon Rutherford. Il faut sans doute laisser de côté l'étymologie et entendre seulement par atome la plus petite unité de matière qui entre dans la combinaison chimique ordinaire. On ne suppose nullement que l'atome soit indestructible et éternel, ni qu'on ne puisse pas trouver plus tard quelque méthode pour le subdiviser en unité élémentaire encore plus petite. Jusqu'à présent on n'a pu mettre en évidence directe la possibilité de construire un atome de poids atomique plus élevé au moyen d'atomes de poids atomique inférieur. En revanche, dans le cas de substances radio-actives, nous avons des preuves décisives et définies que certains éléments manifestent un processus de désintégration. C'est un fait significatif que ce processus a été observé seulement dans les atomes du poids atomique le plus élevé, comme ceux de l'uranium, du thorium et du radium. A l'exception peut-être du potassium, il n'y a aucune preuve évidente qu'un processus similaire ait lieu dans d'autres éléments. La transformation de l'atome d'une substance radio-active semble résulter d'une explosion atomique d'une grande intensité dans laquelle une partie de l'atome est expulsée avec grande dépense de force (1).

Un corps matériel doit donc être considéré comme un enchevêtrement très compliqué de petits systèmes, analogues au système solaire. L'atome lui-même, l'atome des modernes, nous l'avons déjà montré, est un système d'une grande complexité, un tourbillon d'astres, un firmament.

Enfin, les atomes diffèrent, non par leur matière constitutive, mais par la quantité de matière positive ou *électron positif*, et par le nombre, la disposition des corpuscules ou *électrons négatifs*. La théorie corpusculaire conduit à l'unité de la matière, ou du moins à deux matières fondamentales distinctes : l'une, l'électron positif, inséparable d'une charge d'électricité positive, l'autre, l'électron négatif, inséparable d'une charge d'électricité négative. Cette distinction amène une simplification importante : les deux matières se confondraient avec les deux électricités elles-mêmes. Il n'y a plus qu'à savoir ce que peut être une électricité qui n'aurait point de support matériel dans l'espace et agirait cependant au sein de l'espace.

En un mot, nous ne pouvons pas étudier les corps mécaniquement et physiquement sans les situer dans l'espace et sans étudier leurs changements dans l'espace. Or, comme l'espace est rempli de corps évidemment composés de parties, comme ces parties elles-mêmes enveloppent d'autres

---

(1). Voir la récente adresse présidentielle à la *British Association for the advancement of science*.

parties, probablement à l'infini, nous sommes obligés de déterminer pour notre pensée des points d'arrêt et de repère en cherchant les éléments qui forment un tout spécifique et indécomposable sous certains rapports, par exemple sous le rapport chimique. Ces éléments, occupant de l'espace, ont une figure, et leurs changements se traduisent nécessairement d'une manière *locale*, c'est-à-dire par le mouvement. De là la conception d'*atomes* relatifs à tel ou tel point de vue de notre science. C'est ce qui fait que la science aboutit nécessairement à de l'atomisme.

Si la philosophie veut prendre cet atomisme en un sens métaphysique, comme une image de la réalité, elle est dupe de ce que Berthelot appelait un conte ingénieux. Mais le conte des énergétistes n'est même pas ingénieux, car il roule sur de l'irreprésentable, ainsi que nous essaierons de le montrer tout à l'heure (1).

V. — Les objections contre le mécanisme.

On peut faire et on a fait, contre la légitimité des explications mécaniques dans l'interprétation du monde matériel, deux objections principales qu'il importe d'examiner.

En premier lieu, dit-on, en regard d'une explication mécanique donnée, il est toujours possible d'en imaginer une infinité d'autres.

En second lieu, tout mécanisme est réversible ; or, il existe dans la nature des phénomènes irréversibles. Donc certains phénomènes dans la nature échappent à toute explication mécanique.

Admettons provisoirement la première assertion : quelle conclusion en faut-il tirer ? — Cournot avait déjà fait remarquer que, si on a un certain nombre de points à relier, une

---

(1) Voir, chapitre IX, *L'interprétation du monde par l'énergie. L'énergétisme.*

infinité de lignes qui les relient sont possibles, mais qu'on doit choisir la plus simple ; de même, dans l'induction scientifique, on relie les faits par les relations les plus simples. Si donc une infinité d'explications mécaniques est théoriquement possible, on choisira dans le nombre celle qui est la plus simple, celle qui explique le plus complètement avec le moins de données et qui est le mieux en harmonie avec le reste des vérités acquises.

Une infinité d'explications mécaniques n'est d'ailleurs possible qu'abstraitement et pour notre ignorance de toutes les réelles conditions d'un fait ; en réalité, une seule explication mécanique est possible, réelle et vraie. Si je veux supposer que les astres se meuvent parce qu'ils sont tirés dans un vaste filet par des légions de petits animaux invisibles, je puis formuler cette explication extravagante et croire qu'elle n'est pas *impossible* ; mais son apparente possibilité tient à ce que mon ignorance fait abstraction d'une multitude de données réelles et de lois déjà acquises à la science. La prétendue possibilité se résout, par une science supérieure, en absolue impossibilité, tout comme il est impossible, dans l'état actuel du monde, que la lune tombe sur la terre. Ne nous payons pas de possibilités en l'air ; il n'y a de possible mécaniquement dans l'univers que ce qui est, tout ce que nous imaginons en dehors n'est mécaniquement possible que dans des hypothèses qui, si nous les poussions à bout, seraient elles-mêmes mécaniquement impossibles. Il ne suffit pas, pour être vraiment possible, qu'une explication mécanique ne soit pas contradictoire, il faut encore qu'elle soit en harmonie avec la nature des données initiales.

Il ne faut donc pas appliquer à tous les phénomènes ce qui n'est vrai que des hypothèses relatives à la constitution dernière des choses. Quand deux chevaux qui ne s'accordent pas entre eux tirent une charrette selon la diagonale, y a-t-il une infinité d'explications mécaniques possibles, ou une seule, unique, directe, conforme à la logique et aux faits ? Quand un corps tombe dans le vide avec une certaine vitesse, y a-t-il une infinité d'explications mécaniques possibles? Dans la marée, est-ce l'influence mécanique de la lune, du soleil et des planètes qui agit, ou y a-t-il une infinité d'autres explications? Quand un homme est guillotiné, est-ce l'action mécanique du couperet qui sépare la tête du tronc et rend impossible la nutrition du cerveau? Quand une cellule d'un être vivant, parvenue par la nutrition à certain degré de grosseur, se divise en deux, y a-t-il une infinité d'explications mécaniques? Descartes, lui aussi, avait remarqué que les explications mécaniques d'un phénomène, quand on les fait à priori, et avec l'aide des seules mathématiques, pouvant être très nombreuses, l'expérience est nécessaire pour nous dire laquelle a été réalisée; mais Descartes savait que notre impuissance théorique tient à une chose: c'est que nous ne possédons pas toutes les données concrètes du problème mécanique à résoudre. *Ambiguïté* égale *ignorance*.

L'assertion de Maxwell et de Poincaré disant que, si on trouve l'explication mécanique d'un phénomène, on peut en trouver une infinité d'autres, est donc d'ordre purement mathématique et n'a nullement trait aux principes ou aux faits expérimentaux, mais seulement aux *interprétations* mécaniques des phénomènes. Un ensemble de phénomènes, définis par un certain nombre d'éléments variables, est ou n'est pas interprétable mécaniquement, c'est-à-dire au moyen des mouvements d'un certain nombre de points matériels, suivant que certaines conditions analytiques sont ou ne sont pas réalisées. Si elles sont réalisées, le nombre des interprétations mécaniques est indéfini.

On pourrait, croyons-nous, traduire cette observation analytique en remarquant que, lorsque nous devons passer de l'expérience à l'interprétation, nous nous trouvons en face d'un problème analogue à « l'âge du capitaine », et, dans une certaine mesure, indéterminé; nous sommes alors amenés à faire des hypothèses, c'est-à-dire à augmenter le nombre des éléments qui nous permettent de résoudre le problème, et à les augmenter jusqu'à ce que celui-ci soit enfin déterminé.

La seconde objection ne nous paraît pas mieux fondée.

Tout mécanisme, dit-on, est réversible, mais la réversibilité mécanique n'existe que dans l'abstrait, non dans le réel. Les phénomènes réels les plus mécaniques, en apparence réversibles, comme le pendule qui revient à sa position en traversant à rebours les positions précédentes, n'ont pas de véritable réversibilité. Le *même* pendule ne revient pas et ne reviendra jamais à la *même* position : la terre l'a emporté ; il a changé non seulement de lieu, mais de température, de forme, etc. Rien n'est réversible, dans le monde réel, pas plus le mécanique ou le physique que le psychique. Rien n'arrive deux fois nulle part. Nous ne devons donc point confondre la mécanique abstraite avec la mécanique réelle, pas plus que nous ne confondons le triangle abstrait avec le triangle réel, qui n'est jamais triangulaire.

Je place, a dit M. Russel, trois boules de billard sur une table et je les frappe avec une quatrième. Pour renverser le processus, il faudrait que je fusse capable de mouvoir les quatre billes à la fois. Et si chacune de ces boules frappait un autre groupe, le renversement serait encore plus difficile. Dans les cas les plus compliqués, la tâche ne serait-elle pas comparable à celle du petit démon de Maxwell ? Si vous prétendez le mécanisme réversible en dépit de telles difficultés, quel droit aurez-vous de prétendre que le principe de Carnot postule l'irréversibilité ? L'irréversibilité, selon nous, est réelle ; mais ce n'est pas en vertu du temps, pauvre Saturne qui, à lui seul, ne peut dévorer ses enfants, et n'a même pas d'enfants ; c'est en vertu de raisons et de causes qui, quand il s'agit de choses dans l'espace, seront nécessairement mécaniques sous ce rapport, fussent-elles, par ailleurs, psychiques ou métaphysiques. Le caractère irréversible des phénomènes physiques tient à leur complication, qui n'est rien moins qu'infinie, car, nous l'avons vu, toute réalité concrète enveloppe l'infini. La mécanique, qui roule nécessairement sur des abstractions, peut concevoir des systèmes réversibles, parce qu'elle ne conçoit que des systèmes simplifiés. Mais, dans la réalité, rien n'est simple, rien n'est absolument identique, rien ne peut être reproduit d'une manière indiscernable. Dans un kaléidoscope, mettez seulement quelques verres de couleur, vous aurez chance de voir les mêmes dessins reparaître; encore la position des morceaux de verre ne sera-t-elle jamais mathématiquement identique; les dessins ne seront les mêmes qu'en apparence et pour nos yeux. Mais, placez dans un immense kaléidoscope des milliers de verres coloriés; si vous supposez le kaléidoscope tournant tout seul dans le vide et les morceaux se distribuant dans le vide sous l'action d'une pesanteur absolument uniforme, vous pourrez encore supposer que les mêmes dessins paraîtront et se succéderont dans le même ordre; mais après combien de milliers d'années? Nul ne le sait. Maintenant, dans la réalité, les morceaux de verre se modifieront par le frottement; l'équilibre du kaléidoscope ne sera jamais le même, sa température ne sera jamais la même, la pesanteur variera; il subira toutes les vicissitudes de la terre elle-même, qui, à son tour, ne sera jamais identique à soi. Dans de telles conditions, calculez quelle probabilité vous avez de voir la même série se dérouler d'un bout à l'autre. Encore ne s'agit-il ici que d'un résultat purement mécanique : la position relative d'un nombre fini d'éléments; mais, dans la réalité, il y a l'infinité qu'enveloppe la vie de tout infini.

CHAPITRE HUITIÈME

L'objectivité du mouvement et les objections de Zénon d'Élée.

Dans nos leçons à l'Ecole Normale de l'année 1873, nous avions examiné les conséquences de l'Achille et des autres arguments de l'Ecole d'Elée, qui devaient plus tard, semble-t-il, être un des points de départ des études de M. Bergson sur le devenir dans la durée (1). Et dès cette époque, comme si nous pressentions le système de M. Bergson, nous faisions voir, avant lui, l'impossibilité d'expliquer le mouvement par une série statique de repos. Les Eléates disaient que la flèche, en repos dans chaque point où elle est, et ne pouvant se mouvoir dans les points où elle n'est pas, est partout en repos, nulle part en mouvement. Mais, en même temps que nous nous accordions d'avance sur ce point avec M. Bergson, nous faisions aussi par avance opposition à sa doctrine, car nous montrions que la qualité, à elle seule, que le changement même des qualités dans la durée, à lui seul, ne saurait expliquer l'être et l'action. Une série de qualités, même continues, est aussi statique qu'une série continue de points dans l'espace. De plus, disions-nous, un être ne peut changer par la *qualité* qu'il possède actuellement et qui le qualifie tel : il est alors *tel*, non pas autre chose. D'autre part, il ne peut changer par la qualité qu'il n'a pas encore et qui ne peut

---

(1) Ces leçons ont été reproduites en partie dans les pages du *Mouvement positiviste*, où nous examinons les arguments de l'Ecole d'Elée.

encore le qualifier ; il ne peut donc changer s'il n'a que des qualités, fussent-elles en succession dans la durée. Le principe moteur du changement dans la durée, du devenir qualitatif, tout comme celui du mouvement dans l'espace, doit être une certaine *force* intime, ayant son *intensité* et *tendant* à la qualité qu'elle n'a pas encore ; bref, ce doit être l'appétition ou le vouloir. Leibniz disait qu'un corps en mouvement doit se distinguer d'un corps en repos par la force ; nous étendions au devenir même et à la qualité une observation analogue. La *durée*, à elle seule, ne peut rien constituer de réel et d'actif, de quelques *qualités* qu'on la remplisse ; ce qui produit le devenir, ce passage du passé au futur par le présent, c'est l'appétition plus ou moins intense dont toute tendance est l'effet.

Zénon d'Élée admettait, comme Parménide, l'« un » et le « continu », ἓν καὶ συνεχές (1) ; il était moniste. Ses arguments étaient dirigés contre le pluralisme, qui consiste à admettre des *parties* distinctes de l'être, de vrais *indivisibles*, des *atomes* ou *unités* particulières en dehors de l'Unité absolument une. Il n'admettait donc pas que l'être fût *composé* et réellement *divisible*, soit jusqu'à des éléments indivisibles, soit jusqu'à l'infini. Il n'admettait pas davantage de changement radical. Le mouvement n'était pour lui qu'une apparence extérieure et n'atteignait pas dans son fond le réel un et continu. Pour réfuter le pluralisme, il voulait faire voir que le mouvement, tel que l'entendent les pluralistes et partisans de réalités multiples, est : 1° impossible, 2° irréel, 3° contradictoire, 4° absurde par ses conséquences. — De là les quatre arguments fameux de la *Dichotomie*, de l'*Achille*, de la *Flèche* et du *Stade*.

S'il y a des parties réelles dans l'être continu qui s'étend dans l'espace, s'il est divisible en éléments indivisibles, points ou instants, dont le nombre devra être infini pour reproduire la continuité du réel, alors le mouvement est « impossible »,

---

(1) Mullach, 62, 77, 81.

car l'analyse capable d'épuiser cette série infinie ne pourra jamais être opérée par le mobile, qui ne pourra atteindre ni la moitié, ni la moitié de la moitié, etc.

Un tel mouvement est d'ailleurs *irréel*, puisqu'un Achille peut réellement atteindre une tortue, tandis qu'il ne le pourrait pas s'il avait à épuiser une série infinie de parties et de divisions.

On passe à côté de la question quand on montre que la jonction d'Achille et de la tortue n'implique pas un temps infini, mais seulement une heure, par exemple. C'est cette heure qui ne pourra pas être franchie, ni permettre aux distances correspondantes d'être franchies. Il faudra toujours qu'Achille atteigne d'abord, d'un côté, la moitié de la distance à parcourir, de l'autre, la moitié de l'heure à parcourir; pour atteindre les deux moitiés corrélatives, il devra d'abord atteindre leur moitié. On aura beau avoir recours à l'infini, il y aura toujours un reste *croissant*, mais un reste, tout comme le polygone ne deviendra jamais le cercle, sinon par un *saut* à la limite; si minime soit ce saut, la grandeur n'importe pas à l'affaire : il sera d'ailleurs toujours divisible à l'infini et, sous quelque rapport, infiniment grand. C'est tout mouvement et tout changement, si petit soit-il, dans l'espace ou dans le temps, que les Eléates déclarent impossible selon la conception pluraliste.

La vraie question est donc celle-ci : Peut-on épuiser l'infini dans l'espace et dans le temps? Peut-on parcourir une série infinie de positions dans l'espace et de moments dans le temps?

La réponse des mathématiciens à Zénon d'Elée montre bien que la somme $1 + 1/2 + 1/4...$, etc., est, à la limite, égale à 2; mais c'est le passage à la limite qui devient la difficulté métaphysique, car il implique précisément un épuisement de l'infini. De même, si on calcule mathématiquement le moment précis où Achille aura dépassé la tortue, on montre bien *quand* la jonction aura lieu de fait, mais non pas *comment*, en droit, elle pourra avoir lieu par l'épuisement de l'inépuisable. Les difficultés mises en avant par Zénon existent donc tout entières.

Dire avec Aristote et Leibniz qu'un espace divisible sans fin peut se parcourir dans un temps également divisible sans fin, c'est doubler le problème en l'étendant au temps (comme d'ailleurs on le doit), mais ce n'est pas le résoudre. Il s'agit de savoir, pour le temps comme pour l'espace, *comment* une série infinie de divisions peut être épuisée, à la fois dans l'espace et dans le temps.

De même, l'infini ne saurait être remplacé ici par l'indéfini. Si une quantité peut être subdivisée indéfiniment, par exemple une étendue pleine qu'un mobile parcourt, une durée pleine qu'il parcourt, il s'ensuit qu'elle contient, sinon un *nombre* infini de parties, du moins une *infinité sans nombre* de parties, quoique non séparées en fait l'une de l'autre et continues. Il n'y a pas là « virtualité », mais réalisation par le mouvement d'une division à l'infini.

Aristote a cru résoudre les antinomies de la quantité en disant que l'infinie divisibilité de l'espace, du temps et du mouvement de la matière est seulement une « possibilité ». Kant et Hégel, sans parler de Renouvier, ont répété le même argument. Mais peut-on dire, les *possibilités* de subdivision doivent être elles-mêmes finies ou infinies en nombre, tout au moins en quantité; la question est donc reculée et non résolue. Pourquoi pouvons-nous diviser si l'objet ne prête pas à la division ? Notre « intuition » ici ne prouve rien, pas plus qu'ailleurs. Le temps ne finit pas où finit l'intuition de la durée réelle. C'est au fond des choses que réside l'infinité.

Le mouvement des pluralistes est encore, selon Zénon, contradictoire, puisque la *flèche* serait à la fois mobile et immobile dans la partie de l'espace qu'elle occupe et que son apparent mouvement ne serait au fond qu'une série de repos sans lien réel et intime de l'un à l'autre, comme si la flèche était anéantie au premier endroit pour reparaître soudain au second. Un prétendu mouvement de ce genre n'est qu'une vicissitude d'immobilités, et c'est ce que Zénon semble avoir entrevu.

Enfin, le *stade* conduit l'idée pluraliste et, en quelque sorte, atomistique du mouvement à des conséquences absurdes. Un objet, une ligne qui se meut entre une ligne immobile de même longueur et une ligne mobile en sens inverse, se trouve avoir longé et épuisé toutes les parties de l'une et toutes les parties de l'autre en deux séries parallèles d'instants qui, cependant, ne sont plus elles-mêmes égales, si bien que le temps se trouve être à la fois lui-même et le double de lui-même. Simples rapports différents, direz-vous. Sans doute ; mais alors Zénon répondrait : Vous voyez donc bien que le mouvement n'est qu'un *rapport* et une *apparence*, non un transport réel d'unités distinctes le long d'autres unités distinctes d'espace et de temps. La division créée par le mouvement et le mouvement lui-même, en tant que diviseur de l'être, sont illusoires ; il n'y a point de parties réelles dans l'unité continue de la substance infinie.

Zénon a donc bien voulu montrer cette proposition : si l'on suppose (avec les pluralistes et atomistes) l'existence dans l'espace et dans le temps de parties dernières et indivisibles, nécessairement en nombre infini, points et instants, parties qui seraient cependant distinctes et données comme telles dans la réalité, si bien que la réalité serait une multiplicité infinie, alors le mouvement est inexplicable et enveloppe toutes sortes de contradictions. D'où résulte la vérité du monisme, pour qui la multiplicité et le mouvement même, tel du moins que les pluralistes le conçoivent, sont de simples phénomènes sensibles (1).

Il y a des grandeurs extensives où le tout est donné avant les parties ou en même temps que les parties ; tel est l'espace. Mais le temps n'est pas de même : une année n'est pas donnée avant les minutes qui la composent. De même pour le mouvement.

(1) Cf. Brochard, *Etude de philosophie ancienne*, chap. I.

« Si, dit M. Lachelier, les parties sont avant le tout et le constituent, il faut bien qu'il y en ait quelque part de simples et de primitives, qui expliquent toutes les autres et n'aient pas besoin elles-mêmes d'être expliquées (1) ». C'est précisément, remarquons-le, l'hypothèse du pluralisme et de l'atomisme, que Parménide et Zénon rejetaient. « Mais comment, ajoute M. Lachelier, si une grandeur *existe en elle-même*, l'existence du tout ne serait-elle pas fondée en elle sur ses parties »? — C'est en effet, répondrons-nous, ce qui a lieu pour le mouvement dans l'espace. Le mouvement spatial n'est pas donné d'un seul coup, alors même que la cause qui le donne, la force interne dont il émane, donnerait d'un seul coup l'impulsion par un acte simple. Le mouvement, lui, est donné successivement dans l'espace en ce sens que le *trajet* ou *progrès* suit une *trajectoire* dont toutes les parties doivent être épuisées l'une après l'autre, malgré l'infinité qu'elles offrent à l'analyse régressive. Les parties du mouvement sont donc données avant le tout, les parties du mouvement terrestre autour du soleil avant la totalité de ce mouvement qui demande une année. Le mouvement suit ainsi nécessairement, selon nous, les lois de la grandeur. Mais nous n'en concluons pas pour cela que la grandeur existe vraiment en *elle-même*, que le mouvement spatial existe *en soi et par soi*. On peut admettre que, dans la réalité, le tout est donné avant les parties pour une conscience qui le saisit d'abord et le veut dans son unité, sauf à le résoudre ensuite en un nombre indéfiniment croissant de parties (2). Ce qui est incontestable, et ce que pour notre part nous avons toujours soutenu, c'est que la cause qui donne le mouvement est différente du fait brut des positions successives occupées dans l'espace. Nous avons toujours distingué le mouvement *en train* de s'accomplir du mouvement accompli, et nous avons toujours rapporté le mouvement *en train* de s'accomplir à

---

(1) *Revue de métaphysique et de morale*, 1910, p. 359.
(2) C'est aussi l'opinion de M. Lachelier.

une cause *en train* de l'exécuter, cause qu'on ne peut se figurer qu'à l'image de notre effort moteur, de notre impulsion interne. En un mot, si on considère le mouvement même dans son progrès continu, divisant d'une manière continue et à l'infini l'espace où il s'accomplit, épuisant ainsi des infinités qui semblaient inépuisables, il est lui-même divisible et divisant, mais, si on considère la *source* du mouvement, cette source n'offre plus nécessairement les mêmes caractères pour le métaphysicien, qui s'élève au-dessus de l'espace et des considérations purement géométriques pour replacer toutes choses dans l'unité indivisible du réel.

Nous ne croyons donc pas que l'on ait raison de dédaigner les arguments de Zénon, qui aboutissent à soutenir que le mouvement comme série d'immobilités est impossible et irréel, contradictoire et absurde. Mais il n'en résulte point que le mouvement soit « indivisible »; il en résulte seulement qu'il est continu, et présuppose, pour son application, quelque cause qui est très distincte des diverses parties occupées successivement par le mobile, et qui n'est plus vraiment elle-même un mouvement spatial.

Quand on dit que la flèche *est* successivement dans ces points, on ne veut pas dire qu'elle y *reste* ni qu'elle y est en repos, mais elle y *passe*, elle y exerce son action qui l'empêche d'y rester. Elle y est *mouvante*, mais elle y *est*; elle occupe l'espace en le traversant; elle est dans l'espace et dans toutes les parties de l'espace qu'elle traverse. L'affirmer, ce n'est nullement fabriquer du mouvement avec une série de repos; c'est fabriquer le mouvement avec une série de transitions, dont chacune est transition d'une partie à l'autre de l'espace. Or, ces parties sont divisibles à l'infini et actuellement séparées, actuellement en dehors l'une de l'autre, actuellement divisées sans séparation et continûment. D'où il suit que le mouvement épuise des infinis et enveloppe l'infinité dans sa prétendue simplicité.

CHAPITRE NEUVIÈME

L'interprétation du monde par l'énergie.
L'énergétisme.

I. — LA FORCE.

La matière, au point de vue de la causalité, apparaît comme *force*, c'est-à-dire comme pouvoir de résister au mouvement ou d'*imprimer* un mouvement, force de résistance et force d'impulsion. Il est clair que s'il n'y avait rien dans l'espace qui *résistât* ou *poussât*, nous n'aurions aucune raison d'affirmer l'existence d'une matière *réelle*, *déterminée* et *délimitée*.

Tandis que l'étendue offre seulement une grandeur extensive, la force a une grandeur intensive. Nous concevons cette grandeur par les degrés d'intensité que nous trouvons dans nos sensations, et surtout dans nos affections ou dans nos efforts. Si l'on suspend un poids à notre bras étendu, nous éprouvons le sentiment d'une poussée de haut en bas, d'une traction qui est la pesanteur. Quand, au lieu d'être suspendu à notre bras, le poids est suspendu à un dynamomètre, à une balance, nous sommes témoins d'une poussée analogue, plus ou moins intensive, selon que l'aiguille se meut plus ou moins ou que la balance incline plus ou moins. Une induction naturelle nous fait transporter dans les objets quelque chose de plus ou moins analogue à notre effort et à notre sentiment de traction ou de pression. Comme ce sentiment passe lui-même par des degrés, nous concevons que l'intensité des forces extérieures passe elle-même par des degrés analogues.

Au fond, ce que nous sentons en nous-mêmes, ce sont les variations intensives de l'action et de la réaction, qui elles-mêmes sont des variations d'intensité dans la tendance de l'activité. Nous ne transportons pas dans les objets extérieurs, comme fait le sauvage, la volonté intelligente et sentante, mais nous continuons d'y transporter la *tendance*, qui est une sorte de vouloir aveugle, inconscient ou subconscient.

Des variations de sensation qualitative accompagnent toujours les sentiments de tendance et d'effort, qui passent ainsi, pour la sensibilité, par des nuances diverses et *sui generis*. Mais, sous la variété de ces nuances, nous distinguons fort bien une échelle de degrés d'intensité dont le fond est uniforme, quoique variable. Si on ajoute des poids à des poids au bout de mon bras, j'éprouve des sensations de traction et de pesanteur dont je reconnais l'uniformité sous la variété des sensations qualitatives, parfois douloureuses, qui l'accompagnent.

Prétendre que les sensations d'intensité sont simplement des sensations de qualité à nuances diverses, c'est énoncer ou un paralogisme ou un truisme. Un paralogisme, si de ce que des nuances diverses de sentiment accompagnent les degrés d'intensité, on conclut que l'intensité se réduit à ces nuances; un truisme, si on prend le mot *qualité* en un sens assez vague pour y faire tout rentrer, même la quantité intensive, même la quantité extensive, qui sont, à leur manière, des qualifications par cela même qu'elles sont des quantifications.

Quand nous induisons de nous-mêmes à la matière, nous supprimons toutes les colorations du sentiment, toutes les nuances de l'arc-en-ciel sensible, et nous ne gardons, pour l'objectiver, que le passage par des degrés d'intensité croissante ou décroissante. Nous obtenons ainsi l'idée de *force* intensive, qui est encore un transport de notre conscience dans le subconscient ou l'inconscient. Mais, dans les sciences, on laisse de côté la représentation plus ou moins psychique de la force, pour n'en considérer que les caractères objectivement déterminables qui sont les degrés évaluables par des nombres et représentables symboliquement par des mouvements selon des *lignes*, si bien que la quantité intensive se trouve ramenée pour le besoin du calcul à la quantité extensive, dont elle est la cause réelle et le fond substantiel (1).

La variation possible d'intensité dans l'action de la force, depuis zéro jusqu'à l'infini, permet de concevoir que, dans un même espace limité, la quantité d'énergie, par cela même de matière, peut varier. Cette variation serait inintelligible, si la matière se ramenait tout entière à de l'étendue. Les variations de l'énergie se traduisent d'ailleurs et ne peuvent s'évaluer que par la quantité de mouvements dans l'étendue et par la vitesse du mouvement.

La *résistance* n'est qu'un des modes de la force intensive, notamment répulsive. L'*impénétrabilité* en est un autre mode, de haute importance. Dans le système qui fait consister la matière en un déploiement d'énergie dans l'espace sous forme de mouvement, l'impénétrabilité n'est pas absolue, en ce sens que la matière est compressible et peut diminuer de volume, mais, la matière offrant toujours résistance et ayant toujours une certaine énergie répulsive, on ne peut la concevoir comme se laissant pénétrer tout entière, ce qui supposerait l'anéantissement de toute sa force de résistance

---

(1) La force, quand on ne la réduit pas à une simple expression algébrique, et qu'on veut se la représenter d'une manière concrète, n'est donc qu'un symbole emprunté à l'effort musculaire, à la tension musculaire. On a prétendu que, si l'on remplace dans les sciences la force par l'accélération, c'est pour remplacer des symboles musculaires par des symboles visuels, en vertu de la propriété qu'ont ceux-ci d'être exactement mesurables. Selon nous, cette raison n'est pas la vraie. L'accélération n'est point un symbole, c'est un fait, tandis que la force, transportée dans les objets extérieurs, est une induction philosophique, non un fait. De plus, l'accélération n'implique que l'espace et le temps, elle est toute géométrique ; tandis que la force, physiquement parlant, est une entité, ou philosophiquement, un emprunt à la vie psychique.

et des mouvements plus ou moins cachés par lesquels elle se manifeste. Le phénomène de la *densité* est la conséquence de la plus ou moins grande quantité intensive d'énergie qui peut se déployer dans un même espace et s'y traduire par un plus ou moins grand nombre de mouvements variés.

L'énergie est donc essentiellement la capacité de produire du travail mécanique, capacité appartenant à un corps ou à un système de corps. En mécanique, cette puissance existe et ne peut exister que sous deux formes, l'énergie *cinétique* ou *actuelle* et l'énergie *potentielle*; l'ensemble de ces deux énergies forme l'énergie totale. Les physiciens admettent sans doute, outre ces formes, d'autres formes diverses de l'énergie (calorifique, électrique, magnétique, etc.); mais ils sont obligés de les définir, soit par leur effet subjectif sur nos sens, soit par leur équivalence ou possibilité de transformer une quantité déterminée de l'une d'elles en une quantité déterminée d'une autre, et, finalement, d'énergie mécanique. De là, par exemple, ce qu'on nomme l'équivalent mécanique de la chaleur; ce qu'est en elle-même la chaleur, voilà qui reste indéterminé. Or, dans un système mécanique soumis à des forces dépendant d'un « potentiel », on montre qu'une certaine fonction dépendant de la vitesse des éléments de ce système et de leurs positions est *constante* (théorème des forces vives); mais si, dans la nature, nombre de forces dépendent d'un potentiel (forces de gravitation, forces électro-magnétiques), il en est un certain nombre d'autres qui n'en dépendent pas et dont les forces de frottement sont un exemple caractéristique. En même temps qu'apparaissent ces forces, nous voyons se produire des phénomènes calorifiques, électriques, etc.; mais alors la fonction définie plus haut et prise elle-même comme définition de l'énergie du système, cesse de conserver une valeur constante. Le principe de la conservation de l'énergie consiste à admettre qu'on peut, malgré cela, trouver une fonction plus complexe que la précédente et contenant des termes qui tiennent compte de l'état calorifique, électrique, etc., des éléments du système, fonction telle que sa valeur reste constante à travers les modifications du système (1).

Quant à l'énergie potentielle, elle est vraisemblablement l'énergie cinétique d'un milieu inconnu, comme Hertz l'a mis en lumière dans son *Essai de mécanique*, où il a repris et développé l'idée de « mécanismes cachés » de Leibniz. Dans une mécanique, en effet, qui, comme celle de Hertz, ne considère que le mouvement et ses lois sans prétendre remonter aux causes, la force n'apparaît que comme une certaine expression analytique. Or, si on considère un système libre que l'on décompose en deux parties, on est conduit à envisager l'action d'une des parties sur l'autre, et inversement, et l'on obtient ainsi des actions et des réactions directement opposées. Considérons de ce point de vue un système formé de masses visibles et de masses invisibles, l'énergie cinétique sera l'énergie des masses visibles, et l'énergie potentielle sera l'énergie des masses cachées ; mais au fond toute énergie sera essentiellement cinétique, donc, en dernière analyse, relative à du mouvement.

---

(1) Voir, dans le *Vocabulaire philosophique*, l'article *Énergie*. — Si un système ne se modifie que par un mouvement de ses parties et par les actions qu'elles exercent les unes sur les autres, il est naturel de penser, en vertu du principe de causalité, « les mêmes conditions entraînent les mêmes résultats et supposent les les mêmes principes », que la capacité du système pour produire le travail reste la même, que la quantité d'énergie ou somme des énergies mécaniques et physiques reste constante sans création *ex nihilo* de causes nouvelles se traduisant par des énergies nouvelles. Nous sommes ici dans le domaine de l'inertie matérielle, où la création est encore plus inintelligible que partout ailleurs et suppose un commencement absolu sans aucune raison ou cause assignable. Cette cause ne peut être extérieure au système, puisque, par hypothèse, il n'est soumis à aucune influence externe. Elle ne peut être intérieure au système, puisqu'on suppose des forces inertes qui n'ont ni l'idée ni le désir de changement nouveau, et qui, eussent-elles cette idée et ce désir, ne les auraient que pour des raisons suffisantes et ne les réaliseraient que pour des raisons suffisantes. En un mot, la conservation de l'énergie est une manière de se représenter le déterminisme universel de l'interaction ou réciprocité causale. Nous ne nous représentons l'action des corps les uns sur les autres que sous la forme d'un changement dans le temps et dans l'espace, changement qui est finalement lié à du travail et du mouvement. Jusqu'à preuve du contraire, nous avons toutes les raisons d'admettre la constance de l'énergie, et aucune raison d'admettre son inconstance.

II. — L'ÉNERGIE ET L'ÉNERGÉTISME.

Un certain nombre de savants et de philosophes contemporains ont cru trouver dans la notion d'énergie un principe suffisamment général pour ramener tous les phénomènes de la nature à l'unité et servir de base à une interprétation systématique du monde. Cette doctrine, à laquelle on peut donner le nom d'*énergétisme*, revêt, selon nous, deux formes différentes, très voisines, il est vrai, l'une de l'autre, et qu'il est parfois bien difficile de distinguer, mais que notre analyse doit s'efforcer de séparer entre elles : ce sont l'énergétisme *empirique* et l'énergétisme *scientifique*.

Le premier se borne à constater qu'il existe dans la nature des qualités diverses et paraissant irréductibles entre elles, chaleur, lumière, électricité, mouvement mécanique, etc., mais se continuant les unes dans les autres, selon certaines lois de proportionnalité constante, et il croit expliquer suffisamment cette constitution des choses en donnant à toutes ces qualités le nom commun d'énergie, et en les considérant comme autant d'espèces d'un même genre, lequel n'est autre que l'énergie considérée en général.

Le second prétend ramener toute cette diversité qualitative à de simples différences de quantité; il voit surtout dans la notion d'énergie une formule abstraite, un symbole mathématique où se résument les rapports des phénomènes naturels; et il oppose cette conception purement intellectuelle et, en quelque sorte, algébrique à celle du mécanisme et de l'atomisme, qui laissent encore subsister des éléments imaginatifs et physiques dans leur interprétation des choses.

Remarquons cependant que cet énergétisme scientifique se transforme très aisément pour ses partisans, dès qu'ils perdent de vue le détail des phénomènes et des formules, en une sorte de système métaphysique, tout à fait analogue à la *persistance de la force* de Spencer. Ainsi, pour Ostwald, qui, après avoir exposé en savant la théorie de l'énergie, l'interprète, quoiqu'il dise, en métaphysicien, l'énergie est le support et la substance de toutes choses. Ce n'est pas une abstraction, une fonction algébrique, c'est une réalité, c'est la réalité même, cachée sous les transformations visibles des faits matériels et sous les rapports conceptuels des mathématiques. L'esprit a toujours besoin de se représenter quelque chose qui persiste sous les changements et qui, de plus, est la cause active de ces changements : substantialité et causalité. L'atomisme se représente la substance comme répandue dans l'espace sous forme de particules, l'énergétisme se la représente répandue et agissante sous forme d'énergie.

III. — L'Énergétisme empiriste.

L'énergétisme purement empiriste se place au milieu du monde concret, tel qu'il se présente à nos sens, et n'admet guère comme notion générale embrassant ce monde que celle de transformation, de changement dans la durée, changement de qualité et de forme comme de quantité. Le monde a changé et change ; il nous offre des phénomènes de mouvement, mais ces phénomènes, à première vue, ne sont qu'une partie des transformations naturelles ; n'avons-nous pas aussi des transformations de chaleur, d'électricité, de vie, etc.? Dire que ces transformations se ramènent les unes aux autres et toutes au mouvement, c'est, selon l'énergétisme empiriste, une vue à priori qu'un empirisme rigoureux doit rejeter. Il y a des énergies de toutes sortes, voilà ce que l'on peut conclure des faits actuels, énergie électrique, énergie calorifique, énergie vitale et même énergie mentale.

De ce point de vue, la science des transformations de l'énergie, la *dynamique*, sera la science maîtresse ; et sa principale branche, la *thermodynamique*, sera la grande science physique dont la mécanique elle-même ne sera qu'une partie et comme un cas particulier, le cas où l'on élimine les considérations de température pour ne plus envisager que les déplacements mécaniques. Tous les principes dominant la thermodynamique, et conséquemment la mécanique, ne seront plus que des hypothèses, des conventions, ou plutôt des expressions abstraites de faits observés. L'énergie se conserve, voilà un fait généralisé. L'énergie se dégrade et va descendant vers le domaine de l'énergie calorifique où elle descend de nouveau vers un équilibre de température qui rendra impossible toute utilisation et tout travail des forces, voilà encore une généralisation par laquelle on s'efforce d'exprimer et d'étendre des faits comme le suivant : un charbon ardent tombé dans un bassin d'eau cède sa chaleur à l'eau jusqu'à ce que l'équilibre s'établisse ; mais l'eau ne pourra pas rendre la chaleur au charbon : les phénomènes sont irréversibles ; ils ont une seule et même direction qui est une *involution* ou *entropie*, une descente vers l'équilibre.

Il est vrai que nous voilà un peu loin des faits observables, mais ces conclusions dernières d'une généralisation n'ont pas plus de valeur absolue que cette généralisation même ; déduites d'une hypothèse, d'un décret de l'esprit qui réussit dans la réalité, elles conservent une valeur hypothétique. De même pour les principes de la mécanique, sous-domaine de la thermodynamique : inertie, indépendance des forces, égalité de l'action et de la réaction, etc., autant de postulats, en réalité physiques sous leur aspect mathématique.

Ainsi donc, selon les énergétistes, le mouvement n'est qu'un phénomène particulier auquel on n'a pas le droit de réduire tous les autres. Et, sans doute, ils ont raison, s'il s'agit de philosophie, c'est-à-dire d'une représentation de la réalité totale. Mais s'il s'agit des sciences qui ont pour objet les choses extérieures, comme nous ne saisissons de ces choses et n'avons à en saisir au point de vue scientifique que les relations dans l'espace et dans le temps, il s'ensuit que le mouvement est le seul phénomène auquel, *scientifiquement* parlant, doivent se réduire et par lequel doivent s'expliquer tous les phénomènes extérieurs, objets des sciences physiques. Le reste regarde la psychologie et la philosophie. Énergie calorifique, énergie lumineuse, énergie électrique, sont des expressions ambiguës, où l'on mêle les sentiments internes et les choses externes. Le mot même d'énergie, sous cette forme vague, n'a plus de sens, il signifie les causes inconnues de nos sensations; or, ces causes sont nécessairement à la fois psychologiques et physiques. Du côté physique, que le physicien seul peut et doit considérer, il n'y a pas et il ne peut pas y avoir d'autres « causes » ou conditions que des transformations de mouvement. Le physicien peut être obligé de *décrire* les phénomènes et de les décrire en termes mi-physiques et mi-psychiques, mais, quand il *explique*, l'explication est toujours mécanique. En dehors de nos sensations et en dehors de ce qui peut se passer dans l'intimité des êtres extérieurs, en dehors de la psychologie de l'homme et de la psychologie des atomes (s'ils en ont une), que peut-il y avoir de saisissable pour nous? Des changements dans l'espace et dans le temps, des relations nouvelles entre X, Y, Z, des mouvements. Les sciences positives n'ont pas d'autre objet; le reste ne les regarde pas, ce qui ne veut point dire, d'ailleurs, n'existe pas (1).

L'énergétisme, si l'on s'en tient à l'expérience, n'est donc qu'une physique empirique qui refuse de descendre aux explications et se borne à décrire des objets mi-physiques et mi-psychiques. Distinguer *physiquement* la chaleur de la lumière autrement que par des variations de mouvement, c'est confondre nos sensations avec les objets extérieurs. Chaleur et lumière sont des termes psychologiques employés pour leur commodité afin de distinguer certains groupes de

---

(1) De quel changement interne le mouvement est-il l'expression externe? Question philosophique à laquelle le savant doit rester étranger, je ne dis pas indifférent. Quand j'affirme : deux et deux font quatre, je n'ai pas à m'occuper si ce sont quatre cerises qui me nourriront ou quatre baies de belladones qui m'empoisonneront. La conception cartésienne du monde est la seule valable scientifiquement, quelque insuffisante qu'elle soit au point de vue philosophique. Tous les efforts énergétistes ne sauraient prévaloir contre elle. Pour le philosophe, l'explication scientifique n'explique rien du *réel*, de ce qui est soi; mais elle n'en est pas moins la seule valable pour expliquer les rapports entre les réalités inconnues qui se manifestent dans l'espace et dans le temps.

mouvements. Mais on pourrait les désigner de tout autres noms ou par de simples lettres. S'il se trouve que telle forme d'ondulation corresponde à une sensation de lumière, cela est fort intéressant pour le psychologue, mais n'offre aucun intérêt pour le physicien. Il ne s'agit pas ici de *qualités*, mais de quantités et de mouvements dans l'espace.

L'explication par des énergies sans mécanisme est en réalité aussi peu explicative et aussi peu scientifique que la prétendue explication d'un mouvement déterminé de ma main droite par un acte de libre arbitre. Thomas Reid nous répète à satiété que, si sa main saisit dans sa bourse telle pièce plutôt que telle autre, c'est par un acte de libre arbitre ; on dirait aujourd'hui : en vertu d'une forme d'énergie. Mais pourquoi ce libre arbitre ou cette forme d'énergie se sont-ils exercés précisément à tel point de l'étendue et de la durée ? Tant que vous ne me donnerez pas une raison tirée des rapports d'étendue et de durée, l'explication ne me sera pas fournie : *libre arbitre* et *énergie* demeureront, comme *hasard*, des mots pour cacher notre ignorance.

Si l'énergie peut, en effet, comme le libre arbitre, s'exercer indépendamment du temps, de l'espace, de la quantité et du mouvement, ce sera le cas de demander avec Leibniz : Pourquoi, par un acte de libre arbitre ou d'énergie, ne sautez-vous pas jusqu'à la lune ? si vous ne pouvez créer de force, ni d'énergie, c'est que vous dépendez de conditions de quantité dans le temps et dans l'espace ainsi que de rapports qui relient les changements de ces conditions ; or, tout cela, c'est le mouvement et ses lois mécaniques, c'est-à-dire la logique des rapports spatiaux et temporels. Si vos énergies sont logiques, elles sont mécaniques, le mouvement étant un raisonnement réalisé dans l'univers.

D'autre part, l'énergétisme admet, nous l'avons dit, des formes hétérogènes de l'énergie, chaleur, lumière, électricité, mouvement, etc., sans chercher à les réduire l'une à l'autre et toutes au mouvement. Mais la seule énergie dont nous ayons une idée scientifique, non psychologique et métaphysique, c'est l'énergie *cinématique* qui implique la masse et la matière. Les autres formes d'énergie ne sont calculables et ne sont de l'énergie que par leurs rapports avec l'énergie cinématique.

On peut s'en rendre compte en étudiant successivement chacune d'entre elles, chaleur, son, lumière, électricité, action chimique, etc.

La chaleur, en effet, se manifeste toujours à nous comme liée à des mouvements. Elle peut être produite par le frottement, elle dilate les objets; portée à un degré suffisant, elle les fait passer d'un état à l'autre, elle peut même en apparence les détruire; elle réduit le bois en cendre, fait entrer l'eau en ébullition, la fait s'évanouir en vapeur, elle fait monter ou descendre le thermomètre, elle exerce une pression dans un vase clos, elle produit du travail mécanique dans une machine à vapeur, etc. En dehors de tous les mouvements qui la manifestent objectivement, la chaleur n'est plus connue que comme cause X de nos sensations calorifiques, qui elles-mêmes nous apparaissent comme une invasion progressive de notre corps par quelque chose qui le pénètre et s'y meut d'un membre à l'autre.

Pour le tact, la résistance apparaît comme un arrêt de mouvement, comme mouvement s'opposant à un autre. Pour le sens olfactif, l'odeur est également quelque chose qui vient, qui s'en va, qui pénètre le nez, qui se répand, disparaît, etc. Les sensations gustatives, quand elles atteignent un certain degré, semblent ébranler plus ou moins le palais. Là encore quelque chose vient et s'en va avec tels et tels objets; nous avons toujours des changements dans l'espace.

Le son se révèle de même, au dehors, par des mouvements; nous sentons vibrer sous nos doigts la cloche qui sonne; nous sentons parfois onduler le son; nous l'entendons venir d'un point déterminé, s'affaiblir avec l'éloignement, se renforcer à mesure que nous nous rapprochons; c'est quelque chose qui *vient* à notre oreille, qui parfois la blesse en l'ébranlant trop fort. Tous ces faits nous amènent à l'idée de mouvement et de vague sonore.

La lumière semble d'abord plus dégagée du mouvement; mais elle est répandue dans l'espace; sous forme de rayon, nous la voyons commencer en un point, finir en un autre, comme aussi, quand elle émane d'une torche, nous pouvons transporter la torche et la lumière d'un point à l'autre. En fermant les yeux, nous barrons le passage à quelque chose qui *venait* vers eux, qui *pénétrait* en eux. Les sauvages eux-mêmes croient que le dieu de la lumière leur *envoie* ses rayons. L'idée de mouvement finit ainsi par s'associer à l'idée de lumière.

Il y a aussi un élément mécanique qui intervient manifestement dans presque toutes nos sensations : c'est le choc. Familier au toucher, le choc se retrouve dans le son violent qui *choque* notre oreille, dans la lumière éblouissante du soleil qui *choque* nos yeux, dans la saveur violente qui *choque* le palais, etc. Nous relevons dans tous ces cas une sorte de coup plus ou moins intense et plus ou moins étendu. Nouvelle raison pour que la cause extérieure nous paraisse exercer sur nous un effet mécanique.

Partout, dès que nous voulons faire le départ du subjectif et de l'objectif, nous voyons la qualité sensorielle passer au pôle *sujet* et le mouvement passer au pôle *objet*.

En ce qui concerne plus particulièrement la lumière, la théorie mécanique des ondulations de l'éther nous enseignait autrefois que la lumière est un mouvement; la théorie électromagnétique, admise aujourd'hui par les énergétistes, nous dit que la lumière est un *courant*. Mais qui a jamais conçu un courant sans concevoir un mouvement? On aura beau dire que c'est un courant d'*énergie*, le courant vient de quelque part et court quelque part; il court dans l'espace avec une certaine vitesse et une certaine direction. Ce n'est pas, je pense, un courant d'idées ou de sentiments, pure métaphore psychologique; c'est un courant qui vient toucher ma rétine. Si ce n'est pas là un mouvement, qu'est ce qui sera un mouvement? Maintenant, que ce qui se meut soit de l'*énergie*, ou toute autre chose que vous pouvez imaginer, peu importe : cela se meut dans l'espace. Donc, on y peut et on y doit distinguer des parties, quelque continu que soit le courant, afin de pouvoir lui appliquer les lois des nombres et les formules mathématiques. Ces parties, on les supposera très petites et on leur donnera des dimensions. Ce ne sera pas là une pure convention de l'esprit, car il est certain que telles dimensions se détachent de tout le reste en permettant des effets particuliers ; dans la chimie, par exemple, il y a des ensembles de dimensions déterminées qui produisent des effets déterminés. Nous voilà donc revenus à l'atomisme, considéré, non comme une explication ultime à coup sûr, mais comme une explication provisoire et vraie dans ses limites. Dire que les batailles sont gagnées par des armées et que ces armées sont composées d'hommes, provisoirement considérés comme unités indivisibles, ce n'est pas une convention arbitraire. Ce qui serait arbitraire, ce serait de dire que les batailles sont gagnées par des *énergies*, à moins qu'il ne s'agisse psychologiquement de l'énergie d'un Napoléon et de l'énergie des soldats qu'il entraîne (1).

Pareillement, qu'est-ce qu'une « charge électrique », si elle n'agit pas dans tel point de l'espace, dans telle direction, avec telle intensité, de manière à produire tels mouvements? Que mon fusil soit chargé avec de la poudre visible ou avec une charge invisible, l'essentiel est que le coup parte et que la balle soit lancée. Si l'on suppose qu'il y a de petits diables dans la poudre ou dans la charge électrique, ces diablotins agiront toujours dans l'espace et leur action se traduira en mouvements.

(1) Si l'on vous donne un coup de bâton, dit Ostwald, ce n'est pas le bâton que vous sentez, c'est l'énergie. — Ce que je sens, pourrait-on répondre, c'est la douleur, donc ma volonté contrariée; ce que je sens aussi, c'est l'intensité de cette douleur qui peut aller en croissant, puis en décroissant. Ce que je sens encore, c'est le contact et le choc; c'est la résistance de l'objet qui me frappe et ma résistance à cet objet. Le mot vague d'énergie n'éclaire en rien la question. On pourrait tout aussi bien dire : je sens non le bâton, mais des forces; je sens non le bâton, mais des monades; je sens non le bâton, mais des entités frappantes ou des vertus verbératives.

On dit : « La chimie ne peut pas se réduire à la mécanique, parce que la connaissance de deux corps, comme l'oxygène et l'hydrogène, ne nous permet pas de deviner les propriétés du composé ». — Notre connaissance ne nous le permet pas, précisément parce qu'elle n'est pas complète ni complètement mécanique. Si nous connaissions toutes les propriétés mécaniques et tous les mouvements intestins des atomes d'hydrogène et d'oxygène, nous pourrions en déduire les propriétés physiques et chimiques de l'eau. Peu importe que le chlore soit jaune et blesse nos narines, si la connaissance de sa composition, en tant que système de mouvements d'atomes, suffit à nous révéler comment il doit se comporter en face du sodium.

En somme, vouloir s'occuper en mécanique et en physique des *qualités*, autrement que d'une manière auxiliaire, provisoire, et pour la commodité du discours, c'est revenir à l'antiquité et au moyen âge ; c'est confondre la philosophie première et la psychologie, qui seules connaissent la qualité, avec la mécanique et la physique, qui ne connaissent que des rapports spatiaux et temporels entre des quantités dépouillées de leurs qualités et dont le fond demeure X.

IV. — L'Énergétisme scientifique.

L'énergétisme proprement scientifique, dont Ostwald peut être considéré comme un des plus éminents représentants, nous paraît sujet aux mêmes difficultés auxquelles viennent s'en ajouter d'autres tout aussi graves.

« Il n'y a, dit Ostwald, que des changements, dont le mouvement n'est qu'une espèce particulière. » — C'est là, selon nous, parler en philosophe, mais non en physicien. Le physicien ne s'occupe pas des changements en général, mais des changements qui s'opèrent dans les objets extérieurs. Or, ces objets, outre qu'ils occupent une place dans le temps, en occupent une dans l'espace. C'est dans l'espace que leurs changements ont lieu, non dans le monde des esprits. Ostwald demande pourquoi on « sacrifierait » au changement local des changements tels que les variations de température ou les variations électriques. — Mais de deux choses l'une. Ou il s'agit des variations de nos sensations de chaleur et d'électricité, et alors nous faisons de la psycho-physiologie, ou il s'agit des variations des causes extérieures produisant en nous ces sensations, et nous faisons de la physique ; mais alors, les changements électriques ou calorifiques ne sont plus saisissables que comme changements locaux ou par les changements locaux qu'ils produisent. Si la chaleur ne fait pas *mouvoir* mon thermomètre dans l'espace, si elle ne produit pas un mouvement de dilatation dans un corps, si elle ne produit pas du mouvement dans une machine, elle ne m'intéresse plus en tant que physicien, car elle ne produit plus d'effets vraiment physiques.

Mach demande, à l'exemple d'Ostwald, quel est ce privilège accordé aux notions de mouvement, de masse, de vitesse, qui les fait considérer comme fondamentales, tandisque la quantité de chaleur ou la charge électrique seraient subordonnées. — C'est que la quantité de chaleur ne signifie rien, si elle ne désigne pas, soit l'intensité de notre sensation de chaleur (auquel cas elle n'est plus du domaine de la physique), soit des mouvements pour nous mesurables ou du moins capables d'être repérés, comme la dilatation d'une barre de fer, du mercure d'un thermomètre ou tout autre changement local. De même, charge électrique n'est qu'une expression figurée pour désigner une quantité qui elle-même ne prend un sens physique qu'en se traduisant par des mouvements.

Mach objecte au mécanisme que tout processus mécanique produit en même temps des effets magnétiques, électriques et calorifiques. — Sans doute, mais ces derniers processus sont eux-mêmes mécaniques par le côté qui n'est pas purement sensitif, puisque magnétisme, électricité et chaleur ne se révèlent, indépendamment de nos yeux, que par des mouvements dans l'espace: Il est donc vrai de dire que toute cause physique, en tant que physique, est une cause de mouvement et pas autre chose, donc une cause mécanique. Le petit démon imaginé par Maxwell aurait beau suivre pas à pas les molécules, il les verrait toujours poussées l'une par l'autre dans la chaleur et la lumière comme dans le choc visible ; il ne trouverait nulle part un hiatus motivant l'intervention de l'énergie *ex machina*.

Certes, les phénomènes électriques ne sont pas entièrement assimilables aux phénomènes mécaniques que nous connaissons. On retrouve aussi quelque chose de spécial dans d'autres phénomènes tels que les phénomènes calorifiques. Nulle part ailleurs que dans la théorie de la chaleur, on ne rencontre rien qui rappelle la notion d'entropie. La température n'est pas semblable aux autres grandeurs physiques ; c'est la seule, parmi les grandeurs de la nature d'une tension, qui possède un zéro absolu et non pas arbitraire ; c'est aussi une grandeur qui ne peut pas être mesurée au sens propre du mot, mais simplement repérée. Pareillement, on ne sait pas encore si les énergies électro-magnétiques sont potentielles ou cinématiques.

En dépit de ces obscurités, qui tiennent sans doute à l'imperfection actuelle de nos connaissances, la considération des « mécanismes cachés » ne s'en impose pas moins à la science depuis un certain nombre d'années avec une force toujours croissante, la ramenant ainsi dans les voies de Descartes et de Leibniz.

Les énergétistes disent bien aux partisans du mécanisme universel : « Le mouvement *caché* que vous invoquez sans cesse pour rendre compte des mouvements visibles est un *deus ex machina*, un aveu d'ignorance ». — Mais on peut répondre que le vrai *deus ex machina* en mécanique et en physique, c'est le recours à des forces, à des énergies, à des qualités, occultes, si elles sont objectives, et psychiques, si elles sont subjectives. Il n'y a pas de *deus ex machina* dans un raisonnement qui, d'un mouvement dans le temps et dans l'espace, conclut à un autre mouvement dans le temps et dans l'espace. Car, pourquoi un mouvement aurait-il telle direction et se produirait-il dans tel lieu et dans tel temps, s'il n'y avait pas des conditions déterminées de temps et d'espace pour en rendre raison? Est-ce donc que vous appelez *deus ex machina* l'appel aux raisons? Il ne s'agit pas ici de métaphysique : entendons-nous bien, il s'agit de mécanique et de physique. Les causes métaphysiques ou psychiques du mouvement sont en dehors de la question ; il s'agit en mécanique ou en physique de changements dans l'espace et dans le temps dont il faut trouver les lois ou raisons mécaniques ou physiques. Alors, que pouvons-nous mettre en avant, sinon des mouvements antérieurs ou concomitants pour expliquer des mouvements actuels ; et si ces mouvements concomitants ne sont pas visibles, est-ce une raison pour ne pas les admettre? Quand même vous feriez intervenir des énergies, des forces et tout ce que vous voudrez de scolastique, vous seriez toujours obligé de nous expliquer pourquoi les forces occultes ont agi en tel moment du temps et en tel point de l'étendue ; et les raisons devront être tirées du temps et de l'étendue, sous peine de n'être pas *topiques* et de laisser échapper la question. Donc, toute raison de mouvement est, et ne peut pas ne pas être, un autre mouvement. Le mécanisme n'est pas une hypothèse ; il est la pensée même prononçant qu'un rapport dans le temps et l'espace est lié à d'autres rapports dans le temps et dans l'espace, sauf miracle, création *ex nihilo* ou *commencement absolu* à la façon de Renouvier. Mais quel est le mécanicien ou le physicien qui se tirera d'affaire par un commencement absolu ou par un miracle, fût-il professeur à l'Université catholique?

L'énergétisme échappera-t-il à ces difficultés en se réfugiant dans l'abstrait, comme font ceux de ses partisans qui cherchent une représentation du monde purement conceptuelle et mathématique, tirée des raisons d'ordre, de grandeur, de nombre, et constituant une logique universelle de la quantité, une algèbre universelle (1)? Encore faut-il en venir aux figures dans l'étendue, objets de la géométrie; sinon, ce ne sera pas une physique. De plus, il faut en venir à des mouvements dans l'espace; sinon, ce ne sera pas une physique. S'il n'y a pas de dilatation, s'il n'y a pas de chute des corps, s'il n'y a pas ondulation de l'air ambiant, qu'est-ce qui sera de la physique ? Que la masse, que la force soient des symboles et des schèmes matériels ou spirituels, soit ; mais le mouvement, lui, n'est plus un schème, il n'est pas une représentation symbolique au point de vue physique, quelque symbolique qu'il puisse être pour le métaphysicien. Le mouvement est l'objet même des sciences mécaniques et physiques. Posez le mouvement, vous posez le monde matériel; supprimez le mouvement, le monde matériel est anéanti, il ne reste plus que des abstractions mathématiques et logiques. Or, la mécanique est la science du mouvement; prétendre la réduire à un rôle subordonné, c'est aussi absurde que de vouloir réduire à ce rôle subordonné la logique et les mathématiques. S'il n'y a pas d'abord une logique, que le physicien garde le silence. S'il n'y a pas une algèbre et une mathématique, qu'il se taise. S'il n'y a pas une géométrie, qu'il se taise encore, car il ne pourra plus parler de déformation, de dilatation, etc. S'il n'y a pas de mécanique, qu'il se taise toujours, car il ne pourra plus désigner aucun phénomène physique que par les sensations qu'il produit et qui ne sont plus physiques, à moins qu'il ne fasse appel aux entités et forces

(1) La mécanique de Lagrange se contente de formules et de transformations analytiques; la mécanique de Poinsot, au contraire, suit le mouvement dans l'espace; pour elle « le mouvement est toujours appuyé sur la représentation géométrique ». En d'autres termes, il y a une mécanique algébrique et une mécanique géométrique. Mais, à vrai dire, les deux sont indispensables. La mécanique algébrique se contente de relations abstraites sous le rapport du nombre et du temps, en éliminant le plus possible la représentation de l'espace; mais le mouvement n'est pas un simple *changement*, ni une transformation purement numérique et temporelle. Il est essentiellement un déplacement dans l'espace; il est essentiellement géométrique. Donc il faut toujours en revenir à remplacer les fonctions et lois algébriques par des figurations dans l'espace; sinon l'explication laisserait échapper une des données essentielles du problème : les rapports spatiaux.

occultes, comme l'énergie. Cela est sans doute possible au point de vue scientifique ; mais, au point de vue philosophique, cela est aussi étrange que si on voulait déduire la logique de la physique. Si notre mécanique n'est pas encore suffisamment rigoureuse, qu'on la perfectionne, mais qu'on ne nous la présente pas comme un cas particulier de la thermodynamique ou de toute autre science qui, sans elle, n'existerait pas. C'est faire un cercle vicieux que de prendre ces prémisses pour une conséquence de leur propre conclusion.

Il ne nous paraît pas davantage possible d'admettre la réduction de la matière à des formules mathématiques essayée par certains énergétistes.

Ce que nous regardons, disent-ils, comme les *éléments* des corps ne peut être distingué que par des qualités différentes. Dire que la division d'un corps n'arrivera jamais jusqu'à isoler les éléments, c'est dire que dans la partie, si minime qu'elle soit, on retrouvera, comme le croyait Anaxagore, les mêmes *qualités* que dans le tout. Dès lors, pour l'*explication*, nous n'avons pas à considérer des éléments insaisissables, mais bien des *qualités*. A chaque point de la matière se trouvera attaché un coefficient pour chaque qualité considérée (densité, température, etc.). De la sommation des valeurs d'une même qualité, pour les divers points du corps (d'après les règles ordinaires du calcul intégral), dépend la qualité du corps pour son ensemble. Le nombre de ces qualités peut d'ailleurs être indéfini ; mais on conçoit que, d'après des lois naturelles, reconnues ou à reconnaître, la connaissance de telles qualités peut être *liée à celle de telle autre*, en sorte que, pour l'étude, il suffira de choisir un certain nombre de qualités que l'on considérera comme primordiales et auxquelles on rattachera les autres. La matière se trouve ainsi ramenée à un système d'équations coordonnées entre elles.

Mais qui ne voit que ces abstractions laissent la réalité intacte au-dessous d'elles ? Si les qualités de la matière peuvent ainsi se représenter par des formules mathématiques, c'est parce qu'elles enveloppent en elles-mêmes des relations d'espace et de temps ; c'est parce qu'elles sont au fond des mouvements, et alors se pose la question qu'on avait éludée sans la résoudre : Le mouvement ne suppose-t-il aucun mobile ? se suffit-il à lui-même ? est-il, en un mot, substantiel ?

La théorie électronique de la matière, en apparence plus concrète, enferme l'énergétisme dans le même cercle vicieux. La matière, selon les partisans de cette théorie, se réduit à des particules électriques, éléments derniers de l'atome. Mais qu'est-ce que des particules électriques ou autres, sinon des mouvements de petits morceaux découpés dans l'étendue, de nouveaux petits atomes ? Et que veut-on dire, quand on soutient qu'ils sont électriques, sinon qu'ils se meuvent ? Est-ce que des *tourbillons* ne sont pas des mouvements ? Demandez à Descartes. Une fois les *électrons* posés, on prétend déduire la mécanique des lois expérimentales de l'électricité. Si on l'en déduit, c'est qu'elle s'y trouve déjà implicitement contenue, et si elle s'y trouve, c'est qu'elle est elle-même la condition de tous les mouvements des électrons. De deux choses l'une : ou les électrons se meuvent et meuvent, ou ce sont des paresseux qui ne font rien et ne servent à rien. Dans le second cas, bannissons-les de la physique ; dans le premier, je les défie bien de se mouvoir autrement que selon les lois du nombre, de la figure et du mouvement. S'ils ont l'air de se livrer à cet exercice paradoxal, c'est que nous ne comprenons pas bien leurs faits et gestes ; peut-être aussi n'existent-ils pas, tandis que l'existence de la mécanique est certaine.

Les objections opposées par les énergétistes au mécanisme ne sont pas, à notre avis, plus valables que les arguments par lesquels ils s'efforcent d'établir leur propre thèse.

La mécanique, prétendent-ils, ne s'applique qu'à des mouvements lents ; à des vitesses considérables, deux et deux font cinq, et les cercles n'ont plus leurs rayons égaux. — Dites que les lois concrètes sont modifiées par une complication des lois abstraites qui vous échappe ; mais n'essayez pas de nous persuader que votre ignorance est la mesure de l'application des vraies lois mécaniques. Vous avez beau invoquer certaines expériences, ce sont vos expériences qui sont inexactes ou mal interprétées ; ce n'est pas la mécanique. Si vous trouvez vraiment des masses qui augmentent avec les vitesses, c'est qu'il y a dans ces masses quelque autre chose que ce que vous y mettez, quelque autre chose qui demeurait latent à des vitesses inférieures et se manifeste à des vitesses supérieures, mais soyez bien persuadé que, si vous pouviez mettre tous les éléments du fait en équation, vous y verriez une confirmation de la vraie mécanique, comme de la géométrie, de l'arithmétique et de la logique. Ce n'est pas le radium ni toute autre substance qui prévaudra contre ces sciences (1).

S'appuyant sur certaines théories, actuellement en faveur, du pragmatisme et de l'intuitionnisme contemporains, les énergétistes veulent nous faire considérer le mécanisme comme un simple point de vue « où l'esprit humain a été conduit par le spectacle du travail de l'homme (2) ». — Croire que tout a une raison, que tout ce qui est un changement réel a sa raison dans une cause réelle, que le changement dans l'espace et dans le temps a parmi ses raisons des raisons nécessairement spatiales et temporelles, ce n'est nullement imiter le travail de l'homme ; c'est plutôt imiter le travail de la nature ; ce n'est pas même l'imiter, c'est poser les conditions intelligibles de tout changement, de tout déploiement de force, de tout travail. Ce n'est nullement parce que le forgeron frappe sur l'enclume avec le marteau que nous croyons à la nécessité de causes déterminées pour produire un effet déterminé. La

---

(1) M. Dwelshauvers-Déry, ancien professeur de mécanique rationnelle à l'Université de Liège, a parfaitement mis à nu (*Revue générale des Sciences*, 15 novembre 1908) les ambiguïtés et paralogismes qui ont permis de soutenir que la masse, définie d'une manière arbitraire et à double sens, variait avec la vitesse. « La masse qui varie avec la vitesse et proportionnellement à l'énergie interne n'est pas la masse réelle que considère la mécanique classique, mais une masse apparente composée de la masse réelle, d'une masse fictive et d'autres éléments mal définis. »

(2) *Évolution créatrice*, p. 97.

théorie anthropomorphique de la connaissance est un vaste cercle vicieux. Elle est aussi un nominalisme aggravé qui suppose que la nature a la complaisance de se conformer à nos moyens de fabrication, et que si la terre tourne autour du soleil, selon des lois mathématiques, ces lois sont une imitation de notre horlogerie.

La vraie science objective est une représentation des faits et de leurs lois par les grands systèmes d'équations différentielles qui dominent la mécanique et la physique. Tout le reste est, soit un emprunt au subjectif, soit une figuration symbolique dans l'espace, comme les modèles mécaniques dont s'enchantent les physiciens anglais. Thomson dit : « Il me semble que le vrai sens de la question : Comprenons-nous ou ne comprenons-nous pas un sujet particulier de physique? est celui-ci : Pouvons-nous faire un modèle mécanique correspondant »? Quand, pour nous faire comprendre les propriétés de l'électricité, Thomson a placé dans ses modèles mécaniques des gyroscopes et des cordons de sonnettes, il est au comble de la joie. Traduire la nature en sonnettes, cordons de sonnettes, etc., c'est une traduction comme une autre, un peu moins poétique peut-être que l'harmonie des sphères ou que les harpes célestes. Tout est dans tout, tout est lié à tout, et on peut se figurer le monde comme un carillon plus grandiose que celui qui avait assourdi Quasimodo. Mais, en réalité, Thomson s'abuse et se calomnie lui-même. Il *comprend*, lorsqu'il a trouvé des rapports constants d'antécédence et de séquence et qu'il a ramené ces lois à des équations mathématiques. Les modèles mécaniques ne sont pour lui que des schèmes grossiers, des analogies lointaines, des comparaisons, et, pour ainsi dire, des métaphores. Ce n'est pas parce qu'on aura représenté le système solaire sur le modèle de poulies et de câbles qu'on le comprendra : cela est bon pour les enfants, non pour Newton ou Laplace. Les scolastiques, eux, plaçaient dans chaque astre un *angelus rector*; ce *modèle* angélique ne leur faisait pas mieux comprendre les mouvements de Jupiter ou de Mars.

Les adversaires du mécanisme demandent pourquoi on préférerait « le symbole mouvement » aux autres symboles. — Mais, d'abord, le mouvement, au point de vue scientifique, n'est pas un symbole ; il est un phénomène réel ou un rapport de phénomènes réels au même titre que l'espace, le temps et le changement. Certains physiciens, nous l'avons vu, ne veulent parler que de « changements » ou de « variations » ; mais, de deux choses l'une, ou ces changements ou variations ont lieu en nous, dans nos sensations, et alors ils ne sont plus du domaine de la physique ; ou bien ils ont lieu hors de nous, dans l'espace, et alors ils sont nécessairement liés à des mouvements, quelle que soit la nature des changements qui ont lieu à l'intérieur des unités ultimes constituant la matière, et dont la science ignore absolument le fond.

On se fait donc la plus fausse idée du mécanisme en le représentant comme imaginatif ; il n'est, en lui-même, ni imaginatif, ni purement conceptuel ; il est à la fois rationnel et réel, dans le domaine où il a sa place légitime ; il exprime des relations réelles entre des éléments dont le fond demeure inconnu, mais qui, étant conçus dans l'espace et dans le temps, sont par là même soumis à des relations spatiales et temporelles explicables par des raisons tirées de l'espace, du temps et du mouvement, raisons à la fois nécessaires et suffisantes en ce domaine. En un mot, c'est l'*intelligibilité*, non la *figurabilité*, qui fait la supériorité du mécanisme. La part du sensible y est réduite au minimum, comme en géométrie. Sans doute, je me représente un triangle sensible et je me représente aussi le mot même de triangle, quand je fais de la trigonométrie ; mais, en réalité, je ne raisonne pas sur ce que je me représente ou sur les mots que je prononce intérieurement ; je raisonne sur des conceptions et des idées, sur des distances et des rapports. Les trois lignes de mon triangle ne sont que des distances ; les sommets ne sont que des termes entre lesquels ces distances sont établies ; la bissectrice d'un angle n'est qu'un rapport que je réalise pour mes yeux, mais dont la figuration n'est qu'un signe. Le mécanisme est autant et plus intellectuel que la physique dite conceptuelle; seulement, celle-ci n'explique rien, et le mécanisme explique parce qu'il raisonne. Le mouvement n'est donc pas un symbole, à moins qu'on ne se place au point de vue philosophique d'un idéalisme qui considère le monde matériel tout entier, mouvement, étendue, et le temps lui-même, comme symbolique. Mais le physicien n'est pas un métaphysicien; son affaire est d'observer, de décrire, de compter, de mesurer, de prévoir, et, pour cela, d'expliquer, de rattacher à des conditions qui, étant déterminées, entraîneront des conséquences non moins déterminées.

Ce point nous amène à une autre considération : c'est que l'explication par le mouvement est seule une véritable explication *physique*, une explication physiquement nécessaire et suffisante. Ce n'est pas par une opération du Saint-Esprit qu'une aiguille aimantée se tourne vers le nord plutôt que vers le sud; si l'esprit souffle où il veut, le courant magnétique, lui, ne souffle pas où il veut; il a une origine et une direction déterminée dans l'espace et à travers l'espace. Dès lors, tant qu'on n'aura pas ramené le courant magnétique à une résultante selon la diagonale d'un parallélogramme, aucune raison ne sera donnée du phénomène, qu'on se bornera à constater et à formuler; donc, ou pas d'explication physique, ou une explication physique qui sera *mécanique*, et montrera qu'étant donnés tels éléments (non ultimes d'ailleurs, l'ultime fuit le physicien) dans tel point de l'espace, masses animées de tels mouvements, de telles vitesses, la composition de leurs mouvements aboutira à telle résultante. Si deux chevaux tirent un bateau, l'un à droite d'un canal, l'autre à gauche, et qu'on ait calculé la diagonale que le bateau devra suivre, je *comprends*, non parce que la chose est représentable et figurable, comme le soutiennent les tenants actuels du mécanisme (simples empiristes), non, en d'autres termes, parce que mon imagination est en présence de modèles mécaniques, mais parce que la conséquence est tirée par raisonnement et calcul des principes qui la contiennent ; c'est ma raison qui est satisfaite, non mon imagination ; c'est mon besoin de causalité et de loi, non mon besoin de figures: les figures mêmes de la géométrie n'empruntent leur valeur qu'aux raisonnements qu'elles renferment à l'état latent, sous forme de rapports et de raisons, comme disent les mathématiciens eux-mêmes.

De même, le mécanisme n'est pas un simple « langage », pas plus que l'arithmétique et la géométrie ne sont des langages ; il est l'expression de changements réels dans l'espace et dans le temps, ainsi que de rapports réels entre ces changements. Sans doute il ne doit pas prétendre à exprimer et expliquer le fond même des choses et leur nature intrinsèque ; il ne doit pas se donner comme une métaphysique de l'être ; mais, au point de vue scientifique, il n'est pas une simple langue à laquelle on pourrait aussi bien substituer toute autre langue, comme on peut substituer l'allemand au français ; il est une partie authentique de la nature, la partie qui concerne les rapports changeants des choses considérées uniquement comme mobiles dans l'espace et dans le temps, abstraction faite de leur nature intrinsèque et des autres relations mutuelles qu'elles pourraient avoir. C'est ainsi que la métrique de l'*Iliade* peut être étudiée et exprimée telle qu'elle est réellement, alors même qu'on ne s'occupe pas du sens intime des vers et du fond dernier du poème.

Il n'est donc pas exact que le vrai *mécanisme* soit une œuvre d'*imagination* pure, au lieu d'être une œuvre conceptuelle et mathématique, conséquemment plus *sensible* qu'*intellectuelle*. — D'abord, quand il s'agit d'expliquer *scientifiquement*, donc physiquement, les propriétés et mouvements des corps dans l'espace, comment ferait-on évanouir les corps eux-mêmes et leurs images spatiales qui sont la forme et le mouvement ? Une certaine imagination des corps en ce qu'ils ont pour nous d'objectif (forme et mouvement) est donc absolument nécessaire au physicien, qui ne travaille pas sur des esprits. Ce qui n'est pas nécessaire, ce qui est même nuisible, c'est l'imagination des qualités purement subjectives, chaleur, lumière, son, etc. ; car alors l'imagination et la mémoire ne s'appliquent plus vraiment aux corps, mais à nous-mêmes et à nos impressions sensibles. Or, c'est précisément ce genre de qualités que laisse subsister l'énergétisme en refusant de les réduire l'une à l'autre ou de les éliminer comme subjectives au profit du mouvement objectif. Qui donc fait œuvre d'imagination, et d'imagination toute métaphorique ? N'est-ce pas le physicien qui parle de *chaleur* ou de *lumière*, sans voir qu'il parle ainsi par *transport* de nos qualités aux objets, donc par métaphore ?

Il vrai que, par ailleurs, le physicien peut se retrancher dans de purs concepts exprimés par des signes algébriques. Il a l'air alors perdu dans de pures abstractions intellectuelles. Mais ce n'est qu'une apparence ; car, quand il en vient à traduire son algèbre en faits physiques, — et il y faut bien venir pour faire de la physique, — il laisse subsister les qualités « secondes » ou subjectives, auxquelles il ajoute des qualités occultes (qui sont bien, elles, œuvre d'imagination ou, moins encore, de terminologie) comme la force, l'énergie, l'énergie calorique, l'énergie lumineuse, l'énergie psychique, etc. Ou simples faits bruts, ou simples formules mathématiques, ou simples qualités occultes, voilà les énergies de l'énergétisme. Les énergies du mécanisme sont, au point de vue scientifique, des mouvements actuels visibles ou cachés, et, au point de vue philosophique, de vraies activités qui ne peuvent être conçues en elles-mêmes que sur le modèle psychique. L'énergétisme confond tout ; le mécanisme distingue et, en faisant au mouvement sa vraie part, il prépare pour la pensée la part à laquelle elle a droit.

Non seulement l'énergétisme est encore plus imaginatif que le mécanisme, mais son conceptualisme est infidèle aux lois de la logique, tandis que le mécanisme, sous son *apparence* imaginative, n'est que la logique du mouvement. En effet, l'énergétisme prétend ne considérer la mécanique que comme une science toute empirique en ses principes. Il rejette les notions d'inertie, de conservation de la masse et de l'énergie, d'action égale à la réaction, etc., tous les éléments de logique appliquée à la mécanique, tous les éléments de déduction qui conféreraient à ces principes mécaniques un caractère vraiment logique en même temps que mathématique. Ainsi, sous le rapport des principes comme sous celui des conséquences, la physique énergétique nous abandonne au subjectif; il y a de la chaleur parce que nous sentons cela comme cela; il y a de la conservation de l'énergie parce que nous voulons cela comme cela, et que, par ailleurs, sans qu'on sache comment, cela réussit. Nous voilà tombés du conceptualisme algébrique dans le plus complet empirisme ou dans le plus aveugle pragmatisme. De quel côté, encore un coup, est donc l'imagination et même la fantaisie ? Si le mécanisme est la logique, par conséquent la pensée, l'énergétisme, ce sont les sens joints à l'*illogisme* déguisé sous les jeux d'une algèbre qui ne se croit plus obligée de suivre le réel dans l'espace et dans le temps.

Enfin, si l'énergétisme objecte que le mécanisme sort du solide terrain de la science pour s'aventurer sur les sables mouvants de la métaphysique, nous lui répondrons que donner le mécanisme comme une explication de la matière *réelle* c'est évidemment faire de l'ontologie, mais que ce n'est pas là le mécanisme scientifique. La science n'a rien à voir avec la matière réelle et telle qu'elle est *en soi*; elle ne s'occupe que des rapports entre les sujets dits matériels. Autre chose, en effet, est le mécanisme métaphysique, autre chose, le mécanisme physique. Le premier est un système de philosophie qui a la prétention de réduire toute la réalité au mouvement, d'absorber les qualités dans la quantité et les êtres dans les rapports mathématiques. Que les partisans de l'énergétisme proscrivent de la science positive un tel mécanisme comme non adéquat au réel, ils ont raison; mais ils ne voient pas que leur énergétisme, s'il a un sens métaphysique, est à son tour une usurpation de la métaphysique sur la science et, s'il n'a qu'un sens physique, perd tout sens, l'énergie n'étant qu'un mot, tandis que le mouvement est un fait, et que les lois du mouvement sont des déductions tirées de la constitution même de la pensée et des conditions mêmes de toute connaissance.

V. — Conclusion.

En dernière analyse, l'énergétisme nous semble être ou un empirisme strict, excluant toute conception rationaliste et à priori, se plaçant au milieu des faits physiques sans essayer de les réduire à l'unité mécanique, ou un dynamisme métaphysique, qui se déguise sous des apparences empiriques et qui, lui aussi, enveloppe une conception du monde plus ou moins à priori.

Les énergétistes, à vrai dire, sont pour la plupart des savants qui ont une idée de derrière la tête, une idée métaphysique ou religieuse, et qui se prétendent esclaves de l'expérience pure. Ils vivent d'amphibologies et de sous-entendus. Leur théorie est un refus d'explication scientifique motivé par une proposition sous-entendue d'explications métaphysiques. Ils jouent sur le mot d'*expérience* où ils introduisent pêle-mêle le physique et le mental, l'objet et les sensations du sujet. Le feu me chauffe, voilà une expérience ; mais c'est une expérience surtout psychologique. Le frottement d'un corps fait hausser la colonne de mercure dans un thermomètre, voilà une expérience véritablement physique : à quoi se réduit-elle? A des relations de mouvements, et comment expliquer scientifiquement ces relations, sinon par d'autres relations de mouvements?

L'énergétisme est donc une représentation à la fois algébrique et psychique du monde. Au point de vue philosophique, cette représentation a une grande importance, comme moyen de dissoudre le physique dans le psychique; mais le physicien n'est pas un métaphysicien. S'il abandonne le côté vraiment physique des phénomènes pour n'en plus considérer que l'aspect algébrique ou conceptuel d'une part, de l'autre l'aspect sensoriel et psychologique, il détruit de ses mains l'objet même de ses recherches.

L'énergétisme aura cependant rendu ce service de faire comprendre que toute science du monde matériel est une pure phénoménologie qui laisse échapper la réalité et même la vraie qualité. Il aura eu aussi le mérite de réduire cette phénoménologie à un tissu de concepts et d'abstractions, à un mathématisme. Dès lors, à moins de pousser le pythagorisme jusqu'à croire qu'on va faire de la réalité avec des nombres et des figures, sans rien dedans, il faut bien convenir que la science du monde est une science d'extraits et d'abstraits, c'est-à-dire de *rapports* entre des termes inconnus. En vaporisant ainsi la matière jusqu'à la réduire à de purs concepts mathématiques, l'énergétisme aura finalement montré qu'elle n'a pas d'existence comme telle pour le philosophe, qu'elle est une représentation et un symbole de causes qui la dépassent (1).

---

(1) A la suite de ce chapitre neuvième, le projet de plan que nous avons reproduit dans la *Préface* marquait la place de deux autres chapitres, l'un sur l'*Interprétation du monde par le psychique et le vitalisme*, l'autre sur l'*Interprétation du monde par le psychique, la volonté de conscience et les idées-forces*. Malheureusement, en dehors de quelques notes sans lien, nous n'avons rien trouvé dans les manuscrits qui se rapportât d'une façon un peu particulière et précise à ce double thème. Il semble, d'ailleurs, que la critique du vitalisme, envisagé comme système métaphysique ou comme essai d'interprétation du monde, ait été déjà poussée assez avant dans le chapitre sixième consacré à la discussion de la doctrine de M. Bergson sur l'*élan vital*; et, d'autre part, les pages concernant le *Parallélisme du physique et du mental*, que l'on trouvera dans l'*Appendice*, peuvent, croyons-nous, être regardées comme un fragment du chapitre projeté sur l'*Interprétation du monde par le psychique*, ainsi qu'il semble résulter de la note suivante.

« Les fondements du panpsychisme sont :

» 1° Notre tendance à l'unité, confirmée par toutes les réductions à l'unité qu'opère la science : monisme physique et mental;

» 2° L'existence de lois dans les deux mondes, lois qui impliquent continuité, déterminisme universel;

» 3° L'*action réciproque du physique et du mental*;

» 4° L'action réciproque universelle;

» 5° La loi de continuité, qui autorise l'analogie et l'induction : les *rapports* d'analogie, qui permettent une induction relativement aux *termes*. On ne comprend pas l'analogie sans quelque identité profonde au delà de la similitude superficielle.

» 6° L'expérience, qui nous montre la vie sortant de la prétendue matière brute, la conscience sortant de la vie. »

Ce sont ces considérations, déjà présentées dans l'*Évolutionnisme des idées-forces*, qui devaient sans doute être reprises et développées d'une façon plus systématique et plus complète dans cette partie de l'*Esquisse d'une interprétation du monde*. (E. B.)

CHAPITRE DIXIÈME

La volonté de conscience, fonction commune de l'intelligence et de la réalité.

I. — La volonté de conscience et ses fonctions.

Nous avons montré dans un précédent ouvrage (1) que le grand ressort de notre vie mentale, c'est la volonté de *conscience universelle*. Nous voulons la plénitude de la volonté même; or, cette plénitude enveloppe d'abord la *conscience* de la volonté, car une volonté aveugle, qui s'ignore, qui n'a pas le sentiment de soi et n'existe pas pour elle-même, a une existence moins pleine qu'une volonté qui existe non seulement en soi et pour les autres, mais encore pour soi. D'ailleurs, une volonté qui n'existe qu'en soi est comme si elle n'existait pas : elle est, en quelque sorte, à l'état de mort et d'anéantissement. La volonté veut donc être consciente et pleinement consciente; mais, par cela même, elle jouit de soi, car la conscience d'un vouloir qui n'est pas entravé, qui se possède et se connaît, c'est la joie même. La volonté de conscience est donc une volonté de joie et de satisfaction, en même temps que d'action.

Par cela même que la volonté de conscience existe chez un être particulier et individuel, elle suppose une centralisation préalable, un sujet quelconque d'où elle peut rayonner.

---

(1) *Morale des idées-forces*, p. 50.

Elle est un centre de vouloir, d'énergie et de force. Elle offre donc d'abord, par cette individuation, un caractère *d'unité* au point de vue *quantitatif*. Elle offre aussi un caractère de détermination *qualitative*. Enfin elle offre un caractère d'activité *causale*. Toute conscience est une réduction à l'unité, opérée sur une diversité qualitative ou quantitative, impliquant une activité centrale et centralisante.

Chez l'être vivant, la volonté de conscience se manifeste par la tendance première à tout ramener à soi, à se faire centre de gravitation, à se poser ainsi en face des autres êtres et à faire des autres êtres des moyens d'action et de jouissance, des moyens d'accroissement de conscience. Mais la tendance égoïste, en devenant consciente, enveloppe le germe de la tendance altruiste. Nous avons fait voir ailleurs (1) que la conscience de soi enveloppe l'idée des autres et même une certaine conscience des autres. Elle finit par envelopper l'idée du tout et une tendance corrélative vers l'universel. Toujours est-il que la conservation même et le progrès de l'individualité consciente exigent le progrès de l'intelligence, qui, de sa nature, est altruiste parce qu'elle va à l'universel et ne peut s'exercer que selon des lois universelles et en harmonie avec la réalité universelle.

La conscience est déjà le germe de l'intelligence et même de la connaissance, car elle est le sujet devenu objet pour lui-même, sans qu'il y ait distinction entre les deux. Dès que la conscience est différenciée, dès qu'il y a conscience d'un changement, lequel suppose nécessairement l'action d'une cause extérieure, le sujet et l'objet se distinguent : le sujet *discerne* en lui-même le changement, qui devient objet ; c'est l'aube de la réflexion. On peut même dire qu'il y a déjà alors connaissance, au degré le plus élémentaire, car la conscience pose ses modifications comme existantes, elle les affirme implicitement par un jugement spontané de discrimination. Ce fait primitif est l'élément commun à toutes les

(1) *Morale des idées-forces*, p. 6.

manifestations de l'être qui est *pour soi*, non plus seulement *en soi*. Nous avons maintes fois montré comment ce fait réagit sur la vie de l'être qui l'aperçoit, comment cet apparent *état* est un *acte* réel; comment le statique et le dynamique coïncident. Sans le fait de conscience, avons-nous dit, l'évolution ultérieure de l'être serait autre qu'elle ne sera ; en ce sens, la conscience est active. Or, une activité consciente, qui se sent agir, et agir dans une certaine direction, qui, en même temps, éprouve la satisfaction inhérente à l'acte, qui enfin tend à persévérer dans cette satisfaction et même à l'accroître, est déjà volonté, c'est-à-dire **tendance spontanée à une fin immanente** que l'être ne *pense pas*, mais qu'il *pressent*. En se développant, la conscience devient mémoire et, du même coup, prévision. Dès lors, elle est la volonté proprement dite. Le passage du mécanique au téléologique n'est ni antérieur, ni postérieur à la conscience : il lui est simultané, il est la conscience même. Mécanique et téléologique sont deux aspects abstraits du réel, l'un de surface, l'autre de fond. A chaque représentation répond une **tendance** dont elle est l'expression intellectuelle, et cette tendance est déjà une action commençante dans telle direction, que la réflexion arrête à son début et empêche de suivre son élan jusqu'au bout. Mais ce mode supérieur de finalité intelligente, à lui seul, ne saurait s'expliquer par lui-même ; il faut qu'il ait sa base dans la finalité spontanée, inhérente à la causalité consciente et ne formant qu'un avec elle.

II. — LES CATÉGORIES, FONCTIONS DE LA VOLONTÉ DE CONSCIENCE.

La science et la philosophie, interprètes de la nature, sont, comme nous l'avons vu (1), la volonté de conscience appliquée à la recherche de la constitution et du développement

---

(1) Voir Introduction, *La tâche actuelle de la philosophie*.

de la réalité. La conscience ne peut faire cette recherche que conformément aux lois qui assurent sa conservation et son développement. Le postulat de la science, c'est qu'il y a une essentielle harmonie entre la volonté de conscience et la réalité, soit que celle-ci ait modelé celle-là, soit, au contraire, que celle-là s'impose à celle-ci, ou enfin que les deux soient en action réciproque. La science suppose ainsi que les fonctions normales de la pensée sont autant de moyens pour atteindre les actions mêmes des objets et pour combiner avec elles nos actions propres. Ces fonctions sont précisément ce qu'on nomme les *catégories*. Nous n'entendons nullement par catégories des espèces de cadres abstraits et vides; ce sont des actes de la vie intellectuelle, tout comme la respiration et la nutrition sont des actes de la vie physiologique. Les catégories sont des procédés d'assimilation et d'unification par lesquels nous nous rendons maîtres des choses, d'abord par nos idées, puis par nos actions volontaires. Elles sont la volonté même de conscience en exercice saisissant ses propres conditions d'efficacité, ses déterminations primordiales, qui sont aussi celles de la réalité.

Aussi, au lieu de déduire les catégories des formes du jugement, nous les déduisons de l'exercice de la volonté, et notamment de la volonté de conscience, pour rechercher ensuite, si elles s'appliquent à l'univers.

A ce point de vue, la catégorie primordiale, traduction de la volonté même, c'est la **causalité**. Dire que tout a une cause efficiente, c'est dire que la volonté, en prenant conscience de soi et des changements qu'elle produit, est incapable de concevoir un changement sans quelque activité analogue à elle-même. Nous avons fait voir ailleurs (1) que cette incapacité n'est pas une impuissance; elle est l'expression de la puissance inhérente à l'être et qui se prolonge elle-même dans les autres êtres.

On sait que Kant divise les catégories de la relation en

___
(1) *La Liberté et le Déterminisme.*

substance, cause et réciprocité. A vrai dire, les catégories dites *relationnelles* sont les plus *fondamentales* de toutes, celles d'où procèdent les autres. Substance, c'est simplement l'existence, l'existence même, sans je ne sais quel *substrat* ou *support* plus ou moins matériel ; la substance, c'est le *sum* réductible lui-même à des changements de la conscience. Or, encore une fois, l'existence ne se saisit qu'en acte, c'est-à-dire dans la causalité efficiente. Etre, c'est agir. Ce qui ne se manifeste en rien, ce qui ne produit aucun effet, n'existe pas.

Quant à la réciprocité, elle exprime l'action et réaction que nous saisissons par l'expérience de notre activité même et de l'opposition ou du concours qu'elle rencontre dans d'autres activités, dans d'autres volontés. La réciprocité, c'est le *sumus* inhérent au *sum*, l'*agimus* inhérent à l'*ago*, parce que le pâtir est, en nous, inséparable de l'agir et nous révèle, *ipso facto*, une action qui n'est pas nôtre.

Les catégories plus ou moins proprement appelées de la *qualité* sont la *réalité* positive, la *négation* et la *délimitation*. Mais la réalité positive et qualitative, c'est encore causalité. Toute « qualité », nous l'avons remarqué déjà, est un effet, une manifestation de quelque chose qui agit et produit un changement appréciable. Toute « propriété » est également un effet et, qui plus est, l'effet mutuel de diverses causes concourantes ; la couleur rouge est l'effet commun des ondulations éthérées et de l'œil.

A cette catégorie de la qualité se rattachent, selon nous, les notions essentielles de différence et de ressemblance, de *même* et d'*autre*, sur lesquelles Platon a si justement insisté et que Kant semble avoir trop négligées. Toute qualité saisie par nous n'est saisie distinctement que par sa différence avec quelque autre qualité. C'est dire que tout effet n'est appréhendé que par sa différence avec d'autres effets préexistants ou avec sa cause préexistante. Nous ne pouvons donc avoir conscience sans avoir conscience de quelque différence.

Simultanément, nous ne saisissons la différence que dans

quelque ressemblance, le changement que dans quelque identité, ne fût-ce que notre identité propre, qui est notre volonté de conscience se reconnaissant la même à travers ses actions et passions.

La « négation », que Kant rapproche de la réalité positive et qualitative, est un caractère extrait de la conscience que nous avons du changement, par lequel ce qui n'existait pas est, ce qui est cesse d'être. « Délimitation » ou « détermination » est une idée empruntée à la conscience que nous avons de nos propres manières d'être et des limites qui les déterminent, des différences et ressemblances qui les caractérisent.

Les catégories de la quantité, *unité*, *pluralité* et *totalité*, sont encore des emprunts à la conscience, qui se saisit relativement une et identique sous une pluralité d'états ou à travers une pluralité de changements que nous totalisons par la mémoire. Nous ne faisons que projeter ensuite dans la quantité ces caractères essentiels de notre conscience et de notre volonté de conscience. C'est parce que nous distinguons en nous de *l'autre* que nous pouvons concevoir dualité et pluralité; c'est parce que nous saisissons au nom du *même* que nous pouvons ramener la pluralité à quelque unité.

Restent les catégories de la modalité, *possibilité*, *existence*, *nécessité*. — Qu'est-ce d'abord que cette notion d'*existence*, placée par Kant au milieu des trois catégories de la modalité ? Nous l'avons déjà vu, nous ne connaissons l'existence que par notre être même et nous ne connaissons notre être que par notre conscience. A vrai dire, pour prononcer le *cogito ergo sum*, nous n'appliquons aucune catégorie; nous avons l'appréhension immédiate et certaine de notre être, d'où nous extrayons par la suite l'idée d'être, identique à celle d'activité, qui deviendra générale en devenant abstraite. — De même la catégorie de *possibilité* est un extrait de la *puissance* que nous saisissons en nous, et cette puissance n'est autre que notre activité causale, qui ne fait qu'un avec notre existence et sans laquelle nous n'aurions pas conscience d'exister. De plus, activité, c'est volonté; or, notre volonté n'est pas toujours appliquée à ce qui *est*, à ce qui lui est *donné*. Dans la souffrance, la volonté est appliquée à un bien-être ultérieur dont elle désire et attend la venue. D'autre part, le souvenir et la prévision nous montrent des choses non présentes à un moment, présentes à un autre, et cela, quelquefois, par l'exercice de notre volonté même. Ainsi se forme peu à peu la notion de puissance, de virtualité, de volonté *pouvant* causer des effets qui n'existent pas encore, bref, de possibilité. La volonté de puissance est d'ailleurs implicitement contenue dans la volonté même de conscience. En effet, notre conscience imparfaite tend à s'amplifier et à se remplir ; donc elle tend à une conscience qui n'est encore que *possible*, et cette possibilité abstraite repose sur la conscience de notre puissance concrète et agissante comme débordant nos actes particuliers. La « possibilité » dont Kant fait une modalité est réellement une expression de la causalité, qui elle-même, nous l'avons vu, est une expression de la volonté.

La troisième catégorie de la modalité, qui est la *nécessité*, semble plus étrangère que les autres à l'expérience intérieure, qui ne saisit, semble-t-il, que de l'existence réelle ou de la puissance causale, non une véritable nécessité. Mais il faut remarquer d'abord que nous avons, avec la conscience de notre causalité active, celle de notre passivité, qui nous fournit la notion de contrainte physique ou de nécessitation physique. Mais ce n'est pas assez pour fonder la nécessité rationnelle. Celle-ci vient de ce que, dans la conscience de notre existence même, nous pensons notre existence comme réelle et comme ne pouvant pas, en même temps, être irréelle ; nous excluons la proposition contradictoire du *sum*. C'est la position de la volonté de conscience par elle-même, position qui enveloppe le principe d'identité et exclut absolument la contradiction. La *nécessité* de ce principe, comme nous l'avons montré ailleurs (1), résulte sans doute pour une certaine part de l'impuissance où nous sommes

---

(1) *La Liberté et le Déterminisme.*

d'avoir conscience de notre pensée et de notre être comme à la fois étant et n'étant pas; mais cette impuissance, à son tour, recouvre une puissance réelle; elle est la conscience de notre puissance intelligente et s'actualisant sans que rien puisse l'empêcher d'être et d'agir, allant de l'avant et affirmant son action. La nécessité logique, c'est donc la volonté de conscience et de pensée qui s'affirme et rejette son contradictoire. Quant à la nécessité causale, c'est la dépendance entière de l'effet par rapport à la cause, dépendance telle que si la cause n'agit pas, l'effet ne peut être, si elle agit, l'effet est inévitable.

Toutes les catégories sont comme des points de contact de la pensée et de l'être, des moyens de penser l'être et de faire être la pensée, des identités entre l'intelligible et le réel. Aussi viennent-elles toutes se résumer dans la catégorie rationnelle et réelle par excellence qui est la *raison d'être*. La conséquence a sa raison d'être dans le principe; l'effet a sa raison d'être dans la cause. Au sein de la cause même, de la cause intelligente, il y a toujours une raison explicative de telle détermination et direction plutôt que de telle autre.

Il y a dans notre idée de causalité un élément dynamique, que nous empruntons à notre volonté et surtout au sentiment de l'effort. A l'origine, cet élément domine et c'est notre volonté faisant effort qui sert de type à la causalité proprement *efficiente*. Tel est le fondement primitif du dynamisme. Mais ce n'est pas là le tout de la causalité, qui renferme encore et surtout un élément rationnel, étranger à toute notion de *force* ou de *puissance efficiente*. Cet élément est l'idée de *raison d'être*. En d'autres termes, quand on dit que tout a une cause efficiente, cette proposition implique que tout a d'abord une raison d'être et que, dans le cas particulier, cette raison ne peut être représentée que sous la forme d'une puissance active, d'une force, d'une cause efficiente. Le nerf de la causation, c'est donc le principe de raison suffisante, qui est lui-même l'affirmation de l'universelle intelligibilité. Une *raison* d'être, c'est un lien d'ordre intellectuel et rationnel non plus simplement dynamique. Aussi la raison d'être a-t-elle un caractère d'universalité et de nécessité que n'offre pas la force. Un théorème démontré par ses raisons ou principes a une valeur tout autre qu'une force qui se révèle par des effets, comme une pierre qui fait jaillir l'eau où elle tombe. Nous ne comprenons vraiment le jaillissement de l'eau que quand nous l'avons expliqué par des raisons mécaniques, donc mathématiques, qui sont de vraies raisons et non plus seulement des *forces* ou des causes efficientes. Les raisons d'être entraînent l'impossibilité du contraire, tandis qu'on peut toujours se demander si une *volonté* n'est pas ambiguë, si une *force* n'est pas à double effet, si l'efficace en un sens ne pourrait pas être aussi efficace en sens contraire.

Aussi la science ne se préoccupe-t-elle pas de la force proprement dite; elle cherche des lois nécessaires de causation qui ne pourront être que des *raisons d'être*, non plus des *causes* proprement dites.

En somme, les catégories sont des abstraits de nous-mêmes généralisés, universalisés par l'élan de notre volonté de conscience universelle qui tend à persévérer dans l'être et à accroître son être. La pensée est cet élan même; elle est une conscience d'action, et d'action réciproque. Sous ce rapport, comme nous l'avons montré avant Nietzsche dans *La Liberté et le Déterminisme*, les catégories et concepts peuvent être appelés des moyens de *puissance*, ou, si l'on veut, des *puissances* dont nous avons conscience, des forces-idées qui se révèlent elles-mêmes dans leur exercice. Mais elles sont davantage encore : elles ne peuvent en effet être des moyens d'action effective sur la réalité, que parce qu'elles sont d'abord des moyens de connaissance et de connaissance objective, donc universelle. C'est ce qui nous reste à établir.

III. — Objectivité des fonctions de la conscience.

Pour soutenir la subjectivité des fonctions intellectuelles, on invoque leur origine purement pratique et utilitaire en vue des besoins de la vie, leur caractère tout instrumental, analogue à celui des haches en silex et de tous les outils dus à l'invention humaine ; si bien que la vraie interprétation du monde tel qu'il est devrait être dégagée de nos concepts, catégories, instruments de pensée et de langage.

Herbart accusait Kant d'avoir péniblement cherché dans la nature des « rimes » à ses catégories, rimes qui, comme celles des poètes, portent sur les mots plutôt que sur les choses. Mais Kant aurait pu répondre : « Si la nature est objet d'expérience, si même elle est *l'objet propre de l'expérience*, il faut bien que les conditions et fonctions de l'expérience possible soient aussi des conditions et fonctions de la nature. Si celle-ci ne rimait en rien avec les opérations essentielles de notre intelligence, si elle était foncièrement et universellement inintelligible, il n'y aurait plus d'expérience ni de science. La pensée serait à part, le monde serait à part, et cette dualité serait invincible, insurmontable, sans aucun pont d'une rive à l'autre. »

Guyau, avant Nietzsche et les pragmatistes, a beaucoup insisté sur le côté *vital* des catégories et concepts, comme aussi des « formes de l'intuition sensible », qui sont l'espace et surtout le temps. Il est certain, comme nous l'avons déjà remarqué, que l'être vivant, pour se conserver et s'accroître, est obligé d'attirer en quelque sorte toutes choses vers lui et de leur imprimer ainsi, par la pensée et l'action, une direction égo-centrique. De là une unité nouvelle qu'il introduit dans la diversité des choses, un établissement de relations entre les choses prises comme circonférence et l'individualité prise comme centre. Vivre, c'est d'abord ramener à soi. Mais ce n'est pas une raison pour ne voir dans les catégories que des moyens pratiques, que des moyens d'action sur les choses inanimées et spatiales, sans valeur en dehors de ces objets. Vivre n'est pas seulement ramener à soi, c'est aussi se ramener soi-même au reste par la conformité aux lois de la nature. Ces catégories sont plus que matérielles et plus que vitales ; elles sont essentiellement mentales et, plus proprement, intellectuelles, c'est ce qui fait leur universalité.

La vie et l'action ne peuvent se mouvoir dans l'irréel ; leurs conditions, qui s'imposent à la pensée, sont donc des prises sur le réel et non des constructions toutes subjectives. Aussi les catégories ne sont-elles ni artificielles, ni conventionnelles ; il n'y a rien de factice à dire, par exemple, que nous distinguons et unifions les objets sous le rapport de la quantité, sous le rapport de la qualité, sous le rapport de la relation. S'il n'y avait pas dans les choses quelque différence et quelque ressemblance, nous ne pourrions rien dire, pas même qu'elles sont en *devenir*. Il n'y a rien non plus d'artificiel à soutenir que, pour penser la quantité et aussi pour agir sur tout ce qui est quantitatif, il faut distinguer l'*unité*, la *pluralité*, enfin la *totalité*, qui est la synthèse de l'un et du plusieurs. Distinguer *plusieurs* hommes qui sont devant nous, y reconnaître les ressemblances qui font l'*homme*, les réunir sous la même idée d'homme, enfin compter leur nombre, tout cela est en conformité avec les réalités mêmes, non artificiel. Il n'y a rien non plus de factice à dire que, pour nous rendre maîtres des relations entre les objets par la pensée et par l'action, il faut distinguer en eux ce qui persiste et est *permanent*, ce qui change selon des lois *causales*, enfin ce qui est en *réciprocité d'action* et relie ainsi chaque objet à tous les autres. Dans tous ces cas, nous ne nous bornons pas à distinguer par l'analyse ; nous réunissons par la synthèse, nous suivons le mouvement même de la nature. Les catégories ne sont pas des espèces de lorgnettes artificielles que nous braquerions sur le réel ; ce sont, encore un coup, des actes intimes de la vie mentale et, en même temps, de la vie réelle immanente aux choses. Ce ne sont pas non plus des « points de vue » photographiques détachés : ce sont des démarches en conformité avec les démarches continues des choses, tout comme la fonction vitale de la locomotion est en conformité avec les lois objectives du mouvement, tout comme la fonction de l'assimilation nutritive est en conformité avec les lois physico-chimiques des substances alimentaires et de la croissance vitale.

Kant avait soutenu que les formes de l'expérience dépendent de la structure générale de l'esprit humain ; le pragmatisme et l'intuitionnisme ajoutent que « la structure de l'esprit humain est l'effet de la libre initiative d'un certain nombre d'esprits individuels (1) ». — Que quelques individus, par une initiative, non pas « libre », mais intelligente et déterminée par la nature de leurs dispositions individuelles, aient introduit des innovations, fait des découvertes, laissé la trace de leur génie dans la tradition, dans la langue, peut-être dans les cerveaux de la race, cela est encore incontestable. Mais il nous semble impossible d'expliquer par là le *fond* de notre constitution cérébrale, par exemple la représentation de l'espace et du temps, le principe d'identité et celui de causalité. Ce ne sont pas là d'heureuses « hypothèses » qu'auraient créées des hommes intelligents, des hommes de génie, car elles sont appliquées, dès l'origine, dans toutes les démarches de toute pensée ; et la preuve en est qu'elles existent jusque chez les animaux qui ne parlent pas. Les bêtes arrivées à un certain degré de l'échelle animale ont en elles la représentation plus ou moins confuse et concrète de l'espace et du temps ; toutes ont une sorte de croyance pratique et irréfléchie à l'identité et à la causalité ; toutes, du moins, réagissent de la même manière sous des excitations semblables, d'une manière différente sous des excitations différentes ; toutes, quand elles arrivent à réfléchir quelque peu sur les actions des choses et sur leur propre réaction, témoignent de leur croyance vivante et *vécue* que tout a une raison d'être, de leur tendance à chercher les raisons des choses dans la mesure où ces raisons les intéressent, parfois aussi par jeu de curiosité. Toutes croient à une réalité indépendante de leurs sensations ou actions ; toutes croient à une corrélation déterminée entre leurs sensations ou actions et cette réalité. Le chat en train de faire un

---

(1) M. Bergson, Préface de *Vérité et Réalité*, de W. James.

larcin de fromage, qui entend son maître et prend la fuite par peur du bâton, a le sentiment de la *pluralité* constituée par son maître, lui et le fromage, de la *réalité* de la présence du maître, de la *possibilité* des coups, de la *relation constante* qui existe entre la découverte du larcin et la menace de coups ; il établit une *similitude* entre l'avenir et le passé. Infortuné chat ! Il est déjà l'esclave des « catégories » tant décriées par les pragmatistes et intuitionnistes. Il se hasarde à distinguer le *possible* et le *réel*, le *passager* et le *permanent*, le *fait* et la *cause*, l'*un* et le *plusieurs*, comme s'il s'était faussé l'esprit à la lecture de Platon! Et de même que lui, toutes les bêtes où se préfigure l'intelligence humaine affirment implicitement, sans l'abstraire du réel, une vérité objective ; aucune n'est pragmatiste, ἔργῳ sinon λόγῳ, et n'agit comme si elle *inventait* la vérité. L'enfant de l'homme est comme l'animal. Quelque préoccupé qu'il soit avant tout des intérêts pratiques, il témoigne de bonne heure, par ses actes et par sa curiosité active, que la pratique est pour lui une application de quelque connaissance qui, en elle-même, est théorique, indépendante de l'utilité ultérieure qu'elle peut avoir. Il n'y a pas un enfant ni un animal qui pense ou agisse comme s'il pensait : Cela *est* parce que cela m'est *utile* et que je le *veux ;* dans toute la création, les pragmatistes sont les seuls à raisonner de cette manière.

Peut-être, cependant, les admirateurs de William James nous opposeront-ils des faits qui semblent favorables à la doctrine pragmatiste. Le bébé attaché à sa chaise, a dit l'un d'eux, qui voit tomber l'objet avec lequel il joue, ne se figure probablement pas que cet objet continue d'exister ; ou plutôt il n'a pas l'idée nette d'un *objet*, c'est-à-dire de quelque chose qui subsiste, invariable et indépendant, à travers la diversité et la mobilité des apparences qui passent. Le premier qui s'avisa de croire à cette invariabilité et à cette indépendance fit une hypothèse que nous adoptons couramment toutes les fois que nous employons un substantif, toutes les fois que nous parlons. Notre grammaire aurait été autre, autres eussent été les articulations de notre pensée, si l'humanité, au cours de son évolution, eût préféré adopter des hypothèses d'un autre genre. On en conclut que nous ne pouvons construire une phrase, nous ne pouvons même plus aujourd'hui prononcer un mot sans accepter certaines hypothèses qui ont été créées par nos ancêtres et qui auraient pu être très différentes de ce qu'elles sont (1).

Mais la question est de savoir si on place au nombre de ces hypothèses toutes les « catégories », permanence, identité, causalité, possibilité, réalité, etc. Si oui, que faudra-t-il penser de cette doctrine pragmatiste et nietzschéenne, où se renouvelle la pensée des Cratyle et des Protagoras ? Nous venons de voir que les animaux, qui ne parlent pas, qui n'ont pas de grammaire et ignorent profondément « les substantifs », font ici implicitement les mêmes « hypothèses » que nous. Retirez un os de la gueule d'un jeune chien, et cachez-le derrière votre dos ; le jeune chien ne croira nullement cet os anéanti, il le cherchera, il essaiera de vous l'arracher et au besoin de vous mordre. Quant au bébé encore assez peu développé pour croire ce que ne croit aucun animal, pour s'imaginer que son jouet tombé est rentré dans le néant, nous n'avons, pour notre part, jamais eu l'occasion de l'observer. Dès que les mouvements de l'enfant cessent d'être réflexes et ses gesticulations machinales, il ne laisse rien tomber sans chercher du regard où est l'objet. Je voyais un jour un tout petit enfant en bas âge qui, sur les genoux de sa mère, jouait avec un ballon en baudruche. A un certain moment il le pressa trop fort entre ses mains menues ; le ballon creva et disparut. Rien n'égale la stupeur du bébé ; il cherchait partout, en haut, en bas, sans pouvoir s'expliquer cette subite disparition. Il était déjà persuadé que quelque chose persiste, et que rien ne change sans une cause qu'il faut chercher. Il n'avait pas besoin pour cela de substantifs. Même le petit enfant à la mamelle croit à la persistance de sa mère

(1) M. Bergson, *loco citato.*

et du sein qui le nourrit; il refusera le sein de toute autre personne, tant il est peu persuadé du flux universel.

Ainsi, loin de croire au flux perpétuel d'Héraclite, tout animal, à plus forte raison tout enfant des hommes *attend* la *persistance* des sensations qu'il a éprouvées : n'est-ce pas là le premier germe de toute induction? Dès qu'une chose est, l'animal croit ou agit comme s'il croyait qu'elle va continuer d'être. Ce qui l'*étonne*, ce qui excite sa curiosité, ce n'est pas la permanence, c'est le changement : dès qu'il voit un changement, il en cherche donc le lien avec ce qui précède. Le fauve le plus solitaire qui entend un bruit soudain tombe en arrêt, écoute, s'étonne, observe, à moins que le bruit ne soit assez violent pour lui annoncer un grand danger et lui faire prendre la fuite. Il n'est encore besoin pour cela ni de substantifs, ni d'adjectifs, ni de verbes. Les fonctions essentielles de l'intelligence sont aussi naturelles que les fonctions de la locomotion.

On dit que nos ancêtres auraient pu faire de tout autres hypothèses et créer une grammaire toute différente. — Nous avouons n'en pas comprendre la possibilité. Nous ne concevons pas une langue quelconque sans des mots plus ou moins fixes et qui seront prononcés à propos d'objets ou d'actions plus ou moins semblables. Remplacez les substantifs par des adjectifs, vos adjectifs seront encore à peu près fixes et joueront le rôle des substantifs. N'employez que des verbes, le résultat sera le même. Contentez-vous d'interjections et d'exclamations, le cri de peur ou le cri de joie se distingueront toujours l'un de l'autre, offriront chacun des traits caractéristiques et plus ou moins permanents; ils finiront par remplacer les substantifs, les adjectifs et les verbes. Cratyle avait parfaitement raison de ne pas parler devant le fleuve héraclitéen; mais il aurait dû comprendre qu'il ne faut pas même faire un geste, ni le désigner du doigt. Bien plus, devant le flux universel, il faudrait cesser absolument de penser et d'avoir conscience : une réalité toute fluente exclut la pensée comme la parole.

La grammaire n'est donc pas une série d'hypothèses ; elle est l'expression des lois de la pensée, c'est-à-dire de ses fonctions essentielles. Celles-ci, à leur tour, ne sont pas une série d'hypothèses, elles sont le prolongement en nous des fonctions et processus du réel, si bien qu'il y a coopération et solidarité entre notre conscience et la réalité des choses. Nos ancêtres n'étaient pas « libres » de penser et de parler à leur gré, selon leur « commodité ». Il n'y a, pour l'homme normal, qu'une seule manière de penser et même de parler, c'est de penser et de parler en harmonie et en concours avec les choses mêmes, comme avec les autres esprits. La pensée n'est nullement pour cela une « copie »; elle est une congruence active et une collaboration avec la nature, comme avec le groupe humain dont nous faisons partie. Il y a une unité profonde des choses réelles avec l'esprit et des esprits entre eux ; c'est le sentiment de cette unité qui fait que nous croyons à la vérité et que, tout en l'*inventant* d'abord par notre effort scientifique, nous ne pensons l'avoir atteinte qu'au moment où nous la *découvrons*, c'est-à-dire où l'unité se manifeste entre notre pensée et les objets révélés par nos sensations, puis entre notre pensée et les autres pensées que nous révèlent également nos sensations. Croire à la vérité, c'est croire à quelque unité radicale et féconde sous la pluralité qui en dérive.

IV. — LES CATÉGORIES ET LE RÉEL.

Deux thèses importantes sont à établir. La première, c'est que les fonctions de la pensée n'opèrent point sur le monde la falsification dont les intuitionnistes les accusent; la seconde, c'est que tous les caractères attribués au monde par les intuitionnistes sont précisément ceux que résument les catégories.

En premier lieu, les fonctions de la pensée ne sont nullement ce qu'on a injurieusement appelé « un appareil de formes en quelque sorte déformatrices », destinées à nous faire voir les choses autrement qu'elles ne sont. Cette interprétation de Kant est celle des illusionnistes comme Nietzsche et de tous les misologues, qui ne voient dans l'intelligence qu'un procédé d'altération, de falsification, de morcellement du continu, de division de l'indivisible, de solidification du fluent et du vivant.

Les catégories ne morcellent pas le continu, mais, au contraire, permettent de le concevoir. L'idée de la chaîne causale universelle, — cause-effet et réciprocité de toutes les actions causales — c'est l'idée même de la continuité sans hiatus, ni interruption. A eux seuls nos états de conscience ne pourraient nous faire concevoir la continuité. Mais cette durée intérieure, dont on fait le type de l'écoulement ininterrompu, qui nous garantit qu'elle est toujours sans interruption, que la syncope, que le sommeil profond ne la suspendent point, que, même dans l'état de veille, nous ne confondons pas une série rapide de pulsations de conscience avec une conscience permanente et ininterrompue? C'est pour des *raisons intellectuelles* que nous affirmons la continuité vraie et complète sous les apparences de la continuité dans l'espace et dans le temps.

La pensée, en interprétant le monde, ne divise nullement l'indivisible; c'est elle, au contraire, qui, au-dessus de la pluralité incohérente des sensations, conçoit l'*unité* et la *totalité*; c'est elle qui nous remet nous-même dans le *tout*. Pareillement, elle n'immobilise point le mobile par ses catégories; c'est elle, au contraire, qui conçoit la succession sans fin des causes et effets. Il est vrai qu'elle admet aussi du permanent sous le successif; mais en cela elle ne fait que se conformer au réel.

Non moins inexacte est l'accusation de solidifier toutes choses dans l'espace. — Kant, au contraire, a fait voir que toutes les applications concrètes des catégories ont rapport au temps : de là les *schèmes* temporels, qui seuls rendent possible l'usage expérimental des fonctions intellectuelles :

nous sommes obligés de penser dans le *temps*. La substance devient alors permanence dans le temps ; la causalité devient succession uniforme dans le temps ; la réciprocité causale devient simultanéité et solidarité dans le temps. La qualité même prend un aspect temporel et a pour schème le nombre, qui permet de distribuer des unités dans le temps et de les compter. Et ainsi pour toutes les catégories. Où donc est cette immobilité de mort que la pensée introduirait dans le monde pour le concevoir ? Tout au contraire, elle n'est occupée qu'à suivre toutes les démarches et tous les tressaillements de la vie.

La pensée ne suppose nullement « inertes » les termes entre lesquels elle établit des rapports ; elle suppose seulement que, si changeants soient-ils, si actifs et mouvants, ils ne produisent rien *ex nihilo* et ne reçoivent rien *ex nihilo* ; par conséquent, ils soutiennent des rapports déterminés et déterminables avec les autres choses et avec eux-mêmes considérés en d'autres moments. L'astronome qui calcule l'orbite de Jupiter ne suppose pas Jupiter immobile ; le physiologiste qui étudie les effets du curare sur la sensibilité et la motricité ne suppose pas les animaux inertes et morts. Toutes ces accusations contre la pensée sont des affirmations en l'air.

On veut réduire la pensée à une adaptation au milieu physique, sous prétexte qu'elle prédit les phénomènes physiques en déduisant le semblable du semblable. Mais la pensée n'est pas tout entière dans le mouvement du même au même. Son rôle est de marquer des différences, de découvrir des rapports semblables de causalité nécessaire. Cette opération s'exerce aussi bien dans le monde mental que dans le monde physique, quoiqu'elle devienne plus difficile à mesure que les données se multiplient et se compliquent.

Dans l'histoire, il ne s'agit pas de *prédire* des événements. Soutiendra-t-on pourtant que l'histoire est une œuvre de perception, non de conception et de pensée ? Les faits ont été perçus autrefois, sans doute, et c'est là le point de départ ;

mais nous ne les percevons plus, et le rôle de l'historien est de les interpréter, de les penser. Pour cela, il use de choix et de sélection ; il met en relief certains événements et en supprime d'autres ; il dégage l'essentiel de l'accessoire, le significatif de l'insignifiant. Son but est de présenter un tout intelligible où les raisons des faits et les faits eux-mêmes soient enchaînés. L'histoire est donc une œuvre de pensée, bien qu'elle n'ait nullement la prétention de réduire son objet à des éléments qualitativement identiques. Elle étudie une évolution, un changement, et elle s'efforce de le rendre intelligible en sa continuité sans lui donner pour cela un caractère *statique* et *discret*.

Il en est de même pour les sciences qui ont pour objet l'évolution de la vie, pour celles qui ont pour objet l'évolution de l'esprit, l'évolution des sociétés, enfin pour la philosophie qui étudie l'évolution universelle. Nulle part la pensée n'immobilise son objet, nulle part elle ne le rend inerte et mort ; partout, au contraire, elle montre des changements et des raisons de changement, des rapport d'effet à cause.

Sans doute, ces rapports généralisés sous forme de lois n'épuisent pas le cas particulier et singulier ; mais, loin de nier la particularité et la singularité, ils l'expliquent, au contraire, par l'interaction des causes, par l'enchevêtrement des fils de causation, par la réciprocité universelle des actions. Dans le déterminisme infini, la pensée dégage des déterminismes finis qui s'y manifestent et qui sont les parties saisissables d'un tout impossible à embrasser en entier. Les *causations* fragmentaires qu'elle saisit ne sont pas la causation intégrale et universelle, mais elles n'en sont pas moins réelles. De ce qu'elles ne sont pas le tout, on n'a nullement le droit de conclure qu'au delà de ce qu'elles nous montrent, la causation cesse pour faire place à l'indéterminisme. Il faut conclure, au contraire, que le déterminisme total déborde infiniment les déterminismes partiels que nous pouvons dégager de son sein, tout comme le déterminisme de la gravitation solaire et stellaire déborde infiniment le déterminisme de la pierre qui tombe, quoique cette chute de la pierre soit liée à la gravitation universelle.

La pensée, en conséquence, n'est pas une *falsification*. Dire que, si tout animal est mortel, Pierre est mortel, ce n'est rien falsifier, tout au contraire. C'est simplement tirer une conséquence particulière d'un principe général où elle était réellement contenue. Voir la mort de Pierre dans la mortalité de l'homme et de l'animal, ce n'est sans doute pas voir l'univers entier ; mais, de ce qu'on aperçoit une partie réelle et vraie d'un tout réel et vrai, il ne s'ensuit pas qu'on *falsifie*, comme le soutiennent les Nietzsche, les William James et leurs successeurs. La pensée abstrait et généralise, elle n'appauvrit pas pour cela le réel ; elle l'enrichit au contraire de perspectives infinies.

Platon et Hegel ont eu raison de ne pas réduire la pensée à la logique aristotélicienne et de soutenir que la dialectique intellectuelle va, comme la réalité doit aller, du différent au même, du même au différent. Ajoutons que la considération du *même* et de l'*autre* n'est que l'application d'une seule des fonctions de la pensée. Il y en a bien d'autres. La pensée, nous l'avons vu, considère les quantités, les qualités, les causes et les effets, les fins et les moyens, le possible, l'existant et le nécessaire. De telles fonctions sont loin de l'éternelle tautologie où l'on voudrait renfermer l'intelligence.

La substitution de l'ordre intelligible à l'ordre sensible ou perceptuel, soit extérieur, soit intérieur, peut être accomplie par l'intelligence de manières différentes, selon la nature variable des objets auxquels elle s'applique. La pensée n'est pas réduite à un type unique et à un geste monotone, à un seul mot toujours répété : *le même, le même...* Si la science, qui n'est que l'intelligence appliquée, était une tautologie, elle serait aussi stérile qu'elle est réellement féconde. La vraie philosophie, comme la science, est une dialectique qui suit par la pensée, autant qu'il est possible, le mouvement et l'évolution du réel, loin de s'immobiliser dans l'inertie et le repos.

Tout comme la pensée et l'action, l'intuition n'est elle-même possible (soit qu'elle existe ou n'existe pas en fait) que sous et par ces catégories auxquelles on prétend la soustraire. L'intuition, en effet, suppose une vision de choses par le dedans, comme elles sont, dans ce qu'elles ont de caractéristique.

Mais d'abord, s'il n'y a pas dans les choses du *différent* et si vous n'apercevez pas en elles ce par quoi elles diffèrent tout en étant semblables sous d'autres rapports, que pourrez-vous bien voir et *intueri* ? Et comment pourrez-vous dire que cette chose change ou devient ? Si chaque chose n'est pas une avec elle-même et ne forme pas une certaine dualité avec le reste, que pourrez-vous voir ? Si, tout en changeant, la chose ne conserve pas quelque identité, comment pourrez-vous lui attribuer l'*existence réelle*, qui est en elle-même une catégorie non moins que celle de *qualité* ? L'intuition est nécessairement la vision de *ceci* ou de *cela*, *hic* et *nunc*, ayant un *quale*, un *quomodo*, etc. La seule catégorie dont l'intuition perdue en son objet puisse se passer, c'est celle de cause ; l'intuition est comme l'extase, elle n'élève aucun *pourquoi*. C'est ce qui fait qu'elle est si peu philosophique.

Au fait, le monde, continu pour les uns, discontinu pour les autres, unique ou multiple, que nous décrivent les intuitionnistes et les pragmatistes, est lui-même un édifice de catégories et d'idées, qu'on veut nous faire prendre pour le réel vu face à face au delà de la pensée proprement dite, dans un acte prétendu d'intuition.

Non seulement les fonctions de la pensée ne sont pas déformatrices du réel, mais elles sont, au contraire, informatrices du réel. Sans elles, nous ne pourrions poser une réalité quelconque, ni surtout *telle* réalité. Elles ne sont pas en dehors et au-dessus du réel, comme un monde de formes vides sans contenu. Ni Platon, ni Kant n'ont eu une semblable idée. Elles sont immanentes aux choses et même constitutives des choses, parce que, sans elles, les choses ne sauraient être dites *existantes* et douées de telles ou telles manières d'exister affirmables pour tous. Elles sont l'actualisation même des choses, leur *acte* au sens d'Aristote. Otez l'intelligibilité et l'ensemble des rapports intelligibles qui font la réalité même du réel, il ne restera du monde qu'une potentialité, une δύναμις tout à fait impensable pour nous, puisqu'il nous faudrait, pour la concevoir, faire abstraction de notre pensée et de tout ce qu'elle met d'elle-même dans les choses. Il est bien probable, cependant, comme l'a dit quelque part M. Lachelier, que ce monde de rêve, virtuellement intelligible, mais actuellement plongé dans les ténèbres, est le seul contenu de la conscience de tous les vivants de la terre, excepté nous.

L'idéalisme kantien va jusqu'à croire que c'est la pensée qui fait la nature *en tant qu'objet*. On pourrait aussi bien soutenir que c'est la nature qui fait la pensée en tant que sujet, puisque le *sum* est inséparable du *sumus* et qu'un sujet isolé, ne pouvant plus avoir conscience, ne pourrait plus être sujet pour lui-même. Au reste, pour Kant comme pour Schopenhauer, pas d'objet sans sujet, pas de sujet sans objet. Malgré cela, la tendance de ces philosophes est de faire créer le monde par la pensée, de représenter le monde comme effet de la pensée, alors que d'autres représentent la pensée comme effet du monde. — Selon nous, il faut recourir ici à la catégorie la plus compréhensive entre toutes et que Kant aurait dû appliquer à la question de l'origine des idées, la catégorie de la réciprocité d'action. Si, comme nous l'avons fait voir, les fonctions essentielles de l'expérience sont des actions, elles sont aussi, par cela même, des réactions ; il y a causalité réciproque ou solidarité et mutuel déterminisme entre les objets de l'expérience et le sujet de l'expérience, qui est notre conscience. Nous faisons nous-mêmes partie de la chaîne causale universelle ; il est donc impossible que nos conceptions les plus fondamentales ne se forment pas simultanément en *fonction* de notre propre nature et en *fonction* de la nature des choses, dont nous ne sommes pas séparés, mais au milieu desquelles nous plongeons, sortis de leur sein pour y retourner.

Les catégories formulent en général l'*interaction*, elles sont des moyens de prendre conscience des diverses actions réciproques à commencer par la nôtre, elles sont non seulement la conscience de notre causalité mais celle de la causalité universelle. Par cela même, la causalité étant l'essence de l'être et sa révélation, les catégories sont la conscience même de l'être, universalisée au point d'embrasser tout l'être.

V. — Les catégories et l'espace.

On a aussi prétendu que les fonctions essentielles de l'intelligence consistent simplement à spatialiser toutes choses. — C'est exactement le contraire qui est vrai ; elles consistent à tout *déspatialiser*. L'idée fondamentale de raison d'être est absolument étrangère à l'espace ; elle exprime un rapport d'intelligibilité qui suppose une union entre la réalité et l'intelligence, au-dessus de toute considération d'étendue et même de temps. Le rapport des principes aux conséquences qui y ont leur raison d'être n'a rien de commun avec les rapports d'étendue, alors même qu'il porte sur des rapports de ce genre pris comme objets. La géométrie n'a de spatial que sa matière, mais tous les rapports de principe à conséquence qu'elle dégage sont d'un autre ordre. Aussi s'appliquent-ils à des figures quelconques, indépendamment du point particulier de l'espace qu'elles occupent. La rationalité géométrique déspatialise les figures mêmes de l'espace (1). Donnez à la raison d'être la forme concrète de la cause, vous ne la ferez pas pour cela descendre dans l'espace ; tout au contraire. Dire que tout effet a une cause, aussi bien nos pensées, nos plaisirs, nos peines, que les mouvements des

---

(1) Voir *La Pensée et les nouvelles Écoles anti-intellectualistes*, livre II.

corps, c'est établir entre les objets un lien qui dépasse l'espace et l'infini, qui subsisterait alors même qu'il n'y aurait plus d'espace et que le monde contiendrait seulement de purs esprits. Si les anges sont heureux, leur joie a une cause, comme elle a une raison d'être. Les idées de possibilité, de réalité, de nécessité sont non moins étrangères à l'étendue et s'appliquent au monde mental encore plus qu'au monde matériel. C'est en nous, non dans l'espace, que nous saisissons le virtuel ou le possible; en nous que nous appréhendons la seule réalité immédiate. Quant à la nécessité, elle est dans le lien rationnel de nos pensées ou jugements; c'est là qu'elle a son type, et c'est d'après ce type que nous déclarons les relations spatiales objectivement nécessaires.

Passons-nous maintenant au domaine de la qualité? C'est ici que le mental triomphe, à tel point qu'on peut soutenir que toute qualité, au fond, est de nature psychique et que, sans nos sensations et affections, il n'y aurait dans le monde ni couleurs, ni sons, ni odeurs, ni vraies différences et vraies ressemblances comme telles. L'espace est ici impuissant, et, dès que nous concevons la qualité, nous déspatialisons.

Restent les catégories de la quantité. C'est ici, semble-t-il, que l'espace va jouer le grand rôle. Nullement. La quantité intensive a en nous son type, et c'est en nous que nous saisissons des degrés. La quantité extensive se montre au sein du temps, sans qu'il soit nécessaire de la concevoir spatiale. Les symboles spatiaux que nous lui donnons sont de simples symboles, que nous distinguons fort bien de l'idée. Il ne reste pour l'espace que la quantité spatiale ou l'étendue; mais celle-là même, nous la concevons avant tout comme *quantité*, comme quelque chose qui est susceptible d'augmentation ou de diminution et qui est divisible en parties. La quantité n'est pas l'espace, alors même qu'elle existe dans l'espace. Quant au nombre, qu'on a voulu aussi spatialiser, il est, en réalité, le schème de la quantité, et, en conséquence, ne suppose que le temps où nous distinguons et réunissons des états de conscience divers, que nous pouvons compter. Les représentations dans l'espace peuvent nous venir en aide comme une figure sur le tableau vient en aide à la démonstration géométrique, mais l'espace n'est pas nécessaire, et, ici encore, nous distinguons le symbole de l'idée, que notre pensée déspatialise au moment même où notre imagination la projette dans l'espace. C'est ainsi que, quand vous me parlez, j'extrais les idées des mots, tout en les recevant incorporées aux mots.

Les deux opérations essentielles de l'intelligence, déduction et induction, sont si peu esclaves de l'espace qu'elles sont, au contraire des moyens de s'affranchir de l'espace et même du temps. La logique n'est pas fille de la géométrie; c'est la géométrie qui est fille de la logique. La déduction est l'accord de la pensée avec soi, selon le principe d'identité ou de non-contradiction qui s'applique aux états mentaux comme aux états des corps. Quand on dit que la modération dans les désirs rend heureux parce qu'elle épargne les déceptions, on ne sous-tend pas son raisonnement avec de l'étendue. Même quand il s'agit de figures, la déduction est indépendante des propriétés spatiales dont elle montre la nécessité; si deux triangles qui ont un angle égal compris entre deux côtés égaux sont égaux, ce n'est pas parce qu'on peut les superposer; mais on peut les superposer parce que, de part et d'autre, les données identiques entraînent une conclusion identique. C'est la présence des mêmes raisons qui est le nerf de la déduction, ce n'est pas l'espace ni la superposition que ces raisons rendent possible.

A fortiori, refuserons-nous de voir dans l'induction une sorte de superposition géométrique impliquant l'espace, par exemple un réchaud superposé par la pensée à un réchaud semblable, une casserole superposée à une casserole semblable, enfin une eau bouillante superposée à une eau bouillante. Ce n'est nullement ainsi que nous induisons. De données apparemment semblables, nous induisons des résultats semblables en vertu de ce principe que la différence des conséquents dans la ressemblance des antécédents serait sans raison, à moins qu'une donnée nouvelle n'intervienne, bien entendu, c'est-à-dire une raison nouvelle. L'espace et la superposition n'ont ici rien à voir ; le temps lui-même est éliminé comme étant à lui seul inerte et sans action (1).

Cette élimination du temps, que nous trouvons dans la déduction et l'induction, nous la retrouvons dans toutes les catégories, tout comme nous y avons trouvé l'élimination de l'espace. Ici s'impose une distinction importante due à Kant, celle de la catégorie et du schème temporel. Considérons la catégorie fondamentale, celle de la causalité. En elle-même, la causalité est indépendante du temps, comme la *raison d'être*, à laquelle elle se ramène avec adjonction d'une idée d'*activité*. Que ce soit dans le temps ou hors du temps, dans l'espace ou hors de l'espace, nous voulons toujours des raisons et même des causes. Seulement, nous vivons dans le temps et tous nos objets d'expérience sont dans le temps. Il en résulte que nous sommes obligés de donner une forme temporelle à notre idée de la causalité que nous nous représentons comme une succession régulière dans le temps. La science positive s'en tient à cette représentation schématique ; mais la pensée philosophique n'y est pas nécessairement assujettie ; elle nous autorise, elle nous invite même à la dépasser.

(1) Voir *La Pensée et les nouvelles Écoles anti-intellectualistes.*

CHAPITRE ONZIÈME

L'interprétation du monde par l'évolution, synthèse de la permanence et du devenir. — L'évolutionnisme.

I. — L'ÉVOLUTION.

La *continuité* est un caractère commun aux synthèses dans l'espace et dans le temps que réclament les catégories de la quantité et de la causalité. Espace et temps sont nécessairement continus. La quantité extensive et la qualité intensive le sont également ; toutes deux s'accroissent ou diminuent par des degrés insensibles qui entraînent division à l'infini. La série causale, à son tour, est continue comme le temps, qui est la forme essentielle de la succession *causes et effets*, comme l'espace est la forme de la simultanéité et de la réciprocité des causes.

Le concept de continuité dans le changement selon une règle conduit à l'idée d'*évolution*.

L'évolution est une série de changements réglés qui va du permanent au changeant, du changeant au permanent, pour aboutir, comme synthèse, à des existences de plus en plus individualisées, de plus en plus capables de retenir en elles les changements passés et de reproduire des changements nouveaux.

En même temps, l'évolution est une série de changements réglés qui va des causes aux effets, des effets aux causes, pour aboutir, comme synthèse, à une réciprocité causale.

Sous le rapport de la *quantité*, l'évolution est une série

de changements réglés, qui va de l'un au multiple, du multiple à l'un, pour aboutir, comme synthèse, à des totalités de plus en plus unes et multiples.

Sous le rapport de la *qualité*, l'évolution est une série de changements réglés qui va du semblable au différent, du différent au semblable, pour aboutir, comme synthèse, à une détermination qualitative de plus en plus différenciée et de plus en plus intégrée tout ensemble.

Enfin, sous le rapport de ce que Kant appelle la *modalité*, l'évolution est une série de changements réglés qui va du possible au réel, du réel à de nouveaux possibles, pour aboutir, comme synthèse, à un déterminisme de plus en plus riche en réalités et en virtualités, donc de plus en plus souple et fécond, de plus en plus *vital*, *psychique*, *intellectuel*, *moral*, de plus en plus voisin de ce que nous appelons liberté.

Telle est, selon nous, l'idée complète qu'on doit se faire de l'évolution.

II. — L'ÉVOLUTIONNISME SPENCÉRIEN.

D'ordinaire, on considère surtout l'évolution sous le rapport de la permanence et du devenir. Bien plus, l'école spencérienne la voit sous un aspect à peu près exclusivement quantitatif et mécanique.

A Spencer, qui étudie l'évolution *faite*, nous avons, dans l'*Evolutionnisme des idées-forces*, opposé l'évolution « en train de se faire ». Nous avons montré que Spencer a décrit seulement les dehors et les résultats visibles, mais n'a pas dégagé le moteur de l'évolution, ni même l'évolution proprement dite, ou changement interne, sans lequel les résultats externes n'apparaîtraient pas. Il a présenté ainsi l'évolution sous une forme *statique*, tandis que nous avons montré la nécessité de la saisir sous son aspect dynamique, qui ne peut plus être un simple mécanisme, mais réclame des causes d'ordre psychique ou analogues à la vie psychique et préludant à cette vie.

Les formules d'évolution données par Spencer sont d'ailleurs vagues et inexactes. Le passage de l'homogène à l'hétérogène place la question sur le terrain de la ressemblance et de la différence, où il est difficile d'arriver à des résultats précis. En outre, le passage d'un terme à l'autre est considéré comme mécanique et rattaché à la « persistance de la force ». Mais la prétention de tout expliquer à fond mécaniquement, même le mental, est inadmissible. De plus, la mécanique de Spencer est très souvent inexacte et en opposition avec les vrais théorèmes de la mécanique actuelle, surtout de la thermo-dynamique.

La plupart des propositions de Spencer sont ou des généralités sans portée ou des inexactitudes. L'instabilité de l'homogène est un principe contestable et contesté ; on a fait voir, au contraire, que ce qui est instable, c'est l'hétérogène, ce qui est stable, c'est l'homogène ; plus les êtres sont différenciés, compliqués, organisés, individualisés, plus ils sont faciles à dissoudre (1). Plus, au contraire, ils sont simples, pauvres en différences et en qualités caractéristiques, voisins de l'espace homogène et du temps homogène, plus ils sont stables. Quant à la « multiplication des effets » sous l'influence d'une cause, elle tient à ce que cette cause n'est pas seule et que son action se rencontre avec celle d'une autre cause. Si une pierre jetée dans l'eau produit des ondes nombreuses, cela ne tient pas à la pierre, mais aux actions des gouttes d'eau auxquelles elle a donné l'impulsion. Les effets complexes découlent de causes complexes, les effets simples de causes simples. La prétention spencérienne d'imposer d'avance à l'univers telles lois générales d'intégration et de désintégration est donc insoutenable ; la science positive peut seule nous apprendre, en partie, ce qui se passe dans la réalité.

(1) Lalande, *La Dissolution opposée à l'Évolution*.

III. — L'ÉVOLUTIONNISME ANTI-SPENCÉRIEN.

La grande loi du monde, selon Spencer, est le passage de l'homogène à l'hétérogène, de l'indifférencié à la différenciation et à l'individuation. Selon d'autres, au contraire (1), c'est le passage de l'hétérogène à l'homogène, de l'individuation et des différences à l'universalité et à l'égalité. D'après ces derniers, la nature physique se caractérise par une tendance à l'uniformisation : niveaux, pressions, potentiels, chaleurs tendent à s'égaliser. En biologie, la mort tient en échec la tendance de la vie à s'individualiser et à tout ramener à soi ; la reproduction même est un parallèle de la mort et fait prévaloir le type uniforme de l'espèce. Dans la vie psychique, la science tend à égaliser les intelligences, l'art tend à égaliser les sensibilités, la morale tend à égaliser les volontés.

Remarquons d'abord que tous les évolutionnistes ont, comme Spencer, tort de ne considérer le développement du monde que sous une seule catégorie : celle du *même* et de l'*autre*, de l'identité et de la différence. Il y a bien d'autres points de vue plus importants, depuis celui de la causalité jusqu'à celui de la finalité et des valeurs de toutes sortes. Par exemple, la question de savoir si les hommes vont vers plus de *ressemblance* mutuelle et vers plus d'*égalité* n'est-elle pas moins importante que celle de savoir s'ils vont vers plus de bonheur et vers plus d'amour mutuel ? Le problème de l'amour, ainsi que celui du bonheur, ne vit pas de simples questions de ressemblance ou de différence.

Même dans le domaine de la différence et de la ressemblance, les deux conceptions rivales de l'évolution s'attachent chacune à un seul côté des choses. Selon nous, ces deux

---

(1) Lalande, *La Dissolution opposée à l'Évolution*.

côtés doivent être réunis et nous énonçons ainsi la loi de l'évolution universelle : il y a dans le monde un passage croissant à plus d'hétérogénéité dans plus d'homogénéité, à plus de différences dans plus de ressemblances, à plus d'individuation dans plus d'universalisation.

Selon les partisans de la *dissolution* opposée à l'*évolution*, du mouvement *involutif* d'assimilation opposé au mouvement *évolutif* de différenciation, l'intellection suppose l'inintelligibilité *partielle* et l'inintelligibilité *décroissante* de l'objet qui diffère de la pensée. « Voulez-vous me dire, demandait Panurge, comment il se fait que, si le monde, par ci-devant eût été fou, maintenant serait devenu sage ? » — C'est, répond M. Lalande, parce qu'il a vieilli. Toute vraie transformation temporelle résout des questions par le seul fait qu'elle a lieu. Il y a, selon M. Lalande, de la métaphysique dans le procédé administratif qui laisse mûrir les difficultés jusqu'à ce qu'elles n'existent plus. Selon M. Bergson, le temps accumule les hétérogénéités; selon M. Lalande, il accumule les homogénéités et les ressemblances. On ne peut commencer à *comprendre* le monde que lorsqu'il est déjà assez *involué*, assez *assimilé* pour que les choses s'y ressemblent et s'y répètent. De plus, son intelligibilité croît et son inintelligibilité décroît à mesure qu'il s'*assimile* davantage et laisse plus de place au *même*, à l'identique, au général, à l'universel. L'état final auquel tend cette *conversion* du monde succédant à sa *procession*, s'il est possible d'envelopper *par ordre* cet état-limite, serait l'intelligibilité complète. Son état initial, au contraire, représente l'inintelligibilité absolue, ce qui ne peut être que *constaté* comme différencié et individué, sans aucun espoir, même le plus lointain, d'en jamais découvrir le pourquoi. Ainsi, l'élan de la vie est opposé à l'élan de la pensée, la procession à la conversion, l'aller au retour, l'évolution à l'involution, le diabolique au divin.

Nous retrouvons ici la confusion entre intelligibilité et ressemblance, comme si le semblable seul était intelligible.

De plus, il nous semble arbitraire de supposer qu'à l'état initial du monde il n'y avait que du différent. Au moins ces différences n'empêchaient-elles pas la simultanéité dans l'espace et dans le temps, la ressemblance spatiale et temporelle. En outre, ces différences se ressemblaient en tant qu'*existant* et *causant* des effets déterminés, sans quoi comment se seraient-elles manifestées? Si, enfin, elles étaient absolument transitoires et constituaient un devenir sans aucune permanence, elles étaient comme si elles n'étaient pas. Quel que fût donc le prétendu chaos primitif, il n'avait de chaotique que son extrême complexité, sa richesse en différences, qui n'excluaient pas certaines ressemblances et surtout n'excluaient pas l'action réciproque. Cette action elle-même, de quel droit la supposerions-nous fortuite, sans aucune espèce de lien entre tels effets et telles causes, entre tels principes et telles conséquences? Irons-nous jusqu'à supposer qu'une même chose pouvait à la fois être et ne pas être, différer et ne pas différer? S'il y avait déjà une logique immanente aux choses, il y avait déjà un *ordre*, et un ordre intelligible. A plus forte raison il y avait déjà une causalité quelconque et tout ne naissait pas de tout, au hasard. Les idées de hasard et de désordre sont d'ailleurs des pseudo-idées, dont l'objet s'évanouit dès qu'on le regarde. La prétendue inintelligibilité première, le prétendu chaos initial sont donc des conceptions arbitraires et des rêves de l'imagination. Le pêle-mêle de différences recouvrait déjà des ressemblances, et la preuve, c'est qu'on admet qu'elles ont fini par apparaître, par se développer, par produire des régularités de plus en plus visibles et une intelligibilité croissante du monde. D'où ces ressemblances ont-elles pu venir? Comment ont-elles pu s'introduire dans une différenciation absolue et absolument disparate? Invoquer l'effet du temps et du vieillissement, c'est faire appel à des abstractions. Le temps, à lui seul, ne fera jamais se ressembler ce qui est absolument divers, et toute la vieillesse des siècles accumulés passera sur la dissimilitude fondamentale sans pouvoir y faire pénétrer aucune similitude. Ce qui produit de l'effet, ce n'est pas le temps, ni l'âge, c'est la réaction mutuelle des choses, tout comme, dans un sac de cailloux qu'on agite, les cailloux finissent par trouver un équilibre et un ordre déterminé. S'ils n'agissaient pas et ne réagissaient pas les uns sur les autres, Saturne aurait beau verser sur eux des siècles et des siècles, ils resteraient toujours ce qu'ils sont. Donc, si les ressemblances ont apparu dans le monde, si des régularités se sont montrées, c'est qu'il y avait déjà au fond des choses actions et interactions réglées, germe de l'ordre et de la loi. La tempête de l'Océan est tout aussi réglée que le calme des flots sereins ; seulement, la formule est plus complexe, donc aussi plus riche de lois entre-croisées. De même, pour le chaos prétendu inintelligible, dont l'inintelligibilité apparente n'est que l'infinie complication de données qui n'ont pas encore produit, par leur action réciproque, des courants de phénomènes plus visibles et plus simples.

L'inintelligibilité radicale de différences radicales et sans aucune ressemblance est une conception qui se détruit elle-même. Pareillement, l'intelligibilité prétendue parfaite qui résulterait d'une absolue identité de toutes choses est non moins chimérique ; si tout était identique, tout serait un et il n'y aurait plus rien à comprendre : la pensée elle-même s'absorberait dans son objet et toute intellection se serait évanouie. Il faut donc admettre partout et toujours de l'un et du multiple, du différent et du ressemblant, du causant et du causé, du qualifiable et du quantifiable, de l'intelligible, du concevable, du pensable.

On insiste, et l'on dit : L'identité est seule intelligible ; la différence est inintelligible. — Mais l'identité suppose elle-même quelque différence ; dire qu'une chose est identique à une autre ou même identique à soi, c'est supposer une *autre chose* ou un *autre aspect* sous lequel on considère un même objet. Si non, il y aurait unité absolue, sans rien de plus, non identité. Et dans cette unité absolue la pensée ne pourrait plus trouver place comme distincte de l'unité même ; on ne pourrait dire que l'unité est intelligible pour l'intelligence, l'unité serait, et ce serait tout. L'intelligibilité aurait donc disparu. D'où il suit que l'intelligibilité suppose plusieurs termes différents ou plusieurs rapports différents sous lesquels on considère un même terme. Donc enfin, l'identique n'est intelligible que dans le différent et le différent que dans l'identique. L'intelligence va de l'autre à l'autre en allant du même au même, puisque le second *même* est, sous quelque rapport, autre que le premier *même*. Ou l'intelligence est muette, ou elle dit des paroles *distinctes*, quoique *liées*.

Ce que nous disons de l'intelligence, on peut le dire de l'être. Ou il n'y a qu'un seul et même être, unité absolue sans aucune différenciation possible ; ou il y a plusieurs êtres sortis de cette unité même, tout au moins plusieurs attributs ou modes qui la révèlent, et alors cette pluralité implique une différenciation. La dissolution ou disparition de toute différence serait le retour à l'unité pure et simple, le complet anéantissement de tout ce qui s'était manifesté sous une forme distincte, quelle qu'elle soit. Aucun processus de désintégration et de suppression des différences ne peut donc les supprimer entièrement sans aboutir au miracle de l'annihilation, non moins mystérieux que le miracle de la création *ex nihilo*. Aucune loi de la nature ou de l'esprit ne permet de supposer qu'une telle annihilation soit possible. La dégradation de l'énergie, aboutissant par hypothèse à l'équilibre universel et à la répartition uniforme de la chaleur dans l'infini, ne serait pas l'annihilation de la nature, mais son repos et, si l'on veut, sa mort. Il y aurait toujours des différences de lieu et de temps entre ce qui est immobile ici et immobile là, immobile maintenant et immobile plus tard. L'énergie, même universellement répartie, serait toujours l'énergie.

Pareillement, dans le monde mental, supprimez toutes les différences individuelles, aboutirez-vous à remplacer vraiment les individualités différentes par des *personnalités* identiques ? Egales de valeur, soit, identiques même sous certains rapports, par exemple sous le rapport de la connaissance atteignant les mêmes vérités, et contemplant le même objet dans une vision béatifique, soit; mais, que ce soient, du moins, des personnes différentes, et non une seule et même personne absorbée en soi. Il faut qu'il y ait quelque différence dans le paradis, entre vous et moi, entre nous et les autres, entre nous tous et Dieu. Un principe de différenciation, d'individuation ou, si vous voulez, de personnalisation sera donc toujours nécessaire. Ce pourra ne pas être un *corps*, un organisme matériel, grossier ou subtil; mais il faudra que, sous certains points de vue *psychiques*, sinon *physiques*, mon moi se distingue de votre moi, malgré sa plus intime union avec lui, avec tous et avec l'Unité suprême. L'opposition absolue entre les individus différents et les personnes identiques semble donc impossible; il n'y a pas de personnalité qui n'ait pour support quelque individualité. Ou anéantissement complet au profit de l'Unité absolue, ou subsistance de différences personnelles quelconques; voilà l'alternative. La vie éternelle des esprits ne serait donc pas plus indifférenciée que la mort éternelle de la matière.

On ne peut du reste se figurer la perfection comme une indifférenciation, car elle est l'union de toutes les qualités possibles, et une qualité, au moins chez l'être fini, est toujours distincte, différenciée. Plus d'intelligence, plus d'amour, plus de bonté, plus de bonheur, c'est une existence plus caractérisée, plus différente par ces caractères de ce qui est au-dessous d'elle, plus individualisée par la réunion de ces caractères en une conscience personnelle. Si un être est d'autant plus uni aux autres êtres par un lien d'amour qu'il est plus parfait, il ne s'ensuit pas qu'il devienne de tous points identique aux autres êtres, ni qu'il se confonde avec eux. En ce cas, il n'y aurait plus d'amour, mais anéantissement simultané des êtres qui devaient s'aimer. Il faut donc maintenir jusqu'au bout le principe des indiscernables qui veut que les êtres, si parfaits soient-ils, se discernent les uns des autres par quelque différence autre que celle des temps, des lieux ou du nombre. L'idéal serait, dans l'ordre moral, une sphère infinie qui aurait partout des centres individuels et n'aurait sa circonférence nulle part. C'est le mutuel et universel amour qui peut accomplir ce miracle. Au-dessus des catégories de la pensée, notamment des catégories de différence et de ressemblance, il y a un rapport plus intime et plus profond, celui des volontés par l'amour.

CHAPITRE DOUZIÈME

Synthèse de la contingence et de l'auto-déterminisme.

I. — La quatrième antinomie.

Il ne suffit pas de déterminer la direction générale que suit l'évolution du monde; il faut encore déterminer le rapport de cette évolution avec la cause ou les causes qui la produisent. C'est la question qui fait l'objet de la quatrième et dernière antinomie de la raison pure.

La quatrième antinomie, empruntée par Kant à la catégorie de la modalité (réalité, possibilité et nécessité), concerne l'être inconditionnel, fondement supposé de l'existence du monde et moteur supposé de son évolution, que la thèse affirme et que l'antithèse nie.

La thèse pose le besoin de remonter de conditions en conditions, jusqu'à l'idée d'une réalité inconditionnée et existant par elle-même, dont le monde est l'émanation. Cette idée a pour but de clore la série des conditions d'existence, qui, comme la série des conditions d'activité ou causes, va à l'infini et offre un *regressus ad infinitum*.

Kant fait observer que cette thèse cosmologique, qui s'appuie sur l'expérience, n'a pas le droit de faire un bond hors de l'expérience pour poser un être inconditionnel en dehors du monde; c'est dans le monde même que la thèse est, selon Kant, obligée de placer une réalité inconditionnelle et nécessaire, ayant en elle seule et par elle seule sa possibilité et, du même coup, son existence. Mais, alors, il est évident qu'on retombe sous les mêmes objections que celles qui s'élèvent contre une cause première ou *primum esse* existant au bout de la série temporelle et formant le premier anneau de cette série. Un être absolu ne peut pas faire partie de la chaîne des êtres relatifs ; il n'est pas un premier commencement de cette chaîne ; il la soutient tout entière et la fait vivre éternellement, donc sans premier commencement, même dynamique.

Autant la thèse est illogique, du moins quand elle fait de l'inconditionnel un premier anneau du conditionnel, autant l'antithèse est logique, qui dit que « tout le temps passé renferme toute la série de toutes les conditions, lesquelles, par conséquent, sont toutes à leur tour conditionnelles », d'où naît l'apparence de contingence pour chacune (1). Les conditions essentielles de l'existence réelle ont toujours été données, et il est mythologique d'imaginer un néant précédant l'existence ; c'est seulement chaque être particulier, chaque phénomène particulier, qui est conditionné et n'existe qu'en vertu de ses conditions particulières. De même que l'infinité des causes secondes dans le temps passé et dans l'espace est donnée par cela même que l'action actuelle de ces causes est donnée ; de même, l'infinité des conditions se conditionnant les unes les autres est donnée par cela même qu'il existe aujourd'hui des réalités conditionnées dans leur possibilité par tout ce qui les a précédées et par tout ce qui les accompagne. Nous ne pouvons sortir de l'infinité, dont les choses finies ne sont que des parties ou des aspects. Ici encore le *regressus ad infinitum* est sans doute impossible, mais cette impossibilité tient précisément à la possibilité et à la réalité du *progressus ad infinitum*, qui existe, a toujours existé et existera toujours. Nous ne remonterons jamais au bout des conditions de ce qui se passe dans le monde ; précisément parce que toutes les conditions sont éternellement en jeu et roulent éternellement de l'une à l'autre sans que,

---

(1) *Critique de la Raison pure*, trad. Barni, t. II.

dans la série cosmique sans commencement et sans fin, on puisse trouver rien de particulier qui soit inconditionnel. Notre conception humaine des choses ne peut pas reproduire intégralement la génération éternelle, l'éternelle évolution des choses mêmes.

En somme, toutes les thèses des antinomies sont, en définitive, conçues en vue de la « représentation » et de l'imagination ; toutes les antithèses en vue de la raison et de la réalité. Mon imagination a besoin de se représenter un premier commencement temporel pour s'y reposer ; ma raison s'y oppose et va toujours plus loin. Mon imagination veut se représenter une limite à la division, une chose simple ; ma raison s'y refuse. Le *liberum arbitrium indifferentiæ*, producteur de séries nouvelles et premier anneau de ces séries causales, est également commode pour la représentation ; c'est un arrêt ; ma raison me demande des raisons et encore des raisons, des causes et encore des causes. Enfin, une substance inconditionnelle, d'où sortirait, comme un fleuve de sa source, la série des conditions de possibilité et de réalité, est une image aussi facile à se représenter que la source du Nil ; mais la raison, elle, ne conçoit point de source à un océan infini, éternel et immense ; elle explique le mouvement d'un flot par celui d'un autre, et ainsi de suite, sans pouvoir trouver d'arrêt et sans pouvoir affirmer qu'un tel arrêt existe.

La représentation humaine de l'univers, comme nous l'avons montré dans l'*Evolutionnisme des Idées-Forces*, est statique ; l'évolution même de l'univers est dynamique, et en même temps rationnelle. Tel est le point de vue immanent de la cosmologie, qui peut être complété par le point de vue de la théodicée et de la morale, mais qui a déjà sa valeur en lui-même et par lui-même.

L'antinomie de l'existence contingente et de l'existence nécessaire porte principalement sur l'*esse* et sur les rapports du possible au réel, tandis que l'antinomie du libre-arbitre et de la détermination causale porte plus particulièrement sur l'*agere* et le *velle*, sur les rapports de dépendance et d'indépendance dans les volontés intelligentes.

Kant a excellemment défini la contingence, « ce dont l'opposé contradictoire est possible », non pas seulement l'opposé, mais l'opposé contradictoire, c'est-à-dire dans le même temps et dans les mêmes conditions. Le changement du repos au mouvement prouve bien que le corps qui est actuellement en mouvement pourrait être en repos à *un autre moment et sous d'autres conditions*; aussi, quand on dit que le mouvement est contingent pour une pierre, on ne parle que d'une contingence apparente et empirique qui recouvre une réelle nécessité; on veut dire alors que les conditions nécessitantes du mouvement peuvent être remplacées à un autre moment par des conditions non moins nécessitantes de repos; tout n'en est pas moins nécessité. La contingence vraie, au contraire, serait la possibilité du contradictoire au même moment, au même lieu, sous les mêmes conditions et toutes choses égales d'ailleurs.

Dire que les lois de la nature sont vraiment contingentes, c'est, qu'on le veuille ou non, dire que ces lois pourraient être absolument opposées, contradictoires avec les lois actuelles, dans les mêmes conditions, sous l'influence et par l'action des mêmes causes agissant dans le même milieu. Mais prétendre que les lois de la nature sont contingentes, parce qu'elles n'ont peut-être pas toujours existé telles qu'elles sont, les choses mêmes n'ayant pas toujours été identiques, que, par exemple, la loi de Mariotte n'a pas toujours existé quand il n'y avait pas de gaz et n'existera plus dans certaines conditions possibles, c'est confondre le changement, qui est toujours nécessité, avec la contingence.

Aucune des lois particulières découvertes par la science humaine ne sera jamais qu'*approchée* et *probable* et sera toujours exposée, comme la loi de Mariotte, à être remplacée par une loi plus approchée et plus exacte, quoique encore provisoire, en ce sens qu'elle n'embrassera jamais toutes les données de la question. De là on veut conclure que les lois de la nature sont contingentes. Ainsi, de ce que nos déterminations subjectives et humaines des lois objectives sont inadéquates à l'ensemble des déterminations réelles, de ce qu'elles ont besoin de recevoir sans cesse des déterminations nouvelles, plus précises, plus complexes, on conclut à l'indéterminisme. Mais provisoire et incomplet ne veut nullement dire contingent.

La contingence implique l'admission d'une cause indéterminée, n'expliquant pas plus un effet qu'un autre, ne fournissant aucune solution déterminée du problème ; c'est là supposer une cause qui n'est pas cause, une raison qui n'est pas raison. Sans doute la supposition n'est pas contradictoire parce qu'on suppose, la même cause produisant, sous les mêmes conditions, des effets contraires dans *deux moments différents*. Mais si l'on pose la différence de temps comme étant, à elle seule, indifférente, on a : Cause A produisant l'effet B au moment a' ; cause A produisant l'effet non-B au moment a'' ; et, comme la différence de temps est indifférente, on peut la supprimer ; il vient alors : Cause A produisant l'effet B et l'effet non-B. C'est un pouvoir de contraires et même de contradictoires qui est ainsi attribué à la cause sous le nom de contingence.

II. — Les paralogismes de la contingence.

La doctrine de la contingence dans le monde étend au monde entier les divers paralogismes familiers aux partisans d'un libre arbitre mal entendu.

Le premier de ces paralogismes consiste à remplacer sans cesse la question de la *causalité* actuelle et déterminante par celle de la *prévision* intellectuelle, qui en diffère essentiellement (1). Il s'agit de savoir si, dans le monde réel, tout ce

(1) Cf. *Appendice*. La critique du déterminisme.

qui se produit a des causes déterminantes qui devaient le produire ; à cette question vous en substituez une autre : Les causes et leurs effets pouvaient-ils être embrassés entièrement à l'avance par une intelligence ?

C'est là un déplacement illégitime de la question. L'impossibilité de prévoir pour l'intelligence n'est pas la possibilité pour le réel de produire indifféremment ceci ou cela, ce n'est pas l'indétermination des effets malgré la détermination des causes. Imprévisibilité et contingence sont deux idées entièrement différentes. Contingence entraîne bien imprévisibilité, mais imprévisibilité n'entraîne nullement contingence. Cette première confusion fait le fond de tous les livres contingentistes.

Un second paralogisme, parallèle au précédent, vicie tout le système de la contingence : c'est celui qui consiste à conclure de l'*irréversibilité* à l'indétermination. Après avoir dit : vous ne pouvez aller par la pensée du présent au futur réel, donc le réel est réellement indéterminé, on ajoute : vous ne pouvez retourner du présent au passé, ni reproduire le passé, donc le réel est réellement indéterminé. Je ne peux pas recommencer les souffrances de ma dernière maladie ; si j'ai de nouveau la même maladie, elle ne sera plus tout à fait la même, ne fût-ce que par le souvenir de ma guérison qui me donnera un espoir que je n'avais pas la première fois : donc mes souffrances impossibles à reproduire étaient indéterminées et contingentes. Bref, tout ce qui arrive n'arrive qu'une fois, tout ce qui est causé par une infinité de causes n'est causé qu'une fois de la même manière, donc il n'est pas entièrement causé et déterminé entièrement par ses causes. Ici encore les prémisses contemplent avec stupeur une conclusion qu'elles n'ont pas engendrée : *miratur non sua poma*.

Un troisième vice consiste dans la substitution du rapport d'identité au rapport de causalité. Les partisans de la contingence raisonnent comme si la causalité consistait dans la réduction à l'identité ou à la similitude, c'est-à-dire dans l'absence même de causalité, dans la stérilité inefficace des causes dites efficientes, lesquelles ne pourraient rien effectuer que d'identique dans le fond à elles-mêmes. Elles avorteraient sans cesse sans pouvoir engendrer : nous ne sortirions jamais de « A est A », et la nature serait comme nous réduite à répéter : « A est A ».

Mais pour qu'une cause produise un effet, il faut qu'elle produise quelque chose qui diffère d'elle, sans quoi elle ne produirait rien, resterait enfermée dans son incommunicable essence. Loin donc que le principe de causalité exclue la différenciation, l'*altérité*, il l'implique. Mais la différence entre l'effet et la cause n'est pas l'indépendance de l'effet par rapport aux causes ; elle n'est pas son indétermination, sa contingence. A étant posé, une chose différente B est posée et ne peut pas ne pas être posée ; voilà le principe de causalité, qui ne signifie ni que A soit B, ni que B soit indéterminé et contingent, mais qui veut dire que : 1° B n'est pas A ; 2° B est déterminé par A. Le système indéterministe vit de cette dernière confusion, qui est encore une déduction fausse tirant des prémisses une conclusion qu'elles ignorent : toutes choses ne sont pas logiquement identiques, donc toutes choses ne sont pas causalement déterminées.

A Dubois-Reymond disant que celui qui connaîtrait l'état actuel de l'univers pourrait non seulement prévoir l'avenir, mais en remontant vers le passé, nous apprendre qui fut le Masque de fer ou comment mourut La Pérouse, on a répondu que les effets n'indiquent pas toujours les vraies causes, parce qu'un même effet peut dériver de causes différentes, comme une même racine algébrique peut produire une infinité d'équations. Un litre d'eau en ébullition ne nous révèle pas si la cause fut l'alcool, le pétrole, le bois ou le charbon. Dans l'expérience de Joule, si on met en deux ballons égaux 8 et 10 grammes d'air, puis qu'on les fasse communiquer, chacun d'eux aura 9 grammes d'air ; mais ce même résultat peut être obtenu si on met d'un côté 12 gr., de l'autre 6. Un nombre infini d'états de la matière peut produire le même phénomène.

Cette théorie, croyons-nous, est vraie dans l'abstrait, non dans la réalité concrète. Une intelligence qui connaîtrait parfaitement l'état actuel de l'univers saurait que les molécules d'air qui semblent actuellement en équilibre sont animées de mouvements dont chacun présuppose tel mouvement antérieur et non tel autre; de plus, elle saurait que tel physicien a dû ouvrir le robinet, etc.

Le problème est d'ailleurs tout spéculatif. Quelque solution que l'on adopte, l'indétermination n'existera jamais que dans l'intelligence sous forme d'ignorance, car, en fait, la distribution des molécules d'air dans les deux ballons a été déterminée d'une manière rigoureuse par leur position antérieure et par toutes les conditions où elles se trouvaient, soit qu'une intelligence finie ou infinie puisse ou ne puisse pas remonter du fait accompli aux causes qui l'ont déterminé. La contingence réelle ne résulte donc nullement de notre ignorance des causes réelles.

Dans sa thèse de 1874, M. Boutroux disait avec Lotze et Renouvier : « L'indétermination qui subsiste invinciblement dans les moyennes relatives aux ensembles mécaniques les plus considérables a vraisemblablement ses raisons dans la contingence des détails. » Cela revenait à dire : les écarts de détail dans le tir au fusil, par exemple, indiquent un « clinamen » des balles de plomb. Tout récemment, M. Boutroux a écrit : « Contingence, c'est le caractère du fait pur et simple, lequel, isolé, reste inexpliqué et semble dès lors avoir également pu se produire ou ne pas se produire. C'est un concept relatif à une vue extérieure des choses, et où ne peut se tenir l'esprit qui réfléchit (1) ». Mais alors, pour l'esprit qui réfléchit, que devient la « contingence des lois de la nature » ? L'expression de notre ignorance des détails et de leur réel déterminisme.

Les partisans de la contingence sont donc finalement enfermés dans ce dilemme : hasard ou détermination supérieure.

(1) *Revue de métaphysique et morale*, mars 1910, p. 139.

III. — LE « TYCHISME ».

Un philosophe américain, le prédécesseur de James, Peirce, fabriquant un mot nouveau pour une idée ancienne, a proposé sous le nom de « tychisme » toute une philosophie du hasard, où le régulier naîtrait de l'irrégulier, où l'uniformité extérieure de la nature serait analogue, comme Lotze l'avait soutenu, à l'uniformité interne acquise par l'habitude, seconde nature.

Nous avons vu de nos jours tous les partisans de la contingence aboutir à des idées semblables. Pourquoi la volonté même, disent-ils, n'engendrerait-elle pas, quoique sans être nécessitée, des uniformités mécaniques? Et on rappelle que les habitants de Kœnigsberg mettaient leur montre à l'heure en voyant le philosophe Kant faire sa promenade journalière. — Mais précisément la régularité de cette promenade rentrait dans un déterminisme d'idées et d'habitudes. La promenade eût manqué à Kant, les raisons d'agrément, d'utilité et l'impulsion aveugle de la « coutume » s'unissaient pour plier la machine à la promenade quotidienne : d'autre part, aucune raison ne venant à la traverse dans cette existence fermée aux événements extérieurs, la promenade se trouvait résulter nécessairement de toutes les raisons positives connues ou inconnues. C'est ce que Kant aurait dit tout le premier, lui qui admettait l'universalité des lois de la nature.

Selon les partisans de Lotze, au contraire, ce que nous appelons les « lois » ne serait plus que des effets moyens et constants de causes inconstantes. Mais des effets de causes inconstantes et changeantes (je ne dis pas indéterminées) sont toujours nécessaires et les lois-effets sont des effets déterminés. Pour reprendre un exemple que nous aimons à citer, agitez irrégulièrement et au hasard l'eau qui est à l'extrémité d'un long tuyau, vous n'en produirez pas moins à à l'autre extrémité des ondes régulières. Votre main qui agite, pour raisonner comme Lotze, c'est le libre-arbitre, les ondes régulières sont les lois. Par malheur pour l'hypothèse, la loi (comme rapport de causes nécessaires) est déjà dans la main et dans le bâton qui agite, et qui ne peuvent se mouvoir que suivant les lois du mouvement ; et c'est en vertu de lois (je veux dire de causes régulièrement liées) que le mouvement, d'abord d'*apparence* irrégulière, mais en réalité conforme à la totalité des lois mécaniques, prend plus loin pour nos yeux la forme d'ondes régulières, plus simples et plus visibles que ne le sont les figures géométriques complexes de l'autre côté du tuyau. Où est dans tout cela le prétendu hasard, la prétendue contingence ? La loi du parallélogramme des forces, qui est, ce semble, bien régulière, s'applique à la première extrémité du tuyau, tout comme à la seconde et tout le long du tuyau.

Quand on dit que tout est soumis à des lois, on ne veut pas dire que ce soient les lois elles-mêmes qui sont causes, mais on veut dire qu'elles formulent les effets réguliers des causes. Pour aller jusqu'au bout de la contingence et du tychisme, il faudrait dire que l'identité ou non-contradiction et la loi de raison suffisante ou, plus concrètement, de causalité, sont aussi des habitudes, nées au sein de la réelle contradiction et de la réelle déraison. Que gagnera la morale à cet empirisme irrationaliste où sombre toute valeur propre de la pensée, et où la prétendue « volonté », la prétendue « personne » ne triomphe que sur les ruines de toute intelligibilité, de toute intelligence ? Est-ce quand nous agissons aussi irrégulièrement qu'un bâton agitant l'eau du tuyau que nous sommes moraux, ou est-ce au contraire quand notre conduite est aussi raisonnable et régulière en ses principes que les ondes de l'extrémité ?

On peut mettre au même niveau l'argumentation de Renouvier qui veut prouver la contingence par les loteries, et qui oublie que, au lieu de faire tirer la loterie par une main humaine, on peut tout aussi bien la faire tirer par une machine brute, d'où il suit que cette machine possède aussi une activité contingente (1).

Les partisans de la contingence traitent toutes les lois comme si elles étaient des lois purement statistiques, nullement causales, qui se borneraient à constater du dehors des grands nombres et des moyennes, sans pouvoir obtenir au dedans un *nexus* intelligible entre antécédent et conséquent. Il y a, par exemple, tant de fièvres typhoïdes bon an mal an ; voilà un résultat qu'on peut constater sans savoir le moins du monde ce qui produit la fièvre typhoïde ; on pourra même, grâce à la partie toujours laissée par la statistique aux fluctuations et exceptions, imaginer, si l'on veut, des fièvres typhoïdes sans cause et prétendre que cependant, grâce à la neutralisation mutuelle des accidents particuliers, elles n'influent pas sur la moyenne générale. C'est ainsi que Renouvier raisonne pour nous faire accepter ses fameuses exceptions aux lois, qui n'empêchent pas, selon lui, le soleil de briller, la terre de tourner autour du soleil, les hommes de vivre et de mourir tous, les uns de se marier au nombre moyen de tant par an, les autres de rester célibataires au nombre moyen de tant par an, etc., mais cette réduction désespérée de toutes les lois au type statistique n'empêcherait pas la contingence d'être encore une hypothèse gratuite et improbable, même au point de vue de la statistique pure. Dans la statistique, la résultante ne suffit sans doute pas à révéler le détail particulier des forces composantes, mais la résultante constante révèle des forces composantes ayant certains rapports constants et déterminés.

D'après les simples lois de la statistique, le déterminisme des lois naturelles est d'autant plus vérifié qu'on pousse plus loin l'analyse et que l'on combine entre elles plus de lois. En particularisant de plus en plus les données auxquelles on applique le calcul, on voit se resserrer indéfiniment le champ

(1) Voir *La Liberté et le Déterminisme*, où nous avons rappelé qu'une girouette tournant à tous les vents pourrait tirer la loterie aussi bien qu'un ministre des finances.

de l'arbitraire; le contingent est indéfiniment compressible (1). Une bombe atteint le but tant de fois sur mille; comment ne pas expliquer les apparentes exceptions, non par le « clinamen » de certaines bombes, mais par des lois perturbatrices, elles-mêmes constantes, elles-mêmes sujettes à statistiques : frottements de l'air, maladresses, etc.

La loi des grands nombres implique à priori et la statistique constate à postériori des exceptions; la loi des grands nombres, à elle seule, ne peut donc prouver déductivement que tous les événements soient déterminés sans exceptions; mais elle prouve encore bien moins qu'ils soient indéterminés et contingents. Le mot « exception », remarquons-le, signifie tantôt exception à la loi statistique, tantôt exception à des lois de détermination causale (qui ne sont pas des lois statistiques). L'exception statistique n'est qu'une *diversité* de cas et d'épreuves.

Les faits ont lieu en vertu de lois dont la statistique est la manifestation finale. Les orages ne sont pas produits par la loi statistique des orages, mais la statistique permet d'inférer que les orages ont des lois. Les lois statistiques ne sont que les résultats des lois causales. Le déterminisme ne consiste donc pas à prétendre que c'est la loi statistique qui cause les faits, mais à soutenir que la loi statistique, par sa régularité, révèle et résume l'action régulière d'autres lois, qui, elles, sont bien les lois déterminantes des faits. Bref, les moyennes sont des conséquences, mais la régularité des conséquences

---

(1) Nous l'avons démontré tout au long dans *La Liberté et le Déterminisme*. Les dernières causes particulières qui déterminent tel événement particulier, resteront toujours, il est vrai, en dehors de l'ensemble des causes qui déterminent, par exemple, l'apparition de cet événement sur deux cent mille cas. Mais les dernières causes n'en font pas moins partie de l'ensemble infini des causes dont les lois viennent se résumer en se composant dans la formule statistique. — On peut affirmer comme conséquence de la statistique les choses suivantes: 1º L'une au moins des séries est prédéterminée, à savoir la série des cas rentrant dans la moyenne générale; 2º la seconde série, celle des cas opposés, des prétendues exceptions particulières, est limitée; 3º le rapport des deux séries est constant; d'où on déduit que les deux séries doivent être également les résultats de lois constantes; sinon, la neutralisation mutuelle n'aboutirait pas à des résultats constants; il pourrait y avoir trop d'un côté, pas assez de l'autre. — Les partisans de la contingence ont beau la renfermer dans d'étroites limites; si elle subsiste dans ces limites, elle pourra altérer le total des moyennes.

suppose, dans l'interaction universelle, la régularité des principes.

Le probabilisme dans nos jugements, qu'invoquent les partisans de la contingence, ne correspond donc à aucun probabilisme dans les choses, à aucune contingence réelle. Il peut être probable qu'une boule noire sortira au bout d'une moyenne de tant de coups ; objectivement, la boule sortira ou ne sortira pas ; les choses sont ce qu'elles sont et seront ce qu'elles seront ; nos calculs de probabilités ne les atteignent pas.

Concluons que nous ne devons pas confondre le hasard, simple forme de la nécessité, avec une réelle contingence.

IV. — L'AUTO-DÉTERMINISME PSYCHIQUE.

Ce qui nous semble résulter des travaux relatifs à la contingence, nous l'avons déjà montré dans notre *Mouvement idéaliste*, ce n'est donc pas qu'il existe réellement de l'indéterminé, du fortuit ; c'est que, pour qui *n'admet que* la détermination mécanique et scientifique, c'est-à-dire la détermination des choses *les unes par les autres* dans l'espace et le temps (ce qui est le point de vue de la science extérieure, point de vue tout abstrait), il semble rester, par rapport à la connaissance, de l'indétermination et même du hasard dans les choses. Mais ce n'est là qu'un point de vue provisoire et abstrait, lui aussi. Si on ne conçoit pas cette indétermination comme réelle (et les lois de la pensée, comme celles de la nature, nous en empêchent), il faut bien l'expliquer par *une détermination supérieure*, d'ordre *psychique*, qui est la détermination par les appétitions et les idées. La détermination appétitive et intellectuelle est ainsi le complément de l'autre. Elle commence là où l'autre ne peut plus expliquer ; ou plutôt, les deux genres de détermination s'accompagnent partout ; il n'y a pas de point du temps ou de l'espace où la détermination mécanique *cesse* pour laisser place à la détermination psychique ; celle-ci fait déjà le fond de la détermination mécanique, qu'elle déborde et dont elle se dégage de plus en plus.

Les partisans de la contingence ne voient dans le déterminisme causal qu'un procédé à l'usage de l'homme pour agir sur la matière ; donc, disent-ils, il n'a pas de valeur en soi. Mais d'abord, pour qu'on puisse agir sur la matière, il faut que le sujet agissant et l'objet réagissant agissent et réagissent selon des lois communes qui s'appliquent aux deux termes et à leurs relations. Le déterminisme a donc ici une valeur objective. De plus, le sujet et l'objet agissant dans l'ensemble des autres sujets et objets, il faut que leur action soit conforme aux lois de l'ensemble. Le déterminisme a donc ici encore une valeur objective. Ajoutons qu'il est également applicable aux relations des sujets entre eux, à la vie sociale, qui, d'ailleurs, n'est qu'une partie du grand tout. Le déterminisme est donc de nouveau valable dans ce domaine.

Allons plus loin. Considérons l'hypothèse de la contingence. S'il est une supposition qui ait été faite pour notre humaine commodité, c'est bien celle-là. L'homme a supposé que dans les choses, dont il ne voit pas toutes les causes, il y avait un élément d'indétermination qui lui permettait de les déterminer *à son gré*. Il a cru aussi qu'en lui-même il y avait un élément d'indétermination lui permettant de se déterminer selon son bon plaisir. Si les hypothèses utiles à la vie n'ont pas de valeur objective, c'est de la contingence qu'il faudra dire, bien plus que du déterminisme, qu'elle est un mode de représentation plus ou moins illusoire, mais utile pour l'action ou que nous croyons tel. Encore cette utilité est-elle bien restreinte ; car, s'il faut que l'avenir ne soit pas entièrement déterminé *en dehors de notre action*, pour que nous puissions agir, il faut aussi qu'il soit déterminé pour tout ce qui n'est pas notre action, déterminable aussi par notre action suivant des lois ; enfin, il faut que notre action même ne soit pas un pur hasard ou un pur caprice.

On ne voit donc pas la supériorité de la contingence sur le déterminisme des raisons et des causes ; on en constate, au contraire, l'infériorité, à mesure que la science se développe et que, d'autre part, la conduite humaine devient plus réfléchie et plus scientifique. Généralisons pour conclure. Si l'intelligence et l'intelligibilité ne sont que de simples moyens de la vie, la non-intelligibilité entraînant la non-intelligence est encore bien mieux un simple moyen, fort inférieur aux autres, comme l'absence d'yeux pour voir est une infériorité par rapport à de bons yeux grands ouverts sur toutes choses. L'utilitarisme des partisans de la contingence se retourne ainsi contre eux.

La doctrine du pur hasard proclame que tout est possible et le nécessitarisme exclusif que cela seul est vraiment possible qui arrive ; mais, le champ des possibilités étant inconnu, les spéculations de ce genre sont en l'air. Stuart Mill croit qu'en dehors de notre monde, il peut exister une quantité innombrable d'autres mondes, où les lois du nôtre ne trouvent point à s'appliquer et qui nous paraîtraient à nous dans un état chaotique ; mais, s'il en était ainsi, nous n'en croirions pas moins que ce chaos même est un pêle-mêle de causes encore non démêlées, où rien n'arrive que ce qui est causé et causé tel, non autrement.

Nous ne sommes nullement dupes du caractère relatif et en grande partie imaginatif des explications purement mécaniques, où les symboles jouent un rôle énorme ; nos symboles n'en enserrent pas moins sinon la réalité même, du moins les rapports constants, de manière à nous permettre la prévision en ce qui concerne les rapports. Le déterminisme scientifique ne porte et n'agit assurément que sur l'envers des choses, mais il les soumet cependant à ses prises. L'artisan des Gobelins, pour reprendre d'une autre manière une comparaison célèbre, travaille à sa tapisserie par l'envers, sans en voir l'endroit : il n'en réussit pas moins à entrelacer les fils aux mille nuances et à leur faire représenter docilement la pensée de l'artiste. C'est parce qu'il agit selon un plan et un modèle, donc en corrélation constante avec la pensée du dessinateur. Le déterminisme de l'*envers* n'autorise pas à affirmer l'indéterminisme de l'*endroit*.

On sait que, pour Leibniz, les vérités dites contingentes sont aussi riches de raisons suffisantes et même plus que les vérités dites nécessaires ; elles n'en diffèrent que par l'infinité des propositions au moyen desquelles on pourrait les démontrer. Tel « fait », dit contingent, telle « individualité » dite contingente, sont les résultats d'une infinité de raisons et de causes ayant agi dans l'infinité de l'espace et du temps ; elles supposent une infinité *a parte post* dans la durée, une infinité actuelle dans l'espace, une infinité actuelle dans l'interaction des êtres.

Nous avons toujours, pour notre part, maintenu dans le déterminisme cette idée de l'infinité actuelle, qui est libératrice par le champ qu'elle ouvre à la pensée et aux possibilités de l'action. Nous l'avons toujours défendue contre les objections de la logique simpliste fondée sur la prétendue contradiction *inhérente à l'infinité*.

Nous avons toujours soutenu que nous baignons dans l'infinité. Il en résulte que nos humaines conceptions de déterminismes finis et rigides sont inadéquates et que partout la réalité les dépasse ; mais par quoi ? — Selon nous, c'est par des déterminations plus profondes et plus voisines de l'être même, de l'être psychique et moral. Selon les partisans de la contingence, au contraire, c'est par l'indétermination. Nous avons été des premiers à rendre le déterminisme aussi dilatable qu'il est possible, mais nous l'avons toujours maintenu sous sa forme intellectuelle et morale comme la loi de la pensée et de l'action.

Les efforts faits récemment en faveur de la contingence auront été utiles en ce sens qu'ils empêchent la pensée de se figer dans un déterminisme physique ou mécanique ; mais il ne faut pas, par un excès contraire, que la pensée s'évapore dans l'indéterminisme. L'enchaînement des raisons d'être à l'infini, — je ne dis pas seulement des raisons mécaniques, — demeure la règle indispensable de la science, il est le mode universel selon lequel la multiplicité des faits devient pour notre esprit une *nature*, un *monde*, un *cosmos*; mais le déterminisme n'est qu'une série de rapports réciproques qui ne peut être donnée comme une révélation objective où s'épuiserait le *devenir* ou l'*être* de chaque fait singulier, son *fieri* ou son *esse*. Il y a au fond des choses plus que notre déterminisme à forme intellectuelle ne peut saisir. Voilà ce qu'il faut retenir des discussions sur la contingence et la nécessité. La contingence, encore un coup, n'est qu'un déterminisme d'ordre supérieur, et le déterminisme n'est lui-même que le réseau, de plus en plus flexible à mesure qu'on s'élève, où se meuvent les êtres en mutuelle interaction. Plus le déterminisme devient intellectuel et moral, plus il tend vers une idéale spontanéité de l'être.

Telle est, à notre avis, la solution de la quatrième antinomie : la contingence est une *idée-limite*, vers laquelle tend l'idée de causalité déterminée, à mesure que l'on conçoit cette causalité comme de plus en plus psychique, intellectuelle et morale. En outre, la notion de contingence est une *idée-force*, qui excite notre volonté à agir et à marcher en avant comme si toutes les lois pouvaient être tournées par quelque moyen, comme si toutes les barrières pouvaient être reculées, tous les obstacles à notre action renversés l'un après l'autre, non pas au hasard, il est vrai, mais en conformité à des raisons d'intelligibilité qui peuvent devenir des moyens de liberté.

CHAPITRE TREIZIÈME

Synthèse du pluralisme et du monisme panpsychique.

I. — La critique du pluralisme.

Le monde ne nous est accessible que par la multiplicité infinie des sensations qu'il cause en nous, et dont nous ne voyons pas en nous l'origine ; contre ces sensations réagit notre volonté de conscience, qui les ramène à l'unité. Expérience, c'est unité ; et il n'y a point d'expérience sans pensée, sans réduction à l'unité.

L'interprétation philosophique est la réaction de notre volonté de conscience tout entière sur la totalité des impressions venues du monde, pour coordonner et systématiser ces impressions, pour en faire ainsi un microcosme, qui sera la projection du macrocosme dans notre intelligence. Dès lors, la philosophie de l'avenir sera toujours soumise à une double condition ; 1° être la plus expérimentale qu'il est possible, de manière à suivre en son détail la pluralité infinie des choses ; 2° être la plus unifiée qu'il est possible par la pensée, la plus rationnelle qu'il est possible, donc monistique. Comment la pluralité dans l'espace ne serait-elle pas absolument infinie là où une infinité de positions différentes et de rapports différents peuvent être établis ? Mais, en même temps, cette infinie pluralité est tout entière soumise aux lois de l'espace, ramenée à l'unité de ces lois. Les lignes possibles de la géométrie sont en nombre infini, mais ce sont toujours des figures sous l'inflexible domination des lois géométriques, promotion de la logique. De même, comment la pluralité dans le temps ne serait-elle pas infinie, puisque le temps est lui-même infini ? Mais aussi toutes les choses les plus diverses qui deviennent dans le temps ont-elles ce caractère commun d'aller du passé à l'avenir à travers le présent ou l'*actuel*. Infinies sont les combinaisons mécaniques dans l'espace et dans le temps, mais ce sont toujours des combinaisons mécaniques ; plus, donc, il y a de pluralisme mécanique, plus il y a de monisme mécanique, où triomphent les inéluctables principes de l'inertie mécanique et de l'équivalence mécanique. En général, deux objets que vous *discernez* sont évidemment toujours *discernables*, soumis par conséquent au principe de Leibniz ; sans quoi vous ne diriez pas qu'il y a deux objets. Mais, en même temps, vous ne direz pas qu'ils sont deux, ni plusieurs, si vous n'apercevez pas en eux quelque trait qui permette de les comparer et, en partie, de les *assimiler*, soit sous le rapport de l'espace, soit sous le rapport du temps, soit sous ce rapport que vous les *pensez* tous *réels*, et qu'ils sont tous en *action causale* les uns sur les autres, et qu'ils ont tous des raisons, et enfin que chacun est *identique* à soi-même. Le pluralisme réduit à lui seul s'abîme dans le néant, et il en est de même d'un monisme réduit à lui seul. Toutes les controverses actuelles sont donc la preuve d'une certaine myopie de la part des différents adversaires. Ils ne voient pas que plus on montre de pluralité dans les choses, plus on y montre d'unité, et inversement.

« Nos équations, dit M. Poincaré, deviennent de plus en plus compliquées, afin de serrer de plus en plus près la complication de la nature. » Sans doute, mais ce sont toujours des équations, selon les mêmes lois mathématiques, selon les mêmes lois logiques d'identité et de raison suffisante, si bien que, plus vous descendez vers le pluralisme, plus vous montrez la domination à l'infini du monisme, plus vous mettez à nu la pénétration en toutes choses de la logique et des mathématiques, donc de l'intelligibilité et de l'intelligence.

Notre intelligence, disent les pluralistes, est éprise de *simplicité* et d'*uniformité*. Pourquoi ? C'est, selon eux, parce qu'elle *économise* l'effort. Elle veut donc que la nature soit arrangée de manière à réclamer de nous, pour être pensée, « la moindre somme possible de travail ». Cette explication utilitaire de l'intelligence est bien digne des pragmatistes, auxquels on l'emprunte : intérêt et paresse, voilà, à les en croire, le fond de la pensée.

Pour nous, nous croyons exactement le contraire. Le principe que nous posons est le suivant : « L'intelligence est éprise de perfection ; éprise d'intelligence parfaite, donc d'intelligence parfaitement consciente, en même temps que parfaitement active. Mais il n'y a pas de conscience possible, donc d'intelligence possible, sans synthèse, sans réduction de l'infinie pluralité à l'infinie unité. »

Les pluralistes diront : Pourquoi voulez-vous avoir conscience ? Pourquoi avez-vous la « volonté de conscience » ? Nous avons déjà répondu : parce que la conscience est une perfection, parce que l'existence qui n'existe point pour elle-même équivaut à une pauvreté infinie et ne peut jouir de soi. Une félicité sans conscience serait l'indifférence et l'insensibilité. Voilà la raison profonde pour laquelle toute volonté veut la conscience, la conscience totale et universelle, la joie intégrale de la vision une et indéfinie, la perfection.

Apercevoir la multiplicité du tout, cela est bien ; apercevoir en même temps l'unité du tout, cela est mieux encore. Il ne s'agit pas là de « simplifier » en vue d'une facilité plus grande ; il s'agit d'unifier en vue d'une perfection plus grande. Ce n'est pas par économie d'effort que je veux voir tout en un, un en tout, c'est parce que cette vision est celle de la réalité même, en sa richesse infiniment multiple et en son harmonie infiniment une ; ma volonté de conscience va au parfait et ne se repose que dans le parfait, contemplé avec un absolu désintéressement. Ce qui est paresseux, utilitaire et égoïste, c'est le pluralisme qui s'arrête à moitié chemin, accepte l'amas multiple des choses tel qu'il est donné, renoncé à l'effort de le comprendre, de le relier au tout, se contente de déchiffrer deux ou trois vers du grand poème et ne cherche pas à pénétrer le sens de l'épopée universelle. Singulière contre-vérité ! Il semble au pluraliste qu'il ne faille pas d'effort pour unifier les choses diverses et que, par exemple, l'hypothèse d'un Newton sur la gravitation universelle ait été une hypothèse paresseuse, une hypothèse de paresseux. Ce sont, encore un coup, les pluralistes qui économisent eux-mêmes leur effort et renoncent, dans l'ascension de la pensée philosophique, à gravir les dernières cimes d'où ils domineraient tout l'horizon. De là la conception de l' « univers pluralistique », pièces et morceaux sans lien, mauvaise tragédie faite d'épisodes décousus, comme celle dont parlait Aristote, conscience dispersée en sensations disparates, conscience de rêve, monde de cauchemar.

Tandis que la pensée, dit-on, avec ses habitudes d'économie, se représente les effets comme strictement proportionnels aux causes, la nature prodigue dépasse les causes dans les effets. Nous ne saurions comprendre ce qu'on entend par des effets proportionnels aux causes ; il nous semble que les proportions sont ici inexplicables ; ce n'est pas sous cette forme, selon nous incorrecte et trop vague, que s'exprime le principe de causalité. Ce principe pose que les effets sont déterminés par les causes et déterminés de la même manière par les mêmes causes, d'une manière différente par des causes différentes ; bref, que A étant posé, B est posé par son lien universel et constant avec A. Il n'y a pas là la moindre *économie* de la part de l'intelligence, ce n'est pas pour épargner son effort que l'intelligence rattache les mêmes conséquences aux mêmes principes, et refuse de conclure tantôt que, si A = B, et si B = C, A = C, tantôt que si A = B et si B = C, A n'égale pas C. Il n'y aurait, au contraire, rien de plus économique que le dernier système, car l'intelligence n'aurait plus qu'à se croiser les bras sans faire le moindre effort, tout effort étant devenu parfaitement inutile pour essayer de saisir l'insaisissable. Si, au contraire, l'intelligence pose en principe qu'elle a partout quelque chose à faire, qu'il n'est pas un seul point dans l'immensité et dans l'éternité où sa tâche cesse, un tel principe ne sera certes pas « l'économie de l'effort ». S'il y a partout des causes et des raisons à chercher, c'est pour nous la tâche infinie et non la tâche économique. Sans doute notre intelligence, se sachant finie, ne prétendra pas s'appliquer tout d'un coup à tout à la fois; mais si elle doit diviser son effort pour le rendre possible, ce n'est pas en vue d'appauvrir le réel, ni parce qu'elle est avare de ses forces; c'est, au contraire, parce qu'elle veut toujours les prodiguer, sans jamais les perdre.

Les pluralistes reconnaissent que l'expérience même nous montre les parties reliées à d'autres parties par des relations observables; mais, selon eux, les choses sont « fluides » et les relations « flottantes », sans qu'on puisse savoir si chaque chose est coordonnée non seulement à d'autres choses, mais encore au tout, comme le voudrait notre raison.

A quoi on peut répondre : Où voyez-vous ces choses fluides et ces relations flottantes? Seriez-vous dupes de la « fluidité » des liquides, des gaz et de l'éther, au point de croire que leur existence et les relations de leurs parties sont flottantes, indéterminées, indéterminables? Il suffit de savoir quelques éléments de chimie pour être détrompé et lier connaissance avec des relations définies entre les corps, si fluides soient-ils. Est-ce donc dans le domaine mental que vous trouvez cette fluidité et ce flottement? Mais c'est une ingénuité de croire que nos sensations, nos émotions, nos plaisirs et nos peines, nos pensées et nos idées, nos appétits et nos désirs sont livrés à l'arbitraire, alors que, plus la science fait des progrès, plus elle découvre de lois et de relations fixes. L'indétermination apparente est le pendant du hasard et de la chance, qui reculent à mesure que notre ignorance recule. Les pluralistes se contentent donc d'assertions vagues et de mots ambigus : c'est dans leur esprit que tout flotte.

Quant à croire que les relations causales et autres existent bien entre une partie et une autre, mais n'existent pas entre toutes les parties, c'est rester à moitié chemin et se payer encore de conceptions arbitraires. Comment savez-vous que toute partie est liée à une autre partie? Vous prétendez que c'est « par l'expérience », mais l'expérience ne vous en apprend pas si long ; elle vous montre seulement *certaines* parties liées à d'autres parties, c'est par un besoin de l'esprit que vous universalisez ; soyez logique et comprenez que c'est précisément la conception plus ou moins claire d'un *tout-un* systématiquement lié par la loi de causalité réciproque qui vous fait chercher des causes particulières pour chaque chose, pour chaque partie. Dès que vous affirmez *une* cause, vous affirmez *toutes* les causes.

Le pluralisme se contente d'assertions vagues et indéfinies : La réalité ne forme pas un ensemble, elle est multiple, elle est un flux, un devenir, elle n'a pas « d'armature logique », elle n'est pas simple et « économique », elle n'est pas « systématique », elle n'est pas un tout clos, arrêté, fixé dans les cadres immobiles de la pensée. Toutes ces métaphores ambiguës n'avancent en rien la question, que seules pourraient avancer des définitions, des analyses et des synthèses.

Non, certes, la réalité ne forme pas un « ensemble », un « tout », si vous entendez par là, comme Renouvier, un tout fini, un ensemble arrêté et fermé ; la réalité est infinie, infiniment infinie ; mais en quoi cette infinité l'empêche-t-elle d'être en même temps, une, cohérente, solidaire en l'infinité de ses parties? Non, sans doute, elle n'a pas d'armature logique pour la soutenir comme du dehors ; mais elle a une armature causale, ou plutôt elle n'a aucun besoin d'armature, étant la causalité infinie et réciproque, partout causante et causée. Par cela même, elle a en soi sa rationalité immanente, son intelligibilité infinie qui déborde toute intelligence finie, non parce qu'elle l'enveloppe de ténèbres, mais parce qu'elle l'enveloppe de lumière. Comment donc l'appeler un « univers économique », une sorte de résumé à notre usage, comme un manuel d'examen ? Loin d'être économique, la réalité est partout prodigue et débordante ; ce qui ne veut pas dire que sa prodigalité soit inintelligible, irrationnelle, sans cause et sans raison, désordre vrai et absolu, où nous seuls, pour économiser notre pensée, nous introduirions l'ordre après coup, par une « invention » utile uniquement à nos besoins, comme quand nous mettons dans les constellations un ordre factice pour pouvoir faire une carte mnémonique du ciel. De ce que notre science est toujours plus ou moins économique et le sait, de ce qu'elle abstrait et borne ses points de vue, il ne suit nullement qu'elle croie à un univers économique et abrégé. C'est précisément parce que l'univers n'est pas économique que notre science est obligée, pour le comprendre progressivement, de borner ses efforts à certaines perspectives qu'elle est loin de prendre pour le tout. Quand nous parlons de la « simplicité » de la nature, nous ne voulons nullement dire qu'elle ne soit pas en même temps d'une complexité infinie. Ce mot de simplicité, d'ailleurs vague et dont on a certainement abusé, veut dire seulement que tout est *lié*, que l'infinité n'est pas faite de morceaux épars, qu'elle n'est pas le mauvais poème fait d'épisodes détachés dont parlait Aristote. C'est alors que la réalité serait vraiment économique. C'est l'univers pluraliste qui est l'univers économique et pauvre, où les choses forment des chaos épars, avec des trous et des hiatus de toutes sortes, avec des vides sans nombre qui sont une économie de réalité et d'intelligibilité tout ensemble. Y a-t-il rien de plus maigre, de plus avorté, de plus avare que l'univers sans lien des pluralistes, avec ses îles de néant, de ténèbres et de mort ? Parce qu'ils ont chassé l'intelligence et l'intelligibilité, les pluralistes s'imaginent naïvement qu'ils ont enrichi leur monde d'immenses richesses. Voyez plutôt ! Au lieu d'un monde, ils nous en offrent une multitude, sans lien logique entre eux ; cette pluralité n'est-elle pas plus riche ? Le malheur est, pour leur système, qu'un seul univers infiniment infini est plus riche que leur misérable collection de mondes décousus et errants dans le vide. Ils ne veulent pas d'un monde « systématique ». Qu'entendent-ils par cette nouvelle ambiguïté qu'ils ajoutent aux autres ? Systématique ne veut pas dire *clos*, arrêté, figé, cristallisé. Quand on dit que l'univers est un système à la fois rationnel et réel, on ne veut pas dire qu'il soit muré dans une prison et arrêté dans sa course. On veut dire simplement qu'il a en soi un ordre profond et infini comme lui-même, qu'il est baigné partout et en tout d'une lumière intelligible, comme on dit que tous les corps sont baignés et pénétrés d'éther à l'infini. Cette lumière immanente n'empêche pas le monde de se mouvoir et de marcher ; tout au contraire. L'univers misérablement systématique, c'est celui des pluralistes, qui font de leur système la mesure des choses et croient que, là où ils cessent d'apercevoir de l'ordre et des raisons, l'ordre et les raisons finissent ; ils prennent leur pauvre petit horizon pour le ciel infini. Quand ils ne peuvent plus épeler le grand poème, ils disent : Rien n'existe que des morceaux détachés, des rhapsodies sans unité. Et ils croient qu'un univers incohérent, délirant et fou, est plus beau et plus grand qu'un univers où l'ordre règne à l'infini.

II. — La thèse du monisme panpsychique.

Maintenant, comment unifier les êtres ? Par un X, un inconnaissable, un noumène ? Mais ce n'est pas là une unité plutôt qu'une multiplicité, plutôt que quelque chose qui n'est ni unité ni multiplicité. Admettons même cet X du noumène aux confins de tout le pensable. Il faudra bien, tôt ou tard, revenir au pensable, aux choses que nous pouvons nous représenter ; et la même question surgira de nouveau : Comment nous représenter tant bien que mal la nature du réel ? Or il y a, pour une partie de la réalité, une représentation qui est confirmée de tous points, c'est celle des autres êtres vivants et conscients comme étant plus ou moins analogues à nous-mêmes. Si je crois qu'un chien attaqué par moi va se défendre, comme si un autre moi-même était dans la peau du chien, cette induction réussit selon mon attente et tout se passe comme si le chien irrité se défendait. D'autre part, la science rapproche de plus en plus végétal et animal; donc, ici encore, du côté psychique, les mêmes éléments essentiels doivent subsister. Enfin, jusque dans le minéral, on entrevoit les germes de la vie. Il n'y a donc pas de milieu ; il faut admettre, ou le monisme psychique, ou une pluralité sans loi et sans aucune représentation possible, ou encore une absence de pluralité comme d'unité : l'abîme (1).

On aboutit donc nécessairement au *monisme psychique*, c'est-à-dire à une doctrine d'unité fondée sur les faits intérieurs et qui représente le monde entier comme analogue à la vie consciente ou subconsciente. On ne peut assurément absorber la réalité dans la *pensée* proprement dite sans constater « un reste », mais, quand on l'absorbe dans la vie consciente ou subconsciente, le *reste* est diminué, car on y introduit alors

(1) Cf. *Introduction*, p. xxxii et xxxiii. « Pour rendre le monde aussi intelligible et aussi un qu'il est possible, il faut un type d'existence universelle qui en fournisse, pour ainsi dire, l'unité de composition. Ce type d'existence doit-il être cherché dans la conscience ou au dehors? Voilà le problème.

» Mais d'abord, nous ne connaissons directement que ce qui est dans la conscience ; ce que nous disons être *au dehors* n'est conçu que médiatement.

» En second lieu, le dehors n'est conçu que par une répétition ou une diminution de notre conscience. Par une répétition et duplication, s'il s'agit des autres sujets conscients que nous nous représentons à notre image. Par une diminution, s'il s'agit des êtres dits matériels, que nous concevons en les dépouillant d'un certain nombre des attributs de notre existence consciente; nous appauvrissons notre conscience, nous la réduisons à ce qu'elle offre de plus élémentaire : activité et passivité. De cette façon, nous concevons des forces extérieures qui ne seraient que des sources de résistance ou de mouvement, et nous répandons dans l'espace ces résidus de nos sensations visuelles ou tactiles, sous le nom de corps.

» Selon Nietzsche, nous lisons le monde extérieur dans notre conscience comme le sourd-muet lit sur les lèvres les mots qu'il n'entend pas directement. Selon nous, au contraire, c'est quand nous regardons le monde extérieur que nous lisons sur les lèvres de la nature des mouvements dont le sens intérieur nous échappe ; en nous seulement, au fond de notre conscience retentit en écho la musique des sphères. Choisissez un type d'existence non conscient, non réductible à des états quelconques de la vie consciente, qu'arrivera-t-il ? La conscience, avec son caractère absolument spécifique et *sui generis*, demeurera réfractaire et irréductible au type que vous aurez choisi. Dès lors, au lieu d'unité, vous aurez une dualité entièrement inexpliquée et inexplicable. Le problème de l'existence restera sans solution. Vous direz : il y a la matière et il y a la conscience, sans pouvoir ramener la conscience à la matière et sans essayer de ramener la matière au type de l'existence consciente. C'est là une solution *évasive*, un refus de solution. »

l'activité, la vie, la volonté même et, en outre, la sensibilité à un degré quelconque. Le « reste » consiste dans le fait d'*autres* existences que la nôtre, mais nécessairement conçues sur un modèle analogue à la nôtre. Le « reste » consiste aussi dans l'étendue ; mais l'étendue elle-même est une idée de notre conscience et semble le résidu des formes sensibles sous lesquelles nous nous représentons la multiplicité des existences séparées entre elles.

Comprendre scientifiquement les choses, ce n'est pas, il est vrai, les « ramener à soi » ; c'est, au contraire, s'exclure, autant qu'il est possible, des objets et de leurs rapports pour les suivre en eux-mêmes, c'est *déshumaniser*, autant qu'il se peut, tous ces rapports ; et pourtant, même en ce cas, le sujet ne peut entièrement se perdre dans l'objet. Mais il y a dans le sujet quelque chose qui est moins subjectif que tout le reste ; c'est la pensée avec ses lois ; comprendre scientifiquement les choses, c'est y retrouver la pensée ; et ce n'est pas là de l'anthropomorphisme : la pensée a bien le droit de se retrouver dans les choses, puisque c'est elle qui les conçoit, qui les pose, qui les affirme comme réelles et comme intelligibles.

Là s'arrête la science ; mais la philosophie va plus loin que la science et cherche l'*être intérieur* aux choses. Or, quand nous voulons nous représenter cet *être intérieur*, un seul moyen est à notre disposition : la conscience de notre être intérieur, à l'image de laquelle nous sommes obligés de nous représenter l'intériorité des autres, que nous ramenons ainsi d'une certaine façon à nous-mêmes.

Comte a eu raison de le dire : l'inférieur se comprend *philosophiquement* par le supérieur ; le supérieur a une réalité plus *riche* et plus *une* tout ensemble, c'est-à-dire mieux organisée dans ses éléments et dans son tout ; le supérieur, en outre, a une conscience de soi plus profonde, à la fois plus étendue, plus complète et plus lumineuse ; la réalité est donc là plus visible, et il n'y a plus qu'à retrancher pour comprendre des existences plus simples, plus rudimentaires. Nous-mêmes nous avons des moments où nous descendons, où nous sommes inférieurs à nous-mêmes, où nous redevenons simples animaux, ou même simples êtres végétatifs ; autant d'ouvertures sur les êtres qui nous sont inférieurs. Qui peut le plus peut le moins ; qui a la conscience du plus a la conscience du moins. De là la possibilité de l'opération philosophique, qui consiste à retrancher de soi pour comprendre l'inférieur, pour se figurer le dehors, le matériel.

La conscience est sans doute obligée, au début, de se faire la mesure de toutes choses par la pensée, qui est son seul instrument de mesure ; mais c'est pour faire ensuite du tout la mesure de chaque chose et pour se mesurer elle-même au tout qu'elle a fini par concevoir. Aussi ne saurait-on prétendre que la philosophie soit simplement un « humanisme », un « anthropomorphisme », d'autant plus que l'*humain* proprement dit est, autant que possible, exclu de la *pensée* et des *objets* de la pensée.

Comprendre philosophiquement, ce n'est pas se contenter de ramener au moi, je veux dire, au fond conscient ou préconscient du moi, tous les autres objets de la pensée ; cela consiste aussi à les ramener chacun au tout, à les interpréter par le tout, autant que nous pouvons le concevoir. Il y a dans chaque être particulier quelque chose de tous les autres, quelque chose du tout ; le tout est dans chacun. C'est ce quelque chose que la philosophie doit retrouver, de manière à lire l'universel dans l'individuel. Supprimez ce monisme essentiel qui présuppose, mais domine le pluralisme, et vous supprimez la philosophie elle-même.

CHAPITRE QUATORZIÈME

Les vues sur la destinée du monde.
Le retour éternel. — La mort de l'univers.
Le progrès possible.

I. — Hypothèse du retour éternel.

Nietzsche s'est imaginé, — et sans doute il était de bonne foi, — avoir eu, le premier de tous les philosophes, l'idée du *retour éternel des choses*; et voici comment il appréciait sa propre découverte : « Ma philosophie apporte la *grande pensée victorieuse* qui finit par faire sombrer toute autre méthode. C'est la grande pensée *sélectrice* : les races qui ne la supportent pas sont condamnées, celles qui la considèrent comme le plus grand des bienfaits sont choisies pour la domination. »

Cependant il paraît difficile d'admettre que l'attention de Nietzsche n'ait pas été attirée sur une page très importante de l'*Histoire du Matérialisme* où, dans une note de son chapitre sur Lucrèce, Lange, se souvenant de l'*eadem sunt omnia semper*, cite l'ouvrage de Blanqui, *L'Éternité par les astres* (1).

« Rappelons, dit-il, un fait qui ne manque pas d'intérêt. Dernièrement un Français a de nouveau formulé la pensée que tout ce qui est possible existe ou existera quelque part dans l'univers, soit à l'état d'*unité*, soit à l'état de *multiplicité*; c'est là une conséquence irréfutable de l'immensité

---

(1) *L'Éternité par les astres, hypothèse astronomique.* Paris, 1872.

absolue du monde, ainsi que du nombre fini et constant des éléments, dont les combinaisons possibles doivent être également limitées. »

On reconnaît l'argument de Nietzsche, et presque dans les mêmes termes.

« Si, dit Nietzsche, on peut imaginer le monde comme une quantité déterminée de force,... il s'ensuit que le monde doit traverser un nombre évaluable de combinaisons.... Dans un temps infini, chacune de ces combinaisons possibles devra une fois se réaliser, plus encore, elle devra se réaliser une infinité de fois. » De là « un mouvement circulaire de séries absolument identiques » (1).

Nietzsche, d'ailleurs, en sa qualité de professeur de philologie grecque, ne pouvait guère ignorer que les Stoïciens faisaient recommencer le monde après chaque conflagration. Les dieux eux-mêmes recommençaient leurs destinées, à plus forte raison les simples mortels. Socrate épousait de nouveau Xantippe, toujours aussi acariâtre, buvait de nouveau la ciguë. Cette idée du retour des mêmes événements inspirait au sage le détachement, la résignation, l'absence de tout étonnement devant un monde toujours semblable à lui-même et que nous ne pouvons changer. Comme d'ailleurs ce monde paraissait aux Stoïciens un magnifique déploiement de tension et de raison, de τόνος et de λόγος, ils professaient l'optimisme et disaient : Rien de meilleur n'est possible.

D'autre part, Guyau, qui certainement ne connaissait pas le livre de Blanqui, mais avait été conduit à cette idée par ses réflexions propres et par l'étude d'Épicure et de Lucrèce, parle aussi du retour éternel des choses dans ses vers sur l'*Analyse spectrale* :

> Puisque tout se copie et se tient dans l'espace,
> Tout se répète aussi, j'en ai peur, dans le temps ;
> Ce qui passe revient et ce qui revient passe,
> C'est un cercle sans fin que la chaîne des ans.

(1) Nietzsche, *La Volonté de puissance*, § 384.

Et, par ce cercle sans fin, il entendait la spirale qui se répète sans cesse en ses tours et retours sans nombre (1).

Nous ne croyons pas, quant à nous, que la « grande pensée sélectrice », l'hypothèse du retour éternel, puisse avoir, comme se l'imaginait Nietzsche avec Lange, une réelle valeur scientifique et philosophique.

Dans la science, en effet, le mot infini a un sens déterminé dont on n'a pas le droit de s'écarter. Quant au nombre fini des éléments dont parle Lange, nous ignorons entièrement ce qu'est un élément, un atome, un électron, ni si les éléments sont en nombre fini ou sans nombre, ni s'il y en a et si ce ne sont pas plutôt des conceptions symboliques à notre usage. L'électron, nous l'avons vu, n'est qu'un atome, comme le système solaire est un atome, comparativement. Raisonner sur les électrons ou autres prétendus atomes comme s'ils étaient des unités fixes, c'est chose aussi enfantine que de raisonner sur le système solaire ou sur le système de Sirius comme si c'étaient des individus immuables, sans sources internes de changements. La divisibilité à l'infini de la matière est parfaitement compatible avec l'indivisibilité physique d'éléments physiques ou avec l'indivisibilité chimique de certains éléments chimiques ; elle permet de concevoir des énergies latentes, intra-atomiques, que rien ne peut épuiser et qui se

---

(1) Cf. ce passage de l'*Esquisse d'une morale sans obligation ni sanction* : « Nous croyons que la nature a un but, qu'elle va quelque part ; c'est que nous ne la comprenons pas. Nous la prenons pour un fleuve qui coule vers son embouchure et y arrivera un jour, mais la nature est un océan. Donner un but à la nature, ce serait la rétrécir, car un but est un terme. Ce qui est immense n'a pas de but. L'Océan, lui, ne travaille pas, ne produit pas, il s'agite ; il ne donne pas la vie, il la contient ; ou plutôt il la donne et la retire avec la même indifférence ; il est le grand roulis éternel qui berce les êtres.... Cette tempête des eaux n'est que la continuation, la conséquence de la tempête des airs... A mesure que je réfléchis, il me semble voir l'océan monter autour de moi, envahir tout, emporter tout ; il me semble que je ne suis plus moi-même qu'un de ses flots ; que la terre a disparu, que l'homme a disparu, et qu'il ne reste plus que la nature avec ses ondulations sans fin, ses flux, ses reflux, les changements perpétuels de sa surface qui cachent sa profonde et monotone uniformité. » Nietzsche, qui avait lu et annoté ces pages, dit à son tour dans la *Volonté de puissance* : « Force partout, le monde est jeu des forces et onde des forces, à la fois un et multiple, s'accumulant ici tandis qu'il se réduit là-bas, une mer de forces agitées dont il est la propre tempête, se transformant éternellement dans un éternel va-et-vient avec d'énormes années de labeur, avec un flot perpétuel de ses formes ; il est ce qui doit éternellement revenir, étant un devenir qui ne connaît point de satiété, point de dégoût, point de fatigue. »

refusent aux déductions sur le retour de combinaisons en nombre fini d'unités en nombre fini.

Pour principale raison de concevoir le monde comme un nombre déterminé de centres de forces, Nietzsche allègue que « toute autre représentation demeure indéterminée et, par conséquent, inutilisable ». Mais ce n'est pas là une preuve. Parce que nous sommes obligés, pour notre utilité, de déterminer dans le tout un morceau qui consiste en un nombre fini d'éléments, il ne s'ensuit pas que cette conception réponde à la réalité des choses et que le monde ne soit pas infini.

Le principe de Carnot-Clausius gênait fort Nietzsche, parce qu'il aboutit à l'irréversibilité des phénomènes physiques, à l'impossibilité du retour et à un équilibre final. Nietzsche se tire d'affaire par un argument commode. Posant en principe que le monde doit revenir sur lui-même et ne pas avoir de condition finale; croyant d'autre part que Thomson avait déduit des principes de la mécanique la mort finale de l'univers, il prononce la sentence : « Si le mécanisme ne peut pas échapper à la conséquence d'un état de finalité, tel que Thomson le lui a tracé, le mécanisme est *réfuté*. » Remarquons, entre parenthèses, que ce n'est pas la mécanique mais l'énergétique qui aboutit ou prétend aboutir à l'équilibre final.

Maxwell croyait pouvoir démontrer l'existence de Dieu par le principe de Carnot-Clausius. Puisqu'il y a continuellement, disait-il, une dispersion de l'énergie physique, il faut qu'il y ait un état primitif qui ne peut avoir pris naissance d'une manière naturelle. Si le monde avait un passé infini, il serait déjà arrivé à l'équilibre universel de température qui est la mort universelle. — Un tel raisonnement peut prendre place à côté de celui de Renouvier, qui prouvait son *Premier commencement absolu* par cette raison qu'une infinité sans nombre d'états *a parte post* implique un nombre infini contradictoire.

Nietzsche triompherait peut-être ici en disant : « Vous

voyez bien qu'il faut admettre un éternel retour périodique, puisque, sans cela, tout serait déjà en équilibre et l'heure du *De profundis* aurait sonné pour l'univers. » Mais nous répondrons qu'il y a encore deux autres hypothèses pour échapper au lugubre arrêt de Carnot et de Clausius.

La première, c'est que la nature a pu réaliser une infinité d'états qui ne rentrent pas dans les formules de notre science incomplète et qu'elle a pu, en conséquence, trouver des applications de l'énergie qu'il nous est encore impossible de nous représenter. Maxwell lui-même a dit : « De l'énergie dispersée signifie de l'énergie pour laquelle, nous, hommes, nous ne concevons pas d'application. » La nature est sans doute plus habile que les hommes.

La seconde hypothèse est que, si nous marchons vers l'universel équilibre, nous n'y marchons qu'asymptotiquement. On peut supposer qu'à mesure que l'équilibre et l'indifférenciation approchent, les êtres deviennent plus sensibles à des différences moins grandes, si bien que la différenciation psychique subsiste ou même s'accroît dans le voyage du monde matériel vers une moindre différenciation.

On a maintes fois supposé le monde réduit aux dimensions d'une coque de noix, et on a facilement prouvé que, toutes les dimensions relatives restant les mêmes, nous ne pourrions nous apercevoir du changement. De même, dans un monde de plus en plus voisin de l'équilibre mécanique, thermique ou autre, on peut concevoir des rapports d'oscillations de plus en plus petites, dans l'intervalle desquelles peuvent se glisser une infinité de différences réelles et de différences senties.

D'ailleurs, savons-nous si l'équilibre de la température, par exemple, entraîne certainement l'équilibre de tout le reste, surtout de la vie psychique ? La vie biologique elle-même peut avoir des conditions ultimes que nous ignorons et qui sont autres que les conditions purement thermiques. Toute spéculation sur la vie, et surtout sur la vie mentale, dépasse le domaine de la mécanique, de la physique et de la chimie telles que nous les connaissons et pouvons les connaître, c'est-à-dire les limites de *notre* physique, de *notre* chimie et même de *notre* mécanique.

Non seulement il y a, comme dit Shakespeare, plus de choses sous le ciel que nous n'en pouvons penser, mais il y a plus dans chaque petit grain de matière ou de ce dont la matière est sortie, qu'on l'appelle protyle, éther, ou de tout autre nom cachant notre ignorance. Les choses s'enveloppent à l'infini, aussi bien dans le sens de l'infiniment petit que de l'infiniment grand. Nous ignorons toutes les virtualités que peut renfermer l'existence. Nos spéculations sur les possibles et les impossibles dans le monde sans bornes sont en l'air. Tous les termes du retour éternel sont des *inconnus* impénétrables à la science. Le retour éternel, et aussi la mort éternelle, n'ont donc de scientifique que l'apparence : c'est un jeu de l'*ars combinatoria*, qui laisse fuir le réel.

Je dissertais récemment de la question mathématique avec un jeune mathématicien que je crois expert et d'esprit délié. Selon lui, et son raisonnement me paraît exact, en admettant que l'espace ait trois dimensions (ce qui, d'après certains géomètres, est une hypothèse, lorsqu'on veut discuter *in abstracto*), il faut trois paramètres pour définir la position d'un point, en l'espèce d'un atome, si cet atome est ponctuel, et il en faut six, si l'atome, ne pouvant être assimilé à un point, est défini comme un solide (par exemple, les trois coordonnées de l'origine d'un trièdre invariablement lié à l'atome, par rapport à un trièdre fixe dans l'espace, et les trois angles d'Euler définissant l'orientation de ce trièdre mobile par rapport au trièdre fixe). Dans ces conditions, un système de n atomes sera défini par $3n$ ou $6n$ paramètres, suivant que l'on fera la première ou la deuxième hypothèse. Laissant tous les paramètres fixes, excepté, par exemple, l'abscisse de l'origine de l'un des trièdres mobiles, je puis faire varier cette abscisse de la valeur actuelle à $+\infty$, ce qui me donnera pour le système une infinité d'états différents par lesquels il n'aura évidemment achevé de passer qu'au bout d'un temps infini. Il en sera de même, à fortiori, si l'on fait varier les $3n$ ou $6n$ paramètres simultanément, et si le nombre n croît au delà de toutes limites. En d'autres termes, dans un système constitué par un nombre fini d'atomes, supposez-les tous immobiles, sauf un seul, que vous conduirez de sa position actuelle jusqu'à l'infini, le système entier passera par une série indéfinie d'états différents pendant un temps infini. On peut, il est vrai, objecter que les liaisons des atomes s'opposent à un tel déplacement d'un ou de plusieurs d'entre eux ; mais nous ne connaissons pas ces liaisons ni leur nature ; nous pouvons donc supposer que ces liaisons enveloppent des virtualités de variations à l'infini.

En définitive, le problème est insoluble. Il faudrait connaître l'expression des divers paramètres qui définissent à un moment donné l'état du monde en fonction de la seule variable réelle, le temps, pour savoir si ces paramètres ont tous une période commune ou non, si le monde tend ou non vers un état-limite.

L'éternel changement, le mobilisme universel se dépassant sans cesse, admis d'abord par Nietzsche, contredit d'ailleurs l'éternel *eadem sunt*. Héraclite et Démocrite se battent ensemble dans la tête ardente de Zarathoustra. De même, sa critique des mathématiques comme ensemble de purs symboles utiles à la vie, mais sans valeur absolue, contredit sa croyance à la valeur absolue des lois de combinaison dans l'infinité de l'espace et du temps. Nietzsche, en admettant des retours d'événements identiques, est encore en pleine contradiction avec ce qu'il a dit lui-même contre la conception de l'*identité* et de la *loi* régulière. Il avait emprunté à ses contemporains d'Angleterre et d'Allemagne cette idée protagoréenne que nos formes d'identité, de loi, etc., sont simplement des créations de notre pensée au service de nos besoins : pour pouvoir agir sur le monde, nous supposons des retours des mêmes événements, bien qu'il n'y ait jamais rien qui soit le même. Identité et loi, selon Nietzsche, ne sont que des symboles. Mais alors comment poser en loi absolue et inflexible le retour de faits et de mondes identiques? Comment croire sérieusement qu'un second Blanqui, identique au premier, écrira, dans le même fort du Taureau, le même livre sur l'éternité par les astres?

Le principe des *indiscernables* de Leibniz, que nous avons plus d'une fois invoqué, déclare impossible deux mondes qui ne se distingueraient que par la simple place dans le temps, le temps n'étant rien lui-même sans les choses qui durent. Et ce principe des indiscernables ne fait qu'exprimer, nous l'avons vu, le caractère unique, selon Leibniz, et *singulier* de toute réalité, qui est ce qu'elle est, non ce que sont les autres, sans quoi elle ne se distinguerait pas des autres. Ce n'est pas seulement Jéhovah, c'est tout être réel qui peut dire : *sum qui sum*, ou tout au moins : *sum quod sum*. Il n'y a d'identité vraie que dans les abstractions mathématiques : deux triangles abstraits sont identiques, deux triangles réels ne le seront jamais. L'impossibilité de l'identité réelle vient de ce que chaque être enveloppe de l'infini et est enveloppé par de l'infini. Les partisans du retour éternel raisonnent comme s'ils avaient dans le creux de leur main, ou plutôt de leur plume, la totalité des éléments finis d'un monde fini. La réalité est moins simple que leur esprit.

Enfin, au point de vue moral, la consolation suprême que Nietzsche croit trouver dans la perspective de souffrir une infinité de fois les mêmes souffrances est aussi peu logique que le rapport de l'éternel retour aux principes de son système. C'eût été une triste consolation pour Jeanne d'Arc que de lui dire : « Vous serez brûlée encore une infinité de fois, et tout ce que vous avez essayé de fonder sera une infinité de fois anéanti. »

II. — Hypothèse de la mort finale de l'univers.

Après le principe de la permanence de l'énergie, le second principe qui domine la physique moderne est celui de la dégradation de l'énergie. — Il y a, dans les effets physiques que nous constatons en l'état actuel du monde, tendance à la diminution des différences (différences de niveau, de potentiel, de pression, de température, etc.); c'est la loi de Carnot.

Lorsque, dans la nature, un phénomène est spontané, le changement inverse ne l'est pas. On peut fondre de la glace en laissant tomber un poids; mais, en congelant l'eau, on ne peut remonter le poids. Au point de vue du seul principe d'équivalence et de conservation de l'énergie, ce second changement ne serait pas absurde; mais, en fait, il ne se produit pas, parce que l'équivalence quantitative n'est pas l'unique loi de la nature. Celle-ci fait naître les effets des causes selon un ordre déterminé dans le temps, et cet ordre est irréversible. La cause ne peut pas naître de l'effet. Le principe de l'équivalence ne nous dit pas, entre deux phénomènes, lequel est l'antécédent, lequel est le conséquent, lequel est la vraie cause, lequel est l'effet. Ce principe ignore toute distinction qualitative, toute distinction causale, par cela même l'ordre de succession dans le temps entre le passé et le présent, entre le présent et l'avenir. Or la nature ne se borne pas à des équivalences quantitatives; elle relie les qualités changeantes à quelque chose de permanent; elle relie les effets aux causes; elle relie le temps présent au temps passé. Au lieu de marcher au hasard, elle marche dans une direction déterminée, dans un sens précis au point de vue de la qualité, de la causalité et du temps. C'est dire qu'elle se transforme selon une règle et dans un certain sens. Or, une transformation réglée, une synthèse précédée d'analyses, suivie d'autres analyses et d'autres synthèses, une série de systèmes se déroulant dans le temps selon des lois, c'est ce que nous avons appelé *évolution*. La nature n'est donc pas simplement une somme d'énergie constante et de matière constante; elle *évolue* sous le rapport de la qualité et de la causalité. Cette évolution ne peut se faire à rebours ni retourner en arrière. *Un changement isolé ne passe pas deux fois par le même état*, tel est le fond du second principe de la thermodynamique, qui affirme un ordre nécessaire dans la succession des phénomènes naturels.

L'univers ne revêt jamais deux fois le même aspect : tel est le seul vrai sens du principe de Carnot et de Clausius (1).

Clausius, en appliquant au monde entier son théorème sur l'accroissement de l'entropie ou de l'involution d'un système isolé, a cru pouvoir déclarer que *l'entropie de l'univers tend vers un maximum*. On lui a répondu : 1° que le fait de croître sans cesse n'implique pas la tendance à un maximum ; 2° selon plus d'un savant, M. Perrin, par exemple, l'entropie d'un système isolé, et, *a fortiori*, de l'univers n'a pas de sens précis, parce qu'un système isolé, s'il évolue, ne passe pas par des états de véritable équilibre, comme l'exigerait l'application stricte de la loi (2).

Les considérations auxquelles on s'est livré relativement à la mort de l'univers, quand l'entropie aurait atteint son maximum, semblent à M. Perrin vides de sens et, dans le fond, reviennent à supposer que l'univers est un système fini.

Mais, même si l'univers était fini, rien ne permet de conclure qu'une fois en repos, il s'y maintiendrait indéfiniment. Si on se place au point de vue de la théorie cinétique, on voit que « dans un cas aussi simple que celui d'une masse de gaz, il suffit d'attendre assez longtemps pour qu'il se produise spontanément dans la masse une perturbation aussi profonde que l'on veut, suivie nécessairement d'une période de retour à l'équilibre (3) ». Même dans l'hypothèse où il serait fini, l'univers passerait sans doute par des périodes de vie séparées par des intervalles de repos ou mieux de vie très ralentie.

Encore suppose-t-on dans cette hypothèse que les atomes

---

(1) Voir à ce sujet M. Perrin, *Le second principe de la thermodynamique*, Revue de métaphysique, Mars 1903.
(2) M. Perrin, *ibidem*.
(3) M. Perrin, *ibidem*.

sont des « êtres morts » où ne se produit et ne se poursuit aucune évolution. Or, c'est ce qui est improbable au plus haut degré. Il peut y avoir dans les atomes des réservoirs de force qui, à un moment donné, entrent en liberté. Les atomes peuvent même être des organismes animés d'une certaine vie, s'il est vrai qu'il n'y a réellement rien de mort dans l'univers. Bien plus, on a souvent supposé que les particules dites de matière ne sont pas étrangères à de sourds phénomènes psychiques, lesquels se révèlent dans les organismes plus complexes. Ignorant la nature des composants de ce qu'on nomme matière, nous ne pouvons affirmer que l'univers mourra. Au reste, si cette mort était dans les lois de la nature, elle se serait déjà produite.

Nous ignorons ce que c'est que la chaleur, comme nous ignorons ce que c'est que l'électricité et le magnétisme. Comment donc aurions-nous le droit d'affirmer que l'égalité de température, en la supposant réalisable et réalisée dans l'univers infini, serait nécessairement la **cessation de la vie**? Sommes-nous sûrs que toute évolution vitale ou même psychique est nécessairement liée à des **inégalités de température**, et avons-nous pénétré jusqu'au fond le lien du mouvement même à la chaleur?

D'autre part, si la démonstration du **principe de Carnot** se fait par quelques conséquences rigoureusement vérifiées, il n'en résulte pas qu'il soit vrai de tout point, mais que l'ensemble des lois physiques dont il fait partie déterminerait, si elles étaient rigoureusement vraies et dans le domaine à l'intérieur duquel nous les avons vérifiées, un ensemble de transformations qui différeraient extrêmement peu des transformations réelles, qui leur seraient « **tangentes** ».

Un exemple tiré de la géométrie va nous le faire comprendre.

Soit à déterminer l'intersection de **deux cercles** de centre O et O' dont on connaît deux points M et N au voisinage de cette intersection. Il suffira de mener par M et N deux courbes Z et Z' tangentes en M et N aux deux cercles et dont l'intersection P' sera très voisine de l'intersection réelle des deux cercles (méthode des droites de secteur de la navigation moderne). Mais cette construction n'aurait aucun sens, en général, si les points M et N s'écartaient trop du point P.

De même, de ce que, dans les conditions courantes de l'expérience, nous pouvons confondre les transformations réelles avec les transformations qui seraient déterminées par l'ensemble de nos lois physiques, il n'en résulte pas que, même approximativement, cette confusion soit légitime en dehors du domaine dans lequel nous l'avons vérifiée.

A supposer donc que le principe de Carnot soit vrai et qu'on puisse en déduire l'évolution du monde vers l'universel équilibre, il n'en résulte pas davantage, dans l'état actuel de la science, que l'on puisse assigner une limite supérieure du temps au bout duquel cette évolution serait terminée. Bien au contraire, s'il eût dû en être ainsi, cet état devrait être atteint déjà. D'où cette conclusion qu'il ne sera jamais atteint. Mais, par hypothèse, nous nous en rapprochons sans cesse; donc nous nous en rapprochons asymptotiquement.

D'autres exemples tirés de la physique nous permettront d'aboutir à la même conclusion. — Du travail ne peut être produit par une machine *hydraulique* que s'il y a une différence entre le niveau du liquide avant l'utilisation dans le moteur et le niveau après l'utilisation; celui-ci doit être plus bas : il faut une chute. En conclura-t-on immédiatement que l'univers doit être un jour en équilibre? Non, parce que le procédé hydraulique n'est pas le seul qui puisse produire du mouvement et du travail.

Maintenant, pour que le travail soit produit par une machine *thermique*, il faut qu'il y ait une différence de niveau entre la température de la source thermique et celui du condenseur, de l'objet le plus froid qui reçoit la chaleur. Il faut, comme on dit, une chute de température. De ce second fait, peut-on encore conclure que l'équilibre existera un jour dans l'univers? Cette conclusion supposerait que la différence de température est le seul moyen de produire du mouvement.

Or, il y a de l'électricité, il y a du magnétisme, il y a des actions chimiques, il y a d'autres sources inconnues de mouvement. Ces sources, dit-on, ont une tendance à se transformer en chaleur, à devenir chaleur. — Sans doute, mais qui nous dit que cette tendance ne peut être contrebalancée, surmontée par d'autres que nous ignorons encore? C'est ici que nous sommes en pleines hypothèses.

Il est, en effet, des savants qui soutiennent que la matière ou ce que nous appelons ainsi et supposons indestructible, s'évanouit lentement par la dissociation des atomes qui la composent. Elle donnerait naissance, par cette sorte de dématérialisation, à des substances intermédiaires entre la matière pondérable et l'éther impondérable. Les espèces chimiques, pas plus que les espèces vivantes, ne seraient invariables. Nos prétendus corps simples se dissocieraient eux-mêmes par une sorte de radio-activité. L'énergie intra-atomique, libérée pendant la dissociation de la matière, produirait la plupart des grands faits de l'univers : électricité, chaleur, lumière. La matière proprement dite ne serait que la forme stable de l'énergie; la chaleur, la lumière, l'électricité en seraient les formes instables. En conséquence, au lieu d'être inerte et morte, capable seulement de restituer l'énergie qui lui fut d'abord fournie, la matière serait un immense réservoir d'énergie, d'énergie intra-atomique.

Dès lors, comment supposer que la matière soit jamais dans un équilibre complet et mortel, alors qu'il émane sans cesse de ses atomes une énergie capable de se transformer en électricité, en lumière, en chaleur, en vie?

— Ce fait que le maximum d'entropie et l'équilibre universel ne sont pas encore réalisés dans le monde est précisément la preuve de la vie indestructible qui réside en ses éléments et qui apparaît condensée, organisée chez les plantes et les animaux.

On nous dit que les Maxwell, les Helmholtz et les Gibbs se sont en vain évertués à chercher des figurations mécaniques de la loi de Carnot et de la dégradation de l'énergie. Cela prouve, ou bien que le problème a dépassé les forces de Maxwell, Helmholtz et Gibbs, ce qui n'a rien d'étonnant, ou bien que la loi de Carnot n'est pas adéquate à la réalité, non seulement à la réalité connue, mais même à la réalité mécanique. Si réellement la loi de Carnot était incompatible avec la mécanique, ce serait tant pis pour Carnot. Sa loi finirait par tomber comme est tombé le phlogistique. La nature contient plus de moyens de ne pas descendre dans l'inertie de la mort que Carnot aidé de Clausius n'en peut concevoir.

Concluons qu'une loi physique, vraie sous des conditions expérimentales données, comme le principe de Carnot, ne peut être étendue à l'univers infini, ni être considérée comme un principe ontologique des choses. Newton avait raison de dire que la physique doit se garder de la métaphysique.

III. — LE PROGRÈS POSSIBLE.

Si la science positive ne peut démontrer ni le retour éternel de toutes choses, ni la mort finale de l'univers, elle ne peut pas davantage établir la possibilité d'un progrès indéfini dans le monde infini, mais elle laisse la porte ouverte à cette espérance. Dans l'*Évolutionnisme des idées-forces*, nous avons exposé les raisons qui existent en faveur de cette hypothèse du progrès possible. Qu'il nous soit permis de les rappeler ici.

L'évolution de la vie mentale dans le monde a-t-elle un terme que l'on puisse marquer d'avance? — Oui, sans doute, pour telle espèce en particulier, comme l'espèce humaine actuelle, matériellement incapable d'une évolution indéfinie, matériellement vouée à une destruction finale. Mais il n'en résulte pas que l'évolution mentale soit pour cela arrêtée dans le monde, qu'elle ne puisse se poursuivre ou sous d'autres formes ou pour d'autres espèces. Nous allons voir, en effet, qu'on ne pourra jamais ni penser la complète annihilation de toute vie mentale dans le monde, ni marquer d'avance une limite au développement mental dans le monde ou, en d'autres termes, à la force de réalisation des idées.

En premier lieu, pourquoi l'homme ne pourra-t-il jamais concevoir la complète annihilation de toute vie mentale? — C'est qu'il faudrait pour cela retirer à notre conception du monde tout élément emprunté à notre pensée même et à notre conscience; or, c'est chose impossible, car une fois ce vide mental opéré, il ne reste plus rien, pas même de physique. Aussi la philosophie aboutira-t-elle toujours et nécessairement à l'animation universelle, sous une forme ou sous une autre. Nous ne pourrons jamais nous représenter le monde que d'après ce que nous trouvons en nous-mêmes; puisque nous sommes le produit du monde, qui nous fait à son image et à sa ressemblance, il faut bien qu'il y ait dans le grand tout ce qui est en nous. De là, l'impossibilité pour un être vivant, sentant, pensant, de concevoir un monde où ne subsisterait rien de la vie, du sentiment, de la pensée; un monde mentalement mort, sans trace « d'énergie psychique », serait aussi physiquement mort : ce ne serait plus qu'une abstraction, et conséquemment encore une pensée.

C'est pour cette raison que nous sommes obligés d'admettre en toutes choses un sentiment plus ou moins sourd, un appétit plus ou moins analogue à ce que nous appelons *vouloir*. Un philosophe a dit cette parole profonde, que, sans doute, il n'y a nulle part d'être entièrement « abstrait de soi » (1); il voulait dire par là : il n'y a point d'être qui n'existe pas pour soi-même à quelque degré, qui n'ait pas, sinon une conscience proprement dite, du moins un sentiment plus ou moins vague de son action. Si un être n'est pour soi à aucun degré, il est donc tout entier hors de soi, « abstrait de soi »; il n'existe plus que pour un autre; à vrai dire, il n'existe plus du tout. L'être complètement abstrait de soi, ce serait la matière inerte et inanimée des matérialistes, un je ne sais quoi qui n'a plus de l'être que le nom. La vie

(1) Guyau, l'*Irréligion de l'avenir*.

et la conscience ne peuvent être une simple transposition d'atomes stupides et morts dans l'espace et dans le temps; ce n'est pas en changeant de place de petits cadavres infinitésimaux, de façon à mettre l'un à droite, l'autre à gauche, qu'on engendrera la vie, surtout la vie qui se sent elle-même.

Nous pouvons donc admettre l'impossibilité, dans l'avenir, comme dans le présent, de concevoir la complète *annihilation* de l'énergie mentale. Ce premier principe accordé, pourra-t-on jamais marquer des *bornes* précises à l'évolution de cette énergie, la limiter d'avance dans la pensée? — Non, car ce serait faire de notre état mental actuel la mesure absolue du possible dans l'ordre mental à venir. Nous ressemblerions à quelque animal de la faune antédiluvienne qui, s'il avait pu spéculer sur le monde, aurait déclaré que les formes de la vie et du sentiment alors réalisées épuisaient tout le possible. La vie végétative ne pouvait faire deviner la vie animale, la vie animale ne pouvait faire deviner la vie supérieure de la pensée et de la science. De ces manifestations diverses de l'énergie mentale, chacune, sous le rapport *physique* ou mécanique, était sans doute contenue tout entière dans la précédente, et une physiologie assez puissante aurait pu prédire les formes futures du corps d'après ses formes actuelles; mais les manifestations psychologiques, quoique liées elles-mêmes par une loi déterminée à leurs antécédents, n'y étaient pas contenues d'avance *psychologiquement*: de la simple vie végétative, on n'aurait pas pu *déduire* la pensée, l'amour, la moralité des êtres humains. — Affaire de simples formes, dira-t-on. — La question est précisément de savoir si sentir, penser, vouloir, faire effort, avoir conscience, ce sont là simplement des formes, des apparences; ou si, au contraire, ce ne sont pas les rapports changeants dans l'espace et dans le temps, c'est-à-dire les *mouvements* qui sont des formes, tandis que l'activité mentale serait le fond. En tout cas, elle est le fond pour nous, puisqu'elle est pour nous l'immédiat, l'irréductible : quand je jouis ou que je souffre, aucun raisonnement au monde ne pourra réduire ma jouissance ou ma peine à une simple apparence, car ici le paraître, encore une fois, coïncide absolument avec l'être.

Le défaut de la théorie évolutionniste telle que Spencer l'a exposée, c'est précisément qu'il n'a pas distingué l'équivalence mécanique de la force et le progrès mental. Nous avons essayé ailleurs de mettre en évidence cette distinction (1). Si on ne peut pas d'avance assigner de limites à l'énergie mentale, c'est que l'équivalence physique des mouvements extérieurs peut, comme nous venons de le voir, se concilier avec un progrès intérieur de la volonté vers des formes de plus en plus élevées, qui ne peuvent pas se tirer analytiquement de la définition de leurs causes et qui ne sont pas non plus en totale équivalence psychique avec elles. La pensée, en apparaissant dans le monde, n'a pas changé l'équilibre mathématique des plateaux de la nature ; elle n'en constituait pas moins une nouveauté morale plus importante que l'identité mécanique des mouvements se continuant l'un dans l'autre. Le monde chrétien peut ne pas peser plus sur la terre que le monde païen, il n'en a pas moins, dans l'ordre moral, une valeur supérieure ; la nature se répète toujours mécaniquement, elle change toujours mentalement (2). Les déterministes ont donc raison de dire que les effets des volontés ont des causes, mais les partisans de la liberté ont raison de dire que ces effets ne sont pas déterminés uniquement par la loi toute physique de l'équivalence entre les mouvements, puisque l'équivalence dans l'ordre de la quantité n'empêche point le progrès perpétuel dans l'ordre mental, où apparaissent des qualités nouvelles et toujours plus précieuses, sentiment, pensée, volonté, amour.

Pour montrer qu'on ne pourra jamais déduire l'avenir du passé, ni conséquemment limiter l'avenir par le passé même, on peut invoquer une loi formulée par Wundt, et qui est d'importance majeure en morale comme en métaphysique :

---

(1) *La Liberté et le Déterminisme*, p. 189-190.
(2) *La Liberté et le Déterminisme*, p. 190.

le caractère imprévu et « hétérogène » des effets réels par rapport aux effets prévus. C'est ce que Wundt appelle la « loi de l'hétérogénéité » entre les volitions et les résultats. Toute action volontaire produit des conséquences qui dépassent toujours plus ou moins les motifs qui l'ont déterminée : tel homme qui a agi par une ambition toute personnelle peut amener, sans l'avoir prévu, des résultats utiles à son pays, non pas seulement à lui-même ; tel autre qui, au contraire, a voulu rendre des services au pays, peut aboutir à des conséquences nuisibles. De là cette loi, admise aussi par Schopenhauer et par de Hartmann, que le résultat dernier de nos actions dans la réalité n'en a jamais été le véritable motif dans notre esprit. Voyez ce qui se passe quand un corps tombe dans une masse d'eau tranquille : un cercle se dessine à la surface, puis donne naissance à un autre cercle plus grand qui l'enveloppe ; en même temps la première onde s'étend comme si elle cherchait à gagner la seconde ; mais, avant qu'elle l'ait rejointe, celle-ci est bien loin, et déjà une troisième onde s'est formée qui, quand la seconde cherche à la rejoindre, fuit à son tour. Aviez-vous prévu ou voulu tous ces effets en jetant la pierre ? Non, vous aviez voulu seulement atteindre tel point précis, et vous avez produit des ondulations qui vont à l'infini. Pareillement, les résultats de nos actions s'étendent bien au delà du motif ; quand nous avons pris conscience de ces suites que nous n'avions pas prévues, nous nous empressons d'élargir désormais notre motif, mais le nouveau résultat dépasse encore notre prévision et, à mesure que celle-ci s'en rapproche, il s'en éloigne davantage.

En voyant combien est bornée notre puissance de prévoir, nous perdons le droit de marquer une limite à l'évolution. Puisque, d'une part, dans l'ordre moral, les effets futurs ne peuvent se *déduire* des causes auxquelles ils sont liés ; puisque, d'autre part, les effets derniers de nos volitions ne peuvent se *déduire* de nos volitions mêmes, il en résulte pour l'avenir un double caractère d'indétermination par rapport au présent actuellement connu. Cette indétermination rend possible, dans le monde, un progrès mental et moral auquel jamais personne ne pourra défendre d'avance d'aller plus loin. En un mot, ni l'anéantissement, ni la limitation du progrès moral dans le monde ne pourront être l'objet d'une démonstration ou même d'une conception claire. Il en résulte que la perfectibilité mentale apparaîtra toujours comme indéfinie, sinon sous une forme, du moins sous une autre : la fécondité de l'univers mental, du monde des idées, est impossible à borner *pour nous*.

APPENDICE

APPENDICE

ARTICLE PREMIER

Les rapports de la philosophie et des sciences positives (1).

Si indépendante que soit la philosophie, en son essence, par rapport aux sciences positives, elle n'en doit pas moins rester constamment en commerce avec elles, d'abord pour en faire la critique et en déterminer les limites, puis pour les subordonner à une synthèse *sui generis* qui les dépasse.

Il est des philosophes peu confiants dans la philosophie qui, au lieu de la considérer comme dominant les sciences, veulent la mettre tout entière à l'école des sciences. Certes, une telle école est utile pour empêcher, dans l'interprétation du monde, les fantaisies de l'imagination métaphysique ; mais la philosophie *ancilla scientiæ* n'est pas plus la vraie que l'*ancilla theologiæ*. Le point de vue de la philosophie, a dit un de nos plus éminents philosophes, consiste « à se mettre en présence des sciences comme de réalités données, à en scruter les éléments et les conditions (2). Soit, mais comment considérer les sciences comme des réalités données ? En tous cas, ce sont là des réalités d'ordre tout logique et spirituel. De plus, comment critiquer la science si on ne

---

(1) Cf. Introduction, *La philosophie et la science aux points de vue de l'être et de la pensée.*
(2) M. Boutroux, *Rapport sur la philosophie en France depuis 1868*.

critique pas d'abord l'intelligence et ses lois, conditions essentielles de toute science ? Comment apprécier les « éléments » et les « conditions » de la science, sinon en les ramenant aux éléments et conditions de la pensée ! Quelque utilité particulière que puisse avoir, par exemple, une critique de la biologie ou de la chimie, elle n'est possible que par la critique de la connaissance en général, dont elle est une application. Le point de vue de Kant, quelle que soit la valeur de son œuvre, demeure donc le vrai ; ce point de vue dépasse tout empirisme qui se bornerait à traiter les sciences comme des réalités d'expérience et des espèces de machines en fonctionnement, pour voir comment elles sont construites et comment elles fonctionnent.

Il y a, en effet, au-dessus des sciences particulières des idées directrices. L'idée de matière, par exemple, celles de masse, de mouvement, d'énergie motrice, peuvent bien être en partie des constructions de l'esprit ; mais ces constructions, qui répondent à quelque chose de réel, exercent une action et donnent prise sur la réalité ; à ce titre elles sont des idées-forces. L'origine, la valeur, l'action de ces concepts fondamentaux sont des problèmes qui dépassent chaque science positive et toutes les sciences en général : leur critique appartient à la philosophie.

Sans doute, on ne pourra jamais démontrer directement les principes, objet de la philosophie, ce qui serait contradictoire ; mais on peut les *fonder* par la méthode critique en prouvant qu'ils sont impliqués en tout ce que nous admettons comme certain dans l'*expérience*, puis dans la *science*, qui s'appuie elle-même sur l'expérience.

C'est ainsi que Kant a soutenu que l'expérience, dont on veut faire sortir les principes, n'existerait pas sans eux ; et c'est là une opinion à examiner. De même, on voit toute la pratique morale se rattacher en dernier lieu à certains principes, si bien qu'on aboutit à cette alternative ultime : ou nier toute moralité ou en admettre les principes et conditions comme nécessaires.

Outre les conditions et principes de la science ou de la pratique, la critique devra toujours rechercher la portée objective de la science et de la pratique, de manière à déterminer l'étendue et les bornes de leur domaine légitime. Sans critique, il n'y a point de philosophie ; on en reviendra donc toujours au doute méthodique de Descartes et de Kant pour discerner, dans les apparences immédiates, ce qui n'est qu'apparence et ce qui répond à quelque chose de réel.

Outre la critique de la science et de toute connaissance en général, la philosophie devra aussi entreprendre, parmi ses tâches essentielles, la synthèse des sciences.

Les savants positivistes représentent volontiers la philosophie comme n'étant qu'un vaste ensemble de suppositions. Mais, quelque rôle qu'y joue l'hypothèse, comme aussi dans la science, la philosophie a pourtant ce caractère propre qu'elle seule poursuit, au delà de l'hypothétique, le réel incontestable, dont il est impossible de douter. Dans la science, l'hypothèse excite à la recherche ; la multiplicité convergente des recherches, dont les résultats finissent par s'unifier (1), transforme l'hypothèse en théorie ; enfin, les relations mutuelles entre les sciences, qui produisent des convergences nouvelles, élèvent les théories au rang de doctrine. Cela suffit à la logique de la science positive ; cela peut suffire aussi, dans bien des questions, à la logique de la philosophie, mais, pour les problèmes ultimes, la philosophie va plus loin : elle dépasse le domaine des hypothèses pour poser des thèses qui expriment ce au delà de quoi notre pensée ne peut aller, ce que nous trouvons de plus fondamental dans notre conscience. Ce qui est ainsi radical et universel en vertu même de notre constitution est précisément la condition de toute expérience scientifique. Il n'y a d'hypothé-

---

(1) « Dans la forêt obscure dont parle Dante, *selva oscura*, si les voyageurs de nuit n'allument qu'une seule lumière, le cercle éclairé se perdra bientôt dans les ténèbres environnantes : multipliez de toutes parts et rassemblez les foyers lumineux, de nouveaux points obscurs émergeront dans la clarté. Ainsi les vérités scientifiques et philosophiques, en s'ajoutant et en se reliant entre elles, finiront par développer une sphère croissante de lumière. » (Fragment extrait des manuscrits. — E. B.)

tique que la valeur *absolue*, la valeur *en soi* de nos principes, certainement valables pour nous et pour nous nécessaires. Le « noumène » en soi, distinct de ce qui est en nous et pour nous, est une hypothèse, un « problème », comme dit Kant en ses bons moments ; mais les principes constitutifs de la conscience, avec les idées qui les expriment et la force inhérente à ces idées, sont des thèses fondées sur l'expérience intérieure et confirmées par l'expérience extérieure qu'elles rendent possibles et qui les vérifie. Aussi n'y a-t-il en tout cela rien d'arbitraire, ni de purement individuel. S'il existe dans la réalité un résidu réfractaire à l'action de notre pensée, il s'ensuit que l'œuvre de la philosophie future sera toujours incomplète, il ne s'ensuit pas que cette œuvre soit vaine. Notre science future, elle aussi, sera toujours incomplète ; ce fait ne nous empêche pas de connaître déjà avec une certitude suffisante les mouvements du système solaire et la distance de la terre au soleil. Dans l'avenir comme par le passé, le mot tant répété du vieil Aristote restera toujours vrai : pour établir nos affirmations ou nos suppositions sur le monde et la vie, il faut philosopher ; pour établir nos négations ou nos doutes, il faut philosopher.

ARTICLE SECOND

L'analyse et la synthèse en philosophie.

I. — L'ANALYSE.

Analyse radicale de l'expérience et synthèse intégrale de l'expérience, tels sont les deux procédés essentiels de la philosophie première.

Mettant sur le même pied l'analyse en philosophie et l'analyse en mathématiques, certains philosophes ont dirigé contre l'analyse de nombreuses critiques, qui ne nous paraissent pas justifiées. « L'analyse, dit-on, est l'opération qui ramène un objet à des éléments déjà connus, c'est-à-dire communs à cet objet et à d'autres. Analyser consiste donc à exprimer une chose en fonction de ce qui n'est pas elle (1). »

Nous ne saurions, pour notre part, admettre cette ingénieuse définition de l'analyse. Analyser l'air et y découvrir pour la première fois l'argon, ce n'est pas exprimer une chose en fonction de ce qui n'est pas elle. Quand l'analyse s'applique à un état ou acte de conscience, elle consiste à y distinguer des états ou actes différents, quoique inséparables, et à les saisir dans leur originalité, non dans leur ressemblance avec le reste. Par exemple, dans le désir, nous distinguons la représentation d'un état futur agréable,

---

(1) M. Bergson, *Introduction à la Métaphysique*, Revue de Métaphysique et de Morale, janvier 1903, p. 13.

celle d'un état présent, qui peut être pénible, l'effort pour réaliser le futur, etc. Est-ce là sortir de la conscience et chercher ce qui n'est pas elle? L'analyse, encore un coup, distingue et spécifie les détails appartenant à un objet d'expérience, non les qualités communes à divers objets. Elle a sa justification dans ce fait que tout objet dont traite la science ou la philosophie est complexe. *Complexe* ne signifie pas divisible matériellement, ou décomposable en parties dans l'espace. *Complexe* signifie : embrassant en soi une multiplicité discernable. Les objets mêmes que les intuitionnistes prétendent saisir dans leur simplicité sont complexes. Continuité, durée, activité, vie, tout cela, même dans l'expérience la plus immédiate, offre une multiplicité de caractères, une multiplicité *qualitative* et une multiplicité *temporelle*, tout cela contient de la variété. Cela est si vrai qu'on met sans cesse en avant l'*hétérogénéité qualitative*, qui n'est qu'un autre nom, assez incorrect, de la variété. Dès lors, pourquoi l'analyse ne séparerait-elle pas par l'abstraction les divers caractères, et ne leur donnerait-elle pas un nom?

Les intuitionnistes prétendront sans doute que ces divers objets d'intuition admettent bien quelque diversité, mais une diversité indistincte (1). — A quoi on a justement répondu qu'une multiplicité indistincte est simplement une multiplicité encore imparfaitement connue et démêlée, une multiplicité qui est distincte dans les choses même, mais à laquelle ne répond pas une complète discrimination dans l'esprit (2). De ce que je ne distingue pas d'un coup d'œil les sept couleurs de l'arc-en-ciel, cela ne veut pas dire qu'elles ne soient pas réellement distinctes, quoique continues et se fondant l'une dans l'autre à leurs limites. Le paralogisme du *chauve* est au fond d'une foule de raisonnements des intuitionnistes.

(1) *L'Évolution créatrice*, p. XIV.
(2) M. Ralph Barton Perry, *The Journal of Philosophy*, 7 décembre 1911, p. 673.

Si l'analyse, après avoir distingué, généralise, c'est que certains éléments, d'abord discernés et spécifiés dans leur originalité propre, offrent cependant ce caractère de se retrouver dans d'autres objets avec des nuances différentes qui n'empêchent pas leur similitude : telles les couleurs bleu, rouge, jaune, etc. Chaque objet bleu a, dans la réalité, sa nuance unique, mais il n'en est pas moins vrai que nous reconnaissons la couleur bleue partout où elle se retrouve.

Les caractères d'abstraction et de généralisation que l'analyse met en évidence ne veulent pas dire qu'au delà des choses par nous abstraites et généralisées, il n'y a plus rien. Dire qu'un objet est bleu, ce n'est pas dire qu'il est *le bleu* et rien de plus. Ce paralogisme attribué aux intellectualistes est une pure invention des anti-intellectualistes.

Concluons donc que l'analyse n'est ni une division artificielle, ni une confusion de l'abstrait avec le réel. Elle est un moyen de saisir le réel, non dans sa totalité et dans sa complexité infinie, mais dans un certain nombre de ses parties ou de ses détails caractéristiques, dont aucun ne doit être érigé au rang du tout. Pour analyser, il n'est besoin ni de science, ni de philosophie : l'aveugle-né opéré de la cataracte, qui voit d'abord tout ensemble, *simplici intuitu*, n'est pas un plus grand savant en philosophie que celui qui distingue chaque objet ; à vrai dire, l'aveugle opéré qui voit tout à la fois ne voit encore rien. S'il en restait à cette « intuition », il ne serait pas plus avancé qu'avant l'opération du chirurgien.

Il ne faut donc faire ses réserves que sur l'analyse qui prétend épuiser la réalité, comme sur la synthèse qui prétend reconstituer le réel à l'aide d'un certain nombre d'éléments combinés. La méthode analytique des associationnistes, par exemple, n'est pas acceptable comme explication psychologique, et nous sommes de ceux qui l'ont combattue les premiers (1). Mais autre chose est de ne faire aucune

---

(1) Voir *La Liberté et le Déterminisme* et l'Introduction de l'*Évolutionnisme des idées-forces*.

analyse, autre chose de présenter une analyse nécessairement incomplète comme exhaustive. Si, par exemple, j'analyse les motifs, mobiles et raisons de caractère qui m'ont poussé à telle action, mon analyse ne sera jamais complète et il y aura toujours encore *autre chose*. Sera-ce une raison pour ne pas faire cette analyse et pour lui refuser toute valeur? L'âne du bon La Fontaine n'était pas si âne quand il disait : « La faim, l'occasion, l'herbe tendre, et je pense, quelque diable aussi me poussant, je tondis de ce pré la largeur de ma langue. » Assurément, outre la faim, l'occasion et l'herbe, il y avait encore une multitude infinie d'autres causes, celles que les croyants symbolisent dans la personne du diable, comme d'autres les symbolisent dans celle du *Liberum arbitrium indifferentiæ*. Il n'en est pas moins vrai que, parmi les causes et « con-causes », comme dirait Stuart Mill, il y en a de dominantes. Quand on a dit : « La faim, l'occasion et l'herbe tendre », on peut même se passer du diable pour expliquer que l'âne ait mangé de l'herbe. Pareillement, si j'affirme qu'un homme a été tué par une tuile un jour de grand vent, cette analyse est après tout suffisante ; c'est bien la tuile qui a tué mon homme et c'est bien le vent qui a poussé la tuile. Les plus subtils arguments des partisans de l'intuition immédiate et indivisible n'enlèveront à l'analyse ni sa nécessité, ni sa valeur. Et, si cette valeur est relative, nous verrons plus loin que la valeur de toutes nos prétendues intuitions est plus relative encore.

On reproche aussi aux analystes de n'expliquer qu'*en gros*, mais qui explique plus en gros que les intuitionnistes? Ou plutôt ils n'expliquent pas, mais se contentent de se plonger dans le torrent du devenir en disant : « je suis dans le réel ». Si donc il est vrai que la psychologie analytique n'explique pas la vie mentale, lorsqu'elle a mis d'un côté, après analyse, la mémoire, l'habitude, de l'autre le raisonnement, de l'autre le sentiment, etc., on l'explique encore infiniment moins par le sentiment immédiat. La philosophie doit poursuivre une synthèse réfléchie qui soit le plus adéquate possible à la synthèse spontanée, mais elle ne l'atteint ou ne s'en approche qu'à travers l'analyse ; sinon elle ne serait plus de la philosophie.

La suprême critique adressée par les anti-intellectualistes de notre époque aux grands philosophes du passé, c'est : « méthode conceptuelle ». Mais toute méthode ne peut pas ne pas être conceptuelle en même temps qu'expérimentale ; toute méthode est analyse et synthèse des données de l'expérience interne ou externe, toute méthode est abstraction, généralisation, raisonnement, systématisation de faits constatés par les sens ou la conscience, puis rangés sous des concepts et enfin rattachés par des lois à des raisons qui les expliquent. L'étoile de mer, qui flotte au gré des vagues et se laisse vivre, peut avoir un sentiment immédiat de son être et de son bien-être ; elle n'a pas de méthode. Ou il ne s'agit que de sentir, et alors on n'a pas besoin de concepts ; ou il s'agit de réfléchir et de comprendre, et alors on a besoin de concepts. On en a besoin même pour avoir l'*expérience* des réalités, car il n'y a pas d'expérience qui ne soit informée par des concepts et qui se réduise à une brute « intuition sensible ».

Concevoir, d'ailleurs, ce n'est pas altérer, c'est distinguer et abstraire les distinctions saisies, en laissant derrière elles un résidu que l'on ne prétend pas supprimé ; concevoir n'est donc incompatible avec aucune propriété du réel. Dire avec William James que les propriétés dynamiques et temporelles ne peuvent être *conçues*, mais seulement saisies par intuition immédiate, c'est, en voulant montrer leur inconcevabilité, les *concevoir*, les distinguer du reste, les généraliser, les classer, les nommer.

II. — La synthèse.

La philosophie, tout en distinguant l'être réel de ses relations, ne doit jamais oublier que les relations révèlent l'être :

elles le montrent dans son action sur les autres êtres et dans l'action des autres êtres sur lui. On juge les gens à leur conduite et les choses à leurs rapports mutuels, à leur visible réciprocité. Les sciences des relations, qui sont les sciences positives, nous renseignent donc à leur manière sur les êtres, et leurs résultats doivent entrer dans l'interprétation du monde. La philosophie doit donc non seulement dégager les principes des diverses sciences, mais coordonner aussi à son point de vue propre leurs dernières conclusions; elle doit les comparer entre elles et faire l'application de l'une à l'autre, de manière à fondre chaque vue particulière en une vue d'ensemble, qui ne sera pas simplement scientifique, mais philosophique.

Or, il y a une fausse conception de la synthèse philosophique, comme il y en a aussi une vraie. Les Comte et les Spencer poursuivent « l'unification du savoir », mais il importe d'examiner par quels moyens on peut l'obtenir. Le philosophe n'a pas à continuer la recherche du savant dans la même direction, car, alors, il ne serait plus lui-même qu'un savant qui s'efforcerait d'ajouter à la science acquise une contribution nouvelle. Le philosophe n'a pas non plus pour tâche d'ajouter de nouvelles *généralisations* à celles que, dans chaque science, les savants ont déjà opérées; s'il le faisait, il serait encore un pur savant, par exemple un physicien plus habile à généraliser les vérités de la physique ou un chimiste plus habile à généraliser les vérités de la chimie. Le philosophe n'est pas non plus chargé d'ajouter de nouvelles hypothèses à celles qui existent déjà dans une science déterminée, par exemple aux hypothèses de l'optique, ondulation, émission, théorie électrique, etc. S'il le faisait et motivait ses hypothèses, il serait encore un pur savant; s'il ne les motivait pas, il se perdrait dans la fantaisie. Bref, la synthèse d'une science particulière ne regarde pas proprement la philosophie.

Est-ce à dire que, comme on l'a soutenu, la synthèse des sciences soit également en dehors de sa sphère ? Nous répondrons que la synthèse *des* sciences est une tâche tout autre que la synthèse d'une *science*. Mais alors, objectera-t-on, vous vous contenterez de *généralités* abstraites ou d'*hypothèses* plus aventureuses que celles auxquelles les savants, dans leur prudence, se seront arrêtés : vous planerez dans une atmosphère de plus en plus raréfiée et vous monterez vers le vide. Nullement : la synthèse des sciences consiste à établir un *lien* entre les diverses sciences que les savants laissent éparses, et ce lien n'est nullement la simple généralisation ou la simple hypothèse. Il est, comme nous avons essayé de le montrer, l'application des sciences de l'esprit aux sciences de la matière, l'interprétation de celles-ci par celles-là, de la physique, au sens étymologique de ce mot, par la psychologie. Les spécialistes, plongés dans l'étude de leur choix comme dans un trou, ne cherchent guère les vastes horizons, pas même ceux du monde matériel, à plus forte raison ceux du monde de l'esprit, qui leur est étranger, à plus forte raison encore les perspectives plus vastes qui embrassent à la fois les sciences de la matière et les sciences de l'esprit.

Nous ne sommes plus aux temps héroïques des savants universels, qui étaient en même temps des philosophes universels ; les Aristote, les Descartes, les Leibniz. La division du travail scientifique a entraîné une spécialisation croissante. La plupart des savants ne s'élèvent point aux idées générales, ou, quand ils s'y élèvent, on sait avec quelle témérité, avec quelle précipitation, avec quel esprit de géométrie sans esprit de finesse ils s'arrogent le droit de trancher, au nom de la Science, les plus difficiles problèmes philosophiques, moraux et sociaux. Autant ils montrent de prudence dans le champ de leurs recherches propres, autant, dès qu'ils en sortent, ils étalent de témérité présomptueuse. Heureux quand l'usage exclusif des méthodes géométriques, physiques, physiologiques, ne leur a pas faussé l'esprit ! Habitués à raisonner d'une manière rectiligne sur deux ou trois données d'une catégorie spéciale, ils perdent toute justesse dès qu'il s'agit de raisonner sur l'ensemble des données de toutes catégories. La philosophie des géomètres, la philosophie des physiciens, la philosophie des physiologistes et médecins, voilà trois types de doctrines superficielles qui n'inspirent guère de confiance dans les savants pour l'interprétation profonde du monde et de la vie.

Loin de diminuer dans l'avenir, la tâche de la philosophie ira en croissant. Elle devra compléter le point de vue physique par le point de vue psychologique, de manière à déterminer si c'est la matière qui est fondamentale et l'esprit qui est superficiel, ou, au contraire, si c'est l'esprit qui est la concavité de toutes choses et la matière qui est la convexité. Où est dans le monde l'unité de composition, disons plutôt l'unité supérieure à la composition? Est-elle d'ordre mécanique ou d'ordre psychique ? Les résultats des sciences de la matière aboutissent-ils à faire de la vie mentale un pur accident et un pur épiphénomène, ou, au contraire, la vie mentale est-elle le dedans de toute vie, et la vie même est-elle le dedans de toute matière ? Il ne s'agit pas ici de généraliser des généralités, en les vidant de plus en plus comme avec une machine pneumatique ; il ne s'agit pas de rendre plus hypothétiques encore les hypothèses les plus risquées des savants ; il s'agit, au contraire, de *réaliser* ce qui n'était encore que général, abstrait et hypothétique, je veux dire déterminer quelle réalité nous découvre l'ensemble des deux grands groupes de sciences quand nous éclairons l'un par l'autre.

La philosophie n'est point « la science universelle », mais, ce qui est différent, l'étude de l'univers en tant que tel. Aucune science particulière, nous l'avons vu, n'a pour objet le Tout existant dans son unité. Quand le physicien, quand l'astronome nous parlent de l'univers, ils n'en désignent, en fait, qu'une partie ; cette idée même d'univers ou de monde les dépasse et est toute philosophique. Y a-t-il même un *monde*, un cosmos, où n'y a-t-il qu'un chaos ? Ou encore, y a-t-il plusieurs mondes sans lien, perdus dans le vide, comme des îles d'être dans un océan de non-être ? La réalité forme-t-elle une vraie totalité ? Cette totalité est-elle finie ou infinie ?

Est-elle discontinue ou continue ? L'*ordre* que nous croyons voir dans les parties du monde où nous vivons est-il une exception, ou l'ordre est-il la règle de l'univers ? Ce que nous appelons *ordre* est-il vérité ou simple apparence ? Les lois mêmes du monde sont-elles des procédés réels de la nature ou des notions de notre esprit ? Qui prétendra que de tels problèmes soient de la sphère des savants ? Non, aucun n'a affaire avec le véritable univers; chacun se renferme dans son centre particulier d'observation sans avoir à embrasser la totalité de l'existence; c'est du philosophe seul que l'univers est la patrie, lui seul a le droit de dire : *civis sum totius mundi*.

On voit en quoi consiste la vraie synthèse ou unification du savoir, et combien elle est éloignée de se perdre dans le vague des abstractions purement scientifiques. Que l'achèvement complet de cette synthèse soit irréalisable, nous l'avons posé en principe ; mais c'est précisément à la philosophie de montrer qu'il est irréalisable et pourquoi ; c'est aussi à elle d'en commencer la réalisation, puisque toute vraie synthèse du monde est sur un plan supérieur à celui où les savants travaillent.

Si donc la conception que les Comte et les Spencer se sont faite de la philosophie était erronée, par l'exclusion comtiste de la psychologie ou par la réduction spencérienne de la psychologie à un prolongement des sciences mécaniques, physiques et biologiques, la conception que nous proposons est toute différente et ne se perd nullement dans des *inania regna* qui commenceraient là où les savants ont la loyauté de s'arrêter.

La manière dont le philosophe doit opérer la synthèse des diverses sciences nous fait comprendre du même coup celle dont il doit opérer la synthèse conciliatrice des doctrines philosophiques du passé et du présent. Ces doctrines sont elles-mêmes des essais de synthèse universelle, en même temps que d'analyse radicale. L'universalité de leur synthèse n'est pas complète, pas plus que leur analyse n'a atteint les éléments ultimes. Il reste donc toujours beaucoup à faire pour les nouveaux venus; mais ce qu'ils feront ne saurait contredire ce qui a été fait d'exact par leurs devanciers; ils ne peuvent que compléter les diverses doctrines et, par là, avancer leur mutuelle conciliation. Pour cela chaque philosophe doit puiser aux mêmes sources vives que ses prédécesseurs, mais y puiser une eau nouvelle. La première de ces sources toujours jaillissantes est la conscience, de mieux en mieux explorée par la philosophie; la seconde est l'expérience extérieure, de mieux en mieux organisée par la science. Là, encore, le travail de synthèse ne consiste ni à mélanger les doctrines, ni à choisir un peu dans l'une, un peu dans l'autre, pour les accorder en apparence à la faveur du vague et de l'obscur, comme on accorderait les sept couleurs de l'arc-en-ciel dans le gris de la nuit tombante. Une synthèse n'est pas un amalgame éclectique, encore moins un compromis obtenu par l'abandon de tout ce qu'il y a d'original et de fort dans les doctrines au profit de leurs banalités. Non, la vraie synthèse exige la découverte préalable, dans le domaine de l'expérience, de choses qui avaient échappé totalement ou partiellement à nos prédécesseurs. Une observation plus profonde de notre conscience et de notre vie intérieure est la condition première pour trouver des idées originales qui dépassent les synthèses antérieures et permettent de les relier dans une unité supérieure. Cette unité ne doit pas être simplement un ensemble de concepts vides ou d'abstractions creuses; ce doit être quelque chose de réel et de vivant, pris sur le fait par la réflexion. Une fois en possession de termes nouveaux à introduire dans la question, on peut établir un lien entre ce terme et les autres. Et, de même qu'on doit trouver des termes nouveaux, de même il faut trouver des relations nouvelles. Que de découvertes, en philosophie comme en science, sont des relations qui avaient échappé à tous les yeux? Pour trouver le rapport entre la chute d'une pomme et le système astronomique, il ne fallait rien moins que Newton. Des termes nouveaux et des relations nouvelles, des sons nouveaux et des harmonies nouvelles, voilà ce qu'on ne saurait appeler des conceptions vides, des compromis entre les doctrines préexistantes, une mixture arbitraire selon le goût de Victor Cousin, sorte de thériaque où se mêlent des extraits nullement quintessenciés « d'idéalisme », de « matérialisme », de « scepticisme », de « mysticisme », les « quatre systèmes immortels ».

La vraie méthode de synthèse ne se confondra jamais avec une juxtaposition de doctrines historiques incomplètement ramenées chacune à l'unité et non réduites ensemble à une unité supérieure (1).

III. — LA MÉTHODE DE LA PHILOSOPHIE.

L'interprétation du monde, à notre époque, ne saurait plus être purement conceptuelle ; elle ne peut se contenter d'ériger en principes des définitions de concepts pour en dé-

---

(1) Pas plus que cet éclectisme, la philosophie actuelle ne saurait admettre, malgré son utilité relative et provisoire, la prétendue méthode « criticiste » de Renouvier, qui, exclusivement appuyée sur le principe de contradiction, consistait à « circonscrire », à borner artificiellement les choses, à construire des notions et définitions plus ou moins incomplètes, à faire des échafaudages de concepts avec planches, pieux et poutres, reliés par des cordes logiques. Les échafaudages sont nécessaires, mais il ne faut pas les confondre avec l'édifice. Dans la philosophie, le réel déborde toujours nos concepts : la synthèse qu'offrira un philosophe ne sera donc jamais intégrale ; il restera toujours quelque chose au delà, et, à l'intérieur, on découvrira toujours des solutions de continuité, des trous entre les idées ; mais ce n'est pas une raison pour accuser ce philosophe de se contredire. Ceux qui, par peur de contradictions, souvent tout apparentes, s'en tiennent à une seule idée et se mettent des œillères pour s'empêcher de voir le reste, se croient de puissants logiciens ; ils sont simplement des demi-aveugles. Il est possible qu'ils ne soient pas en contradiction avec eux-mêmes ; par malheur ils sont en contradiction avec la réalité, dont ils méconnaissent les éléments essentiels. Les criticistes blâment ceux qui font effort pour tout étreindre et qui se refusent à rien circonscrire ; mais le premier et le plus illustre des penseurs de ce genre n'est-il pas Platon lui-même, qui, quand on lui offre à choisir entre deux choses, « les prend toutes deux »? Pourquoi refuserait-on une vérité, d'où qu'elle vienne et quelque trouble qu'elle apporte dans vos doctrines? Pourquoi s'enfermerait-on dans un système pseudo-logique, conceptuel, nécessairement inégal au tout réel, inégal à la vie même, qui ne connaît pas les systèmes, à cette vie intérieure qui est la source toujours féconde ? Les philosophes doivent donc, surtout à notre époque, se servir des concepts et des déductions plus ou moins syllogistiques sans les croire égaux aux choses. Ils ne doivent pas avoir la naïveté d'un enfant qui, lorgnant l'horizon à travers le petit creux de sa main fermée, s'imaginerait que les objets disparaissent de la réalité en même temps que son champ visuel.

duire ensuite les conséquences logiques. Les concepts sont généraux ; la réalité est individuelle ; les concepts sont abstraits, conséquemment partiels ; la réalité est un tout complet qui déborde les concepts. Quant à la déduction, elle ne peut trouver dans les conséquences que ce qui était contenu implicitement dans les définitions et concepts. A elle seule, elle serait donc impuissante.

3. L'interprétation du monde ne doit pas non plus consister dans une étude et classification des genres et espèces, comme celles où se complaisaient les péripatéticiens du moyen âge et les pseudo-platoniciens. Les genres et les espèces sont encore des concepts de notre esprit répondant à des identités partielles ou totales dans les objets réels. Le syllogisme aristotélique des genres et des espèces est donc une sorte d'artifice qui emprunte sa valeur aux identités cachées de conditions ou raisons qu'ils expriment. L'attribut de mortalité est inséparable des attributs de ce que nous groupons sous le nom d'animalité ; et ceux-ci sont inséparables des attributs de ce que nous groupons sous le nom d'humanité. Pourquoi ? C'est qu'au fond il y a des identités ou similitudes de conditions causales auxquelles les animaux, y compris l'homme, sont soumis, et que la mort est une conséquence de ces antécédents identiques ou semblables. La mort est un arrêt des mouvements qui constituent les fonctions de la respiration, de la circulation, de la nutrition, etc. ; et ce mouvement d'arrêt est un effet mécanique qui serait calculable pour une mathématique plus savante que la nôtre, c'est-à-dire réductible à des équations et à des déductions selon les lois de l'étendue, du temps et de la quantité. Quand nous parlons du genre *mortel*, nous construisons un simple *schème* de lois naturelles réductibles à ces lois mécaniques, et dont une analyse assez savante nous révélerait la nécessité mathématique. Nous finirions alors par comprendre qu'il est mathématiquement et mécaniquement contradictoire que les mouvements de la respiration, de la circulation, etc., ne finissent pas par s'arrêter, comme il est contradictoire que

les mouvements d'un pendule qui rencontre la résistance de l'air ne finissent pas par s'arrêter. La conséquence *arrêt final* est contenue d'avance dans les prémisses mécaniques du problème de l'*oscillation*, comme la conséquence *mort* dans les prémisses de la *vie* humaine. Il y a là autant de cas particuliers du théorème du parallélogramme des forces, exprimant la composition des mouvements. Les syllogismes des genres et espèces se jouent donc loin des choses ; les raisonnements mathématiques de quantités et de relations quantitatives nous rapprochent davantage des lois nécessaires qui régissent les rapports des êtres indépendamment de l'effet qualitatif produit sur nos sens, indépendamment aussi du fond, psychique ou non, que le métaphysicien peut attribuer aux éléments primordiaux, sous les noms de force, d'activité, de pré-sensation et d'appétition, etc.

La logique aristotélicienne a ramené tous les jugements à des *attributions*, où un certain attribut est uni à un sujet, ce qui permet d'établir des rapports d'extension et de compréhension, des genres et des espèces. Hegel a fort bien montré que tous les jugements ne sont pas de ce type unique : il y a des jugements de *relation*, à savoir les jugements mathématiques et les jugements d'existence, qui ne se ramènent pas au type du jugement attributif ; par conséquent, la logique aristotélicienne doit être dépassée au profit d'une logique plus générale, la logique des relations. C'est ce que Platon avait déjà compris ; de plus, Platon avait fait voir qu'il y a des relations entre les idées différentes et même opposées. Il avait considéré comme la tâche essentielle des philosophes de rechercher et d'ordonner ces corrélations *nécessaires* entre idées distinctes et contraires. La réalité étant elle-même une conciliation des différences et des opposés dans l'unité de l'être, la pensée doit-elle même dégager les relations nécessaires des idées, qui sont les mêmes, quand on les dégage exactement, que les relations des choses et fondent la possibilité éternelle ou éternelle intelligibilité des relations réelles. Aristote n'a pas saisi la profondeur de la doctrine platonicienne, et on a justement remarqué que l'auteur du *Parménide*, en rejetant par avance le postulat fondamental de la logique aristotélicienne, se mettait d'emblée hors des cadres de cette logique, « ce qui a rendu tout le système platonicien inintelligible pour Aristote » (1). Hegel est revenu à la pensée de Platon et, s'il a abusé de la dialectique en la substituant trop souvent à l'expérience (qui était au fond son soutien), s'il a trop joué avec les contradictions logiques, il n'en a pas moins montré à la philosophie une des voies où elle devra toujours marcher : la synthèse des idées opposées au moyen d'idées plus complètes et plus hautes. Mais ce n'est pas une logique abstraite et à priori qui doit fournir ces idées ; c'est l'expérience, aidée de l'induction et de la déduction.

On a prétendu, il est vrai, qu'une construction synthétique est toujours du même coup *individuelle* ; elle est, dit-on, système de Platon, système d'Aristote, système de Descartes, etc. — Mais, d'abord, nous avons vu que la construction individuelle a pour objet de saisir, dans la conscience même de notre réalité constitutive, la réalité *universelle*. C'est une perspective qui peut être d'abord particulière à un individu, mais d'où, à travers sa propre conscience, ou plutôt dans sa propre conscience, il contemple le tout. Chacun peut ensuite se placer au même centre interne pour y embrasser le même panorama. Le caractère personnel que conservera l'interprétation universelle n'établira jamais entre les différents philosophes des oppositions aussi grandes que se l'imaginent les historiens superficiels de la philosophie. Si Aristote a pu disputer contre Platon, le véritable Aristote n'en est pas moins, comme nous avons essayé de le montrer ailleurs, conciliable avec le vrai Platon. Les systèmes se touchent par les vérités fondamentales qu'ils enveloppent ; l'*Idée* de Platon et l'*Acte* d'Aristote se retrouvent dans le

---

(1) M. René Berthelot, L'Espace et le Temps des Physiciens, *Revue de Métaphysique*, novembre 1910, p. 774.

Cogito de Descartes ou dans la *Monade* de Leibniz. Il y a nécessairement des raisons en partie fondées sur le réel qui ont conduit un Platon à concevoir l'Idée, un Aristote à concevoir l'Acte, un Leibniz à concevoir la Monade. Or, ces raisons ne sont pas sans lien entre elles ; descendez en chacune d'elles et vous les verrez toutes se rejoindre en des principes communs. Les divers rameaux du grand chêne partent du même tronc et sont nourris par la même sève, venue de racines qui plongent dans l'infini. Toutes les vraies philosophies ont cherché le contact avec les profondeurs du réel, non les mirages aériens de l'abstraction.

Aussi ne saurions-nous reconnaître la doctrine des Platon, des Aristote et des Plotin dans le brillant tableau qu'en ont fait les anti-platoniciens pour les réduire à des jeux de concepts. Platon se figure-t-il vraiment les Idées comme inactives et mortes, séparées du réel et du vivant ? Nous ne le pensons pas. Platon croit que le réel et l'intelligible ne font qu'un, que la réalité sensible est une « fusion » où il faut démêler les éléments intelligibles, par cela même réels, qui font la vie et l'âme du monde. L'apparence, c'est la confusion inintelligible, la réalité, c'est la distinction intelligible des essences inséparables, qui sont les formes actives de l'être, non plus des ombres projetées sur la caverne des sens. — Aristote croit réfuter Platon, il le continue et le complète en plaçant le réel dans l'acte et en identifiant l'acte le plus haut avec la plus haute pensée. De là au *cogito* de Descartes, il n'y a qu'un pas, et Descartes, à son tour, cherche le *réel* tout autant que Leibniz.

Même sous l'apparente géométrie d'un Spinoza, on retrouve l'Idée réelle et vivante, l'Idée qui est tout ensemble une détermination de la pensée et une détermination de l'étendue, qui a encore comme corrélatifs d'autres modes de ces attributs infinis de l'être à jamais cachés pour nous. Le spinozisme est une philosophie de la nature « naturante et naturée », une doctrine toute pleine de la chaleur vitale de la réalité à la fois intelligible et active. Pas plus chez Spinoza que chez aucun grand philosophe, les idées ne sont des « peintures muettes sur un tableau »; elles sont les démarches de la vie, prises en action dans l'expérience et rationnellement liées par d'innombrables rapports intelligibles, que dégage peu à peu la déduction.

Pareillement, Hegel ne veut-il pas identifier la vraie « idéologie » avec la vraie « ontologie », le logique avec l'existant, le rationnel avec le réel? La raison, selon Hegel, comme selon l'auteur du *Parménide*, la raison vivante et active est ce qui établit une liaison nécessaire entre les formes successives de l'être; elle est ce qui nous oblige, les formes inférieures étant posées et opposées entre elles, à résoudre leur contradiction en les unifiant dans des formes supérieures. Cette méthode dialectique, assurément, reste encore trop formelle, trop attachée aux concepts et à leur symétrie, bien qu'elle prétende être la méthode même d'évolution qui entraîne les choses. Elle n'en a pas moins sa valeur et sa vérité.

On traite tous les grands systèmes de « palais d'idées ». Mais, dans les hautes constructions de l'esprit, qui distinguera sûrement le rêve de la réalité? J'ai vu un matin, sur la route de la Corniche, la ville d'Eze, que soutient au dessus des abîmes un rocher à pic, émerger d'un nuage qui cachait sa base; remparts et tours, enveloppés de vapeur, semblaient en l'air. La ville n'était-elle qu'un mirage aérien? Etait-ce une réalité dont l'appui sur le sol se dérobait aux regards? Nul, de loin, n'eût pu le dire. Quoi qu'on pense des constructions platonicienne, spinoziste, hégélienne, toutes, par le moyen des idées, ont poursuivi l'être; toutes l'ont atteint en partie et s'appuient sur le réel.

Mais, diront les partisans de l'individualisme en philosophie, ce qui fait que Spinoza, par exemple, est Spinoza, ce n'est pas la synthèse qu'il a pu opérer, c'est une certaine vue propre qu'il a eue du fond des choses, un contact qu'il a pris avec la réalité ultime; cette vue personnelle, ce contact immédiat eussent existé avant comme après Descartes. Au dixième siècle comme au dix-septième, Spinoza nous eût donné le spinozisme. — De telles spéculations sur ce qui aurait pu arriver nous semblent hasardeuses, comme l'*utopie* de Thomas Morus et l'*uchronie* de Renouvier. Il est clair que Spinoza eût toujours eu du génie, avant Descartes comme après, mais l'eût-il pu appliquer de la même manière et arriver à la même conception du réel? Nous ne le savons pas. En tout cas, une intuition isolée, une vision de génie, si précieuse soit-elle, ne devient l'élément d'une philosophie féconde qu'à la condition de se relier aux autres idées des autres philosophes. Toute « intuition » vraie, ou pour mieux dire, toute « réflexion » vraie de la conscience est conciliatrice par essence même, car l'essence de chaque vérité est de former un tout avec les autres vérités, d'en recevoir la vie et de la leur rendre. Il ne s'agit pas de savoir si la doctrine de Spinoza était *prévisible* dans celle de Descartes, si un Laplace de la philosophie aurait pu, étant donné le cartésianisme, calculer et construire d'avance le spinozisme; une telle conception de l'histoire supprimerait assurément toute nouveauté et toute originalité. Mais en supposant que, sans Descartes, Spinoza eût pu avoir sa vue propre du principe de l'univers, cette vue, en la supposant vraie, eût été à l'avance une conciliation anticipée du cartésianisme futur avec le néo-platonisme passé, une synthèse de ce qu'il y avait déjà d'essentiellement vrai chez Plotin et de ce qu'il devait y avoir d'essentiellement vrai chez Descartes. Au lieu de Spinoza, considérez Leibniz, vous reconnaîtrez que Leibniz, avant Descartes et Spinoza, paraît assez difficile à concevoir. De même pour Kant. Sans nier le génie individuel, il faut convenir qu'il a ses conditions d'apparition et de développement dans le milieu intellectuel et moral où il surgit.

Quoi qu'il en soit, la synthèse des doctrines demeure une opération nécessaire à la philosophie, alors même que chaque philosophe ne l'entreprendrait pas et que certains génies demeureraient enfermés dans leur intuition personnelle, comme le Moïse de Vigny.

O Seigneur, j'ai vécu puissant et solitaire..

Si ceux-là n'entreprennent pas la conciliation de leurs idées avec les autres idées vraies, il est permis à des esprits moins exclusifs, qui peuvent être non moins originaux, de se servir du nouveau pour unifier l'ancien, de prendre pied sur les degrés déjà atteints de l'échelle dialectique pour y ajouter des degrés supérieurs et convier les autres à les gravir.

Concluons que la philosophie subsistera toujours au delà des sciences comme travail original non seulement d'analyse ultime, mais encore de synthèse constructive; elle sera toujours l'unité introduite dans nos connaissances et dans notre vie entière, y compris nos sentiments et nos volontés.

ARTICLE TROISIÈME

Le critérium de la rationalité.

L'interprétation du monde la plus probable est celle qui introduit la plus grande unité de principes dans le plus grand nombre de conséquences et qui, se trouvant d'accord avec les explications partielles déjà trouvées par la science, forme avec celles-ci une *unité* aussi compréhensive que possible. C'est toujours l'unité de raisons ou causes dans la pluralité, donc la logique et la rationalité, qui marque la conformité de la pensée au réel infiniment un et infiniment multiple. Pourquoi l'interprétation copernicienne est-elle plus probable que celle de Ptolémée ? Il ne s'agit pas seulement de savoir si elle est plus simple, plus économique, etc. Il s'agit de savoir si elle explique, tandis que l'autre n'explique pas ou explique moins complètement; il s'agit de savoir si elle relie les choses dans un tout un, qui forme lui-même une unité avec la totalité plus vaste de ce que nous connaissons sur la nature entière ; il s'agit de savoir si aucune contradiction intrinsèque ne se glisse dans l'explication et si aucune contradiction extrinsèque ne s'y manifeste avec l'ensemble de notre science ; il s'agit de savoir si les effets à expliquer sont tous rattachés à des séries de causes suffisantes et adéquates et si ces séries elles-mêmes sont rattachées entre elles, si bien que le tout offre un système de déductions rigoureuses à partir des mêmes principes qui dominent toutes nos autres déductions sur la nature. Il s'agit enfin de savoir si l'explication est conforme à l'expérience, si elle est vérifiée par elle dans la mesure des vérifications possibles, directes ou indirectes, et si, par cela même, elle nous confère un pouvoir de prévision et d'action sur les choses d'expérience. Ce pouvoir n'a pas une valeur purement pratique, mais théorique ; il est un criterium de vérité. Bref, l'explication doit être la plus expérimentale en même temps que la plus rationnelle. Les deux choses vont ensemble ou plutôt n'en font qu'une. La vraie *expérience* est un tout *rationnellement* lié et offrant unité ; un mauvais rêve n'est pas une expérience ; il y a donc identité profonde entre expérience et raison. L'expérience est la raison concrète, vivante et agissante ; la raison est l'expérience abstraite et comme contemplative de ses formes essentielles. La valeur de cette vérité qui appartient aux explications scientifiques se mesure à leur degré simultané de rationalité et d'expérience, qui entraîne simultanéité de savoir et de pouvoir, c'est-à-dire de réalisation expérimentale.

L'intelligibilité et rationalité profonde de la nature consiste en ce qu'elle est aussi un système rigoureux de principes et de conséquences, sans aucun hiatus entre les causes et les effets, sans aucune solution de continuité dans la série causale. En d'autres termes elle est un déterminisme universel, une logique universelle appliquée à la quantité, à la qualité et à la causalité.

Simplicité, cohérence, dont on veut faire les critères qui permettent de considérer comme objectives nos conceptions et hypothèses, sont des termes vagues auxquels il faut substituer la seule chose qui puisse leur donner une valeur : la *rationalité*. Les deux conditions essentielles de la rationalité sont la conformité au principe de non-contradiction et la conformité au principe de raison suffisante qui, sous sa forme concrète, devient principe de causalité. La « cohérence » n'est autre que l'enchaînement des raisons, qui aboutit à l'unité dans la multiplicité, puisque chaque raison se trouve reliée à d'autres, chaque conséquence a des principes qui, eux-mêmes, sont réduits le plus possible à l'unité.

Pareillement, la simplicité n'a de valeur que si elle se ramène à l'unité dans le multiple, à la rigueur de la déduction qui relie les conséquences aux principes.

Si, autour de la place de la Concorde, un passant trouve une série de pièces de monnaie pouvant former une ligne circulaire, il les réunira effectivement par une courbe voisine d'une circonférence et supposera qu'un promeneur les a perdues en faisant le tour de la place. Il n'imaginera pas que quelqu'un est venu déposer un premier sou, puis est allé à la Bastille, puis est revenu en déposer un second, puis est allé au Luxembourg, puis est venu en déposer un troisième, puis est allé à Versailles ; on le traiterait de fou, malgré le théorème de M. Poincaré qui démontre que la multitude des explications mécaniques est infinie. Et pourquoi relie-t-on les pièces de monnaie par l'hypothèse d'une ligne circulaire ? Est-ce uniquement parce que cette ligne est la plus « simple » ? C'est que nous avons des raisons pour supposer cette ligne, tandis que nous n'avons aucune raison pour choisir d'autres lignes parmi l'infinité de celles qui peuvent joindre les pièces de monnaie. Notre conclusion n'a donc pas pour objet la simplicité, ni la symétrie, mais la *logique* et la *rationalité*.

Quand on dit que la nature agit par les voies les plus « simples », les plus « économiques », on énonce des propositions imprécises et contestables. La nature d'abord n'existe pas et n'agit pas, n'a point de « voies » et ne poursuit point de « fins ». Si pourtant on veut la personnifier, disons qu'elle n'a qu'un souci : l'adéquation des effets aux causes, des conséquences aux raisons qui les expliquent. Par adéquation, il faut entendre que *tel* principe a *telle* conséquence, non pas une conséquence quelconque, mais uniquement la conséquence qui y a sa raison suffisante et nécessaire. Les prémisses $A = B$, $B = C$ aboutissent à une seule et unique conclusion : $A = C$. De même, tel nombre d'atomes d'hydrogène et tel nombre d'atomes d'oxygène aboutit à telle combinaison unique, par exemple l'eau. Une *cause* n'est pas plus ambiguë qu'un *principe*; elle a tel effet et n'est même qualifiable pour nous que par cet effet. Une cause indéterminée bonne à tout, n'est bonne à rien; elle est une non-cause, car le passage d'une causalité indéterminée à tel effet déterminé plutôt qu'à tel autre se trouve être sans raison explicative et sans cause adéquate.

Il faut exclure des idées de simplicité et de cohérence dans la nature toute notion de finalité, de beauté, de bien; il ne faut entendre par tous ces termes que la nécessité logique et causale. Cette nécessité, nous ne pouvons pas toujours la dégager d'une manière apodictique; nous sommes obligés de nous en rapprocher le plus possible par voie de probabilité. Cette probabilité elle-même est de deux espèces, tantôt calculable et mesurable par l'arithmétique et l'algèbre, tantôt impossible à calculer, mais *appréciable* cependant au moyen de principes régulateurs, d'inductions et d'analogies. Cournot a distingué la probabilité scientifique et la probabilité philosophique; mais, selon la remarque de M. René Berthelot, la probabilité tirée de l'idée d'*ordre* et non calculable par des *nombres* n'est pas moins scientifique que l'autre; elle domine mieux toutes les sciences de la nature; elle est la condition préalable de la probabilité arithmétique; elle seule peut indiquer les cas où il convient d'appliquer le calcul comme ceux où il ne convient pas de l'appliquer. Nous ajouterions volontiers que la probabilité tirée de l'*ordre* relève de l'esprit de géométrie. Mais Cournot et M. René Berthelot nous semblent avoir présenté une analyse insuffisante de l'idée de l'ordre, ainsi que de celles de simplicité et de cohérence qui s'y rattachent. Une fois toute finalité exclue de l'idée d'*ordre*, une fois toute téléologie écartée, l'ordre ne peut plus être que l'intelligibilité, qui, elle-même, est la rationalité, la conformité des choses réelles aux lois de ce qu'on nomme la raison et qui est la volonté de conscience universelle. Le principe d'intelligibilité et de raison suffisante entraîne : *Rien de trop, rien de moins*. Le *trop* serait sans raison intelligible; l'effet déborderait la cause et serait sans cause. Le *moins* serait également sans raison et inadéquat à la cause. Dans la nature, l'effet est toujours ce que la cause devait et pouvait le faire être, rien en plus, rien en moins, tout comme une conclusion logique est exactement ce que renfermaient les prémisses, rien de moins, rien de plus. Ce qu'on entend par la *simplicité* et par l'*économie*, ce n'est autre chose que cette exactitude, cette nécessité rigoureuse de tel effet qui est déterminé une fois que telles causes déterminées ont été données. S'il y a une grande complexité de causes et de facteurs, l'effet sera très complexe, non pas très simple; et pourtant il sera le plus simple possible si l'on entend par là qu'il sera uniquement ce qu'il pouvait être, étant donné l'ensemble des causes; bref, il sera le seul logique, le seul rationnel, le seul intelligible.

La nature dit partout, comme le mathématicien : « *Il faut et il suffit.* » Pour qu'une courbe décrite soit circulaire, il faut et il suffit que tous les points soient à égale distance d'un point intérieur. Il ne s'agit pas là de simplicité, d'économie, de moindre effort et de moindre action; il s'agit de rigueur, de conformité des conséquences aux principes, des effets aux causes. Pour tracer une cycloïde, le procédé sera beaucoup plus *complexe*; il ne sera pas moins rigoureux et moins logique. Que l'équation qui fait jaillir sur le rocher une goutte de l'océan soulevé par la tempête soit simple ou complexe, peu importe; il faut et il suffit qu'elle soit exacte. Il y a autant d'ordre dans le désordre apparent que dans les choses les plus régulières et les plus calmes. Ordre et désordre, simplicité et complexité, économie et prodigalité sont des mots humains; causalité, c'est le mot de la nature, quelque représentation humaine que nous y puissions mêler.

ARTICLE QUATRIÈME

L'unité fondamentale de la métaphysique intuitionniste.

Les diverses intuitions que les partisans modernes de l'intuitionnisme attribuent aux grands philosophes du passé reviennent toutes à l'intuition de l'absolu (1).

On nous affirme, par exemple, que Spinoza eut une intuition dominatrice qui engendra tout son système. Autant qu'on peut traduire par approximation un acte intraduisible de l'esprit, acte « simple et indécomposable », Spinoza eut « le sentiment d'une coïncidence entre l'acte par lequel notre esprit connaît parfaitement la vérité et l'opération par laquelle Dieu l'engendre » ; il eut « l'idée que la *conversion* des Alexandrins, quand elle devient complète, ne fait plus qu'un avec leur *procession* et que, lorsque l'homme, sorti de la divinité, arrive à rentrer en elle, il n'aperçoit plus qu'un mouvement unique là où il avait vu les deux mouvements inverses d'aller et de retour (2). » Nous retrouvons encore ici, semble-t-il, l'intuition de la vie créatrice, qui est la vie libre ; et cette vie est aussi la vie divine, qui n'est pas immobile dans l'éternité, mais en mouvement et en évolution dans la durée. Toute intuition atteignant le réel, l'intuition de

---

(1) Cf. Introduction, *La critique de l'intuitionnisme*, p. XLII. « Si une telle intuition existe, elle sera seule de son espèce et il n'y aura qu'une seule intuition supra-intellectuelle ». « Nous ne sortons pas, en définitive, de l'intuition du réel absolu créant le monde en nous et par nous, comme dans et par les autres êtres. »

(2) M. Bergson, *Intuition philosophique* dans la *Revue de métaphysique*, novembre 1911.

Spinoza ne peut être que vraie ; conséquemment, elle coïncide avec toutes les autres intuitions vraies.

Quelle est, par exemple, l'intuition fondamentale qu'on attribue à Berkeley, intuition non moins simple et indécomposable que celle de Spinoza et qui ne s'exprime bien, quoique imparfaitement, qu'en images et symboles ? Berkeley, nous dit-on, « aperçoit la matière comme une mince *pellicule transparente* située entre l'homme et Dieu. » Ou encore : « La matière est une langue que Dieu nous parle. » La matière est toute passivité et, dès que l'activité de l'esprit humain s'en dégage, cette activité coïncide avec celle de l'esprit divin.

Malebranche, de son côté, avait eu la même intuition. Nous voyons toutes choses, y compris nous, en Dieu, et nous voyons Dieu en nous, en toutes choses ; ici encore, l'acte par lequel nous connaissons parfaitement la vérité coïncide avec l'opération par laquelle Dieu l'engendre.

Hegel, à son tour, identifie l'acte par lequel nous pensons l'absolu avec l'acte par lequel l'absolu se pense en nous et nous engendre.

Ainsi se retrouve chez tous les grands philosophes la même intuition. Chacun d'eux, nous dit-on, n'a jamais vu et dit toute sa vie qu'une seule chose. S'il en est ainsi, ajouterons-nous, cette chose est nécessairement la même réalité foncière qui a été vue par les autres philosophes. Quand donc aujourd'hui on nous parle de l'élan vital qui, dans le monde, est l'élan créateur de l'évolution et qui, en nous, est l'élan créateur de la liberté, c'est une forme nouvelle et un symbole nouveau de la « *conversion* identique à la *procession* », de la connaissance du vrai identique à la génération du vrai, de la vision de Dieu à travers une matière transparente ou à travers les mots d'une langue également diaphane. Ce que Platon, Aristote et Plotin appellent « vie éternelle », d'autres, avec Hegel et Schopenhauer, l'appellent devenir ou vie dans la durée ; mais comme, pour les platoniciens, l'éternité signifiait action vivante, ζωὴ αἰῶνος, non immobilité de mort, et que, pour les autres, la durée pure signifie une vie soustraite à toutes les déterminations quantitatives de l'étendue ou de la matière, on peut conclure que les diverses « intuitions » des Alexandrins, de Spinoza, de Berkeley et des modernes intuitionnistes ne sont qu'une seule intuition sous des symboles divers, celle de l'absolu créant toutes les relations où se développe la vie du monde et engendrant ainsi le monde en son sein comme sa propre évolution. Quand nous sommes assez *convertis* vers l'élan créateur pour coïncider avec son *progrès en avant*, aller et retour ne font plus qu'un; notre intuition est donc création, génération de nous-mêmes et, indivisiblement, du monde. De même, Schopenhauer, par une « conversion » vers les profondeurs de son être, prétend saisir au fond de lui-même non pas sa volonté, mais la volonté qui n'est pas plus lui que les autres êtres, qui est libre, c'est-à-dire dégagée de l'espace, du temps mathématique et physique, de la causalité et, par conséquent, de l'individualité. Ici encore, il y aurait coïncidence de l'intuition avec l'absolu qui engendre librement l'évolution universelle.

ARTICLE CINQUIÈME

La méthode intuitionniste en philosophie.

Si l'on admet comme point de départ l'intuition de l'absolu, sera-t-il possible d'en faire un procédé de méthode (1) ? Selon les partisans de l'intuition, celle-ci serait « la simplicité même » : elle serait une, elle serait indivisible, elle serait le réel saisi d'un coup d'œil intérieur où l'on ne peut discerner des éléments distincts et que l'on ne saurait décomposer, analyser : « Philosopher est un acte simple ». Et cependant, pour expliquer l'évolution cosmique, l'idée intuitive doit, « en se divisant et divisant ses subdivisions », arriver « à recouvrir les faits observés au dehors et les lois par lesquelles la science les relie entre eux ». Sinon, « ce serait fantaisie pure, elle n'aurait rien de commun avec l'intuition ». Devant cette double propriété d'être indivisible et divisible, l'esprit hésite ; le passage du simple au composé échappe.

En outre, si l'on en vient aux exemples historiques, on se demande comment l'idée intuitive de Spinoza sur la coïncidence de la connaissance parfaite chez l'homme avec la génération des vérités chez Dieu, ou l'idée intuitive de Berkeley sur le retour de l'esprit humain à Dieu empêché par l'obstacle purement passif de la matière transparente, pourra se diviser et se subdiviser à l'infini pour s'appliquer aux faits scientifiques et les recouvrir. Le domaine de la science et celui de la philosophie ne sont-ils pas différents ? Même en

(1) Cf. Introduction, *La critique de l'intuitionnisme*, p. L.

philosophie, que fera-t-on d'une intuition simple et une, à prendre ou à laisser telle quelle ? Comment distinguera-t-on ici le vrai du faux, le *voyant* du *visionnaire* ? Comment surtout cette intuition *sui generis* et *unique*, qu'un Spinoza ou un Berkeley aura eue, pourra-t-elle passer aux autres philosophes et, d'individuelle, devenir universelle? Sans l'universel, point de philosophie ; chaque intuitif demeurerait enfoui dans sa vision. Il faudra donc que l'intuition, par une sorte de procession alexandrine, redescende en *idée*, l'idée en *image*, l'image en *mots*, puis que les mots, par une sorte de conversion également alexandrine, suscitent en autrui des images analogues, des idées analogues, enfin quelque intuition analogue, ou plutôt la même, s'il est vrai que, l'intuition étant une et infaillible, il n'y ait pour tous les philosophes qu'une seule manière de l'avoir, qu'ils s'appellent Spinoza, Berkeley ou simplement vous ou moi. Mais, une fois accompli ces deux mouvements de procession et de conversion, qui nous assurera que nous avons bien eu une vraie vision du réel et non une vision de l'illusoire, comme nous croyons voir le croissant de la lune en nous frottant le coin de l'œil ? La vérification manque et manquera toujours : jamais nous ne vérifierons si l'acte humain de connaissance coïncide bien avec l'acte divin de création, si la matière est bien un voile léger et inerte interposé entre Dieu et notre esprit. Chaque voyant sera obligé de dire et de redire : « Je vois, je sais, je crois », — surtout « Je crois ». La philosophie se sera abîmée dans une sorte de religion mystique, profondément personnelle et sans autre moyen de communication que l'éveil, chez d'autres individus, de visions accompagnées de la même confiance en leur vérité absolue.

Le philosophe, dit-on, ne part pas des idées qui existent au moment où il existe lui-même ; tout au plus peut-on dire qu'il y arrive ; il ne vient pas à l'unité, il en vient. — N'est-ce point là changer le philosophe en prophète ? Certes, la philosophie a, comme la science, besoin du génie, et le génie est, à sa manière, prophétique ou même créateur. Mais cette création n'est pas *ex nihilo*; elle a besoin des grandes idées déjà acquises pour y ajouter une idée nouvelle et, par là, ramener toutes les pensées à une unité supérieure. Si le philosophe « part de l'unité », c'est seulement de l'idée d'unité, qui est essentielle à la raison même et en fait le fond ; il prend pour point de départ l'affirmation de l'unité sous la multiplicité infinie. Mais, après cette affirmation universelle et plus ou moins implicite, sa tâche est de montrer des unités particulières sous des multiplicités particulières. Or, c'est là un problème d'*idées* et de *raisons*, non de pures *intuitions* au sens de *vision immédiate et infaillible*. Les visions du génie sont des synthèses originales de pensées et d'impulsions qui ont fini par se fondre en un tout spécifique et par faire surgir une idée nouvelle, conséquence visible de prémisses cachées dans l'ombre du subconscient. C'est, par exemple, à force de *réflexion* sur les *idées*, à force de *raisonnements* sur les *principes* et les *conséquences*, que Spinoza a *conclu* : Dieu engendre toutes les réalités, y compris nous-mêmes ; quand donc nous *savons* parfaitement de quelle manière il les engendre, notre pensée coïncide avec la génération des choses ; Dieu pense en nous, crée en nous ; nous participons à sa pensée et à son acte créateur, par cela même à sa béatitude. Spinoza, avant de démontrer, a pu avoir une vision synthétique, mais c'était l'équivalent de la vision du géomètre ou de celle de l'artiste, qui ne sont nullement des visions de l'absolu.

Philosopher, loin d'être un acte simple d'intuition, constitue le plus complexe de tous les actes, car il tend à embrasser l'infinie complexité du réel dans l'unité de la pensée. C'est la pensée en effet, la pensée seule, ou, comme on dit, la *raison*, qui conçoit l'unité ultime et nécessaire des choses, qui les déclare liées entre elles par des liens d'où la contradiction est toujours absente et où la causalité, la raison explicative est toujours présente. Il y a pour la philosophie un point de départ solide et inébranlable, l'expérience, surtout intérieure, et il y a un point d'arrivée que la pensée pose comme certain parce qu'il est la condition même de toute pensée saisissant les objets, c'est l'unité et la rationalité universelle. Entre ce point d'arrivée et ce point de départ, la philosophie cherche pour l'interprétation du monde toutes les idées intermédiaires où se résume l'expérience multiple et où s'annonce l'unité finale ; la philosophie est donc une dialectique, non pas abstraite, mais à la fois idéale et réelle. L'échelle qui se perd dans l'infini repose sur le terrain solide de l'expérience et chacun de ses barreaux est une idée condensant des vues, raisons et raisonnements. Il n'est donné à aucun philosophe de se précipiter d'un bond dans l'unité infiniment multiple vers laquelle monte la pensée et de coïncider avec elle par une intuition simple qui serait la *nôtre* et en même temps la sienne.

Aussi, après avoir parlé d'intuitions et de visions, les intuitionnistes sont-ils réduits, changeant d'image, à nous parler d'un contact, à passer du sens de la vue à celui du toucher. La vue peut embrasser un vaste espace ; le contact ne peut qu'embrasser plusieurs points restreints. Nous aurions ainsi un contact avec l'Être des êtres, avec l'esprit universel de vie, sans jamais avoir la plénitude de la possession. — Mais alors, ce contact n'est plus *l'intuition* d'une réalité comme elle se voit elle-même dans sa réalité originale, spécifique et unique. Ce ne peut plus être qu'une intuition sensible, partielle, comme toutes les appréhensions sensibles, et plus que jamais contradictoire, puisque aucune intuition sensible ne peut saisir le supra-sensible. Si donc on rejette le *sens* de l'absolue réalité, il ne reste plus qu'une *représentation* du tout par une partie, représentation d'autant plus inexacte et symbolique, que l'Être des êtres n'a vraiment pas de parties : il est intégralement ce qu'il est : tout ou rien : *Ego sum qui sum*. Quel est donc le vrai nom de cette représentation, sinon *idée* ? Nous projetons idéalement dans l'infini notre propre vie, notre propre pensée. Pour légitimer cette projection hardie et hasardeuse, toute la dialectique ne sera point de trop. Nous ne pouvons plus dire : *je vois*, mais *je pense*, et il faut sans doute finir par : Je crois. En un mot, un sens imparfait du parfait, qu'il s'appelle *vision, intuition* ou *contact*, est toujours une contradiction. Du parfait que nous ne sommes pas nous ne pouvons avoir qu'une idée, non une conscience, ni une intuition sensible ou intellectuelle.

Reprenez à ce point de vue l'examen des grands systèmes philosophiques, vous verrez que la prétendue intuition de Spinoza est une science, celle de la substance ultime et réelle, qui aboutit à l'unité de la substance, dès qu'avec Descartes, on a défini la substance comme existence par soi. Or, s'il n'y a qu'une seule substance, il faudra bien que nos pensées soient, en quelque manière, des pensées de la substance éternelle, nos actes des actes de Dieu, notre connaissance vraie une identité avec la génération des vérités elles-mêmes. Spinoza commente la parole : *In illo vivimus, movemur et sumus*, dont il croit pouvoir conclure, en vertu de l'unité substantielle : *In nobis vivit, movetur et est*. Il est en plein domaine de la raison, non en pleine intuition. Il n'y a pas même là d' « image médiatrice » entre le supra-sensible et le sensible ; c'est une pensée pure qui fait abstraction des conditions de temps, d'espace et de toute sensation pour s'attacher à l'unité de l'Etre sous l'infinité des attributs et des manières d'être. Combien Spinoza a eu raison de résumer lui-même sa méthode en disant : Les yeux de l'esprit, ce sont les raisons, bien plus, les démonstrations ! Cette conception du spinozisme est peut-être moins poétique que celle qui y croit reconnaître une intuition déguisée sous l'appareil rationnel et déductif; mais elle est peut-être plus exacte. Otez de l'Ethique la forme géométrique du raisonnement, il restera toujours, comme fond du système des faits et des raisons ; Spinoza est un *penseur*, aussi riche d'expérience que riche d'idées. De même pour Berkeley, de même pour Leibniz, de même pour Hegel. Je ne sais s'il est vrai de prétendre que les grands philosophes n'ont jamais dit ou essayé de dire qu'une seule chose toute leur vie ; il semble bien que les Descartes, les Leibniz et les Kant ont dit beaucoup de choses diverses, mais leur pensée directrice et dominatrice fut une *idée*, une grande idée ; ce fut, si vous voulez, une idée de génie ou même, au sens figuré, une intuition de génie ; ce ne fut pas une réelle intuition de la réalité absolue.

La méthode intuitive pour résoudre des problèmes philosophiques consiste à rentrer, nous dit-on, dans l'intuition de la « durée pure » et à voir tout, non plus *sub specie æternitatis*, mais *sub specie durationis*. — Il faut rentrer dans notre *conscience*, oui, et aussi dans ce qu'on nomme notre *raison* ; mais la conscience ne saisit-elle en soi que « durée pure », et, en supposant qu'il en fût ainsi, cette seule conscience de la durée pure résoudrait-elle, au moins en principe, les grands problèmes du monde et de la vie ? C'est ce qu'il faut examiner. La durée pure, c'est la succession continue et indivisible des qualités hétérogènes que notre conscience saisit en elle, sans rapport avec l'espace divisible et extérieur ; la durée pure, c'est « l'hétérogénéité qualitative ». — Mais, d'abord, des qualités hétérogènes ne sont pas de la durée ; il faut qu'elles se succèdent les unes aux autres et sans interruption ; or, le fait de la succession continue, qui ne s'en distingue pas moins en passé, présent et futur, est tout autre que le fait de l'hétérogénéité et n'en peut sortir. Admettons pourtant que l'hétérogénéité puisse donner la durée ; avec ces deux choses, nous n'aurons encore que les premiers éléments de la conscience : sentiment de *différences* qualitatives et sentiment de *succession* continue ; c'est le fameux flux de conscience, « *stream of consciousness* » de William James. Plongeons-nous tout entiers dans ce torrent du devenir intérieur : ce plongeon pourra-t-il donner la solution des problèmes philosophiques ? Nous ne le pensons pas.

Tout d'abord, il ne résoudra pas le problème du *moi*. Ce problème, en effet, consiste essentiellement à savoir s'il n'y a dans le devenir à la fois continu et hétérogène quelque existence permanente et identique qui constitue une individualité, à la fois toujours changeante et toujours la même, ayant le droit de dire moi. Le problème du moi est une question de *permanence* dans le changement, non de pur changement et de pur devenir.

Le second grand problème, c'est celui d'*autrui*, celui de l'objectivité d'autres êtres. Il s'agit de passer de notre « torrent » à un autre, à une multiplicité d'autres. Or, je ne crois pas que la considération de notre hétérogénéité qualitative et continûment successive puisse nous faire jamais sortir de notre devenir propre, en supposant que nous puissions avoir l'idée d'un devenir *propre* et *nôtre*. Là encore l'idée de permanence et aussi celle de causalité doivent intervenir ; or, hétérogénéité qualitative dans la durée, ce n'est ni la *permanence*, ni la *causalité*, encore moins la *réciprocité causale*, qui sont précisément les objets de tous les grands problèmes métaphysiques.

Sur tous ces problèmes, l'intuition de la durée pure reste muette ; elle ignore le *permanent*, elle ignore le causal, elle ignore le réciproque. Elle ne sait ni ce que c'est que le principe *d'identité* universelle et de non-contradiction, ni ce que c'est que le principe de *raison* universelle et d'universelle *causalité*. Jamais le flux miroitant dans la durée pure ne suscitera l'idée de nécessaire identité, encore moins l'idée de nécessaire raison ou de nécessaire causalité, jamais il ne se posera à lui-même le *pourquoi* qui est la première condition de tout problème et de toute solution de problème.

Dira-t-on que l'énigme de la vie sera du moins résolue par l'intuition de la durée hétérogène et qualitative, pure de toute quantité et de tout espace ? Mais la vie ne consiste pas seulement à changer sans cesse qualitativement. Là aussi, la *permanence* a sa part ; là aussi la *causalité* a son rôle ; là aussi et surtout la *réciprocité causale* est en jeu. Vivre, ce n'est pas être un pur esprit perdu dans la contemplation de sa continuelle métamorphose, c'est agir et réagir sur d'autres êtres par le moyen d'un corps qui occupe un point dans l'espace. Le problème de la vie, de l'incorporation, subsiste donc tout entier devant le flux hétérogène et toujours mobile qui se voit couler. Le problème des *rapports* de l'esprit et de la matière est un rapport d'activités, donc de causes, donc de causalité, et il est du même coup un rapport de *permanence*, de *similitude* et d'*homogénéité*. Constater qu'on dure, ce n'est résoudre aucun problème ; ce n'est pas non plus faire disparaître les problèmes, c'est les ignorer et les laisser debout comme autant de sphinx devant lesquels on ferme en vain les yeux.

Pourrons-nous enfin, sans sortir de notre durée pure, résoudre le problème de notre liberté ? — Mais ici plus que jamais surgit la question de causalité, car la liberté suppose une action indépendante d'autres actions ; cette indépendance d'autres actions suppose causalité, ainsi qu'un certain degré de réciprocité causale qui est précisément à déterminer. Or, nous voir durer et nous voir passer sans cesse à des qualités hétérogènes et nouvelles, imprévues, peut-être imprévisibles, nous voir emportés dans une vicissitude sans fin de spectacles intérieurs, ce n'est pas nous voir *causes*, causes *permanentes* de nos actions et *indépendantes* (au moins sous certains rapports) des autres causes, de *toutes* les autres causes, de celles qui sont dans l'*espace* comme de celles qui sont dans le temps. Succession continue et hétérogène, toujours *nouvelle*, ce n'est donc pas liberté. Aucune *intuition*, d'une manière générale, ne peut nous révéler notre liberté, parce qu'une intuition peut bien saisir quelque réalité qui est et change, mais elle ne peut pas saisir le *rapport* de dépendance causale ou d'indépendance causale entre cette réalité et toutes les autres. Qu'un prisonnier descende au plus profond de son intuition, il ne saura pas pour cela si la chaîne par laquelle il est attaché à la muraille subsiste toujours.

Que sera-ce donc quand le problème portera sur la production même de l'univers, sur l'évolution créatrice, sur la liberté créatrice se déployant au sein du monde ? L'intuition de la pure durée développant en nous ses nouveautés inexpliquées et inexplicables sera moins que jamais la révélation du mystère éternel et universel. Du haut de notre durée vécue, nous verrons couler en nous le fleuve d'Héraclite sans savoir comment il coule, d'où il vient, et où il va.

On aura beau dire et redire que ce flux hétérogène devient ; le devenir ne nous apprendra rien sur le *possible*, rien sur le *nécessaire*, rien sur le *causal*, rien sur le *permanent*, rien sur le *moi*, rien sur le *non-moi*, rien même sur la vie, rien sur le monde, rien sur l'être, encore moins sur le principe de l'être.

Jamais l'intuition du *quale* et même du *quando* (qui sont déjà deux choses qu'on n'a pas le droit de confondre) ne nous donnera le *quis*, le *quid*, le *quantum*, le *ubi*, le *quomodo*, le *quâ ratione*, le *quâ causâ*, le *quo fine*. Or, ce sont là les problèmes non seulement de la science, mais de la philosophie. Tous demeurent en suspens, sans réponse possible, sans même de position possible. Il n'y aura plus qu'à se sentir durer et à se laisser durer, car toute question qu'on se poserait dépasserait de l'infini le domaine de la durée pure.

Telles sont, en abrégé, les raisons pour lesquelles nous ne pouvons admettre l'intuition de la durée comme un procédé pour résoudre ou pour supprimer les difficultés philosophiques ; ne plus voir une difficulté, ce n'est pas l'avoir supprimée.

L'intuitionnisme, en somme, a raison de soutenir, avec tous les philosophes, que la philosophie a son vrai domaine et son vrai moyen de connaissance dans la conscience ; il a raison aussi de dire, comme nous l'avons tant de fois dit nous-même, que la conscience n'est pas une vision de surface, mais est une vision de fond. Quant à l'identification de notre humaine conscience avec une conscience de l'absolu et, en définitive, avec une conscience de l'acte créateur, c'est là une doctrine toute systématique, non une donnée immédiate, ni une vraie intuition qui servirait de point de départ à la méthode philosophique pour trouver, à l'aide d'autres intuitions, d'autres contacts avec l'absolu.

ARTICLE SIXIÈME

L'inintelligible est inconcevable.

L'intelligibilité est un rapport essentiel de la réalité à l'intelligence, qui fait que tout ce qui est a une raison d'être plutôt que de ne pas être, d'être tel plutôt qu'autrement, d'être en tel point de l'espace ou du temps plutôt qu'en tel autre. L'intelligibilité est l'unité profonde des fonctions essentielles de l'intelligence et des fonctions essentielles de la réalité, si bien que les formes de la quantité, de la qualité, de la causalité ne sont pas seulement régulatrices de notre esprit, mais constitutives de la réalité même et de l'expérience que nous en avons.

Nous ne pouvons affirmer la réalité du monde et le distinguer d'un simple rêve qu'en affirmant son intelligibilité. La sensation, à elle seule, ne nous fait pas sortir vraiment de nous-mêmes ; il faut, pour que nous lui accordions une valeur proprement objective, que nous la rapportions à une *cause* autre que nous et à un *sujet* plus ou moins permanent autre que nous. Sans la fonction *causale*, la sensation reste à l'état d'image et la réaction qu'elle provoque reste purement animale ou machinale. Ce n'est pas tout : pour concevoir un vrai monde extérieur, il faut concevoir un lien entre les causes de nos diverses sensations, lien tel que les causes forment une série intelligible d'antécédents et de conséquents.

Quand nous croyons concevoir dans le monde l'inintelligible, le « sans raison », nous ne faisons que remplacer un mode d'intelligibilité par un autre plus ou moins vague, un genre de raison par un autre plus ou moins inadéquat. Nous supposons, par exemple, à la place des lois le caprice, mais le caprice lui-même ne nous paraît pas en dehors de toute cause et de tout sujet ; nous concevons toujours un sujet capricieux et son caprice même nous paraît avoir en lui sa cause, que nous appelons volonté et que nous supposons ambiguë. Nous sommes donc toujours en pleines catégories de causalité et même de substantialité. En outre, nous plaçons dans un être *réel* des *possibilités* diverses, dans une *unité* une *multiplicité*. Nous débrouillons mal nos idées, mais ce sont encore des idées, fournies par la conscience plus ou moins mal interrogée et interprétée au moyen de catégories plus ou moins mal appliquées. Le *clinamen* attribué par Epicure à ses atomes était lui-même un emprunt à l'apparence interne de la liberté d'indifférence. Cette liberté, à son tour, ne nous paraît pas absolument sans cause, puisque nous plaçons la *causalité* dans le *sujet* volontaire, sans expliquer, il est vrai, pourquoi cette causalité se manifeste de telle manière plutôt que de telle autre. Nous nous contentons du : *Sit pro ratione voluntas*. Bref, nous substituons à une intelligibilité vraie et complète une intelligibilité en partie fausse et incomplète ; mais toujours nous cherchons des raisons, des causes et des sujets, des possibilités et des réalités. En voulant poser l'inintelligible, nous cherchons à rendre intelligible l'existence de l'inintelligible ; nous cherchons à trouver des raisons pour l'absence de raisons.

Le hasard n'est nullement l'absence de causes ; il est l'intersection de deux séries de causes ordinairement indépendantes, par exemple celle qui me fait prendre un billet sur un paquebot et celle qui aboutit au naufrage de ce paquebot. L'indépendance des séries causales a beau ne pas être absolue, elle est réelle entre certaines limites. Les variations de mes désirs n'ont pas lieu en fonction des variations de l'atmosphère marine et des vents qui peuvent amener la tempête. Le hasard n'en est pas moins **une rencontre de nécessités** où, comme on dit, de fatalités. Il n'implique aucune ambiguïté des futurs ; tout au contraire, il est un cas de détermination réciproque, quoique accidentelle.

Quand nous essayons de concevoir quelque chose d'inintelligible, nous sommes obligés de retirer successivement à cette chose toutes les déterminations, car, devant chaque détermination, nous voyons se dresser le pourquoi, aussi inséparable d'elle que l'ombre d'un objet éclairé par le soleil. Si nous supposons une chose qui se produit dans l'espace, dans le temps, aussitôt nous nous demandons pour quelle raison elle se produit à tel point plutôt qu'à tel autre. Si elle a une qualité quelconque, pourquoi cette qualité? Si elle est un effet, pourquoi cet effet plutôt que tout autre? et, obligés de lui retirer successivement toutes les déterminations possibles, nous finissons par nous trouver devant un fantôme, devant un X, devant un zéro, dont nous ne pouvons rien dire. Avec sa dernière lueur d'intelligibilité disparaît pour nous sa réalité.

Il n'est pas exact de réduire toute intelligibilité au type mathématique et géométrique, ni de spatialiser ainsi l'intelligible. La quantité n'est qu'une des catégories, et nous avons vu que le nombre n'est que le schème de la quantité. L'espace n'est qu'une des formes de la perception et ses figures ne sont que des rapports symboliques entre des mouvements supposés ou des repos supposés. La pensée ne s'épuise donc nullement dans les mathématiques. La raison suffisante, qui est son objet véritable, contient bien d'autres espèces que les raisons spatiales ou numériques. La cause n'est pas une catégorie spatiale, pas même purement temporelle, de même pour la permanence, de même pour la possibilité, la réalité, la nécessité. Cette dernière a sans doute dans les mathématiques un de ses types les plus achevés; mais la causalité en est un autre type réel, tandis que l'autre est abstrait, et la causalité n'est pas mathématique en elle-même, quoique, lorsqu'il s'agit d'objets situés dans l'espace, elle aboutisse nécessairement à chercher des raisons spatiales pour ce que les changements ont de spatial. Une fois tous les calculs opérés et toutes les formules mathématiques établies, il resterait toujours à savoir *pourquoi* les choses se meuvent dans l'espace, changent dans le temps, et *ce qui* se meut, *ce qui* change, de quelle *qualité* à quelle qualité il y a passage, de quelle *possibilité* à quelle *réalité*. L'intelligible déborde donc infiniment le mathématique.

On reproche à l'unité et à la multiplicité d'être des catégories matérielles ou spatiales, et on en conclut que toutes les catégories sont matérielles, que l'entendement est calqué sur la matière. — Mais d'abord, quand l'unité et la multiplicité seraient spatiales, il n'en résulte pas que les autres catégories le soient. En outre, s'il est bien vrai que l'unité et la multiplicité distinctes apparaissent surtout et se dessinent nettement dans l'espace, est-il vrai qu'il n'y ait dans la vie psychique aucune unité véritable, aucune véritable multiplicité? Quand nous passons du plaisir à une souffrance inattendue, nous distinguons nettement la dualité des deux états ou changements de notre vie interne. En même temps, cette dualité est attachée à une unité qui la transcende et que nous appelons moi. Cette dualité et cette unité ne sont pas d'ordre vraiment quantitatif, ni surtout extensif, assurément ; mais elles sont d'ordre psychique et, si des distinctions de ce genre n'existaient pas dans nos changements intérieurs, nous ne pourrions pas distinguer au dehors de nous des unités et des multiplicités. Nous le pourrions d'autant moins que, dans le fond, les unités et multiplicités spatiales, surtout les totalités, sont en partie artificielles. Dans l'espace pas d'unité véritable, pas de vrai point, tout étant indéfiniment divisible, pas de totalité véritable, tout étant continu ; les multiplicités que nous considérons sont des totalités qui enveloppent l'infini et dont les parties ne deviennent distinctes que pour l'imagination et grâce à la distinction des sensations elles-mêmes. C'est donc bien toujours en nous, non dans l'espace et la matière, que l'intelligence trouve unité et pluralité vraies ; c'est dans le domaine du temps, avant tout, qu'elle saisit le nombre ou le constitue pour exprimer schématiquement quelque chose d'à la fois un et multiple qui le surpasse.

Quant aux catégories de la qualité, de la causalité, de la

possibilité, de la réalité, de la nécessité, que peuvent-elles avoir de matériel à l'origine, alors qu'elles expriment des attributs qui, en eux-mêmes, sont précisément étrangers à l'espace, et à la matière proprement dite ; des attributs de la vie interne, qualité, activité, virtualité, et des attributs de la raison, possibilité, réalité, nécessité, que nous projetons ensuite dans les choses pour subordonner celles-ci et les soumettre à l'empire de la volonté et de la conscience ?

Etre, selon les auteurs platonisants, tels que M. Lachelier, ne consiste pas seulement à être *là* matériellement devant nous ; cela, c'est nous affecter ou être perçu par nous. Or, comment prouver et même concevoir que ce qui nous affecte et ce que nous percevons ait un *en soi* quelconque, une existence ou vérité quelconque indépendante de nous ? Il faut donc, selon l'idéalisme, ou que le mot *être* n'ait absolument aucun sens, ou qu'il exprime la fonction d'un esprit qui pose, qui investit de l'existence et de la vérité ce qui n'est par soi-même que donnée sensible et dont nous ne pourrions pas même dire, en le regardant purement et simplement en lui-même, qu'il nous soit *donné*.

C'est une même activité immanente aux choses et à nous-mêmes qui pose les choses comme réelles en soi et les pose en nous comme intelligibles. Cette pensée platonicienne fut, chez Kant lui-même, la pensée de derrière la tête, à laquelle, il est vrai, il ne donna sa pleine valeur qu'au nom de la moralité, c'est-à-dire de ce qui ne doit pas être considéré comme illusion. Mais le monde, pour l'expérience, ne *peut* pas être considéré comme illusion : il faut donc que notre pensée et le monde fassent un de quelque manière.

Les Idées ne sont point séparées des choses de toute la hauteur du ciel, *toto cælo*. Elles leur sont immanentes, et cela pour une raison décisive : c'est qu'elles sont *constitutives* de leur réalité même. Sans quelque unité et quelque pluralité, sans quelque différence et quelque identité, sans quelque causalité et quelque raison d'être, les choses n'existeraient pas réellement, et non seulement nous ne pourrions les penser, mais elles ne pourraient être, ou si elles étaient, elles seraient comme si elles n'étaient pas. Ces catégories ne se jouent donc point *circum præcordia rerum :* elles sont au cœur même du réel; elles sont la diastole et la systole de la vie universelle.

Les mêmes philosophes qui admettent dans le monde de l'inintelligible ou de l'illogique, refusent pourtant d'y admettre le hasard et le désordre, parce que l'intelligence ne saurait penser qu'à un objet qui a avec elle quelque harmonie. Selon ces philosophes, comme selon nous-mêmes, dès qu'on cherche à mettre sous le mot de désordre une idée, on reconnaît que le désordre peut bien être la négation d'une certaine espèce d'ordre, mais que cette négation est alors la constatation implicite d'une autre espèce d'ordre, « sur laquelle nous fermons les yeux parce qu'elle ne nous intéresse pas ». « Il n'y a de réel que l'ordre (1). » Il n'y a de réel que l'intelligible, dirons-nous à notre tour, ou du moins il n'y a rien de réel qui ne soit intelligible comme offrant un certain ordre. Mais, s'il y avait quelque part de l'indétermination dans les choses, comme on le prétend, il y aurait une absence complète ou partielle de lien entre ce qui se produit et ce qui existait auparavant, un manque de causalité ou de raison suffisante, il y aurait désordre et inintelligibilité; les mêmes raisons n'aboutiraient pas aux mêmes conséquences déterminées, mais à des conséquences quelconques, donc désordonnées; la même cause, au milieu du même ensemble, ne produirait pas les mêmes effets, mais des effets quelconques, indéterminés, donc arbitraires ou fortuits, donc sans ordre, donc sans intelligibilité. Il est difficile de comprendre comment on peut soutenir que le désordre est une pseudo-idée et ne pas conclure que l'inintelligibilité radicale est la même pseudo-idée. Si « le nouveau » a un lien quelconque avec l'ancien, s'il ne sort pas du « néant », qu'on déclare être une autre pseudo-idée, encore plus inadmissible que celle du désordre, si par

---

(1) *L'Evolution créatrice*, p. 255, 207.

exemple mes actes sont l'effet de ma personnalité entière, de mon moi, tel qu'il est lui, et non tel que vous êtes, vous, comment nier qu'ils ont dans ce moi leur raison d'être et leur raison d'intelligibilité, que, par conséquent, ils sont déterminés par mon moi ? Et ce moi, à son tour, ne sortant pas du néant et ne constituant pas un désordre dans l'univers, un je ne sais quoi sans lien avec le reste, fortuit, arbitraire, sans raison et sans cause, ce moi est lui-même déterminé et, s'il se détermine ensuite lui-même à son tour, ce n'est pas au hasard et arbitrairement, mais sous quelque idée sans laquelle il n'agirait que comme une force aveugle ; et cette idée est celle même de son indépendance possible, de sa liberté possible. En dehors de l'idée et de l'amour qu'elle inspire, pas de vraie liberté, mais le « désordre » sorti *ex nihilo*.

Ainsi les systèmes qui déclarent admettre de l'inintelligible sont obligés de restaurer partout l'intelligible en même temps que l'être, de nier le désordre en même temps que le néant, le non-pensable en même temps que le non-existant. Le prétendu inintelligible, comme le prétendu désordre, n'est qu'une intelligibilité *d'un autre ordre*, donc toujours un ordre et donc toujours une intelligibilité.

De là il résulte aussi que l'ordre n'est pas purement *spatial* : le soutenir et soutenir en même temps qu'il y a partout de l'ordre sous différentes formes, ce serait se contredire. D'où il suit également que l'intelligibilité n'est pas uniquement spatiale ni mécanique, mais qu'elle déborde infiniment l'espace, le mouvement, la force, pour embrasser toutes les manifestations de l'être et toutes les formes de raison d'être. L'intelligibilité est *d'un autre ordre* que l'espace, mais elle est toujours d'un certain ordre, ou plutôt elle est l'ordre elle-même, ou plutôt encore elle est le principe dont l'ordre est la conséquence.

Ce mot d'*ordre* est d'ailleurs vague, et quand on le précise il se ramène à ces catégories tant décriées : la *réciprocité causale*, qui met l'ordre dans tous les effets réels ou possibles, la *détermination* qualitative, qui met l'ordre dans les qualités positives et négatives de toutes sortes, enfin la *totalité* qualitative, qui met l'ordre dans les unités partielles et les multiplicités partielles. L'ordre, ce sont toutes les synthèses auxquelles aboutissent les fonctions essentielles de la pensée et qui rendent seules les objets intelligibles en les présentant comme un tout quantitatif et qualitativement déterminé et dont toutes les parties sont en réciprocité causale.

On dit que la différence qui existe entre les choses est essentiellement réfractaire à toute intelligence. Il y a déjà longtemps que, dans la seconde édition de « *La Liberté et le Déterminisme* », nous avons signalé la théorie qui érige ainsi le *différent* en *inintelligible*, puis en *indéterminé*, puis en *libre*, sous prétexte que l'intellection consiste à ne voir que des ressemblances; le déterminisme, à relier le même au même; la liberté, à produire du différent. Nous retrouvons là cette confusion que nous avons tant de fois signalée entre la catégorie de la ressemblance ou de la différence et les catégories de la relation, — permanence, causalité et réciprocité, — lesquelles sont l'objet propre de la connaissance explicative et du déterminisme. L'intelligibilité ne consiste pas dans la suppression de toutes les différences : s'il n'y avait qu'une seule et même chose, il n'y aurait rien à comprendre pour l'intelligence ; si tout était identique, la science n'aurait pas à montrer comment une chose en détermine une autre. L'intelligibilité, au point de vue qualitatif, est précisément un lien *entre des différences*, non pas seulement entre des identités ; elle est l'un dans le multiple, le multiple dans l'un. Mais surtout, au point de vue de la causalité, elle est le lien des effets aux causes, des causes aux effets, de l'action transitoire à l'action permanente et *indéfectible ;* elle est surtout la réciprocité causale ou interaction universelle.

Sans doute la connaissance *ordonnatrice*, non créatrice, présuppose des termes donnés, et ces termes sont différents les uns des autres par quelque côté, sans quoi ils ne seraient pas multiples et ne pourraient être ordonnés. Mais, par un autre côté, ces termes doivent avoir des ressemblances, sans quoi la connaissance ne pourrait les embrasser sous quelque unité multiple ni les ramener comme effets à des causes : ce qui implique que tous sont semblables par ce trait commun qu'ils sont causés ou causants, qu'ils sont soumis à une même loi de raison suffisante. La connaissance, en un mot, présuppose l'existence, l'existence de termes unis et multiples, causants et causés ; mais il n'en résulte pas que les termes, en tant qu'*existant*, soient *indéterminés*, alors qu'ils seraient déterminés sous tous les autres rapports, y compris leur *manifestation*, leur *action*, tout ce qui les révèle à nous, tout ce qui peut les révéler à eux-mêmes. D'ailleurs, séparer ainsi l'existence des relations qui la manifestent, des relations où elle se traduit, c'est faire une abstraction vaine, l'être et l'agir étant inséparables, comme l'être et le paraître ; c'est se perdre dans le *noumène X*, dont nous n'avons pas à nous occuper dans l'interprétation du monde. Le *différent* n'est pas le *nouménal*; il est, au contraire, le *phénoménal* par essence, puisqu'il est l'objet de la sensation, de l'expérience ; par cela même il est la matière de la connaissance, de la coordination, de l'intelligibilité. Supposer que, une fois pris aux filets du déterminisme intelligible, il reste cependant indéterminé en soi, inintelligible et même libre, c'est lui laisser gratuitement une indétermination et une liberté qui ne lui servent à rien et ne peuvent se traduire par rien. Avec un tel raisonnement, on pourrait tout aussi bien dire que la ressemblance est elle-même libre ; car cette ressemblance est, comme la différence, un caractère des objets donnés, caractère que nous constatons et ne créons pas. Si tout était absolument disparate et sans commune mesure, nous aurions beau vouloir, par la pensée, établir une ressemblance, nous n'y parviendrions pas ; le délire universel échapperait à toute loi et à tout ordre. Dira-t-on pour cela que les ressemblances, étant données dans les choses et avec les choses, sont incoordonnables, inintelligibles, indéterminées et libres ? L'intelligibilité et le déterminisme, encore un coup, consistent à la fois dans des différences et dans des ressemblances reliées par la causalité réciproque et universelle. Les différences et les ressemblances ne peuvent surgir et se manifester que dans des conditions causales déterminées : la différence *brûlure*, par exemple, ne peut apparaître que sous l'action de la *chaleur*; elle ne peut se reproduire *semblablement* que dans des conditions *semblables*.

Mais, dit-on, le *différent*, auquel s'applique la loi, est lui-même hors la loi. — Autant dire qu'un prisonnier auquel on met des chaînes est hors des chaînes. Sans doute sa pensée et sa volonté sont hors des chaînes matérielles ; mais, s'il y a encore des liens et lois psychologiques, comme il y a des liens et lois physiologiques, les lois pénétreront de plus en plus intimement, reliant les *différences* à mesure qu'elles se produiront. Supposer des différences dernières *hors de toute loi*, c'est induire juste à l'opposé de l'induction légitime et c'est de plus admettre, sans aucune raison intelligible, une inintelligibilité radicale. A une pareille supposition, que peut-on opposer ? L'arbitraire est irréfutable.

Au *différent* se réduit l'*hétérogène*, qu'on a également voulu soustraire à la loi sous prétexte qu'une loi est une homogénéité. — Oui, sans doute, c'est une homogénéité; mais établie précisément entre des termes hétérogènes, qui ne se distingueraient pas l'un de l'autre sans quelque hétérogénéité qui les différencie. Poser de l'hétérogène, ce n'est pas sortir du domaine de la loi et de la causalité ; c'est, tout au contraire, fournir à la loi, à la cause, à la raison suffisante la matière qu'elles doivent se soumettre. L'hétérogène a sa loi, sa cause, qui expliquent qu'il doit être nécessairement hétérogène, étant donnée l'hétérogénéité des conditions causales d'où il dérive. Et si, au lieu d'hétérogène, nous avions de l'homogène, il y aurait toujours loi et causalité, explication des effets homogènes par des conditions d'homogénéité. Rien de ce à quoi la causalité s'applique n'est en dehors de la causalité.

ARTICLE SEPTIÈME

Les limites du connaissable et l'inconnaissable.

Nous avons dit dans le *Vocabulaire philosophique*, à propos de l'effort fait par l'intuitionnisme pour éliminer l'inconnaissable : « L'inconnaissable est ce qui, tout en étant réel, échapperait par hypothèse à tous les modes de connaissance soit intuitive, soit discursive, soit immédiate, soit médiate, soit fondée sur la conscience et l'expérience, soit fondée sur le raisonnement. En ce sens, la critique qui a été faite de cette notion par tant de philosophes et par nous-même conserve toute sa valeur : on ne peut affirmer ni la possibilité, ni la réalité d'un tel *inconnaissable*. La « métaphysique contemporaine » n'a rien changé à cette situation. Si elle veut réserver le nom de connaissance à la connaissance « conceptuelle » et « discursive », elle restreint arbitrairement le sens de ce mot. D'autre part, appeler *absolu* la réalité quelconque saisie en nous par la conscience et qui constitue notre existence pour nous-mêmes, mais qui ne constitue pas une existence *par soi* et indépendante de toutes relations, c'est donner à l'absolu un sens nouveau qui déplace la question sans la résoudre. Il reste toujours à savoir si nous pouvons affirmer la réalité ou la possibilité de ce qui échapperait entièrement à la conscience, à la perception et au raisonnement. Cette question, si mal résolue par Spencer, a une valeur qui n'est pas seulement *historique*, comme on l'a prétendu, et qui n'est pas liée au sort de la philosophie spencérienne.

I. — Les limites de la conscience et de la connaissance.

Notre connaissance a des limites du côté du sujet. Nous ne nous connaissons pas entièrement nous-mêmes et, quoi qu'aient pu dire les intuitionnistes de leur « connaissance absolue et parfaite », nous ne connaissons pas absolument en quoi consiste notre *être*, ni notre *pensée*, ni notre *vouloir*.

Notre connaissance a des limites encore plus manifestes du côté de l'objet, c'est-à-dire de la réalité en tant qu'elle est présente à notre *pensée*. Premièrement, nous ne connaissons pas l'objet tout entier ; même en ne considérant que le monde sensible, notre connaissance est partielle. *Notre monde*, dont la conception est toute conditionnée par notre intelligence, *peut* n'être pas *le monde*. Depuis Hume et Kant, l'accord s'est fait entre les philosophes comme entre les savants sur la relativité essentielle qui fait dépendre l'objet pensé du sujet pensant, sentant et voulant. Le Cosmos, c'est-à-dire l'objet que nous représentons, dépend en partie du sujet qui se le représente, car, outre qu'il est tout pénétré de *lois* intellectuelles, il est composé d'*éléments* empruntés à la vie interne du sujet même : supprimez les sensations, les formes de temps et d'espace, les catégories de qualité, de quantité, de causalité, il n'y a plus pour nous de Nature. D'autre part, le sujet réduit à lui-même et sans objet n'est plus que la pure identité avec un *soi* vide. Ce sont là des résultats acquis depuis Kant, Fichte et Hegel. Schopenhauer a répété à son tour : — Pas de sujet sans objet, pas d'objet sans sujet, pas de vrai monde sans notre représentation et pas de représentation sans le monde, sans la Nature.

Si l'univers conçu par nous n'est objet qu'à l'égard d'un sujet conscient, ou, en d'autres termes, s'il n'y a pas d'objet sans *sujet*, on peut conclure qu'il n'y a pas d'*objet en soi*.

Mais, après avoir énoncé cette conclusion, on peut encore

se demander, avec Kant, s'il n'y a point de *chose en soi*, c'est-à-dire de chose incapable de devenir objet pour une pensée quelconque et néanmoins réelle en dehors de toute pensée actuelle ou possible.

En supposant qu'on puisse se faire cette question, il est certain qu'on n'y peut répondre. De l'existence ou de la non-existence, de la réelle possibilité ou de l'impossibilité d'une chose en soi sans aucun rapport avec la pensée, la pensée ne peut absolument rien dire. Elle n'a pas le droit de poser la chose en soi comme vraiment possible ou comme réelle : ce serait en faire un objet pour un sujet. Encore moins a-t-on le droit de la mettre, comme l'a fait Kant, en un rapport quelconque avec les phénomènes du monde, où le sujet et l'objet s'impliquent. De tout cela, nous ne savons rien, absolument rien. Pour prononcer, en particulier, que les choses en soi sont ou peuvent être *causes* des phénomènes, il faut déterminer d'abord ce qu'on entend par cause. S'agit-il d'une causalité tout empirique et d'un antécédent tout phénoménal ? Une telle idée ne peut convenir à la chose en soi. S'agit-il d'une *activité* vraiment productrice ? En ce cas, où prenez-vous cette idée d'une action causale, sinon dans votre conscience, dans l'action que votre volonté exerce ou semble exercer sur vos changements internes et vos mouvements externes ? Dans la chose en soi, conçue comme cause du monde, vous projetez donc la « volonté », où certains philosophes, à tort ou à raison, voient précisément un effet, non une cause, et qui, de plus, si elle est cause, n'est pas une cause en dehors de toute expérience. On vous demandera alors : — Est-il philosophiquement certain que tout procède de causes ainsi entendues ? En supposant qu'elles existent, ces causes sont-elles vraiment transcendantes, non immanentes au monde des objets, etc. (1) ?

Quant au « fondement » dont parle Kant, ce mot vague signifie-t-il une « substance » sous-jacente aux phénomènes ?

(1) Cf. E. Boirac, *L'Idée du phénomène*, p. 22-23.

L'idée de substance sera aussi inapplicable au noumène que celle de cause. Veut-on parler simplement d'une « raison d'être quelconque » au sens de Leibniz? Mais l'idée de raison intelligible est elle-même un rapport à l'intelligence; elle est ce qui permet à l'intelligence d'avoir prise sur un objet; elle est, par exemple, s'il s'agit de faits, un *antécédent* qui explique tel *conséquent*. Toutes notions qu'on ne peut introduire dans la chose en soi. Allons plus avant dans le problème. Qu'est-ce qu'une *chose*? Peut-on dire qu'une chose ne soit en rien un *objet*? Encore faut-il que cette chose soit *conçue*; or, toute conception a un objet quelconque, si peu déterminé soit-il. La chose en soi ne peut donc pas même être une chose, encore moins peut-elle être *en soi*, c'est-à-dire intérieure à une *réalité* qui n'est elle-même concevable que par l'application de la catégorie de réalité. Les termes mêmes de la question posée par Kant s'évanouissent.

Aussi Kant a-t-il vainement tenté d'établir l'existence ou la possibilité de la chose en soi. Selon lui nous saisissons avec certitude la réalité empirique sous une double condition : 1° une intuition sensible, ayant les formes à priori de la sensibilité, étendue et temps; 2° une liaison selon les catégories également à priori de l'entendement. Or, les modes et formes de la sensibilité et les catégories de l'entendement expriment, dit Kant, la nature du sujet. Donc, selon Kant, les phénomènes sont des *représentations*. Étant tels, il faut bien qu'il y ait des choses représentées, des choses en soi. — Toute cette déduction est inexacte. 1° Nous ignorons si les formes de la sensibilité et les catégories de l'entendement manifestent simplement *notre* nature; il est même impossible, puisque nous ne sommes pas des absolus se suffisant à eux-mêmes, qu'elles ne manifestent pas aussi *la* nature. De ce qu'il n'y a point de couleur rouge sans des yeux pour la sentir, il ne résulte nullement que les causes de la couleur et leurs lois tiennent *uniquement* aux yeux. 2° Dire que les sensations sont des « représentations », c'est leur attribuer un caractère qui n'a de sens que si on entend par là une correspondance avec des réalités empiriques, mais non avec des choses *en soi*.

Certes, si vous commencez par poser l'idée d'apparence représentative, il est clair que vous en déduirez la chose en soi, car vous aurez commencé par l'introduire subrepticement, comme la muscade du prestidigitateur, dans l'idée même d'apparence, qui signifie la manière dont apparaît pour nous une réalité en soi. Pétition de principe. D'autre part, si vous commencez par poser des choses *en soi* pour en conclure le caractère apparent de nos représentations, vous faites également une pétition de principe. Kant oppose sans cesse les *apparences* à la réalité en soi ; à vrai dire, tout est réel. Ce que nous nommons apparences, c'est un rapport réel entre nos états de conscience réels et des états de la réalité autres que les nôtres. C'est seulement en un sens tout dérivé et tout humain qu'il y a des apparences : le bâton dans l'eau *paraît* brisé, mais il y a là un jeu réel de faits optiques ; c'est nous qui aurions tort de faire coïncider idéalement, sans correction, les données réelles de la vue avec les données réelles du tact. De ce qu'il y a en tout et partout complète et réciproque détermination causale, il résulte que, dans la réalité, toute distinction absolue est illégitime entre *essence* et *apparence*. L'apparence elle-même fait partie des termes en interaction, tout comme l'essence ; il n'y a donc pas d'un côté des réalités, de l'autre des phénomènes, et par surplus, selon quelques-uns, des épiphénomènes oisifs, légers nuages glissant dans le vide : tout est cause et effet, tout agit et pâtit, tout entre dans les relations universelles, tout baigne dans la mer universelle. Il peut bien, pour mes sens, se produire une apparence ne répondant pas à tous les faits extérieurs qui, ordinairement, lui correspondent, par exemple une hallucination ; mais cette apparence correspond elle-même, dans mon cerveau, à un ensemble de faits réels qui suffit à l'expliquer et qui ne pouvait pas ne pas la produire. Elle-même est un anneau nécessaire dans la chaîne phénoménale. Il n'y a point de phénomênes de *surcroît*; supprimez un seul phénomène, une seule prétendue apparence, et toute la réalité est changée. C'est là le principe même de la théorie des idées-forces par opposition aux idées-reflets. Au lieu de *phénomènes*, nous devons donc admettre des *réalités* et des *faits*. Quand nous parlons de phénomènes (le terme étant devenu usuel), nous ne devons pas entendre par là des apparences pour une conscience, mais des événements qui se produisent dans le temps, des changements, des modes du devenir (1).

II. — L'INCONNAISSABLE ET L'ININTELLIGIBLE.

La connaissance des limites nécessaires de la connaissance aboutit à la notion de l'inconnaissable. Mais celle-ci, examinée de plus près, peut être prise de deux manières : d'abord, au sens *transcendant*, comme identique à la chose en soi ; puis, au sens *immanent* comme identique à la réalité totale dont nous faisons nous-mêmes partie et qui, par conséquent, existe en nous, mais non pas *seulement* en nous, et n'est pas *entièrement* connue ni sentie par nous.

L'inconnaissable transcendant tombe sous les mêmes objections que la chose en soi, avec laquelle il se confond. Sa notion est indéterminée et indéterminable. On ne peut connaître l'inconnaissable transcendant ni comme objectivement réel, ni comme objectivement possible. Connaître la réalité ou même la simple possibilité d'un objet, nous l'avons vu, c'est encore le penser ; or, on ne peut le penser sans en penser quelque chose, sans le mettre en relation avec quelque autre chose, sans en affirmer ou nier quelque chose, sans le déterminer directement ou indirectement, sans avoir à son égard une attitude intellectuelle.

— Est-il si sûr, a demandé un profond philosophe, qu'on ne puisse rien affirmer de l'inconnaissable, pas même qu'il

---

(1) Cf. E. Boirac, *L'Idée du phénomène*, p. 103.

existe ? N'est-ce pas comme si l'on disait que, ne discernant rien dans la nuit complète ou même dans une éblouissante lumière, je ne puis savoir si cette nuit ou cette lumière existe (1) ? — On peut répondre, croyons-nous, que ni la pleine nuit ni le plein jour ne sont inconnaissables au sens transcendant. Lorsque la nuit vient, j'ai le souvenir de mes perceptions de lumière, qui toutes disparaissent progressivement, et je *connais* que je suis dans cet état particulier qui consiste à ne point voir ; état d'autant mieux connu qu'il se réalise à tout instant quand je ferme les yeux. Pareillement, si une lumière m'éblouit, je la distingue très bien de l'état précédent et je la connais comme lumière éblouissante. Mais le vrai *inconnaissable*, au sens transcendant, ne saurait se comparer ni à la nuit, ni au jour, ni à aucune perception ou connaissance. S'il est réellement inconnaissable de tous points, s'il n'est pas seulement une réalité immanente partiellement connue et infiniment plus inconnue que connue, mais enfin connue à quelque degré, alors je ne puis affirmer ni sa réalité ni sa possibilité. L'inconnaissable transcendant n'est alors qu'un point d'*interrogation*, à jamais *sans réponse*. Ou plutôt, notre interrogation même ne peut être formulée qu'en idées empruntées à l'expérience, si bien que, en dernière analyse, nous n'avons qu'à nous taire. Au « silence éternel » de l'Inconnaissable nous ne pouvons répondre que par le silence.

Non seulement donc un inconnaissable inconnu et transcendant serait un problème insoluble, mais il ne pourrait pas même être un *problème* déterminé. Nous l'avons déjà remarqué à propos de la chose en soi, tout problème suppose des *données*, et, pour avoir un sens, ces données doivent être elles-mêmes partiellement connaissables ou au moins définissables ; le rapport dont nous nous demandons s'il faut l'affirmer ou le nier doit avoir un sens pour notre pensée :

---

(1) M. Jules Lachelier, dans le *Vocabulaire philosophique*, au mot *Inconnaissable*.

nous devons en connaître quelque chose, si peu que ce soit. Il n'y a de problème que : 1° pour des *termes* connaissables, ou concevables, ou réductibles à l'expérience ; 2° pour des *rapports* également connaissables, ou concevables, ou réductibles à l'expérience intérieure et extérieure. Le reste est pour nous pure indétermination ; le reste ne peut pas même, comme tel, devenir l'objet d'une question directe ayant une signification positive. S'il en est ainsi, non seulement l'inconnaissable s'évapore en simple problème, mais le problème, à son tour, s'évapore en termes indéterminés et en rapports indéterminables. Si on veut prendre ces termes ou rapports au sens transcendant et les faire porter sur un inconnaissable absolu, ce dernier devient, du même coup, inconcevable. Dès qu'on sait ce qu'on *demande*, dès qu'on le conçoit, dès qu'on met un sens à son interrogation et à son problème, on revient à l'immanent.

A ce dernier point de vue, le problème de l'inconnaissable subsiste encore, mais avec un sens nouveau. Au point de vue immanent, en effet, nos états de conscience sont des appréhensions partielles du réel, donc des connexions particulières et interactions du réel. Il y a certainement une réalité dont, pour notre part, nous prenons possession par la conscience ; seulement, notre possession n'est pas étendue à tout le réel. La preuve en est que nous n'avons pas conscience des *autres*, ni l' « intuition » des autres, qui sont pourtant réels. Nous arrivons ainsi à concevoir une réalité *totale* et *complète*, qui déborde infiniment notre existence et notre science. Mais la vraie réalité, ainsi entendue, ne doit plus être posée comme quelque chose de transcendant qui serait, au delà et en dehors de ce que nous appelons le monde de l'expérience actuelle ou possible, de la conscience partielle ou totale. Il y a toujours un lien causal entre nos états de conscience et le réel. Nos états de conscience peuvent être considérés comme une partie intégrante du réel en continuité avec les autres, puisqu'une conscience en l'air et sans rapport avec la réalité n'aurait plus de sens. Plus nous avons conscience de quoi que ce soit, plus, par cette voie, la réalité est présente en nous. Quand nous *percevons* quoi que ce soit, quand nous *désirons* et *voulons* quoi que ce soit, nous sommes toujours, à quelque degré, dans le réel ; nous constituons nous-mêmes, pour notre part, si petite soit-elle, la réalité en évolution. Si nous avons conscience, ce ne peut être d'un fantôme ; et, si nous avions conscience d'un fantôme, ce fantôme serait, *ipso facto*, réel en nous et par nous. Dès lors, l'inconnaissable relatif et limitatif est simplement ce que notre conscience n'embrasse point, ne pourra peut-être jamais embrasser ; mais cela ne veut pas dire que ce soit une chose en dehors de toute expérience possible. L'*expérience* complète, à la fois *radicale* et *totale*, saisirait le *Réel* tout entier et en serait la *conscience* même.

Dans la question de l'inconnaissable, toutes les difficultés viennent de ce que l'on confond la *connaissance* proprement dite, la *pensée* au sens étroit du mot, avec la *conscience* ou présence intérieure de l'être à soi, avec la pensée au sens de Descartes et de Spinoza, qui est aussi le nôtre. Qu'il y ait des réalités qui ne puissent être l'objet de notre connaissance ou même d'une *connaissance* quelconque, notamment d'une explication causale, c'est une supposition extrême qu'on peut faire, mais à la condition de ne pas vider pour cela cette réalité de tout élément *psychique* emprunté à la vie consciente ; sans quoi, il n'y resterait plus rien de déterminé. Notre conscience ne s'épuise pas dans la connaissance proprement dite, c'est-à-dire dans la représentation d'*objets* et de *rapports* de causalité réciproque entre objets ; jouir, souffrir, faire effort, résister, tendre, aspirer, vouloir, agir, tout cela est du domaine de la conscience et n'est plus proprement connaissance objective. Autre chose est donc l'*inconnaissable* et autre chose ce qui serait absolument étranger à toute conscience, ce qui n'envelopperait absolument rien de ce qu'enveloppe une conscience, ce qui n'aurait ni sensation, ni rudiment de sensation, ni tendance ou activité quelconque, en un mot rien de ce dont nous avons en nous l'expérience. Ainsi vidée de tout élément psychique, la réalité n'est plus qu'une conception indéterminée et négative. Si donc on peut, à la rigueur, *concevoir* une réalité étrangère à la *connaissance* objective, on ne peut concevoir, d'une conception positive et déterminée, une réalité absolument étrangère à la *conscience* subjective (1).

Entre le matérialisme et l'idéalisme intellectualiste, il y a ainsi un milieu : l'idéalisme psychique. L'idéalisme intellectualiste dit : L'être est la même chose que la pensée, c'est la pensée qui fait l'être, qui est l'être même. — Voilà ce qu'on ne peut soutenir si on prend le mot de pensée au sens purement *intellectuel*, au lieu de le prendre, à l'exemple de Descartes, comme synonyme de la conscience. Exister, dirons-nous contrairement à la doctrine de Berkeley, ce n'est ni percevoir ni être perçu, *esse est nec percipi nec percipere* ; exister, c'est avoir en soi quelque chose, si peu que ce soit, de ce qui est dans une conscience, c'est, à quelque degré, agir et faire effort ; ou, si ce n'est pas cela, ce n'est absolument plus rien de concevable pour nous, c'est X. *Esse est conscire, sentire, agere*.

En conséquence, si on ne peut pas dire que l'être soit un inconcevable *noumène*, on ne peut pas davantage dire purement et simplement qu'il soit le *phénomène*. Lorsqu'on prend ce mot au sens d'*apparence*, il est difficile de soutenir qu'*être* soit simplement *apparaître*, ou même *s'apparaître*, c'est-à-dire être *représenté* ou *se représenter* à soi-même. Par phénomène, il faut donc entendre, comme nous l'avons déjà dit, un fait ou événement qui peut ne pas être proprement représenté et distingué à part, mais qui n'en est pas moins un état ou acte quelconque ; et comme nous ne connaissons que des états ou actes de conscience, plus ou moins riches ou plus ou moins pauvres, le « phénomène » se réduit pour nous à un fait de conscience très réel, mais plus ou moins rudimentaire ou plus ou moins développé.

(1) Cf. E. Boirac, *loc. cit.*, p. 141 et 245.

Maintenant, peut-on dire qu'un phénomène proprement dit, c'est-à-dire un état ou acte isolé, soit l'être ? — Le phénomène est une abstraction par laquelle nous séparons un état de tous les autres états auxquels il est lié. On ne peut donc pas soutenir que le phénomène, c'est-à-dire un événement particulier du devenir et de la durée, semblable à une lueur fugitive, fût-il saisi par « intuition », soit la réalité même. Il n'est qu'un moment ou un aspect particulier de la réalité, qui le déborde et le dépasse. Le frisson d'une vague n'est pas l'océan, ni même la vague. Disons donc que le phénomène, que le devenir est, non pas l'être, mais un *extrait* de l'être, un *abstrait* du réel. Comme nous l'avons montré dans l'*Evolutionnisme des idées-forces* (1), le phénomène est une discontinuité qui s'introduit, par la différence de nos sens et par les abstractions de notre pensée, dans le réel continu. « C'est notre organisation fragmentée qui est cause de notre représentation fragmentée des phénomènes ; vouloir ensuite former le réel avec ces extraits discontinus, c'est vouloir former une ligne avec des points séparés dans l'espace. » Plus tard, M. Bergson a longuement développé cette idée, mais en insistant sur la discontinuité des concepts ; nous, nous admettions avant tout la discontinuité relative de ce qu'on appelle des phénomènes particuliers et détachés de l'ensemble, tout comme des « intuitions » qu'on prétend répondre à ces phénomènes du devenir.

L'inconnaissable immanent, comme on le voit, n'est pas l'inintelligibilité radicale du réel. Il implique son inintelligibilité partielle pour notre intelligence incomplète, partie du tout ; mais nous n'avons pas le droit, n'en déplaise à Protagoras et aux pragmatistes, de nous ériger en *mensura omnium*, ni en *mensura intelligibilium*. L'inconnaissable est ce qui est irréductible à une connaissance d'*objets* et de *rapports* entre objets ; l'inintelligible est ce qui est entièrement irréductible à la vie consciente et à l'intelli-

(1) Voir l'*Evolutionnisme des idées-forces*, p. 280, 281 et suivantes.

gence qui lui est immanente. L'intelligence n'est pas nécessairement tournée vers le dehors, vers des objets et des relations d'objets. Croire qu'il y a dans le réel quelque chose d'étranger non seulement à notre conscience, mais à toute conscience possible et imaginable, à toute pensée, à tout sentiment, à toute volonté, c'est revenir au noumène et à la chose en soi : c'est rompre la continuité entre le réel et le conscient, entre le réel et l'intelligible, au sens le plus large de ce dernier mot, qui désigne, encore une fois, un rapport quelconque avec la conscience et avec la pensée, avec l'identité et la raison suffisante, sans lesquelles il n'y a ni conscience ni pensée.

L'auteur de l'*Evolution créatrice*, qui admet de l'inintelligibilité, a lui-même montré que nous ne pouvons concevoir les choses que comme présentant un certain « ordre », comme soumises à certaines lois ; l'idée du désordre absolu est, pour lui comme pour nous, une pseudo-idée, elle est, au fond, vide de sens. — Mais, demanderons-nous, s'il en est ainsi, comment concevoir l'irrationalité fondamentale de la réalité vivante, l'inintelligibilité radicale de la vie et de l'être ? N'est-ce pas restaurer dans la vie et dans l'être la pseudo-idée du désordre absolu et même, en dernière analyse, la pseudo-idée du non-être ? La position d'un noumène transcendant entraîne une inintelligibilité absolue dans le fond des choses : mais la position d'un inconnaissable immanent n'entraîne que l'incompréhensibilité du *tout* pour les êtres particuliers et pour les intelligences particulières ; il n'implique pas que le tout soit en lui-même foncièrement inintelligible, sans aucune espèce de relation avec la pensée, avec l'identité et la raison d'être immanentes à la pensée. Au contraire, c'est la plénitude de son intelligibilité sans aucune limite, c'est-à-dire la plénitude de son unité avec la pensée consciente et avec le *psychique*, qui le rend partiellement inintelligible aux intelligences partielles et particulières. Ou il y a un noumène, et alors il existe une inintelligibilité absolue et radicale ; ou il n'y a pas de noumène, et il n'existe qu'une seule *réalité* dont nous sommes une partie, et alors il n'y a qu'une inintelligibilité relative et bornée.

— « Dès que la vie apparaît, dit M. Bergson, nous sommes en présence de quelque chose où, en tournant tout autour, nous pouvons trouver une intelligibilité indéfiniment croissante, mais qui ne sera jamais complète pour nous. » — Sans doute, mais qu'est-ce qui nous permet d'affirmer que la vie est inintelligible en elle-même; que les sensations ou perceptions d'un vivant ne sont pas déterminées et motivées par leurs antécédents ou concomitants, que ses émotions ne le sont pas de même, que ses appétitions et efforts, enfin, sont sans raison explicative et se produisent par une sorte d'arbitraire absolu, par une contingence qui est le « désordre » même, tout à l'heure rejeté par M. Bergson? — *L'idée*, ajoute-t-on, est incommensurable avec la réalité, dont elle est un produit. — Mais personne ne prétend épuiser la réalité avec des idées particulières, surtout des idées humaines. Ce qu'on soutient, c'est que rien de réel, par conséquent de déterminé et de discernable, ne peut exister et agir sans que son existence et ses actes aient des raisons, fussent-elles en nombre infini et inépuisables pour notre pensée. Nous retombons toujours sous le dilemme de tout à l'heure. Ou la « vie » est en elle-même intelligible, et alors elle n'est que l'existence psychique plus ou moins consciente de soi, de son identité et de sa rationalité profonde ; ou elle est vraiment inintelligible en son fond, et alors elle est le noumène, qu'on n'a pas plus le droit d'appeler *vie* qu'*x* ou *zéro*.

En conséquence, toute philosophie qui admet des existences ne soutenant aucun rapport avec la conscience et la pensée, se donnât-elle comme une philosophie immanente et phénoméniste, est une doctrine transcendante et nouménale. Ce serait un kantisme inconséquent que de dire, d'une part :
— Il y a une réalité supérieure à toutes les formes possibles de la pensée et de la conscience, notamment à la causalité et à la non-contradiction, une réalité absolument impensable, supra-consciente ou infra-consciente, — et, d'autre part : —

Cette réalité est la *vie*, le vivant devenir dont nous avons la perpétuelle et familière conscience, où nous nous sentons agir et causer des effets, où nous sommes en possession d'un certain *être* qui n'est pas en même temps et contradictoirement un *non-être*. Le supra-intellectualisme est une philosophie transcendante, par le fait même qu'elle veut transcender l'intelligence. Si l'« intuition » a pour essentiels caractères d'être *non-contradictoire, qualitative, créatrice et causale*, enfin *durable* et identique au *devenir*, elle ne peut pas être soustraite à la pensée, à ses formes, à ses catégories de qualité et de causalité. Si, au contraire, elle est vraiment étrangère à ces catégories, elle n'est plus l'intuition de la vie et du devenir, elle n'est plus aucune intuition saisissable et déterminable ; elle ne peut donc être que l'ineffable extase des néo-platoniciens et des mystiques, où l'homme s'absorbe en Dieu, est Dieu, au delà des idées, au delà des essences, au delà même de l'être, à plus forte raison de la vie.

Concluons que la conscience, que l'intelligence, — soit sous sa forme discursive, soit sous sa forme dite « intuitive », — ne peut faire un bond hors d'elle-même pour concevoir la réalité de l'inintelligible ou seulement sa possibilité.

Notre intuition, qui n'est que l'ensemble *sui generis* d'états de conscience actuellement présents et en train de changer, ne peut saisir ce qui serait *non-identique* à soi ; elle ne peut pas davantage saisir un je ne sais quoi qui serait vraiment *sans raison* et *sans cause*, car une réelle *absence* de raison ne peut être l'objet d'une intuition *présente*. Donc l'intuition n'exclut nullement les formes de l'identité et de la rationalité ; elle ne peut donc jamais être une échappée sur l'inintelligibilité radicale. L'intuition du vouloir-vivre, notamment, est toute plongée, comme l'avait bien vu Schopenhauer, dans le domaine de l'identité et de la causalité, d'où le nirvâna seul pourrait nous faire sortir par un saut véritablement *mortel*. Il n'y a pas d'une part, comme l'a imaginé Schopenhauer, la volonté inintelligible, d'autre part un monde de représentations intelligibles ; il y a une seule et même réalité qui, selon nous, est la volonté de conscience universelle.

III. — L'IDÉE DE VÉRITÉ ET SON ORIGINE DANS LA VOLONTÉ DE CONSCIENCE.

Dans les diverses doctrines que nous venons de passer en revue et d'opposer à notre doctrine propre, — nominalisme scientifique, nietzschéisme, pragmatisme, intuitionnisme, — c'est l'idée de vérité qui est en cause. Mais cette idée, directrice de la connaissance et de la pratique, peut se prendre en divers sens ; et les conclusions relatives à sa valeur changent selon qu'il s'agit d'une vérité transcendante ou d'une vérité immanente à la conscience.

Si on se place à un point de vue transcendant, objet d'une raison transcendante, la vérité sera l'être en soi, le monde des essences platoniciennes ou celui des noumènes kantiens, antérieur et supérieur au monde dit phénoménal. Mais cette érection de la vérité en chose transcendante ne fait, comme nous l'avons montré, que l'exposer au soupçon d'incertitude, de subjectivité et même d'illusion. La conscience, en effet, ne pouvant s'élever au-dessus d'elle-même que par une conception toute négative ou toute problématique, la vérité transcendante demeure o ou x. La « Raison » qui prétend la concevoir n'est plus qu'une faculté toute formelle, dont les *formes* mêmes, dans leur rapport avec le réel, sont frappées d'un point d'interrogation.

Il faut, comme nous l'avons fait en étudiant le pragmatisme, revenir au point de vue immanent de l'expérience intérieure, pour restituer sa valeur à la vérité.

D'abord, où prenons-nous l'idée même de la vérité ? Est-ce hors de nous, ou en nous-mêmes ? Est-ce dans le monde des objets, ou dans celui du sujet ? « Je pense, dit Descartes, et je suis certain de penser. » Cette certitude revient à dire : Il est vrai que je pense, et il est faux de dire que je ne pense pas ; le oui et le non sont impossibles en même temps à propos d'une réalité qui est toute immanente et intérieure. Il y a donc un premier lien, très intime, entre le principe d'identité et l'idée de vérité. Celle-ci, au fond, est l'affirmation de l'affirmation même comme excluant sa contradictoire ; elle est la volonté de conscience se posant comme condition de toute connaissance et, par cela même, de toute existence connaissable.

On soutiendra peut-être, avec l'école anglaise, que l'impossibilité interne du oui et du non sur le même point n'exprime qu'un *fait* brut, fait que nous sommes *impuissants* à ne pas nous *représenter* parce qu'il est la *représentation même*. Nous serions alors en présence d'une simple *impossibilité* relative à nous et subjective, non d'une nécessité inhérente au réel et objective. — Accordons d'abord, comme nous l'avons fait plus haut, que, pour nous, hommes, c'est notre constitution intellectuelle qui, en prenant conscience de soi et en s'étendant à la constitution des autres existences, fonde la vérité immanente. Mais cette vérité immanente est plus qu'un « fait » brut : elle est la pensée consciente ; l'intelligibilité, c'est l'intelligence se posant et s'affirmant elle-même. *Cogito, ergo verum est*, revient à *cogito, ergo sum*, ou à *cogito, ergo cogito*, ou plus simplement, à *cogito*. En outre, à y regarder de plus près, est-il certain que, dans la position de la vérité, nous soyons en face d'une radicale *impuissance ?* Nous avons déjà vu plus haut le contraire. Cette impuissance ne paraît telle que par l'*hypothèse sous-entendue* d'une vérité *transcendante* qui serait *autre chose* que la vérité immanente. Si, en effet, il y avait un monde vraiment transcendant, tel que Kant le suppose, il échapperait à toutes nos prises ; par conséquent, rien ne nous assurerait que le monde de notre pensée et de notre action soit le monde vrai ; la *distinction même* et l'*opposition probable* des *deux* mondes rabaisserait celui où nous vivons au rang d'illusion, de rêve ou d'ombre, tel que le représente l'allégorie de la Caverne. Quand, au contraire, nous attribuons une valeur à nos pensées et à nos actes, c'est que nous les situons immédiatement, *ipso facto*, dans le monde réel, affirmable pour toute intelligence et *vrai*, sans qu'il y ait par derrière un autre monde qui seul serait vrai. En d'autres termes, l'affirmation primordiale et fondamentale de la vérité comme telle n'est pas l'affirmation d'un *objet* qui serait la *vérité*; car alors notre conformité à la vérité aurait besoin d'être garantie par une vérité supérieure et celle-ci par une autre, ce qui nous entraînerait à l'infini. Il faut que la réalisation primaire du vrai soit dans notre conscience, dans le *cogito*. Si le vrai était toujours et partout extérieur à ma pensée se pensant, l'affirmation que j'ai cru découvrir *première*, c'est-à-dire le *cogito*, ne serait pas réellement première. L'idée originelle du vrai ne peut donc être distincte de ma conscience la plus profonde. Elle est immanente à l'acte de ma pensée, elle est cet acte conscient de soi et de son immédiate unité avec le réel.

Il faut donc poser la pensée comme principe suprême de la connaissance, non pas quelque *objet* extérieur de *pensée*, mais la *conscience* même de la *pensée*, la pensée considérée comme sujet (je ne dis pas substance), quoique, de fait, il y ait toujours en même temps pour la pensée quelque objet de pensée. Dès lors, la foi à la vérité primordiale, loin d'être une foi au transcendant, est la foi à l'*immanent*, à la *puissance* interne de saisir en soi-même *ce qui est*, à l'*identité foncière entre la conscience et l'être*, que nous séparons par un artifice ultérieur. L'apparente *impuissance*, pour la pensée, de sortir de soi, naît de ce que la pensée fait, dès l'origine, un avec le réel; l'*impuissance se résout en puissance*. C'est là un point capital, que nous avions déjà indiqué, mais sur lequel il était nécessaire d'insister de nouveau.

En même temps que la pensée pose son *identité* avec soi et avec le réel par le *cogito* impliquant le *sum*, elle affirme aussi son *action* et sa *causalité*. Une conscience qui n'exercerait elle-même aucune action serait une inconscience et, au lieu de dire : *sum*, s'abîmerait dans la non-existence. C'est ce qui fait que la causalité est immanente au *sum* et au *cogito*, qui revient ainsi à un *volo*. La vérité n'est donc plus seulement un rapport de *non-contradiction*, mais un rapport de *causalité*. En d'autres termes, outre qu'elle est l'absence de contradiction, elle est la présence de raisons ou de causes ; elle est, en un mot, l'intelligibilité.

« La contrainte intellectuelle qu'exerce l'intelligibilité, loin de nous paraître une servitude, nous paraît la vraie liberté de la pensée. De fait, elle n'est pas une réelle contrainte, mais une expansion de puissance interne en concours avec la totalité des puissances en action dans l'univers. Elle n'est pas un rapport de *représentation* passive, mais un rapport d'active *coopération*. En d'autres termes, elle est, non pas un « parallélisme », mais une concordance entre notre action et celle de tous les autres êtres. C'est pour cela que nos idées vraies ne sont pas des idées-reflets, mais encore des idées-forces, dont la force vient de leur harmonie avec toutes les autres forces de l'univers. Penser, c'est *agir avec la conscience :* 1° *de notre identité avec nous-mêmes ;* 2° *du concert entre notre action et l'action des autres êtres ;* c'est donc avoir la conscience plus ou moins parfaite de notre *unité avec tous.* La pensée, nous venons de le voir, c'est la conscience de l'universelle union des consciences. Ainsi conçue, combien la pensée est supérieure à cette servitude devant la matière dont on a voulu faire la caractéristique de l'intelligence et dont on espère vainement sortir par l'intuition fuyante de la vie qui s'échappe sans cesse à elle-même !

Il faut d'ailleurs faire une distinction importante entre la vérité purement scientifique et la vérité philosophique.

La vérité purement scientifique, portant sur des *objets*, n'implique que relation et relativité. Sans doute, il est absolument vrai que le soleil brille en ce moment ; mais l'absolu n'est pour la science que l'affirmation sans restriction de la *relation* réelle du mouvement de mes yeux à la position du soleil et à la totalité des relations composant l'univers ; l'absolu n'est ici, pour la science, que la complète et exhaustive relativité. L'*éternel*, c'est ici l'identité des relations, qui fait que, même une fois l'événement passé, son souvenir subsiste et que tout être, mis dans les mêmes relations de souvenir que moi avec le fait passé, serait dans l'impuissance de nier ce fait. Toute vérité scientifique se ramène à une relation déterminée, faisant elle-même partie d'un déterminisme complet, qui, à son tour, est identique à la réalité *telle qu'elle devient* et *telle qu'elle se fait*, en partie par ses propres idées et par la conception de son propre avenir. Le déterminisme que poursuit la pure science positive aboutit ainsi à l'universelle interdépendance ; il aboutit à cette conclusion que tout ce qui est *scientifiquement déterminable* est *partie* en *relation* avec une *infinité* d'autres *parties*, dont nous symbolisons l'*ensemble* sous le nom de *tout*.

La science est ainsi perdue dans le flux infini des phénomènes, poussant et poussés, roulant et roulés, gouttes de l'océan sans fond et sans rivages dont a parlé Guyau, jouets du mouvement qui agite chaque goutte et la fait dépendre de l'infinité des autres, sans repos et sans fin. Tout ce que la science peut faire, c'est de concevoir un déterminisme dans lequel les gouttes vivantes de l'océan, au lieu de se choquer et de se blesser, se disposeraient en un ordre plus pacifique ; et, en concevant ce déterminisme meilleur, nous tendons du coup à sa réalisation. Le bien est alors la correction de la nature par elle-même ; il est l'emploi des lois de la nature à modifier la nature en vue d'une moins grande somme de maux, d'une plus grande somme de bonheur. Comme l'être intelligent, sentant et voulant, fait lui-même partie de la chaîne causale, comme ses idées y jouent le rôle de forces, cette chaîne causale peut devenir pour lui une chaîne *finale*, la causalité peut se changer pour lui pratiquement en finalité. L'ordre intelligible des fins réalisables apparaît alors et constitue pour l'homme, dans le domaine de l'action, le *bien*.

Sommes-nous donc invinciblement plongés dans le relatif et le conditionné ? — Oui, quand nous regardons, comme la science positive, du côté des *objets*, quels qu'ils soient, et de toutes les *relations objectives*, quelles qu'elles soient. Mais il reste toujours le *sujet* pensant et sentant, qui affirme les objets et leurs relations. Or, du côté du sujet, l'affirmation redevient inconditionnelle et est posée comme absolument vraie. Le discernement du vrai et du faux, — opération dite *rationnelle*, — est un acte de la *conscience* saisissant ce qu'elle saisit comme absolument *tel* et non comme *autre*. Cet acte est déjà en germe dans la *discrimination* percevant une simple différence. Le discernement primordial du vrai et du faux confère à la pensée réfléchie le pouvoir d'affirmer que, tel fait qu'elle a perçu fût-il plus fugitif qu'un éclair, il resterait toujours vrai qu'il a eu lieu, si bien que la vérité de ce fait lui survit, lumière indéfectible et jour sans fin. « L'homme, disait Fichte, en posant le mécanisme, s'affranchit du mécanisme. » On pourrait dire encore mieux qu'en *affirmant* un fait quelconque, l'homme s'affranchit du *fait* comme tel, affranchit le fait lui-même et, le faisant sortir de ses limites, l'amplifie en *vérité* qui fut et sera toujours vraie, vraie pour tous les esprits comme pour le sien. Il existe donc bien, dans la pensée humaine, une conscience de la « vérité », identique à la conscience de la « réalité » ; cette conscience lui paraît supérieure à tous les *faits* particuliers ; elle est nécessaire pour conférer aux faits eux-mêmes la dignité de faits vrais, vrais indépendamment des temps, vrais à ce point que rien ne peut plus les empêcher d'avoir été et qu'il sera toujours vrai qu'ils ont été. J'admets, par exemple, en dépit des pragmatistes, qu'il a toujours été vrai et sera toujours vrai que j'existe actuellement, moi, bien que n'aie pas toujours existé et ne doive pas toujours exister. Si donc, d'une part, nous affirmons avec le savant que tout ce qui est déterminable pour notre pensée, c'est-à-dire tout objet de science, est particulier et relatif, d'autre part, il est certain, au point de vue philosophique, que nous universalisons la relativité même et la particularité des choses ; par conséquent, en affirmant qu'il y a partout et toujours du particulier en rapport avec du particulier, et que c'est là l'objet de la science, nous dépassons le particulier par la pensée. La science est ainsi suspendue à l'universel, objet de la philosophie.

Seule, la conception du monde transcendant produit l'illusionnisme, le scepticisme et le pragmatisme. Supposons que l'homme ne soit que le spectateur passif de purs phénomènes, sans aucune *réalité*, il ne sera plus qu'une illusion consciente ; mais c'est là un songe qui implique un « au delà » *transcendant*, seul réel. Le savant, lui, présuppose invinciblement que nous pouvons saisir des rapports *vrais*; le philosophe présuppose que nous pouvons saisir quelque chose qui *est vrai*; il croit que tout n'est pas illusion. L'homme de la pratique croit aussi que ses douleurs ou ses joies, que les douleurs ou les joies d'autrui ne sont pas de simples apparences, que sa conscience n'est pas elle-même une apparence sans lien avec l'objet qui lui apparaît, sans lien avec elle-même, sans loi propre, sans portée objective et sans vérité. Le plus déterminé sceptique croit, on l'a cent fois remarqué, à la vérité de son scepticisme et, en l'affirmant, le nie.

C'est pourquoi l'idée de vérité, dont nous avons essayé d'établir le caractère immanent, fut toujours considérée par les grands philosophes comme une des richesses les plus essentielles de la pensée et de l'action, ou plutôt comme identique dans le fond à la pensée active, comme une révélation de sa nature supérieure et de son action supérieure, laquelle ne ressemble plus aux autres actions et aux autres faits particuliers du monde sensible. Cette conception de la vérité est une idée-force qui s'est imposée de bonne heure à tous les esprits. L'idée de vérité a même fini par être divinisée. Nietzsche, on le sait (1), s'appuie sur ce fait historique pour prétendre que la vérité est en elle-même une pure « fiction », un mythe, que le savant qui croit à la vérité de la science, que le philosophe qui croit à la vérité de la philoso-

---

(1) Voir notre livre : *Nietzsche et l'immoralisme*, livre II.

phie, se proclamât-il athée, n'est qu'un adorateur de la prétendue *Vérité* universelle, un saint Jean prosterné devant ce Verbe qui, dès le principe, était en Dieu et était Dieu. « Nos athées, avait déjà dit Stirner, sont de pieuses gens. » Mais nous pouvons répondre à Nietzsche et à Stirner que ce n'est pas la croyance du savant et du philosophe à la vérité qui a le tort de s'appuyer sur le transcendant; c'est, au contraire, le scepticisme métaphysique et moral de Nietzsche et de ses pareils qui s'appuie à tort sur le transcendant pour nier la vérité immanente à la pensée; c'est Nietzsche qui est un adorateur déguisé et involontaire du Noumène, au moment où il le déclare non existant. Nous venons de le voir, ce n'est point par un saut mortel au-dessus de notre pensée que, dans le *cogito*, nous posons la vérité, c'est par une descente au plus profond de notre pensée même. Nous allons ensuite de l'avant, nous allons devant nous, sans obstacle, à l'infini. Quant à la question du « divin », elle demeure réservée.

En résumé, la science présuppose la pensée, et, pour le philosophe, la pensée implique l'affirmation d'elle-même comme valable en face de la réalité dont elle fait partie, comme pouvant seule donner à tout le reste une valeur de conformité au réel ou de vérité. Nous sommes ici en plein dans l'immanent. La vérité ne peut être affectée d'un point d'interrogation que si elle est en relation avec un monde ontologique, transcendant et de tout point extérieur à elle-même. On ne peut donc dire, dans l'ordre de la connaissance théorique : « rien n'est vrai, une proposition en vaut une autre » ; et on ne peut pas davantage, dans l'ordre de la connaissance appliquée à l'action, dire : « Tout est permis, une action en vaut une autre. » Science et conscience sont inséparables. Un animal scientifique et philosophique est, par le fait, un animal raisonnable et moral, **un *homme*.**

ARTICLE HUITIÈME

Le parallélisme du physique et du mental.

I. — La théorie de la « conscience-épiphénomène ».

Selon la théorie que soutenaient encore récemment les partisans de l'évolutionnisme purement physique, la conscience ne compterait pour rien comme « facteur » dans l'évolution, ce qui la rabaisserait singulièrement au point de vue pratique comme au point de vue théorique (1). La composition d'*Hamlet*, par exemple, était un résultat déterminé par des phénomènes de pure mécanique, où l'unique rôle était joué par certains changements moléculaires dans le cerveau de Shakspeare. Quand le poète prêtait à son héros l'interrogation tragique : être ou bien ne pas être, les idées de l'être ou du néant, les sentiments d'amour pour la vie et d'horreur pour la mort, les aspirations à une existence éternelle, tout cela était, nous dit-on, de simples « accompagnements » à l'agitation des molécules cérébrales ; — ces idées et ces sentiments n'ont pas plus coopéré au monologue d'Hamlet que le rayon de l'étoile reflété par la surface de la mer ne détermine la marche de l'étoile. L'histoire de Shakspeare, l'histoire de l'humanité et du monde aurait été la même sous tous les autres rapports, si l'idée, le sentiment et le désir n'avaient jamais nulle part existé : le soleil et les étoiles auraient accompli leurs mêmes révolutions, et, comme l'astronomie céleste, l'astronomie cérébrale aurait présenté les mêmes phases, aux

---

(1) Quelques-unes des pages qu'on va lire ont paru d'abord, dans la *Revue des Deux-Mondes*, en 1891 (tome CV, p. 433).

mêmes lieux, aux mêmes points de la durée. Les sentiments héroïques de ceux qui ont mis la plus haute morale en pratique n'étaient que l'extérieur et l'apparence d'une agitation interne de corpuscules étrangers à toute morale.

Bien plus, non seulement nos états de conscience étaient, pour les évolutionnistes, sans action dans l'histoire générale du monde, mais ils étaient encore sans la moindre action l'un sur l'autre ; il n'en est, disait-on, aucun qui soit la condition du suivant ; ils ont tous pour unique condition des changements extérieurs. Si je veux retirer de l'eau un enfant qui se noie, ce n'est pas parce que je souffre de sa souffrance et que, simultanément, il se passe dans mon cerveau tels et tels phénomènes ; c'est parce que les molécules cérébrales sont, en dehors de toute raison « psychique », dans telles situations réciproques, animées de tels mouvements tout physiques ; la série des conditions est exclusivement cérébrale et matérielle ; il n'y a dans le mental et le moral que du *conditionné*, jamais du « conditionnant », que les ombres des ressorts efficaces, jamais les ressorts mêmes.

Cette complète inertie du mental et du moral en entraînait la complète superfluité. Les idées, les sentiments, les désirs et volitions, paraissent des mystères incompréhensibles ; ils naissent de rien, ils ne servent à rien, ils ne laissent derrière eux aucunes conséquences. C'est le scandale de la nature, qui pourrait se passer de ces parasites et qui cependant arrive, on ne sait comment, à produire cette superfétation, la conscience, pour le seul plaisir ou la seule douleur d'y venir contempler sa propre image et de se demander avec Hamlet s'il ne vaudrait pas mieux ne pas être.

Ouvrez les livres de la plupart des physiologistes et médecins de la dernière moitié du dix-septième siècle, surtout de ceux qui se rattachaient, en France, à l'école positiviste de Paris, en Angleterre, à la doctrine évolutionniste de Darwin, de Spencer, de Maudsley et de Huxley ; vous retrouverez sans cesse ces expressions qui avaient fait fortune et que M. Ribot leur emprunte souvent : la pensée est un « épiphénomène », la pensée est un « fait surajouté », un « surcroît », un « luxe », un « accessoire ». Quant à la volonté, même morale, elle n'existe pas comme telle et se réduit à des résultantes de mouvements.

Les découvertes sur l'hypnotisme semblèrent, à première vue, confirmer cette hypothèse et nous réduire, sous le rapport moral, à des automates inertes : — Voici l'homme-machine de La Mettrie, disaient les physiologistes ; nous en démontons et remontons devant vous les rouages ; nous n'avons qu'à presser tel ressort pour le faire agir ; tel autre pour le faire parler ; bien plus, nous lui faisons exécuter, une fois réveillé, des actes qu'il attribue à sa volonté propre, qu'il approuve ou dont il a des remords, et c'est nous, en réalité, qui tenons le fil de cette marionnette humaine.

Nietzsche, lui aussi, se laisse entraîner par la mode et dit dans sa *Volonté de puissance* : « Tout se passerait aussi exactement d'après le même enchaînement de causes et d'effets, si ces états de plaisir et de douleur n'existaient pas ; et l'on se trompe simplement si l'on prétend qu'ils occasionnent n'importe quoi. » Voilà donc des phénomènes sans utilité, des effets qui ne sont pas des causes à leur tour dans l'universel enchaînement des causes et des effets, dans l'universelle réciprocité des déterminations causales. « Le monde de la conscience, dit Nietzsche dans la *Volonté de puissance* (§ 263), est surajouté. Dans le processus général de l'adaptation et de la systématisation, la conscience ne joue aucun rôle. » Pour Nietzsche, la conscience est une glace où l'on se voit, et qui n'influe en rien sur celui qui s'y voit.

II. — LA CRITIQUE DE L'ÉPIPHÉNOMÉNISME.

Pour notre part, nous essayâmes de réagir contre cet évolutionnisme unilatéral qui se flattait de tout expliquer par un seul point de vue, le mécanique, et, en outre, par le seul progrès du relativement simple au relativement complexe dans l'ordre mécanique. La théorie de l'inutilité du mental, outre sa fausseté intrinsèque, nous paraissait d'ailleurs contraire à la théorie même de l'évolution, bien entendue et complétée par des éléments nécessaires. C'est ce que nous prîmes pour objet de démontrer dans *La Liberté et le Déterminisme*, puis dans l'*Évolutionnisme des Idées-forces*, dans la *Psychologie des Idées-forces*, enfin dans le *Mouvement positiviste*. La question n'intéressait pas seulement le savoir théorique, elle intéressait au plus haut point l'activité pratique, surtout morale et sociale, comme nous l'avions fait voir en montrant, dans notre *Critique des systèmes de morale contemporains*, l'insuffisance de l'évolutionnisme anglais, la nécessité de restaurer partout l'efficacité de la conscience et des idées, d'abord dans le domaine de la vie en général, puis dans le domaine de la vie morale.

A combien de reprises n'avons-nous pas réfuté cette notion d'*épiphénomène*, faussement représentée par certains savants comme scientifique ? Aujourd'hui cette notion tend enfin à disparaître, vaine métaphore cachée sous le masque d'un mot abstrait. Ce fantôme n'en a pas moins, pendant un certain temps, gêné les moralistes comme les psychologues, puisque la moralité semblait devenir, elle aussi, un épiphénomène sans importance, sans action causale sur le cours des événements individuels et surtout sociaux. Nous n'avons jamais méconnu qu'il y a, dans la nature, des phénomènes qui n'ont qu'une influence très restreinte sur les phénomènes concomitants ; par exemple, la promenade d'un passager influe peu sur la marche du navire et, en ce sens, est un épiphénomène de la traversée ; mais que serait pour la science un phénomène qui ne servirait absolument à rien et ne produirait rien ? — Rien. Mes pas sur le navire le font eux-mêmes vibrer ; si je suis dans une simple barque et que mon poids sur le bord la fasse chavirer, on verra bien que je ne suis pas un épiphénomène. Quand on a déclaré que ma conscience psychologique et, du même coup, ma conscience morale en est un, ou encore qu'elle est un simple « éclairage », on croit l'avoir réduite à zéro ; mais éclairez une plaque photographique dans un appareil, et vous verrez si l'éclairage n'a rien produit de neuf. A toute métaphore on en peut opposer une autre : parlons donc plus scientifiquement. La conscience, comme toute réalité d'expérience, a des caractères qui la différencient du reste ; il semble même que, sous ce rapport, elle ne manque pas de quelque originalité. Or, tout caractère, toute propriété n'existe et n'est conçue qu'à la condition de se manifester par des *effets* quelconques. La conscience a donc ses *effets* par cela même qu'elle a ses *caractères* : l'idée a ses effets, elle est causante ou conditionnante par cela même qu'elle a telles déterminations qui la distinguent. Du moment qu'une idée est présente à un être conscient, surtout une idée morale, les choses ne sauraient plus se passer, ni dans sa conscience, ni dans son cerveau, de la même manière que si l'idée n'était pas présente. Voilà le vrai et seul principe scientifique. Puisque la conscience, avec ses représentations et idées, ne peut être un « luxe » inutile, une pure « superfétation », il en résulte que certaines choses se produisent dans la réalité qui ne se produiraient pas sans la conscience psychologique et encore moins sans la conscience morale. Or cela suppose, encore un coup, une certaine manière d'agir propre, une causalité inhérente aux faits de représentation et aux idées ; et comme ces faits sont partie réelle d'un ensemble concret et réel, qui aboutit à de réels mouvements, il faut bien qu'il y ait une certaine force réelle dans les représentations ou idées, quoiqu'il ne s'agisse pas ici de la force *mécanique*, réductible à la formule bien connue des algébristes. Le philosophe a bien le droit et le devoir de mettre en ligne de compte la force psychologique des idées, au lieu d'abdiquer tous ses pouvoirs aux mains du physiologiste.

Selon la théorie même de l'évolution et de la sélection, rien ne se développe, dans les espèces vivantes, sinon ce qui a pour elles une utilité pratique et vitale ou ce qui est lié comme conséquence, même accessoire, à cette utilité vitale.

Une sensation qui ne servirait pas à éveiller une tendance au mouvement, une impulsion à produire un effet extérieur, serait sans utilité pour l'être animé ; elle ne serait donc jamais développée par sélection, avec les mouvements qui y correspondent ; elle n'aurait jamais été triée dans l'ensemble des impressions plus ou moins confuses produites en nous par le monde extérieur. La vie, à son origine, ignore absolument la contemplation ; elle ne connaît que l'action. Si l'animal a des yeux, ce n'est pas uniquement pour voir, c'est pour agir et se mouvoir ; s'il a des oreilles, c'est pour être averti de ce qui peut lui être utile ou nuisible. Même aujourd'hui, la contemplation est encore une action supérieure, en vue d'un intérêt supérieur et d'une forme supérieure de la vie. Nous ne sommes pas nés pour penser, mais pour vouloir, et la suprême forme du vouloir est la volonté morale qui implique la volonté sociale et même universelle. Toute sensation ou représentation retentit sur la vie organique elle-même, qu'elle favorise ou contrarie ; c'est pour cela que l'idée du bien-être ou de la guérison peut guérir le malade, que la représentation d'un certain état des organes peut entraîner la réalité même de cet état. La philosophie de l'évolution, en refusant le pouvoir de se développer à tout ce qui n'est pas pratique, conséquemment moteur, permettait donc déjà d'induire que, comme nous l'avons nous-même démontré, les faits de conscience ne sont pas des reflets inefficaces, mais des moyens d'action et de mouvement, en un mot d'évolution, d'abord vitale, puis morale et sociale. La conscience, considérée uniquement au point de vue biologique, est le dernier terme du développement des fonctions de protection chez l'être vivant. Elle n'est donc pas biologiquement inutile. Et rien ne dit que son rôle biologique soit le seul et ne soit pas la condition d'un rôle supérieur destiné à apparaître de plus en plus à mesure que l'évolution avance.

En outre, admettre la complète inertie du mental, c'était supposer que, quand l'évolution est arrivée à produire ce phénomène merveilleux, la conscience, elle s'arrête là, ne va pas plus loin, ne fait plus servir ce phénomène à en amener d'autres. Par là on posait une borne fixe à l'évolution, et de quel droit? Comment la nature coupe-t-elle court à sa longue série d'équations mécaniques par ce point d'exclamation, le sentiment, et par ce point d'interrogation, la pensée?

De ce que, chez l'être vivant, la conscience centrale disparaît sur certains points pour faire place à un automatisme apparent, on en conclut que la conscience est, comme dit Nietzsche, « indifférente, superflue, destinée peut-être à disparaître pour faire place à un automatisme complet ». C'est là une interprétation inexacte des faits et une induction fausse.

D'abord, l'automatisme que l'on invoque peut n'être qu'apparent : la conscience qui semble disparue peut être passée dans les centres de la moelle, ou dans les centres inférieurs du cerveau. Quand je dis *conscience*, je n'entends qu'un sentiment rudimentaire d'aise ou de gêne éprouvé par les cellules, je n'entends pas une réflexion sur ce qui se passe. D'ailleurs, ce sentiment même de gêne ou d'aise peut avoir pour cause de sa disparition l'arrangement mécanique des canaux par où passe l'influx nerveux : la résistance disparaissant, l'action devient plus faible et les *différences* disparaissent de son cours avec les *résistances* : de là la disparition des sensations et perceptions distinctes (1). Quoi qu'il en soit, l'automatisme nerveux, en le supposant même complet et sans petites perceptions infinitésimales (ce qui est tout à fait impossible et contraire à la loi de continuité), ne supprime nullement la conscience centrale ; il la favorise, au

---

(1) Selon M. Bergson, si nos sentiments disparaissent lorsque le système nerveux ne fonctionne pas, c'est par l'*impuissance* où nous sommes alors de *mouvoir*, impuissance qui aurait pour résultat l'*inconscience*. D'après cette hypothèse, si je ferme les yeux et que le monde visible disparaisse, ce n'est pas que les images et représentations aient réellement disparu ; mais c'est qu'elles deviennent impuissantes à produire des mouvements, et cette impuissance entraîne la disparition des représentations du champ de la conscience. L'œil ne sert pas vraiment à voir, mais à permettre des mouvements de réaction ; fermer les yeux, c'est se rendre impuissant, donc inconscient. L'inconscience ne traduit que notre impuissance à accomplir des mouvements ; elle traduit, dirait M. Paulhan, une inhibition de mouvements.

contraire, en lui permettant de se reporter sur d'autres points plus importants, de monter toujours plus haut, de devenir plus intense, plus variée et plus une, ayant à sa disposition tout un matériel accumulé dont elle peut faire usage à son gré. On ne voit nullement que la nature travaille à supprimer la conscience, la jouissance, la pensée, la volonté réfléchie, tout ce qui achève et complète la vie en lui donnant le sentiment de soi et en la laissant vivre pour elle-même, sous ses propres yeux, baignée de sa propre lumière.

III. — La théorie du « double aspect ».

De la théorie de la « conscience-épiphénomène », on peut rapprocher celle du « double aspect », avec laquelle elle a été souvent confondue (1). Cette dernière théorie, qui compte

---

(1) Cf. E. Boirac, *L'Idée du phénomène*, ch. vi, p. 248. — « Telle est l'indétermination de l'hypothèse qu'on nous propose, qu'elle est susceptible de trois interprétations différentes, entre lesquelles ses partisans flottent sans le savoir, et qui sont cependant exclusives les unes des autres.

» 1° La sensation et le mouvement sont les deux faces, subjective et objective, d'un seul et même phénomène qui, pris en soi, n'est ni mouvement, ni sensation, dont la nature intime nous est et nous sera toujours inconnue, mais qui revêt nécessairement pour nous l'une ou l'autre de ces deux formes, selon que nous le percevons par la conscience ou par les sens. Sensation et mouvement sont donc deux traductions, en deux langues à notre usage, d'un texte unique, mais illisible pour nous. — Ainsi interprétée, l'hypothèse de l'*identité bilatérale* des phénomènes est, pourrait-on dire, le substitut phénoméniste du panthéisme métaphysique. Qu'est-ce, en effet, que ce phénomène « en soi » dont la sensation et le mouvement sont les deux aspects inséparables, sinon l'équivalent de la « substance » dont la pensée et l'étendue sont les deux attributs parallèles ?

» 2° Tout phénomène, pris en soi, est un mouvement : c'est là sa nature intrinsèque, indépendamment de tout rapport avec notre faculté de sentir ou de penser : quand nous le percevons ou le concevons ainsi, nous le connaissons tel qu'il est. C'est en ce sens que le mouvement peut et doit être dit *objectif*, c'est-à-dire réel en soi, mais quand il nous apparaît subjectivement, dans la conscience, il prend, pour ainsi dire, le masque de la sensation. La sensation est donc l'autre face du mouvement, la face qu'il tourne, en quelque sorte, de notre côté et que la conscience éclaire de sa lumière; mais la perception extérieure et la science nous révèlent la face opposée. Nous pouvons comprendre alors que la face lumineuse n'est pas autre, au fond, que la face obscure, et qu'elle lui devient totalement identique aussitôt qu'elle cesse d'apparaître dans notre conscience. — Ainsi interprétée, l'hypothèse est le substitut phénoméniste du matérialisme métaphysique.

» 3° Tout phénomène, pris en soi, est une sensation, une pensée. Qu'il soit ou non connu d'une intelligence étrangère, il lui suffit, pour être, de s'apparaître

aujourd'hui des partisans attardés parmi les évolutionnistes et les positivistes, était l'exagération, ou plutôt l'interprétation inexacte des conceptions de Descartes et de Leibniz.

Descartes avait opposé à la pensée consciente un monde d'étendue, complet et constant dans son énergie mécanique. L'harmonie préétablie de Leibniz supprima toute action « transitive » d'un être sur l'autre, pour la remplacer par deux chaînes d'actions immanentes qui se trouvent en parfaite correspondance ; mais cette correspondance même, comment l'expliquer? On sait que Leibniz recourt à une action de Dieu sur les deux chaînes à la fois. Mais cette action de Dieu semblait elle-même transitive : la difficulté était donc simplement remontée jusqu'au clou divin où sont suspendues les deux chaînes. Plus conséquent fut Spinoza, qui, au lieu de concevoir Dieu comme cause transititive du monde, le conçut comme « cause immanente » et comme « substance ». On avait ainsi deux séries de modes : les modes de l'étendue ou mouvements, les modes de la pensée ou idées. Ce sont les deux « aspects » de la réalité admis encore aujourd'hui par tant de philosophes et de savants qui croient trop que le mot *aspect* est une explication, quand il n'est qu'une métaphore anthropomorphique. Quant à la « substance » de Spinoza, elle est, comme la force inconnaissable de Spencer, une conception qui n'explique rien : c'est X. Selon nous, le

---

à lui-même et, en tant qu'il s'apparaît, il est une représentation, un état de conscience. Quand le phénomène se produit en nous, nous le connaissons directement tel qu'il est : quand il se produit dans un autre être, c'est-à-dire dans une autre conscience, nous n'en pouvons avoir qu'une connaissance médiate et symbolique : il est alors représenté en nous par le mouvement, mais le mouvement lui-même n'est et ne peut être qu'une de nos sensations. À ce point de vue, il peut sans doute être commode, en certains cas, de considérer le mouvement comme une face de la sensation, et la sensation et le mouvement comme un seul phénomène à double face. Mais on ne peut plus voir dans ces expressions que des métaphores ; et l'exacte vérité, c'est qu'il n'existe qu'une seule sorte de phénomène : la sensation, ou, d'une manière plus générale, l'état de conscience. — Ainsi interprétée, l'hypothèse est le substitut phénoméniste de l'idéalisme ou du spiritualisme métaphysique, et telle est, à notre avis, la seule interprétation intelligible, la seule qui assure l'unité des phénomènes, la seule vraie. » — Il est facile de reconnaître dans la première interprétation la théorie de la *conscience-épiphénomène*, dans la seconde celle du *double aspect*, dans la troisième, enfin, celle du *monisme panpsychique*, soutenue dans l'*Évolutionnisme des idées-forces* et dans l'*Esquisse d'une interprétation du monde*.

monisme est vrai, mais — nous l'avons fait voir déjà dans une étude sur le *Mouvement idéaliste et le Mouvement positiviste* — le monisme ne doit plus reposer sur une idée transcendante, comme celle de « substance » ou celle d'« inconnaissable » ; il faut lui donner une signification vraiment expérimentale.

Or, à ce point de vue, l'harmonie du mouvement et de la pensée, admise par Descartes, par Leibniz, par Spinoza, ne nous semble exprimer que grossièrement les deux principales classes de phénomènes auxquels, pour la commodité de notre science, nous réduisons tout le reste. N'y a-t-il pas quelque chose d'un peu puéril dans la division en deux de l'univers, dans la dichotomie du mouvement et de la pensée, qui iraient chacun de son côté et par soi, et qui se trouveraient cependant toujours parallèles ? Il n'existe, selon nous, qu'une seule et unique réalité, océan immense dont les faits dits physiques et les faits dits psychiques sont tous des flots, contribuant pour leur part à la tempête éternelle. *Physique* ou *psychique*, c'est simplement affaire de *degrés*. Nous appelons physique ce que nous avons, par *abstraction*, dépouillé le plus possible d'éléments empruntés à notre faculté de sentir et de penser ; mais où est la machine pneumatique assez puissante pour vider complètement le physique de tout élément psychique, par exemple de tout résidu de la sensation et de l'impulsion ? D'autre part, nous appelons psychique le phénomène plus complet et plus concret, plus avancé dans l'évolution, tel que nous le sentons et l'*éprouvons*, le vrai phénomène d'expérience, tel qu'il est pour l'expérience même et dans l'expérience, avec toutes ses qualités et rapports, — parmi lesquels d'ailleurs, se trouvent inclus les qualités mécaniques et les rapports mécaniques. Ainsi pris dans son ensemble, croit-on que le phénomène soit moins *réel* et que, en devenant fait d'*expérience* et germe d'idée, il ne soit plus qu'un *aspect* et une *ombre* de lui-même ? Tout au contraire, c'est là qu'il vit et se sent vivre, c'est là qu'il existe en soi et pour soi tout ensemble. Il n'a jamais été aussi réel que quand il est senti et pensé, quand il dit : Je me sens et je me pense.

Au moment où régnait l'évolutionnisme darwinien et spencérien, non seulement on supposait une séparation du physique et du mental, telle que l'un pourrait exister sans l'autre ; mais on admettait encore plus arbitrairement, nous l'avons vu tout à l'heure, que l'un des deux est seul l'agent, l'autre la simple « représentation ». L'un agirait donc sans sentir (la matière), l'autre sentirait sans agir (la conscience). Ce n'était plus le parallélisme de Leibniz, c'était la réduction du mental à un mode d'existence morte. On aboutissait alors à cette étrange chose : un monde de réalités, *doublé* d'un monde de représentations ou de reflets. Où se produit le reflet mental, destiné à devenir reflet moral ? Il ne pouvait être lui-même un pur mouvement, puisque l'on pensait, avec Spencer, qu'entre un mouvement et une représentation il y a un abîme. Si, comme ce système le prétendait, le mouvement est toute la réalité, comment peut-il y avoir encore au delà des « reflets », et des reflets qui jouissent ou souffrent, des reflets qui pensent, des reflets qui aiment ou qui haïssent, des reflets qui veulent le bien universel, qui s'y dévouent, qui s'y sacrifient ? Quel est ce mode paradoxal d'existence qui consiste à être reflet sans rien de plus et à exister ainsi en dehors de la réalité même ? Cette idée de reflet n'était manifestement, comme celle d'aspect, qu'une fausse métaphore ; il n'y a pas de pur reflet ; les ombres chinoises elles-mêmes agissent, en ce sens qu'elles sont des mouvements de la lumière conditionnés par nos gestes, mais qui, à leur tour, conditionnent autre chose ; elles ne réagissent pas sur nos gestes, soit ; elles réagissent néanmoins. Bien plus, elles peuvent réagir sur nos gestes mêmes, car, si nous ne trouvons pas réussie la silhouette voulue, nous modifions le geste pour l'adapter à la silhouette ; la petite ombre chinoise a donc coopéré, selon ses moyens, à la comédie, plus heureuse que la pensée même du comédien, qui, selon la théorie en question, ne ferait absolument rien, elle, et qui, au moment où elle semble tout diriger, ne serait, pour ainsi dire, qu'une ombre chinoise *absolue ?*

Voilà ce que, pour notre part, nous nous refusons à admettre ; voilà ce qui nous fait considérer la théorie exclusivement mécaniste comme une fantasmagorie. Pour nous, le monde est un ; il n'y a pas d'un côté des réalités, de l'autre des ombres ; d'un côté des phénomènes et de l'autre des « épiphénomènes » ; d'un côté des *conditions* physiques nécessaires et de l'autre des *représentations* mentales superflues qui, à leur superfluité, ajouteraient le singulier privilège de souffrir quand la machine va mal, d'aller même audevant de la souffrance pour sauver la machine, bien plus, pour sauver les autres machines humaines, quoique en définitive la souffrance et la vertu ne servent absolument à rien. C'est comme si le thermomètre qui enregistre passivement la fièvre était seul à en souffrir ; il pourrait s'écrier alors : Puisque je n'y peux rien et que ce n'est point ma faute, la nature aurait bien dû m'épargner cette façon incommode de refléter les affaires d'autrui ; en tout cas, ce qu'elle n'a pas fait, je vais essayer de le faire en tâchant d'écarter la souffrance : ce sera ma « morale ».

Où il n'y a dans le monde aucune vraie causalité, ni activité, et alors le physique est à la même enseigne que le mental : il n'agit pas davantage, puisque rien n'agit ; ou il y a réellement dans le monde des causes et effets, tout au moins des conditions qui se conditionnent réciproquement, et alors les phénomènes mentaux et moraux, par cela même qu'ils sont conditionnés, doivent à leur tour, se conditionner entre eux. Par exemple, la *sensation* de la chaleur doit être une condition préalable de la souffrance causée par une brûlure, et cette *souffrance* doit être la condition de mon *aversion* pour le feu, laquelle est exprimée physiquement par un mouvement de recul. On a beau dire que la représentation mentale est un pur effet ; dans le domaine de la *causalité*, c'est la *réciprocité* qui règne : il n'y a point d'effet qui ne soit cause à son tour, il n'y a point d'action subie sans réaction exercée, de coup donné sans coup reçu ; il n'y a point de *conditionné* qui ne prenne sa revanche en *conditionnant* quelque chose. Il n'y a donc ni appétition sans mouvement, ni mouvement sans une obscure appétition ; le mouvement est un extrait du phénomène total, l'appétition en est un autre extrait, avec cette différence que l'appétition représente quelque chose de beaucoup plus fondamental et qu'elle est, pour le philosophe, la vraie cause (1).

A coup sûr, lorsque Shakspeare écrivait le vers : « *To be or not to be* », ou lorsque Régulus revenait mourir à Carthage, il n'y avait pas une de leurs idées, pas un de leurs sentiments, qui n'eût parmi ses corrélatifs plus ou moins prochains ou éloignés un mouvement de molécules, explicable (comme mouvement) par l'état mécanique antérieur de ces molécules. Mais, en même temps, chaque état mécanique impliquait un état psychique des molécules cérébrales, et, pour résultante, un état général de la conscience. Le mécanique, comme tel, s'explique mécaniquement et est l'objet des sciences de la nature ; le psychique, comme tel, s'explique psychologiquement et est l'objet des sciences de l'esprit ; mais, au point de vue de la réalité concrète, qui est celui où se place la philosophie générale, où se place aussi la morale, le psychique et le mécanique sont toujours unis, et c'est le premier qui est le fondement du deuxième. Telle est le principe essentiel de la théorie des idées-forces. De même, quand l'ambition de Napoléon bouleversait l'Europe, il y avait sans doute dans son cerveau quelque chose qui correspondait exactement à ses désirs et à ses desseins ; et c'est ce quelque chose qui mit en mouvement sa plume ou sa langue, par suite d'autres cerveaux, et enfin les bras et les jambes de tant de milliers d'hommes ; dès lors, a-t-on dit, tout s'est passé dans le monde des apparences sensibles comme si

---

(1) M. Bergson a dit de même excellemment : « Tout état de conscience étant, par un certain côté, une question posée à l'activité motrice et même un commencement de réponse, il n'y a pas de fait psychique qui n'implique l'entrée en jeu des mécanismes moteurs. » Un état cérébral « exprime simplement ce qu'il y a d'action naissante dans l'état psychique correspondant ».

Napoléon et ceux qu'il a fait tuer n'avaient ni volonté, ni pensée. Oui, *comme si...*, et dans le monde des *apparences*. C'est de même que Newton disait : tout se passe comme si le soleil et la terre s'attiraient ; il aurait même pu dire avec Empédocle : s'aimaient l'un l'autre en raison directe des masses, etc. Il n'en est pas moins vrai que les *comme si* expriment de simples hypothèses. On pourrait dire inversement : les guerres de l'Europe se sont passées, au point de vue mental, comme s'il n'y avait eu que des pensées et des volontés en jeu. Ce sont là fictions analogues à celles de l'algèbre, qui se jouent autour des choses, et qui ne sont plus de mise dans la science pratique par excellence, dans la morale. On pourrait imaginer aussi que les guerres de l'Empire se sont passées comme s'il n'y avait eu que des phénomènes lumineux, images de batailles, etc., sans phénomènes sonores, ou sans phénomènes de contacts. Ces abstractions hypothétiques sont permises pourvu qu'on les prenne pour ce qu'elles sont ; mais la doctrine que nous n'avons cessé de combattre, c'est celle qui dit : tout se serait passé *réellement* dans le monde de la même manière, *s'il n'y avait pas eu de volonté ou de pensée*, et la pensée est un reflet tardif, un éclairage de luxe. Cette doctrine, en effet, n'est plus une fiction de mécanique abstraite, elle est une théorie philosophique, métaphysique et morale, et selon laquelle le mental ne serait vraiment qu'un accident de surface, le moral un aspect additionnel et plus ou moins illusoire du physique, ce dernier étant seul réel.

A notre avis, au contraire, la pensée est une des formes importantes, la plus importante sans doute, de l'énergie universelle, qui elle-même est appétition ou volonté. On a excellemment résumé cette doctrine en disant que les facteurs effectifs excitent la pensée, la sollicitent, la mettent en mouvement, mais que, une fois lancée, elle continue d'elle-même son élan, elle agit comme toute autre force, avec cette différence qu'elle peut accroître ou varier son propre mouvement par l'idée même d'une intensité supérieure ou d'une nouveauté supérieure. La pensée n'est pas pour cela, à nos yeux, un empire dans un empire. Elle n'est pas « un pouvoir absolu, capable de surmonter tous les obstacles » ; mais, surgissant du fond même de la réalité et de la vie, dont elle est la plus haute manifestation, elle est capable d'introduire dans le monde du neuf et de l'original, ne fût-ce que cette originalité profonde qu'est la conscience de soi.

D'autre part, s'il y a un mécanisme universel, c'est qu'il y a partout des causes plus profondes que le mécanisme, qui se manifestent par des relations mutuelles dans le temps et dans l'espace sous cette forme mécanique. Dans une bataille, les combattants ne sont pas produits par la tactique, mais il y a une tactique, parce qu'il y a des combattants, et le combat même a lieu selon certaines lois extérieures, parce qu'il y a des lois plus intimes qui produisent le conflit même ; des lois de passions, d'intérêts, de pensées, etc. La métaphysique exclusivement mécaniste, qui n'est pas la science, confond la tactique de l'univers avec les vraies tendances primordiales de la réalité qui engendrent ultérieurement et consécutivement cette tactique, cet ordre constant de bataille dans le conflit des forces. C'est donc l'appétition qui est la réalité même, et le mouvement est, au point de vue philosophique, un effet extérieur, dérivé du conflit des appétitions.

En dernière analyse, si nous n'admettons pas de brèche au mécanisme par une intervention *directe*, en quelque sorte *mécanique* du mental dans le physique même, nous n'admettons pas davantage deux règnes parallèles avec une harmonie préétablie ; mais nous croyons que le mental est le fond, et que le mécanique pur est une forme de représentation, un symbole à l'usage de la pensée.

ARTICLE NEUVIÈME

La critique du déterminisme.

I. — L'ANTINOMIE DE LA CAUSE LIBRE ET DU DÉTERMINISME.

Dans la troisième antinomie de la cosmologie rationnelle relative à la causalité, la « thèse » pose d'abord le principe même de causalité.

« Tout ce qui est *arrivé*, dit Kant, implique un état antérieur auquel il succède inévitablement suivant une règle appelée loi. Or cet état antérieur doit être lui-même quelque chose qui soit *arrivé* (qui soit *devenu* dans le temps ce qu'il n'était pas auparavant), car, s'il avait toujours été, la conséquence n'aurait pu commencer d'être, mais aurait aussi toujours été. C'est là le nerf de la preuve. L'action causale et efficiente de la cause par laquelle quelque chose est arrivé est donc elle-même quelque chose d'*arrivé*, qui suppose à son tour, suivant la loi de la causalité, un état antérieur et la causalité répondant à cet état, celui-ci un autre plus ancien et ainsi de suite. Il y a donc toujours un « *commencement subalterne* », mais il n'y a jamais un « *premier commencement* » (1).

Kant objecte au déterminisme que « la série, du côté des causes dérivant les unes des autres, n'est jamais complète », et, comme rien ne peut arriver sans une cause complètement déterminée et suffisante, la causalité à l'infini se contredit

---

(1) Il faut entendre par là un commencement causal et dynamique, une initiative, non pas seulement un « *commencement temporel* ».

elle-même. Selon nous, cette conséquence n'est pas contenue dans les prémisses.

Il est clair que la série des causes aboutissant à l'effet actuel, par exemple à une éclipse, n'est jamais complète *pour* une pensée qui opérerait dans le passé une *régression* sur la ligne des antécédents ou, dans le présent, sur les innombrables lignes de concomitants ; mais de ce que la régression idéale et intellectuelle est toujours incomplète et inadéquate à l'infinité des causes, il n'en résulte nullement que la progression réelle des causes cosmiques jusqu'au moment présent ne soit pas complète, puisqu'elle est effective. C'est une série infinie qui a amené l'état actuel du monde et n'est pas pour cela *finie* mais toujours en action et en évolution.

Quant à la « contradiction », il n'y en a aucune à dire que l'ensemble des causes antécédentes ou concomitantes est réellement infini et que, en conséquence, une pensée finie ne peut jamais les épuiser ni comprendre l'existence de cette évolution causale éternellement donnée et éternellement en activité. L'infinité de la série des causalités réciproques est liée à l'infinité de l'existence dans l'espace et dans le temps. Notre impuissance à opérer une régression complète et finie dans l'ordre infini des causes ne prouve pas l'impuissance du monde réel à opérer la progression à l'infini des causes, sans commencement dans la durée, dans l'étendue et l'activité. L'insuffisance de notre analyse ne prouve pas l'impossibilité de la synthèse naturelle qui constitue l'infinité de l'univers toujours en action.

Que l'univers s'explique par lui-même et que la série infinie des causes finies soit la suprême satisfaction de l'intelligence, c'est là un tout autre problème. Ce que nous disons, c'est que, dans le monde, un premier commencement causal, un premier anneau de chaîne est contraire au principe même de causalité et de raison suffisante.

De plus, la thèse de Kant aboutit, il le dit lui-même, à une cause première qui serait dans le monde et à une seule. Cependant, Kant ajoute : « Puisque la faculté de commencer tout à fait spontanément une série dans le temps a été une fois prouvée (bien qu'elle ne soit pas saisie en elle-même), *il nous est permis* aussi maintenant de faire commencer spontanément, sous le rapport de la causalité, diverses séries de phénomènes dans le cours du monde et d'attribuer à leurs substances la faculté d'agir en vertu de la liberté » (1).

Lotze, M. Boutroux, William James et M. Bergson devaient user amplement de la *permission* donnée par Kant; mais Kant l'avait-il justifiée? De ce qu'il y a dans le monde, par hypothèse, une spontanéité immanente et créatrice, qui aurait en soi-même son origine, s'ensuit-il qu'il soit *permis*, sans autre forme de procès, d'admettre d'autres spontanéités créatrices, d'autres libertés absolues capables de faire commencer absolument dans le temps, sous le rapport de la causalité, des séries d'effets, des mondes subalternes qui n'auraient pas existé sans ces « substances » libres ? Une fois le monde infini conçu comme émanant d'une liberté infinie, l'opération cosmologique est terminée, rien ne nous autorise à supposer d'autres dieux immanents, d'autres libertés qui interviendraient, non plus à l'*origine* causale du monde, mais dans le cours causal du monde même.

Faisons pourtant toutes ces hypothèses, depuis celle de la cause absolument première ou du « premier moteur » agissant dans le monde jusqu'à celle de causes relativement premières qui seraient des libertés se mouvant au sein du monde et créant des mondes nouveaux. Aurons-nous pour cela donné satisfaction au principe de raison suffisante et de causalité que Kant invoque, et aurons-nous atteint une « causalité *complète* », une série complète sous le rapport des *causes*, de manière à éviter la prétendue contradiction d'une série causale infinie et cependant complète ? Pas le moins du monde, et ce triomphe supposé de la causalité en est au contraire la ruine. La cause première intérieure au monde ne nous servira absolument à rien comme explication de ce

(1) *Ibid.*, p. 65-66.

qui se passe dans la nature ; et les causes secondes libres nous serviront encore moins. En effet, le raisonnement de Kant sur la causalité vaudra pour la première cause comme pour le reste. Le principe de causalité veut qu'un effet qui commence soit explicable par une action qui, elle-même, a commencé, sans quoi *l'effet existerait toujours comme l'action même*. Mais alors, si la série des causes qui se déroulent dans le temps et dans l'espace a un commencement dynamique, il faut que la cause première du monde ait elle-même commencé, ou du moins que, dans son sein, quelque action ait commencé qui se soit traduite par le commencement de cet effet : le monde. Et cette action du premier moteur supposera elle-même une action antécédente en lui, etc. Nous *retombons* dans la même série dynamique, temporelle et spatiale, qui ne convient pas à la cause éternelle. D'où il suit que l'action première et initiatrice est elle-même éternelle ; d'où il suit encore que son effet doit être sinon éternel dans le même sens qu'elle, du moins sans commencement et sans limites dans l'espace, sans commencement et sans limites dans la série causale. Encore un coup, la puissance créatrice n'ayant jamais manqué au créateur du monde, on ne peut dire qu'elle soit nécessitée à faire commencer son effet et à le faire commencer ici plutôt que là, il y a tant d'années précises plutôt qu'auparavant et toujours. De même dans la série des effets.

Quant à la *volonté* créatrice, pourquoi commencerait-elle ou ferait-elle commencer son effet arbitrairement ? Est-ce pour éviter une soi-disant « contradiction » ? Voilà une divinité bien esclave et bien embarrassée devant un problème qu'elle seule pose et que rien ne peut l'empêcher de résoudre. Toutes ces imaginations sont peu raisonnables.

Le « premier commencement », sous le rapport de la série des antécédents et des conséquents, est donc aussi incompréhensible avec la causalité absolue d'une première cause qu'avec la causalité relative des causes qui agissent dans le monde. Sous prétexte de « compléter » la série causale constituant le monde, on la brise réellement à un premier point, à un premier clou auquel on la suspend comme une chaîne. La position du premier commencement causal est, en réalité, la suppression de la causalité, l'admission d'une cause qui commence sans cause une série d'effets à un tel moment plutôt qu'à tel autre, en tel lieu plutôt qu'en tel autre. On voulait découvrir une raison suffisante et il se trouve que cette raison est insuffisante, inadéquate à ce qu'il faut expliquer. Elle est donc inutile dans la science de la nature. Si on admet en métaphysique une cause absolue et *transcendante*, non plus immanente, c'est pour expliquer en son ensemble la série dynamique *infinie* des causes secondes dans le temps et dans l'espace, non pour *finir* cette série dans le temps, dans l'espace ou dans l'ordre de la causalité temporelle et spatiale. La question de la cause *absolue* et transcendante est toute différente de celle d'un premier *commencement*, même causal, et d'un premier moteur dans le monde. Nous n'avons pas à la traiter ici ; nous avons seulement voulu montrer ce qu'il y a d'inconséquent à croire qu'un premier commencement dynamique, temporel et spatial *clôt* la série causale, temporelle et spatiale, de manière à la rendre finie. L'hypothèse de la chiquenaude donnée à un moment précis pour lancer le monde dans l'espace est à peine plus inadmissible.

Passons maintenant aux premiers commencements subalternes qui dériveraient de libertés créées elles-mêmes et douées d'un pouvoir créateur. Voyons si de tels êtres rendront la série des causes secondes plus « complète ». Ils la rompront au contraire ; ils la rompront sur tous les points où s'exercera leur action plus ou moins perturbatrice. Si encore ils rendaient vraiment compte de leurs propres actions ; mais non, les effets qu'ils feront *commencer* supposeront eux-mêmes une *action* qui commence, une décision de la volonté qui commence ; et cette décision aura elle-même besoin d'une raison pour laquelle elle commence ; cette raison n'existera à son tour qu'à ce moment précis et aura besoin d'autres causes qui l'auront amenée et ainsi de suite. Nous retombons toujours dans la même difficulté. Quant à un premier commencement de causalité sans cause, appeler cette notion la victoire de la causalité, sa conception « complète », c'est un abus, puisque le *sans cause* est la négation même de la cause.

Donc à tous les points de vue, la prétendue contradiction de la causalité immanente avec elle-même dans l'hypothèse des séries causales infinies n'existe pas ; et ce qui est en vraie contradiction avec la causalité, c'est le *liberum arbitrium indifferentiæ*, le pouvoir de causer sans cause un premier commencement de série causale, avec absolue impossibilité d'assigner une raison ou cause à ce commencement absolu. La « thèse » de l'antinomie nous apparaît ainsi comme la négation de la causalité immanente, tandis que l'antithèse en est l'affirmation dans toute son universalité et, par conséquent, dans toute son infinité. L'antithèse nous place, il est vrai, devant une causalité infinie qui est pour nous incompréhensible en sa totalité et en son infinité ; mais enfin, c'est la causalité même qu'elle pose, la causalité universelle et réciproque ; c'est la satisfaction de l'intelligence poursuivant la causalité et sachant que, si elle ne peut l'atteindre en sa totalité, la causalité n'en existe pas moins, et lui promet une possibilité de progrès. Au contraire, la thèse nie la causalité ; non seulement elle ne rend pas le monde plus compréhensible pour nous, mais elle le pose ayant de l'incompréhensible en lui-même et dans son propre sein, de l'irrationnel et de l'alogique dans son évolution, où se trouvent des solutions de continuité causale, des hiatus de raisons suffisantes et adéquates. Il faut voir les choses comme elles sont. L'antinomie est entre la position ou la suppression de la raison d'être immanente et se développant dans le temps. *Tout a une raison* dynamique, temporelle et spatiale ou *tout n'a pas une raison* de ce genre, voilà l'alternative.

II. — Les fausses objections contre le déterminisme. Prévisibilité et liberté.

Il y a de vraies et de fausses objections au déterminisme, de vrais et de faux arguments en faveur de la liberté. Il importe tout d'abord d'écarter les objections fausses, qui brouillent la question et enlèvent de la valeur aux arguments vrais eux-mêmes.

Pour réduire à néant tout déterminisme, les indéterministes de notre temps, s'inspirant de Lotze et de Renouvier, s'efforcent de le ramener à quatre erreurs fondamentales.

1° Le déterminisme repose sur l'idée de *quantité* ;
2° Il repose sur l'idée de la *répétition des mêmes phénomènes* ;
3° Il repose sur une impossible *prévisibilité* de l'avenir ;
4° Il confond le temps avec l'espace.

Or, sans prétendre en rien que le déterminisme formule la vérité absolue, nous croyons que les quatre erreurs qu'on lui impute sont imaginaires ; elles n'expriment pas les vraies lacunes ni les vraies limites du déterminisme, que nous n'avons pas été des derniers à mettre en lumière.

Le déterminisme, dit-on d'abord, repose sur l'idée de quantité et sur l'idée de la répétition des mêmes phénomènes. Or, nous avons prouvé que le déterminisme ne repose, quoi que Renouvier en ait pu dire, ni sur l'idée de quantité, ni sur celle de répétition ; il se fonde, encore un coup, sur l'idée de raison suffisante et de causalité qui s'applique tout aussi bien aux *qualités* et aux *relations* qu'aux *quantités*, et aussi bien ou mieux encore au *changement* qu'à la répétition, à la *différence* qu'à l'identité. Cette double erreur n'en remplit pas moins les discussions actuelles. De ce que le *qualitatif* ne peut trouver son explication adéquate dans le quantitatif, il ne résulte nullement qu'il soit libre et qu'il ne soit pas lié au quantitatif lui-même par des rapports déterminés. Pourquoi, si je donne un coup de bâton à un chien, éprouve-t-il finalement de la douleur ? Je n'en sais rien ; mais je sais que la liaison des deux faits est constante. Pourquoi telle ondulation éthérée, avec telles propriétés *quantitatives*, me donne-t-elle la sensation *qualitative* du vert ? Je n'en sais rien ; mais de ce que j'ignore le rapport du *vert-sensation* à telle ondulation éthérée, il ne s'ensuit pas que les deux faits ne soient point toujours liés, toutes choses égales d'ailleurs, et que l'un ne soit pas déterminé par l'autre, le conséquent par l'antécédent immédiat nécessaire et suffisant.

Le troisième grand reproche adressé au déterminisme par Renouvier et ses successeurs, c'est d'admettre la prévision de l'avenir, prévision dont la réelle impossibilité serait une preuve de la liberté.

Selon nous, le déterminisme complet et universel implique tout ensemble 1° l'impossibilité d'une prévisibilité complète, 2° la possibilité d'une prévisibilité partielle.

D'abord, l'impossibilité pour l'intelligence de prévoir les choses dans leurs détails n'entraîne nullement l'impossibilité pour les causes réelles de *déterminer* leurs effets ; car la *détermination* des effets n'est pas un lien de l'*intelligence* à un *objet représenté* ; elle est le lien *réel* et concret d'une *puissance causale* à ses effets, prévus ou non ; elle est le lien par lequel une volonté non complètement consciente de tout ce qu'elle est, de tout ce qu'elle subit, de tout ce qu'elle peut, est liée de fait au résultat réel de son action mêlée de passion.

La question de la prévisibilité pour l'intelligence est donc tout à fait distincte du problème de la détermination réelle des choses. Il ne faut pas confondre, comme le font les partisans de la contingence, le point de vue objectif et le point de vue subjectif. Le déterminisme soutient que tout ce qui arrive a des causes déterminées sans lesquelles il n'arriverait pas. Quant à savoir si l'intelligence proprement dite peut *se représenter* ces causes en elles-mêmes et dans leur action intime, *prévoir* les états de conscience ou d'inconscience qui correspondent aux effets futurs des causes présentes, c'est une tout autre question. L'intelligence humaine, à coup sûr, qui ne possède pour se représenter le fond des actions causales que les résidus de nos propres actions et réactions sur le milieu, est impuissante à accomplir une telle tâche.

Le fût-elle, elle ne saurait davantage pénétrer par la prévision, ou même par la vision, dans l'intimité des êtres pour s'identifier avec eux. L'intelligence n'est ni la sensibilité, ni la volonté, ni l'existence même : elle ne peut donc pas se substituer d'avance à ces choses, comme si l'œil voulait voir d'avance un son ou une odeur. Le déterminisme absolu place l'action causale et la réalité plus *au fond* que l'intelligence, qui demeure à ses yeux plus ou moins extérieure et superficielle ; il exclut donc la prévision intellectuelle du fond ultime des choses.

Pour notre part, nous n'avons jamais admis qu'on pose, comme Renouvier, la question de la liberté en termes de prévisibilité ou d'imprévisibilité. « Cela est écrit » n'a pas plus de sens en effet dans l'hypothèse du déterminisme que dans celle de la liberté. La *prévision* étant, comme nous venons de le dire, un rapport du réel à l'intelligence conceptuelle, celle-ci laisse nécessairement échapper une partie de la réalité. Pour le déterminisme, une chose ne peut être réelle que si toutes ses conditions *antécédentes* et *concomitantes* sont données, et, dès qu'elles sont données, elle est elle-même donnée ; donc je ne puis pas me donner *par avance en pensée* toutes les conditions antécédentes et concomitantes d'un fait-sentiment ou acte de volonté, ou alors le fait lui-même serait donné et j'éprouverais le sentiment ou j'accomplirais l'acte volontaire. L'univers avancerait tout d'un coup par moi et en moi, comme si, d'un mouvement de mon doigt, j'avançais de plusieurs années ou siècles l'aiguille sur la grande horloge de l'univers. D'où il suit que la complète et absolue détermination réelle, ne pouvant se préexister à elle-même, exclut la complète prévision par la simple intelligence.

C'est donc à tort que Renouvier et M. Bergson arguent immédiatement de l'impossibilité de prévoir à la liberté.

Non seulement l'imprévisibilité, à elle seule et par elle-même, n'entraîne pas l'indétermination dans la nature ou dans l'homme, mais l'impossibilité de prévoir peut au contraire provenir de ce que la détermination est trop complète, trop entière, trop étendue à l'infinité des détails les plus originaux pour qu'aucune intelligence puisse saisir dans sa totalité infinie et le détail des causes et le détail des effets ; pour que, cessant d'être simple intelligence, elle puisse devenir adéquate au réel, identique au réel. Dans cette hypothèse, ce seraient précisément la profondeur et la largeur immenses du déterminisme réel qui feraient que l'intelligence ne peut se le *représenter*, toute représentation étant inégale au réel. Le réel peut être *senti*, il peut être conscient, mais il ne peut être senti à l'avance, ni entièrement conscient à l'avance, puisqu'il n'est pas encore. Il ne peut être prévu que dans ses conditions dominantes, mais cette prévision, dont nous parlerons tout à l'heure, ne remplace pas le sentiment qu'aura la réalité d'elle-même quand elle sera réalisée. Au delà de la prévision intellectuelle, il y aura donc toujours un reste, un résidu : l'effet réel, qui ne sera senti que quand il sera réel. En conclure immédiatement que, pour cette simple raison, l'effet est indéterminé, contingent, libre, c'est conclure au delà des prémisses et plutôt au rebours. Si vous ne pouvez le saisir tout entier par la conscience que quand la totalité de ses causes et con-causes l'aura déterminé et réalisé, cela peut tenir à ce qu'il y a réelle détermination et non pas indétermination. C'est alors le trop de causes déterminantes, qui rend la prévision impossible.

C'est surtout dans l'ordre psychique que la prévision complète est impossible, vu l'*infinité des données* et la *singularité* perpétuelle de leur ensemble ainsi que de leurs résultats ; mais il ne s'ensuit encore en aucune manière que le résultat ne soit pas *réellement* déterminé par les causes indépendamment de notre *représentation* possible ou impossible, indépendamment même de toute représentation. Pré-déterminisme réel n'est pas nécessairement et même exclut prévision, pré-représentation de la réalité. Le point de vue de la causalité réelle et celui de la représentation sont donc bien deux problèmes différents. Pré-déterminisme n'implique pas pré-science, et pré-science n'implique pas pré-conscience.

Au reste, l'impossibilité de prévision complète ne s'applique pas seulement aux *actes* (libres ou non) mais aussi aux souffrances les plus manifestement fatales. Une gazelle est déchirée vivante par un lion ; ce qu'elle éprouve est un ensemble de sensations douloureuses résultant de toutes les fractures de sa chair et de ses nerfs, de toutes les réactions violentes de toutes les parties de son corps contre la morsure cruelle. Il y a là un état général de conscience où la la liberté n'est pour rien, et alors même que l'animal lutte, si on élimine ce qui tient à son propre effort (fût-il libre), il restera toujours l'ensemble de sensations afférentes et d'émotions fatales qui sont une réponse à ces sensations. Pour prévoir en son caractère spécifique et unique la douleur de telle gazelle torturée par tel lion, il faudrait réaliser d'avance en soi le moment même de cette torture, en avoir soi-même conscience, l'éprouver telle qu'elle est dans l'infinité de ses angoisses.

Conclurons-nous de ces considérations que la torture de tous les autres animaux qui souffrent, depuis le ver de terre que notre pied écrase jusqu'à la mère devant son fils mourant, constituent des manifestations de la liberté, des « inventions » libres de l'évolution créatrice ?

Une nécessité absolument aveugle, telle que les effets de causes en conflit dans la nature seraient absolument en dehors des prises de l'intelligence pour ce qui concerne leur nature intime et leur qualité spécifique, n'en serait pas moins une nécessité, — nécessité causale, nécessité dynamique, puissance sans yeux pour se voir et sans yeux pour être vue, mais non moins fatale et irrésistible que le *Fatum* des anciens. On pourrait connaître, mesurer et prévoir les pas du monstre et les pas des victimes, mais ce que sentiraient celles-ci sous l'étreinte prévue, on ne pourrait d'avance le sentir. Le secret demeurerait caché aux regards de l'intelligence dans le fond même de l'être insondé et insondable.

Accomplissons d'ailleurs l'opération inverse de la préscience, considérons ce qu'on pourrait appeler la post-science, la connaissance du passé. Pour connaître d'une connaissance adéquate ce que l'animal dévoré par un autre a souffert, il faudrait encore se reporter au moment même, prendre sa place, avoir conscience de sa conscience, souffrir de nouveau identiquement ce qu'il a souffert.

Si ce que l'intelligence ne peut prévoir était libre, il faudrait dire que tout est libre en nous. Nous ne pouvons pas prévoir non seulement le détail de nos actes à venir, mais pas davantage et même encore moins celui de nos souffrances. Nous ne pouvons pas savoir ce que nous éprouverons de douleur sur notre lit de mort. Nous ne pouvons pas davantage nous rappeler d'une manière exacte nos souffrances d'autrefois ; pour cela, il faudrait repasser par le même chemin, riant ou triste, nous baigner une seconde fois dans le même fleuve et y baigner le monde entier avec nous. Tout ce *passé*, actif ou passif, que nous ne pouvons nous *représenter* entièrement, est-il donc pour cela sans lois, sans causes, sans antécédents, sans raisons suffisantes ? Est-il tout entier libre jusque dans ses plus manifestes fatalités ? Allons plus loin. Si l'irreprésentable, l'unique et l'individuel est le libre *ipso facto*, il faut dire que, ne pouvant me *représenter* adéquatement ce que je suis, ce que je veux et fais en ce moment même, ne pouvant avoir cette parfaite connaissance de moi que poursuivait Socrate, *je suis libre précisément dans la partie obscure et irreprésentable de mon être, dans ce qui est inconscient ou subconscient.* C'est là placer la liberté de l'esprit précisément dans les régions ténébreuses où l'on a toujours vu la fatalité de la nature.

Dieu, dira-t-on, s'il est, peut se faire une conscience, pure et non intervenante, de l'univers, sorte de duplication intellectuelle du monde et cependant tout à fait en dehors du monde. Dans l'hypothèse du déterminisme, cette infinie intelligence serait la conscience déjà fixée de l'avenir du monde ; en elle le monde serait écrit. — Une telle conception, répondrons-nous, est impossible et contradictoire. D'abord, une intelligence purement représentative et reflétante, sans action et sans force, miroir passif de l'univers, est une pure imagination. De plus, une telle intelligence ne peut pas être une exacte *duplication* de ce que je souffre, de ce que je veux, de ce que je fais de mauvais ou de bon. Elle ne peut être la conscience de ma conscience, et en même temps de la vôtre, la conscience de Néron et celle de Thraséas, la conscience contradictoire de tous les maux, de tous les biens, de toutes les vertus et de tous les crimes. La conscience divine ne peut même pas être un simple *miroir* extérieur du mal et du bien, de la joie et de la souffrance, à plus forte raison une conscience intérieure du méchant comme du juste, du malheureux comme de l'heureux. Dieu même, pour avoir la complète science de tout ce que souffrent, souffriront, ont souffert ses créatures, devrait lui-même le souffrir ; sinon, il n'aura pas connu tout le détail réel de la souffrance et s'en tiendra à cette affirmation générale : mes créatures souffriront, la femme enfantera dans la douleur. Encore ne saura-t-il pas ce que c'est qu'enfanter dans la douleur, s'il ne souffre pas lui-même.

Non seulement la prévision complète de la douleur individuelle est impossible, mais sa vision complète pendant ou après ne l'est pas moins. On peut dire alors que Dieu lui-même, ne pouvant éprouver nos passions, ne peut pas savoir jusqu'à quel point nous sommes tentés intérieurement au cœur de notre être ; pour nous juger, il faudrait qu'il pût se mettre à notre place. Il ne peut donc pas plus connaître à fond nos *actes* passés que nos actes futurs, ajoutons, pour des raisons identiques, nos actes présents. Pour connaître, du sein de l'éternité, l'acte criminel, pour le connaître tel qu'il est dans toutes ses nuances, pour sonder ainsi le cœur et les reins du coupable, pour le juger en connaissance de cause, il faudrait que Dieu se mît entièrement à la place du coupable, éprouvât ce qu'il éprouve, voulût ce qu'il veut, se fît méchant comme lui. Dieu ne peut connaître, juger et condamner Satan que s'il passe dans l'âme de Satan, que s'il se fait Satan.

On dira que les douleurs et les méchancetés connues de Dieu se perdent dans l'ensemble de sa sérénité et de sa bonté. Mais alors elles perdent aussi leur nuance propre et leur individualité ; Dieu ne *sonde* plus les consciences.

« L'œil était dans la tombe et regardait Caïn ».

Mais si cet œil est celui de Dieu, il ne regardera que du dehors. N'étant pas Caïn, ne sentant pas et ne voulant pas ce que sent et veut Caïn, il n'est ni sa conscience ni son vrai juge.

Il y a des choses, a dit Aristote, qu'il vaut mieux ne pas voir que de les voir. Il y en a surtout qu'il vaudrait mieux ne pas sentir, ne pas vouloir.

Il ne pourrait donc y avoir d'*écrit* dans l'omniscience divine que des rapports d'ordre et d'intelligibilité qui laissent en dehors les termes eux-mêmes, une algèbre du monde. Si réellement le déterminisme, c'est-à-dire la *causalité universelle*, se ramenait à une telle fiction, à un tel livre des destinées écrites dans l'éternité, il serait insoutenable. Mais la causalité réelle, la rationalité immanente qui fait que l'univers est un et lié en ses moindres parties n'a rien à voir avec les spéculations transcendantes sur la divinité. Celles-ci sont et doivent rester ultérieures, dérivées, problématiques, subordonnées à notre conception du réel et surtout à notre conception de l'idéal.

« Rien n'est écrit », rien ne peut être « écrit », sauf le dehors et le gros des événements en tant que soumis aux lois de l'interaction causale universelle. Aucune *écriture* ne peut être adéquate au réel, soit que le réel soit entièrement déterminé par la totalité de ses antécédents et concomitants, soit qu'il reste indéterminé par rapport à cette totalité. Dans une telle situation, nous devons agir comme si rien n'était écrit et comme si nous étions nous-mêmes chargés d'écrire notre destinée, ce qui d'ailleurs est exact.

Si la *prévision* et le pré-sentiment complets du réel sont impossibles par définition même, la prévision partielle et toujours croissante est possible, et pour la science et pour la pratique. Celles-ci reposent sur des prévisibilités virtuelles qui peuvent indéfiniment passer à l'acte sans devenir jamais actuelles.

La prévision scientifique et pratique, en effet, ne suppose plus qu'une intelligence quelconque pourrait réellement connaître tous les détails d'un événement ; elle suppose seulement que l'apparition de ces détails est, en fait, déterminée par des causes ou raisons suffisantes, et que dans tous les cas où l'intelligence parvient à saisir, du sein du Tout irreprésentable, des liens de causalité particulière et représentable, A et B, tels que A étant donné, B soit donné par cela seul, elle pourra alors prédire que la présence de A entraînera B comme effet. C'est là-dessus que sont fondées toutes nos prévisions. Quand nous jetons une pierre en l'air, nous n'avons pas besoin, pour prédire qu'elle va tomber, de connaître toutes les particularités de la pierre, toutes celles de l'air ambiant, toutes celles du sol où nous sommes, tous les détails minuscules du mouvement que notre main accomplit, etc. Nous avons encore moins besoin de nous identifier avec la pierre, d'avoir l'intuition de tout ce qu'elle est et de tout ce qui se passe en elle. Nous n'avons besoin que de connaître le rapport particulier entre *corps pesant* et *chute libre dans l'espace*. La connaissance d'une certaine connexion causale permet de prédire tout ce qui résulte de *cette connexion* précise, sans qu'il soit besoin pour cela de connaître la totalité des connexions causales dans l'univers. Sans doute nous pouvons nous tromper quand une connexion causale se trouve combinée avec une autre qui la contrebalance. Si un enfant déclare qu'un ballon gonflé d'hydrogène et lancé en l'air va tomber; il se trompe par ignorance d'une autre loi causale ici en jeu : le principe d'Archimède ; mais le physicien qui connaît ces deux lois ne se trompe pas dans sa prédiction. L'enfant lui-même, en voyant le ballon monter au lieu de descendre, en conclura qu'il y a une autre cause qui neutralise l'effet de la pesanteur, et non pas que le ballon monte par *hasard* ou par *indétermination*.

Si les prédictions relatives aux êtres vivants sont plus sujettes à caution, c'est que le nombre des liaisons causales y est infiniment plus grand qu'ailleurs. Mais, même alors, quand une certaine liaison causale est bien établie, la prédiction est sûre relativement à ce point. Vous savez fort bien que, si vous allez provoquer un lion dans le désert, il se jettera sur vous, que, si vous attaquez un bouledogue qui passe, il essaiera de vous mordre. Vous n'avez pas besoin pour cette prédiction de pénétrer tous les traits de son individualité ni de vous identifier avec lui et de devenir son sosie.

Il est clair que, si Pierre devait coïncider avec Paul pour prévoir les actions de Paul, il ne pourrait les prévoir qu'au même degré où Paul les prévoit ; or, Paul lui-même ne les prévoit pas toujours et peut fort bien n'avoir conscience de ce dont sa causalité était capable ou incapable qu'une fois l'acte accompli. Il y a un « dernier moment » décisif où on se révèle à soi-même comme capable ou incapable de telle bonne ou mauvaise action.

Mais alors, dira-t-on, puisque la prévision se réduit à la simple *représentation* des états de conscience successifs de Paul, représentation nécessairement schématique et abrégée, il y faudra, pour prédire l'avenir, joindre l'évaluation de l'*intensité* de ses états, de leur *valeur* relativement au caractère de Paul; dans ce cas on *présuppose* l'acte final par cela seul qu'on fait figurer, à côté de l'indication des états, l'appréciation quantitative de leur importance (1). —

(1) *Ibid.*, 144.

Cette *présupposition* ne nous semble nullement nécessaire. On n'a pas besoin de connaître à l'avance l'acte accompli par un honnête homme pour savoir s'il l'accomplira, pour évaluer (je ne dis pas mathématiquement, mais psychiquement) la force de tel mobile, étant donné le caractère de l'individu. Je sais bien que telle personne de ma famille est absolument incapable de tuer quelqu'un pour le voler, que le mobile du gain n'aura jamais pour elle l'importance de l'honnêteté. Je ne me donne pas d'avance l'acte, mais les conditions et causes génératrices qui sont actuellement présentes dans le caractère et même dans les circonstances. Prévoir un effet par la cause, ce n'est pas s'accorder à l'avance l'effet, mais se donner la cause, qui peut-être sera séparée de son effet final par toute une suite à parcourir, pour y aboutir quand même. S'il n'en était pas ainsi, on ne pourrait jamais rien prévoir, pas même une éclipse.

Si vous pouvez prévoir une éclipse, dira-t-on, c'est qu'il s'agit de choses matérielles qui se répètent, où les mêmes causes produisent les mêmes effets. — Nous répondrons de nouveau que des causes différentes produisent aussi des effets différents et que, même dans le monde matériel, tel fait précis est *toujours* singulier, produit par un ensemble *singulier* de causes : ce qui n'empêche pas la prévision, parce que, dans l'ensemble singulier, il y a des **causes dominantes et principales** qu'on peut dégager en laissant de côté les détails intimes et infimes. Il en est de même dans l'ordre psychique, malgré la complication infiniment plus grande des détails. Je n'ai pas besoin de savoir les détails de l'acte par lequel vous, un ami en qui j'ai une absolue confiance, vous me rendrez un dépôt que je vous ai confié. Vous me rendrez ce dépôt, voilà tout ; je n'ai pas à m'occuper des modalités de votre action.

M. Bergson reconnaît que « mon état actuel *s'explique* par ce qui était *en moi* et par ce qui *agissait en moi* tout à l'heure. Je n'y trouverai pas d'autres éléments en analysant ». — C'est accorder, semble-t-il, tout ce que demande le déterminisme des raisons. Mais, ajoute Bergson, « une intelligence, même surhumaine, n'eût pu *prévoir* la *forme simple, indivisible*, qui donne à ces éléments tout abstraits leur organisation concrète ». — Soit, cela ne rend pas cette forme libre (1).

Si la somme de sensations subies après un jour de jeûne aboutit à une indéfinissable sensation de faim, qui est ma faim à moi, dans l'instant actuel et dans les circonstances particulières où je me trouve, on pourra sans doute soutenir, non sans quelque paradoxe, que ma faim est une « forme », une forme « simple, indivisible », mieux vaudrait dire un *fond* spécifique de réalité et de sensibilité; et qu'une intelligence quelconque n'eût pu prévoir ma faim telle qu'elle est en sa spécificité. Ceux qui emprisonnèrent Ugolin en le privant de nourriture ne pouvaient prévoir sa faim dans tout ce qu'elle eut de concret, de personnel; mais ce qu'elle avait de concret et d'horrible était précisément l'effet final le plus déterminé, le plus complet et le plus complètement fatal, résultant d'un ensemble très complexe de causes et concauses qui ne pouvaient produire que cet effet et devaient le produire. Prévisible ou non, sa faim était nécessaire, non libre. De même, qu'elle puisse ou non se *reproduire* absolument semblable, sa *production* originelle fut une production nécessitée.

Qu'un aveugle dispose une série de vues cinématographiques qu'il distingue par le toucher, en charge un appareil à projections lumineuses, puis fasse mouvoir le mécanisme devant les spectateurs, il saura que chaque vue se déroulera dans tel ordre, viendra après telle autre, qu'elle ne pourra pas ne pas venir et ne pas céder la place à la suivante; il saura que les spectateurs ne pourront pas ne pas les voir et dans tel ordre déterminé; mais il ne pourra pas voir lui-même ce qu'ils voient ni le sentir à l'avance. Le déroulement cinématographique en sera-t-il moins nécessaire?

(1) *Evolution créatrice*, p. 7.

Si d'ailleurs nos actes sont imprévisibles pour autrui, comme on le soutient, ils le sont aussi pour nous-mêmes. Nous ne pourrions les prévoir, nous aussi, qu'en nous *transportant* au moment de l'action, et alors il n'y aurait plus prévision mais *action*. Ou encore en nous *représentant* d'avance l'acte tel qu'il sera, mais alors ce ne sera qu'une *représentation*, non une intuition, et cette représentation sera toujours sujette au doute, puisqu'elle sera la copie anticipée d'un acte futur en un moment tout différent du moment actuel. Il suit précisément de là que l'intuition de notre libre arbitre est impossible avant l'acte, impossible après l'acte, impossible *pendant*, car, *pendant*, il n'y a que l'acte et il reste toujours à savoir s'il est indépendant de ses antécédents, lesquels sont passés et ne tombent plus sous l'intuition. Bref, des actes irreprésentables et inconnaissables, bien plus impossibles à appréhender intuitivement dans leurs origines, sont des actes qui nous échappent à nous-mêmes comme à autrui ; si je les vois sortir de moi, je serai tout le premier étonné et m'écrierai : — c'est moi qui ai fait cela ! Nous le disons souvent, mais, dans ce cas, c'est précisément parce que nous ne nous *reconnaissons* pas dans nos actes et que nous y voyons le résultat de causes en partie étrangères à nous-mêmes. Un acte libre serait la transparence absolue du présent, du passé et du futur dans une chaîne de causalité où nul chaînon ne serait ni obscur pour nous, ni étranger à nous-mêmes, qui serions le support de toute la chaîne.

Concluons que le déterminisme ne consiste nullement dans la possibilité *complète* de prévoir qu'aurait l'intelligence, si bien que celle-ci pourrait se représenter d'avance le fait futur et le sentir comme présent. Le déterminisme consiste dans la causalité qui fait que des conséquents déterminés sont liés à des antécédents déterminés, ne pourraient sans eux se produire et ne peuvent pas, eux donnés, ne pas se produire. Ce qui tombe sous la prévision et la prédiction, c'est le lien causal dans le temps et dans l'espace, c'est le rapport extérieur des termes ; mais il n'est pas nécessaire à la prédiction scientifique et pratique que la nature propre et intime des termes soit d'avance connue ou éprouvée dans une conscience ; ce qui est impossible dans l'hypothèse même du déterminisme comme dans celle de la liberté. La question demeure donc tout entière, et il reste toujours à savoir si le résidu réfractaire à la prévision l'est en vertu d'une nécessité radicale ou d'une liberté radicale.

On a formulé contre le déterminisme une dernière objection. On l'a accusé d'abord, d'être fondé sur une notion fausse du temps, puis, de transporter d'une façon illégitime l'espace dans la durée.

Aux déterministes qui prétendent que le présent a toutes ses raisons et toutes ses causes à la fois dans les concomitants actuels et dans les antécédents du passé ou, pour employer le langage ordinaire, de l'instant précédent, on objecte qu'il n'y a pas d'*instant* précédent, l'instant n'étant qu'une limite impossible à atteindre. — Mais c'est arguer, à la façon de Zénon, d'une difficulté qui existe pour tout ce qui est continu. Dire que le présent a ses raisons dans le passé n'implique pas que nous puissions y déterminer deux instants successifs entre lesquels il n'y aurait plus d'intervalle, pas plus que deux points de l'espace entre lesquels il n'y aurait plus d'intervalle. Notre analyse suit la synthèse réelle et ne peut jamais y être adéquate. Mais de ce que tout enveloppe de l'infinité, il ne s'ensuit pas qu'il y ait des effets temporels ou spatiaux inexplicables par leurs causes temporelles ou spatiales. Quelque longueur réelle que vous accordiez à ce qu'on nomme l'instant présent ou passé, le déterministe continuera de soutenir que le présent a sa raison dans le passé. Les spéculations sur les infinis et sur le calcul infinitésimal ne changent rien à la loi de causalité.

C'est seulement au sein de l'espace, dit-on, qu'il y a répétition possible, mais au sein du temps rien ne se répète ; on ne peut pas dire que les *mêmes* causes y déterminent les *mêmes* effets ; donc, dans la durée pure, c'est-à-dire purifiée de tout espace, dans la durée concrète et vécue, aucun déterminisme n'est possible. — Mais, nous l'avons montré déjà, le déterminisme n'est point de nature exclusivement mécaniste ; selon ses partisans, il s'applique au changement dynamique et qualitatif, au changement psychique tout comme au mouvement physique ; il est la loi de tout ce qui change comme aussi de tout ce qui demeure.

On soutient que déterministes et indéterministes ont également le tort de poser la question de la liberté en termes d'espace et de confondre le temps avec l'espace. — Ces deux torts ne nous semblent pas prouvés. M. Bergson, il est vrai, trace une figure consistant en une ligne qui aboutit par une bifurcation à deux lignes divergentes, et il prête ce thème à tous les déterministes comme aux indéterministes (dont il se rapproche lui-même). Mais nul ne peut prendre une figure, ni une métaphore pour une réalité. Quand on dit qu'Hercule était entre deux voies, celle de la vertu et celle de la volupté, on ne se représente nullement deux chemins, on conçoit seulement deux applications possibles de la volonté, puissance capable de produire des effets qualifiables sous les noms de vertu ou de vice. Il y a bien quelquefois, dans la réalité, deux chemins différents, comme lorsque Kant suppose un homme qui hésite entre rester chez soi ou aller chez une femme de mauvaise vie. Mais le chemin et le lieu ne sont pas ce qui importe à l'affaire. La délibération porte, ici même, sur le vice et sur la vertu. Quand un président de tribunal interroge un témoin, que le coupable a menacé de mort s'il révèle son crime, le témoin est entre la réponse *oui* et la réponse *non*; le oui représente pour lui la mort possible, le non représente la tranquillité matérielle jointe aux remords de conscience. En tout cela, il y a des dilemmes, des alternatives, il n'y a pas pour cela des bifurcations dans l'espace, pas même dans la durée. L'argumentation que nous examinons contre les déterministes et indéterministes est donc fondée sur une supposition gratuite, dont les auteurs de l'objection sont seuls responsables.

On insiste, et on dit qu'il ne faut pas raisonner sur la

direction que la volonté aurait pu ou n'aurait pas pu prendre : on ne connaît son chemin que quand il a été tracé ; donc « l'argumentation des déterministes revêt cette forme puérile : l'acte, une fois accompli, est accompli, et leurs adversaires répondent : l'acte, avant d'être accompli, ne l'était pas encore. Et l'on ne voit pas, conclut M. Bergson, que cette double question revient toujours à celle-ci : le temps est-il de l'espace ? »

Nous nous demandons si cette ingénieuse argumentation ne laisse pas en dehors le vrai sujet. Quand on parle des *directions* possibles de la volonté, c'est pure métaphore, puisqu'il s'agit simplement des *décisions* possibles ou impossibles en vertu de raisons et de causes qui, nous l'avons vu, n'ont aucun rapport avec les questions d'espace. Ce qui rend possible ou impossible une décision, c'est la personnalité dont elle peut émaner et qui en sera la cause. On peut très bien, sans confondre le temps avec l'espace, dire qu'un certain nombre de raisons et causes actuelles rend possible ou impossible tel effet futur. Une telle prévision n'a rien de commun avec cette tautologie : « L'acte accompli est accompli, l'acte non accompli n'est pas accompli. » Dire que tel effet peut ou ne peut pas résulter de telles causes, ce n'est nullement se transporter au moment même où l'effet aura lieu pour constater qu'il a eu lieu ; c'est raisonner sur les causes et sur leur lien avec l'effet, non sur le fait brut, accompli ou non.

Nous persistons donc à penser, d'abord, que les spéculations sur la durée concrète laissent complètement en dehors le problème de la causalité libre ; puis, que la confusion du temps avec l'espace prêtée au déterminisme ou à leurs adversaires est gratuite. Leibniz, par exemple, n'a jamais fait intervenir des considérations d'espace, pas même de temps, dans le rapport d'inhérence au sujet actif que, selon lui, tout acte volontaire doit avoir pour être l'acte de Pierre, non de Paul. Le moi s'aperçoit comme une cause dont certains effets dépendent et qui, elle-même, dans sa détermination, dépend de certaines causes et de certaines raisons ; le problème est de savoir jusqu'où va la dépendance, jusqu'où va l'indépendance. Il n'y a besoin, pour agiter ce problème d'attribution et d'*imputabilité*, d'aucun appel aux relations des choses dans l'espace ; il n'y a pas besoin surtout de faire cette question étrange : le temps est-il de l'espace ?

Quant à la durée concrète, c'est, à vrai dire, la dépendance, non l'indépendance ; c'est la causalité finie et relative, non infinie et absolue. Son cours étant lui-même soumis à des conditions qui font que l'actuel ne peut arriver sans les causes antécédentes qui le déterminent, loin de nous offrir le domaine de la vraie liberté, elle est la patrie même du déterminisme. Si le présent pouvait arriver sans le passé et sans tout ce que le passé lui a fourni, le présent serait absolument libre ; mais alors, qui l'empêcherait d'être éternellement présent ? Pourquoi aurait-il attendu tel moment déterminé pour se produire ? Et pourquoi, dès sa production, disparaîtrait-il pour faire place à l'avenir, comme si son existence était tellement dépendante et précaire qu'elle fût réduite à un feu follet qui passe ?

En somme, la thèse du déterminisme n'a pas été renversée, en ce qu'elle a de légitime, par les objections des criticistes et par celles des intuitionnistes.

En résumé, si la liberté existe, elle est réfractaire à la prévision complète et absolue ; mais tout ce qui est réfractaire à cette prévision n'est pas pour cela libre. Si la liberté existe, elle est facteur de l'évolution à venir, mais tout facteur de l'avenir n'est pas pour cela libre. Si la liberté existe, elle introduit du nouveau dans le monde, mais tout ce qui est nouveau n'est pas pour cela libre. Si la liberté existe, elle est une hétérogénéité dans la durée, mais tout ce qui est hétérogène dans la durée n'est pas libre. Si la liberté existe, elle est un « rapport indéfinissable au moi » ; mais tout ce qui a un rapport indéfinissable au moi et une nuance spécifique n'est pas pour cela libre. Si la liberté existe, elle est la détermination par le moi ; mais, comme le moi peut être lui-même déterminé, la détermination par le moi n'est pas nécessairement libre. Si un acte est libre, il n'est pas la *répétition* identique d'un autre acte dans le passé et ne sera jamais répété identiquement dans l'avenir; mais tout ce qui exclut la répétition et la réversibilité n'est pas pour cela libre. Si la liberté existe, elle est supérieure à l'espace et aux relations spatiales; mais ce qui est supérieur à l'espace n'est pas pour cela libre. Si la liberté existe, elle tend à une fin, mais toute finalité n'est pas liberté. Si la liberté existe, elle est un idéal qui se réalise lui-même, mais tout idéal qui se réalise n'est pas *ipso facto* liberté. Telles sont cependant les confusions dont s'alimente l'indéterminisme depuis Lotze et Renouvier, jusqu'à James, M. Boutroux et M. Bergson. Il y a là, comme dirait Kant, une nichée de paralogismes, où les conclusions vont *au delà* et souvent *au rebours* des prémisses.

La prétention de démontrer le libre arbitre par ces arguments et de réfuter du même coup tout déterminisme est donc injustifiée. Les deux thèses, après l'argumentation que nous avons résumée, restent debout sans avoir pu s'entamer l'une l'autre. La liberté demeure possible en soi et le déterminisme demeure réel sur son domaine légitime, le domaine de la *science* et de la pratique non proprement *morale*. Encore les théologiens, Spinoza et Leibniz, admettaient-ils une *détermination morale*, une *nécessité morale*, une moralité déterminée par le bien, sans aucune liberté d'indifférence.

III. — LES VRAIES OBJECTIONS CONTRE LE DÉTERMINISME.

Voyons si des objections plus vraies que les précédentes ne peuvent pas être élevées contre le déterminisme, en tant qu'il se donne comme exclusif et adéquat à la réalité.

La *réalité* est précisément ce que le déterminisme n'atteint pas et laisse en dehors, car il roule sur des rapports entre des termes donnés sans pouvoir nous expliquer comment ils sont donnés. C'est ce que Kant a bien vu. En outre, la *possibilité* même est en dehors du déterminisme, du moins en ce qu'elle a de fondamental et d'ancré dans le réel. Une fois le réel donné et le possible donné, le déterminisme pose la *nécessité* de tels liens entre tel terme réel et tel possible : il *conditionne* toute réalité nouvelle et toute possibilité nouvelle en les soumettant à des lois de succession constante et nécessaire ; mais nous ne savons toujours point pourquoi une chose est réelle, pourquoi elle est possible, ni même pourquoi le lien est nécessaire, à moins qu'il ne s'agisse d'une nécessité réductible à l'identité.

Si maintenant nous passons au domaine même du déterminisme, qui est la causalité, nous voyons que, sur sa sphère propre, il se contente d'une causalité tout extérieure, qui consiste simplement dans l'existence de *lois*, et ne constitue ainsi qu'une *légalité* imposée à l'action causale, mais impuissante à nous révéler ce qu'est l'action causale en elle-même. Tels antécédents étant donnés, tels conséquents les suivent selon une règle, selon une *loi*; mais la règle n'est pas l'action réglée, la loi n'est pas la cause agissante, et, comme on dit, efficiente. L'efficace échappe au déterminisme, qui n'est qu'un code de la nature, présupposant que des actions s'y accomplissent et leur imposant des lois, lois de succession, lois de réciprocité. En paraissant traiter des causes, le déterminisme ne traite réellement que des effets et de leur liaison mutuelle. Sa vraie catégorie propre n'est donc pas la *cause*, mais l'*effet*.

Il ignore de même la *substantialité* véritable, qui se ramène à l'activité interne. Il y substitue la permanence dans le temps, comme il a substitué à la cause la succession dans le temps et la simultanéité dans le temps avec la réciprocité qu'elle enveloppe. Il admet que quelque chose persiste, sans pénétrer la nature de cette chose qu'il exprime simplement par une *quantité* toujours la même.

La *qualité* n'est pas en dehors des lois du déterminisme,

en ce sens que toute qualité a sa cause et succède à d'autres qualités selon une règle ; mais, en elle-même, la qualité demeure inexpliquée et inexplicable comme l'activité causale et la réalité substantielle. Le déterminisme suppose données des ressemblances qualitatives et des différences qualitatives, puis il affirme que les ressemblances dans les causes entraîneront des ressemblances dans les effets, que les différences dans les causes entraîneront des différences dans les effets. Comment se fait-il que quelque chose *diffère* ou *ne diffère pas*, comment surtout se produit la différence, qui est le grand mystère et qui précisément réclame une cause ? Le déterminisme affirme la nécessité de la cause sans pouvoir dire comment elle produit la différence.

Jusque dans le règne de la *quantité*, le déterminisme prend pour accordés l'espace, le temps, la quantité extensive et intensive, le changement dans le temps, le mouvement dans l'espace, mais la nature et la cause du changement ou du mouvement échappent à ses prises : il *légifère*, voilà tout, et ne saurait nous dire comment quelque chose se produit, change, apporte du nouveau dans le monde. L'ancien a une raison, le nouveau a une raison, cette raison ultime nous échappe et le déterminisme se borne à l'affirmer, à affirmer ainsi une intelligibilité universelle qui déborde notre intelligence.

Un autre caractère essentiel du déterminisme, c'est qu'il porte sur les *objets* de notre pensée ou de notre *action* et sur la réaction de ces objets à l'égard de notre pensée et de notre action. Il est foncièrement objectif.

En dernière analyse, la critique la plus fondamentale du déterminisme, c'est, croyons-nous, celle que nous avons faite dans la *Philosophie de Platon*, et surtout dans *La Liberté et le Déterminisme* (1), où nous avons montré que, partant

---

(1) Nous renvoyons, pour les détails, à notre long chapitre sur les limites du déterminisme dans la seconde édition de *La Liberté et le Déterminisme* (parue en 1884), p. 181 et suivantes. Nous y avons développé la critique du déterminisme déjà contenue dans la première édition et dans nos leçons de l'Ecole normale.

du principe de raison *suffisante*, le déterminisme, à lui seul, ne peut aboutir qu'à une série de raisons insuffisantes et hypothétiques. Chacune de ces raisons, en effet, explique bien que *si* telles choses sont données en un moment, telles autres choses déterminées seront données au moment qui suit ; mais comment, encore un coup, les choses sont-elles données ? Comment leur série tout entière est-elle donnée ? Cette série, une fois commencée, se suffit à elle-même dans l'ordre du temps, de l'espace et de la causalité. Mais comment se fait-il qu'une succession de raisons toujours insuffisantes et toujours soumises à une hypothèse, à un *si*, soit donnée de fait, sans qu'on puisse voir comment elle a suffi à se donner elle-même ? Le déterminisme laisse la question sans réponse.

ARTICLE DIXIÈME

La vraie conception de la liberté.

I. — LES ÉLÉMENTS DE LA SOLUTION DU PROBLÈME.

Dans *La Liberté et le Déterminisme*, pour notre part, nous essayâmes d'abord de faire descendre la « liberté-noumène » de Kant et de Schopenhauer dans le champ de l'expérience, de montrer dans ce champ, entre la puissance dont nous avons *conscience* en nous et la liberté absolue dont nous avons l'*idée*, une série d'intermédiaires réels, grâce auxquels l'idée de liberté se réalise progressivement. Nous laissions d'ailleurs subsister, aux confins supérieurs de l'expérience, l'idée d'une activité indépendante dont le déterminisme serait l'effet et la manifestation, l'idée d'une causalité intime, imprenable aux relations externes de diverses sortes que notre intelligence peut concevoir.

À l'autre extrémité, nous admettions en nous la conscience d'une puissance dont les limites ne sont pas pour nous déterminables d'avance, d'un « trésor de force vive demandant à se dépenser », et nous montrions là l'origine de notre croyance à notre liberté, croyance qui tend elle-même à se réaliser par des effets de plus en plus conformes à l'idée d'indépendance absolue.

Ainsi se trouvaient comme étagées ces trois choses : 1° la *conscience* d'une réelle puissance d'exertion et d'assertion, que Nietzsche devait bientôt constater à son tour ; 2° une *idée* de puissance absolument indépendante et de liberté absolue ; 3° entre les deux, une série de déterminations réelles par laquelle l'*idée* se réalise au moyen de la *puissance* sous-jacente. C'était, en raccourci, toute notre vie psychologique et morale.

Nous avons toujours poursuivi une synthèse conciliatrice au-dessus de l'antithèse *liberté-déterminisme*. Nous avons voulu insérer le plus de liberté possible dans le déterminisme, le plus de rationalité dans la liberté même, établir ainsi, dans le domaine psychologique, un terrain commun aux deux doctrines adverses ; et nous ne croyons pas y avoir échoué.

Selon nous, la liberté est le *fait intellectuel* par excellence, en même temps que le *fait volontaire* par excellence ; nous ne séparons jamais le point de vue volontariste du point de vue intellectuel ; la liberté doit donc être cherchée non *en deçà* de l'intelligence, dans les limbes de la vie subconsciente, ni *au delà*, dans un noumène dont nous ne pouvons rien dire, mais bien dans notre conscience et dans les idées accompagnées de désirs qui s'ordonnent sous l'idée du *moi*, sous l'idée de l'*universel*.

La plupart de nos embarras, dans l'antinomie de la liberté et du déterminisme, proviennent de ce que **nous voulons nous *représenter* objectivement l'action de la volonté** ; pour cela nous la soumettons aux conditions de la sensibilité, de l'entendement abstrait ou même de l'imagination, et nous la défigurons. L'activité interne du *sujet*, en elle-même et dans sa source, ne saurait être pour nous matière à science objective ; toutes les représentations que nous pourrons nous en faire seront toujours inadéquates, l'objectif ne pouvant jamais se substituer intégralement à ce qu'il y a dans l'être conscient de subjectif, c'est-à-dire d'interne, d'identique à l'être même existant pour soi et, en quelque sorte, immédiat à soi-même. C'est ce qu'oublient toutes les théories de déterminisme *objectif* et surtout de nécessité *mécanique*.

Le déterminisme mécanique explique tous les faits extérieurs en tant que traduisibles en mouvements dans l'espace et le temps, en changements de rapports dans l'espace et le temps ; mais il y a dans les faits psychologiques des choses non réductibles à de simples relations dans l'espace et le temps.

Donc, d'après A. Comte lui-même, l'inférieur ne peut expliquer le supérieur. C'est au contraire, selon sa formule célèbre, « le *supérieur* qui explique l'inférieur ».

Mais à cette formule nous en ajoutons une autre : c'est par l'*intérieur* qu'il faut expliquer l'extérieur. Or, le déterminisme regarde les rapports extérieurs des êtres, dont il laisse en dehors l'activité interne et la réalité radicale.

Il a donc pour *limites* les limites mêmes de notre science, qui ne roule que sur des *phénomènes* liés dans l'espace et dans le temps par des lois et sans atteindre ni l'être ni l'agir. Reste toujours à savoir si, sujets engagés dans des rapports déterminés avec les objets, nous pouvons *en même temps*, au point de vue métaphysique et moral, avoir une activité propre, une indépendance, une responsabilité, dans les effets qui se déroulent en nous en vertu de notre moi lui-même et de l'idée qu'il a de soi.

Ainsi, pour *sortir* du déterminisme, il ne faut pas *rester* dans son domaine propre, qui est celui des rapports d'interaction entre les *objets* ; il faut se retourner vers le *sujet* pensant et voulant, prendre conscience de la force sous-jacente aux idées, sentiments et volitions, du « trésor de force vive » que nous portons en nous, de la *puissance* qui nous permet de nous dépasser sans cesse nous-mêmes.

II. — Les inconnues métaphysiques du problème.

Cette doctrine, dont on vient de lire le résumé, n'a été ébranlée, ni au point de vue métaphysique, ni au point de vue psychologique, ni au point de vue moral.

Certains d'exister et d'agir, nous ignorons ce qu'est l'existence en elle-même, ce qu'est l'activité en elle-même ; nous n'avons donc pas le droit de dire que l'existence et l'action sont toujours et partout nécessitées selon les lois de notre science, ni que notre intelligence, avec son principe de causalité réciproque et son déterminisme, soit la seule mesure possible de l'être et de l'agir. Le déterminisme, *loi des effets*, n'est pas nécessairement la *loi ultime des vraies causes*. La vraie *cause* est conçue comme ayant quelque *initiative*, non comme un effet prédéterminé par ce qui a eu lieu antérieurement. On ne peut donc, quand il s'agit du fond de l'être et de l'action, même du fond de *notre* être et de *notre* action, à nous, ni *nier*, ni *affirmer* la liberté, parce que nous ne connaissons pas ce qui constitue notre être, notre activité, notre moi : *individuum ineffabile*.

Le *conditionnement* reste un mot vague ; car les conditions peuvent être de cent espèces. De plus, nous ne savons pas ce que c'est que le *temps*, où le présent est conditionné par le passé. Enfin, dans la conscience et dans l'expérience, nous ne pouvons saisir avec certitude rien qui soit sans condition, mais seulement des choses dont nous ne voyons pas les conditions ou toutes les conditions, disons plutôt les *raisons* et les *causes*. L'idée même d'*inconditionné* peut, comme le soutient Kant, n'être qu'un moyen inventé par notre intelligence pour clore en apparence la série du conditionné. Comment, devant un tel amas de notions mal définies et de problèmes non résolus, répondre *oui* ou *non*, sinon par une décision toute pratique qui n'est pas complètement *motivée* au point de vue théorique et laisse place au doute ?

III. — Les données psychologiques du problème.

Si, maintenant, du point de vue métaphysique nous revenons au point de vue psychologique, qui est l'expérience même, l'expérience intérieure, il est un fait indéniable que nous trouvons en nous : 1° l'*idée de liberté*, c'est-à-dire de causalité ayant initiative et se déterminant elle-même par elle-même ; — 2° le *désir* de liberté et d'indépendance par rapport à tout ce qui n'est pas notre moi ; — 3° la *croyance* à notre causalité réelle et à notre réelle indépendance, incomplète sans doute, mais qui nous paraît cependant exister sur certains points.

Il est non moins incontestable que cette idée, ce désir et cette croyance naturelle entrent comme facteurs dans nos résolutions volontaires et empêchent nos actions de suivre un cours aveugle, rectiligne, uniforme. En vertu même de la force qui appartient aux idées ou désirs, l'idée de notre liberté possible et désirable, ainsi que la croyance à notre liberté déjà réelle, influent sur nos décisions et nous font agir *comme si* nous avions en effet une certaine indépendance. De là ce que nous avons appelé une *approximation* de la liberté par l'idée et le désir de la liberté même, ainsi que par la croyance pratique à notre liberté.

Donc le point de vue psychologique n'est pas en contradiction avec le point de vue métaphysique ; nous trouvons en nous la réalisation progressive d'une certaine liberté et nous pouvons *croire* que, dans le fond des choses, dans notre être radical, il y a en effet un pouvoir de liberté que les lois du déterminisme n'excluent pas, mais, au contraire, manifestent.

Il y a donc de vrai, dans la thèse de la liberté, que nous saisissons en nous, par la conscience et même par la subconscience, un certain *pouvoir* sous-jacent à l'*idée* même de *liberté* et au *désir* de liberté. Ce pouvoir est notre volonté fondamentale et indéfectible de développement et de conscience, qui, constituant notre activité propre et par cela même notre être, notre *sujet*, ne peut être représentée sous la forme d'objet et, de plus, dépasse tous les objets particuliers, contraires les uns aux autres, qu'on peut se représenter. De là l'*indépendance* que nous nous attribuons à quelque degré par rapport aux divers ordres d'*objets* et de causes objectives avec lesquels nous sommes en relation. Cette indépendance, c'est déjà la liberté. Nous avons fait voir, dans notre livre sur *La Liberté et le Déterminisme*, que les divers sens du mot *liberté* désignent toujours des degrés d'indépendance par rapport à divers ordres de causes. On a fort justement dit, en s'inspirant de cette doctrine, que la « chute libre d'un corps » est l'indépendance par rapport aux forces autres que la pesanteur; que la liberté politique est l'indépendance par rapport à l'arbitraire gouvernemental, que la liberté stoïcienne est l'indépendance par rapport aux passions, etc. Nous avons fait voir que, d'indépendance en indépendance, on arrive à la conception d'une *indépendance absolue* par rapport à tous les ordres possibles d'objets ou de causes. C'est la liberté métaphysique, où nous avons montré un concept-limite, identique dans le fond à celui de puissance absolue ou tout simplement d'absolu. Nous y passons en voyant que nous pouvons augmenter de plus en plus notre indépendance par l'idée même et le désir que nous avons, que nous pouvons ainsi dépasser tous les motifs particuliers et relatifs. A la limite, nous nous concevons absolument libres.

L'idée de la liberté, ainsi conçue, n'est pas simplement l'idée d'un déterminisme conscient de soi et ne réagissant sur soi qu'en vertu du déterminisme même, comme le rayon de lumière réfléchi est toujours un rayon soumis aux lois nécessaires du rayonnement. La liberté n'est pas une simple complication du déterminisme, quoiqu'il soit essentiel de remarquer que les déterministes ont oublié de faire part, dans leur système, à une complication d'importance majeure, d'où, même au point de vue déterministe, sort un monde nouveau, le monde des réactions réfléchies sur nous-mêmes et sur le monde déjà existant. La vraie liberté est conçue comme étant plus que ce déterminisme réactif. Elle est conçue comme une *puissance interne* qui *limite* le déterminisme des rapports externes, qui *dépasse* même tout réel déterminisme et qui peut toujours trouver en soi de quoi aller plus loin et plus haut, indéfiniment.

Nous avons certainement l'idée de notre indétermination. Mais que faut-il entendre par indétermination ? De ce qui serait complètement indéterminé nous ne pourrions rien dire. L'identification de la liberté avec l'indétermination est un point des plus controversés et des plus controversables. Une indétermination absolue est-elle vraiment liberté? Surtout, est-elle une liberté morale? Ne risquons-nous point de nous perdre de nouveau dans le noumène X? Des précisions sont ici nécessaires. Nous concevons notre liberté, à nous qui ne sommes pas l'absolu, comme le pouvoir d'être *non déterminés* par rapport aux divers motifs et mobiles particuliers. C'est le pouvoir de trouver toujours quelque motif supérieur qui nous permette de surmonter les contraires. La liberté est donc bien l'indépendance, et c'est le sens ordinaire qu'on donne à ce mot ; mais, chez les êtres comme nous, perdus au sein de l'univers, l'indépendance existe toujours par rapport à quelque ordre de causes ou de raisons, par exemple, les causes mécaniques, les raisons sensibles et individuelles, les raisons d'ordre supérieur et impersonnel, etc. Par le *passage à la limite* dont nous avons fait un des procédés de la méthode en métaphysique, nous passons, d'indépendance relative en indépendance relative, mais plus élevée, à l'idée d'une indépendance absolue qui serait la liberté absolue, qui serait l'absolu même. La liberté est ainsi l'*idée-limite*, de laquelle nous nous rapprochons sans cesse, par la pensée et par la volonté.

Au dehors de nous, il n'y a point de véritable indéterminisme : la nature, comme telle, est toujours soumise à des lois qui excluent l'ambiguïté. Toutefois, il peut se produire des interférences de forces qui aboutissent à une compensation mutuelle, à un certain équilibre, au moins très approximatif, voisin de l'ambiguïté. Dans ce cas, il suffit du plus léger dégagement d'énergie pour décider de quel côté penchera la balance et quelle direction prendra le système. En d'autres termes, les équilibres très approximatifs des forces inférieures laissent le champ libre aux forces supérieures, par exemple aux énergies intellectuelles, sensibles, volontaires et morales. La puissance d'**indétermination** qui est en nous consiste dans le pouvoir de compenser les forces extérieures et de résoudre les alternatives par une initiative interne. Nous concevons ce pouvoir et nous croyons même l'expérimenter en nous ; en tout cas, nous avons l'idée d'un pouvoir qui échapperait au déterminisme non pas sur le domaine propre de ce dernier, mais en le limitant par un autre domaine tout intérieur et mental, sans lequel d'ailleurs le déterminisme demeure une série de rapports sans support.

IV. — L'IDÉE-FORCE DE LIBERTÉ.

En même temps qu'elle est une idée-limite, qui constitue un idéal, l'idée de la liberté est une idée-force, parce qu'elle trouve en nous une puissance et une conscience de puissance grâce auxquelles elle peut se réaliser de plus en plus.

Remarquons d'abord que l'idée, le désir et le sentiment de la liberté sont toujours présents dans notre esprit, surtout aux moments où nous avons quelque décision grave à prendre entre divers possibles. L'idée de liberté surgit alors nécessairement et nous ne pouvons pas ne pas agir sous cette idée, qui est la catégorie même de l'action. On n'agit pas sous l'idée de son impuissance, mais sous l'idée de sa puissance. On ne fait pas effort pour sauter jusqu'à la lune, parce qu'on est convaincu de l'impossibilité d'un tel prodige.

Au point de vue de la science, il est certain que l'idée-force directrice est et doit être la *dépendance* réciproque *universelle*. Au sein du tout infini, la science extrait des rapports partiels de dépendance, des *fonctions* particulières qu'elle calcule au moyen d'équations fermées, comme si le monde était fini et fermé lui-même, réduit à telles et telles dépendances réciproques et externes, traduisibles en équations mécaniques dès qu'elles descendent dans l'espace et dans le temps. A ce point de vue, l'admission de « l'irréductible » et du discontinu dans les relations extérieures, mécaniques et physiques, est de l'ignorance ou de la paresse. — Au point de vue de la pratique, au contraire, du moins de la pratique morale, nous agissons sous l'idée-force de l'*indépendance individuelle* et nous passons des relations externes données à l'action interne non donnée. La synthèse psychologique des deux points de vue est, selon nous, l'action exercée par l'idée et le désir d'indépendance individuelle, action qui cadre à la fois avec le déterminisme et avec l'indéterminisme ; car, ni l'un ni l'autre de ces systèmes ne peut nier cette action, tout en l'interprétant, chacun à sa manière, dans son fond ultime. Quand il s'agit de l'avenir et surtout de notre avenir, nous ne pouvons pas ne pas agir comme si nous étions indépendants et comme si l'avenir dépendait en partie de nous ; nous ne pouvons pas nous croiser les bras dans l'attitude de l'expectative fataliste, devant un fleuve qui coule tout seul. Il y a donc bien là un terrain commun qu'il importait de montrer et de délimiter ; ce n'est pas le terrain du découragement, mais celui du courage et de l'espérance. — Au point de vue métaphysique, la synthèse ne semble possible que dans l'union radicale et initiale de ces deux termes : 1° la dépendance *réciproque* universelle, aboutissant à cette forme d'intelligibilité extérieure qui est le déterminisme aussi large et fluide que possible ; 2° l'indépendance *individuelle* se dégageant peu à peu (mais toujours par des voies foncièrement intelligibles) des relations de dépendance extérieure. Ce dégagement a lieu grâce à la prédominance progressive de l'union intelligente et intelligible sur la lutte aveugle, grâce à la force des idées, des désirs et de l'amour moral ; c'est le règne des libertés raisonnables et aimantes surgissant du sein de fatalités sans yeux, sans oreilles et sans entrailles.

Le monde n'est pas un tout achevé et donné d'avance, il est en *voie* d'évolution et ne peut être achevé que *par nous*, avec notre concours et notre consentement, — disons plutôt *continué* par nous, car il ne sera jamais achevé (1). — De là la

---

(1) Cf. *Evolutionnisme des Idées-forces* et *La Pensée*.

part qui reste toujours à l'idéal au sein du réel, aux idées-forces au sein des forces matérielles. L'idée est une puissance qui s'actualise elle-même en se concevant et en se désirant, qui introduit ainsi sans cesse dans le monde réel du *nouveau* voulu, non au hasard, mais rationnellement, par la force féconde du désir ou de l'amour.

Nous admettons donc et la possibilité de *qualités nouvelles* et la possibilité de *causalités nouvelles*, ou actions nouvelles. Les qualités nouvelles, fussent-elles entièrement déterminées par les lois de la causalité actuellement existante, ne sont nullement une maigre acquisition, si elles consistent en joies nouvelles, en pensées nouvelles, en connaissances nouvelles, en sympathies nouvelles avec autrui, etc. Mais il est certain que l'action est plus précieuse et que sa nouveauté est plus importante. Même dans l'hypothèse déterministe, toute nouveauté d'action n'est pas fermée; seulement l'action nouvelle résultera des réactions causales réciproques, non du for intérieur de l'individu lui-même. Il y a quelque chose de mieux que la détermination mutuelle, c'est la *liberté d'action* appartenant à l'individu, et c'est cela que nous voulons tous en définitive. Mais le rapport d'indépendance de l'*individuum ineffabile* à l'*universum ineffabile* demeure toujours le grand problème.

L'idée de notre liberté individuelle tend à réaliser notre indépendance par rapport : 1° aux *circonstances* extérieures; 2° aux lois *générales* de la nature, que nous concevons comme pouvant être tournées à notre profit par notre intelligence; 3° à notre *passé* même, dont nous concevons qu'il est possible de se détacher par l'idée d'un avenir autre et meilleur. Tel un astre qui concevrait la possibilité de dévier de son orbite par l'idée et le désir d'une orbite plus large et plus belle.

L'idée même d'indéterminisme, elle aussi, tend à se réaliser en se concevant, en se désirant comme un moyen en vue d'une fin supérieure. Quand l'indéterminisme ne se met pas au service de cette fin, il n'est plus que la détermination réelle par l'idée et l'amour du moi individuel ; il n'est plus que le *sic volo, sit pro ratione voluntas*. Et il est incontestable que la volonté peut ainsi se prendre elle-même pour fin, jouir de soi et de son exertion de puissance, affubler ainsi le caprice des dehors de la liberté. Mais la liberté vraie est plus haut, dans le désintéressement et le renoncement au moi individuel en vue de l'universel.

Non seulement l'idée et le désir de la liberté jouent un rôle considérable au point de vue de la causalité et de la finalité ; mais ils ont aussi leur importance au point de vue du *possible* et du *réel*, puis à celui de la *quantité*, enfin à celui de la *qualité*.

Il est certain que nous concevons le *possible* à côté du réel et que la liaison des deux, dans la nature, nous paraît s'opérer par la *nécessité*. C'est du moins de cette manière que Kant a conçu les rapports du possible, du réel et du nécessaire. Mais l'idée de liberté est celle de *possibles*, qui sont possibles par nous, qui deviennent ou ne deviennent pas réels par notre volonté. Concevoir des possibilités autres que les réalités actuelles, c'est avoir le premier moyen de leur passage au *réel*. Ce passage ne nous offre plus le caractère de nécessité intrinsèque et inconditionnelle qu'offre ce qui est réel par cela seul qu'il est possible, comme l'*ens necessarium* de saint Anselme. C'est nous qui, avec notre pensée et notre volonté, nous concevons comme trait d'union indispensable entre le possible et sa réalisation ; celle-ci n'offre plus un caractère de nécessité intrinsèque et inconditionnelle, mais un simple caractère de détermination conditionnelle par nous, par nos idées, par nos sentiments, par notre volonté. De là une sorte de cercle où le possible prend la forme d'une contingence relative, subordonnée en nous et par nous à une détermination supérieure.

Au point de vue de la *quantité*, l'action exercée par l'idée et le désir de la liberté nous offrent l'exemple d'une puissance dont le degré intensif s'accroît par le fait qu'elle se conçoit elle-même et qu'elle conçoit aussi des buts de plus en plus élevés réclamant une puissance de plus en plus grande. Nous avons donc ici une sorte de quantité intensive qui se multiplie en se concevant et en concevant ses points d'application, comme un levier dont la force augmenterait par la double conscience de sa force actuelle et de sa force virtuelle.

Enfin, au point de vue même de la *qualité*, que certains philosophes substituent indûment au point de vue de la causalité, l'idée de notre liberté actuelle ou possible constitue une hétérogénéité plus grande dans le développement qualificatif de notre vie consciente. S'il est vrai, comme on le soutient, que liberté soit hétérogénéité, cette hétérogénéité de notre évolution intérieure dans la durée doit impliquer et non exclure l'influence de plus en plus prépondérante des idées et de l'intelligence, l'alliance de l'idée au sentiment et du sentiment clair à l'impulsion quasi-inconsciente ; car cette addition de nouveaux éléments *augmente* encore l'*hétérogénéité* interne. Mais alors, dirons-nous, poursuivez dans cette voie et vous verrez l'hétérogénéité croître à mesure qu'un plus grand nombre de raisons déterminées et déterminantes, parmi lesquelles se trouvent les sentiments et les idées, viendront produire en nous et par nous un effet plus complexe, plus neuf, plus original. D'où il suit que, plus nous aurons de détermination intellectuelle et sentimentale, plus nous vivrons une durée vraiment hétérogène, plus nous serons libres. Et si nous arrivons à une sorte de réduplication et de complication de cette hétérogénéité par un retour réfléchi sur elle-même, réduplication qui entraînera à son tour des effets, par conséquent une complication de plus en plus *variée*, nous serons encore plus libres ; si enfin nous ajoutons à tout cet ensemble : 1° l'*idée* même de *notre liberté* comme pouvant être fin et moyen ; 2° l'*idée* de la *liberté d'autrui* comme pouvant être fin et moyen ; 3° l'*idée* de l'unité et de la conciliation possible des deux points de vue dans l'*universel*, nous vivrons une vie plus hétérogène, plus complexe, plus originale, plus réfléchie et plus pleinement consciente, donc plus libre. Dès lors, la théorie de la liberté inhérente à l'hétérogénéité appelle comme complément indispensable l'auto-détermination des idées-forces dirigées par l'idée et le désir de la liberté.

Aussi, après n'avoir d'abord représenté la liberté que comme une spontanéité vitale qui se développe dans la durée, l'auteur de l'*Essai sur les données immédiates de la conscience* a-t-il cru devoir accorder, dans *Matière et Mémoire*, que la liberté est « d'autant plus grande qu'elle est plus raisonnée ». Par là il a ramené dans la vie intérieure cet élément de l'intelligence qui ne lui paraissait cependant qu'un reflet de la matière. Mais, si l'intelligence et le matériel ne constituaient vraiment qu'un seul et même « mouvement de descente », comment l'intelligence nous rendrait-elle plus libres ?

Si nous ne nous trompons, notre doctrine du volontarisme intellectuel fournit seule la synthèse de toutes les autres théories de la liberté, mais prises en un sens plus haut, poussées jusqu'aux limites où elles tendent et couronnées par une conception supérieure.

Quand nous disons que l'idée de liberté agit, il ne faut pas se figurer que cette idée agit comme un agent extérieur, par exemple, un bélier frappant un mur. L'idée, c'est moi, moi tout entier, mais moi concevant un idéal encore purement virtuel. Lorsqu'un corps en électrise un autre par influence, le courant nouveau ne vient pas directement du dehors, mais est suscité intérieurement. L'idée est comme un courant intellectuel en relation avec des courants d'émotion et d'appétition ; prétendre que l'idée n'agit pas, c'est comme si on prétendait que tout se passe de même dans une dynamo, que tel courant y soit ou n'y soit pas. Si les associationnistes se figurent les idées comme de petits morceaux de matière que l'on peut combiner, enfiler les uns dans les autres, rattacher ou détacher, ils ont tort. Mais où sont-ils donc, ces associationnistes naïfs ? Il ne semble pas que les Hartley, les Stuart Mill ou les Bain aient poussé si loin la crédulité et aient conçu l'analyse psychologique comme une sorte de couteau à découper. Quand on dit que des idées se contrarient en nous, cela signifie que des tendances et actions intellectuelles de directions diverses et « sous-tendues » par des tendances émotives, appétitives et motrices se contrarient. Or, c'est là un objet d'expérience. Nous avons donc le droit de parler d'un conflit d'idées et de désirs qui est le fond même de tous les conflits moraux, de tous les « cas de conscience ».

La liberté, selon cette doctrine, n'est pas et ne peut pas être une réalité toute donnée à la conscience ; étant un idéal qui se réalise, elle est un *progrès*.

Le mouvement par lequel l'idée de liberté modifie le déterminisme, le complique, le rend indéfiniment flexible, n'est donc pas, à nos yeux, un simple progrès du déterminisme, mais il est aussi et en même temps un réel progrès de la liberté, de la puissance interne qui est un non-déterminisme, tout en étant aussi un non-arbitraire et un non-hasard. Nous croyons que les êtres doués de volonté et de conscience, par l'idée et le désir de la liberté comme par la puissance sous-jacente à cette idée, insèrent dans le monde, de quelque manière que ce soit, une certaine indétermination qui n'y existait pas et qui rompt la fatalité de son cours. Dans une telle idée-force réside une certaine puissance d'indétermination relativement à la nature, qui est aussi une puissance de détermination par quelque raison supérieure, interne et morale. C'est le moteur qui nous permet de dépasser toujours tout ce qui est extérieur et objectif, bien plus, de nous dépasser toujours nous-mêmes en montant vers un idéal toujours plus élevé.

V. — LA RÉALISATION DE L'IDÉE DE LIBERTÉ.

Maintenant, *réalisons-nous* vraiment en nous-mêmes cette idée de liberté que nous concevons ? Arrivons-nous à une véritable détermination de nous-mêmes par nous-mêmes, par nous seuls ?

Nous avons toujours soutenu que l'expérience, même

intérieure, ne peut pas nous fournir la *certitude* de notre vraie et définitive liberté. Nous ne pouvons pas avoir l'intuition de notre absolue indépendance par rapport à toutes les causes, connues ou inconnues, qui peuvent agir sur nous. Cela supposerait la science universelle (1) ; nous ne pouvons pas mettre en équation tout ce qui agit sur nous, pour déterminer si notre action implique un résidu inexplicable, si elle est ou n'est pas contingente. Nous ne pouvons donc pas, au point de vue métaphysique du fond ultime des choses, répondre dogmatiquement : *oui*, je suis libre, ou *non*, je ne suis pas libre, absolument indépendant de l'interaction universelle, de l'universelle réciprocité causale. Donc encore, je ne puis pas vous dire : L'idée de liberté produit une *réelle indétermination*, une indépendance entière sur quelque point, si bien que celui qui connaîtrait toutes les causes agissant sur moi dans le monde ne trouverait pas en ces causes l'explication adéquate de ma volition. L'action psychologique de l'idée de liberté est *réelle*, mais elle est susceptible de deux interprétations : l'une déterministe, l'autre indéterministe. Au point de vue métaphysique, un doute reste.

Mais, dira-t-on, l'idée de liberté n'admet pas le voisinage de la négation, ni du doute. De la négation, cela est évident ; mais qui a le droit de nier toute liberté morale ? Il est clair que, si je m'arroge indûment ce droit et déclare toute liberté illusoire, l'idée de liberté, devenant une duperie, n'agira plus et s'évanouira. Guyau a assez insisté sur la dissolution opérée par l'analyse dans les idées reconnues fausses et même dans les instincts les plus naturels. Jamais nous n'avons soutenu cette naïveté que l'*illusion* de la liberté suffirait à engendrer une *vraie* liberté.

Quant au doute, c'est une tout autre chose que la négation dogmatique. Le voisinage du doute métaphysique sur le dernier fond de notre être et de notre activité détruit-il

---

(1) Voir dans la *Critique des Systèmes de morale* le chapitre sur la *Morale spiritualiste*.

notre conception de la liberté comme *possible*, comme *désirable* et comme *moralement* nécessaire? Non, puisque l'impossibilité n'est pas démontrable et que le désir est un fait, et que l'idéal de la liberté morale motive ce désir, ouvre à notre pensée et à notre amour un monde nouveau, un monde surhumain. Encore une fois, l'impossibilité absolue de ce monde n'est pas certaine, et sa possibilité relative se prouve par le fait même de notre progrès en avant. Ce n'est pas parce que nous nous banderons les yeux en disant : J'ai l'intuition indiscutable de ma liberté et de mon indépendance absolue, que nous aurons fait disparaître les doutes qui portent sur l'*imperium in imperio*, sur l'isolement de la volonté individuelle par rapport à l'univers. Il faut, avant tout, être sincère avec soi et avec les autres.

Ajoutons que le doute théorique est une alternative posée à la volonté intelligente et que, si cette volonté est libre, le doute est précisément une condition nécessaire pour qu'elle tranche librement la question dans la pratique et choisisse le parti de la liberté, son parti à elle-même.

C'est donc seulement dans la pratique et dans l'action que le doute est mis de côté. Pour être libre, il faut que je veuille et croie pouvoir être libre; la volonté d'être libre adopte nécessairement la croyance à la possibilité d'être libre; la position du doute entre le oui et le non n'est pas le fait d'une *volonté*, mais celui d'une intelligence qui ne veut pas encore agir, qui veut seulement *savoir* et n'y arrive pas. Dès qu'il y a volonté agissante, je fais comme si la volonté était efficace, indépendante sous tels et tels rapports, libre sous les mêmes rapports; et je me conçois idéalement comme libre sous tous les rapports; je tends à cette liberté-limite sans qu'aucune des formes de déterminisme que je puis concevoir m'oppose une barrière définitive et infranchissable. L'abstention d'agir serait elle-même une action volontaire en faveur de cette « non-liberté » que je n'ai pas le droit théorique d'affirmer et dont l'affirmation serait incompatible avec la pratique *morale*.

Je dis la pratique *morale*, car le déterminisme est compatible avec toute autre pratique. C'est ce qui le distingue du *fatalisme* oriental, avec lequel on veut trop le confondre. Le vrai fatalisme pose que tel événement aura lieu *quoi que nous fassions* : c'est écrit. Le déterminisme fait entrer nos volitions et actions dans les facteurs de l'avenir ; il y fait même entrer, quand il est bien compris, l'idée et le désir de notre liberté avec toutes leurs réactions, qui créent une certaine *libération* effective. Nous n'admettons donc pas l'identité du déterminisme avec le mécanisme, qui n'est qu'une de ses formes ; la *spatiale* ; il y a déterminisme partout où il y a des *raisons* d'ordre quelconque, et ces raisons peuvent être d'ordre *intellectuel*, d'ordre *moral*. Elles peuvent même être des raisons de libération progressive, d'évolution vers une idéale liberté. C'est pourquoi il y a une longue série d'intermédiaires entre fatalisme absolu et liberté absolue. Nous avons montré ailleurs ces intermédiaires et nous maintenons qu'un tel travail, qui marque le terrain psychologique et pratique commun au déterminisme et à l'indéterminisme, n'était ni sans nouveauté, ni sans importance. Ou c'est le déterminisme qui imite la liberté et tend vers elle, ou c'est la liberté qui se révèle dans le déterminisme et le dirige par le moyen de sa propre idée ; mais, quelque solution métaphysique qu'on adopte, l'évolution que nous avons décrite restera toujours.

Idée de la liberté, désir de la liberté, amour moral de la liberté, nous avons établi que, pour les déterministes comme pour les partisans de la liberté, ces moyens termes sont inévitables et réels dans la pratique, dans l'expérience. Ils sont même *suffisants* dans la pratique non proprement *morale*, dans la pratique utilitaire, scientifique, etc. Que je sois libre ou non absolument parlant, je voudrai fuir la peste si je le puis, et j'en aurai la liberté *pratique*.

Si l'on passe au rapport mystérieux du physique et du mental, l'idée de liberté, par sa propagation plus ou moins directe au physique, y introduit des faits d'équilibre et d'indétermination qui n'existeraient pas sans elle. Mais nous n'avons jamais conçu le physique et le mental comme *parallèles*, ni comme *double aspect*, ni comme rapport d'un phénomène à un *épiphénomène*. Nous avons réfuté toutes ces théories dans l'*Évolutionnisme des idées-forces*, pour y substituer un rapport de simple correspondance et de coopération entre le mental et le physique. Cette correspondance n'est pas une reproduction de l'un par l'autre, mais un retentissement final de l'un dans l'autre sous des formes qui ne sont plus parallèles. Je n'admets donc pas qu'on puisse mettre l'univers, y compris le mental, sous forme d'équation mécanique, à la manière de Laplace. Cela ne veut pas dire qu'il y ait du hasard, ni même une contingence conçue comme l'égale possibilité des contraires. Cela veut dire que le mécanique n'est pas exhaustif du réel, qu'il y a dans la réalité des *raisons* autres que mécaniques, autres même que de nécessitation extérieure et mutuelle, c'est-à-dire de déterminisme : il y a des *raisons internes*, comme il y a une *existence* interne et non réductible à ses limitations par d'autres êtres finis. Ces raisons sont des raisons de liberté ou de libération progressive : elles rendent possible, au-dessus du monde mécanique et déterministe, le règne des libertés et la « société universelle des consciences ».

S'il n'y avait pas la question *morale*, la querelle du déterminisme et de la liberté serait théorique et de pure curiosité. Pour se jeter en arrière devant un trou où on va tomber, il est inutile de se demander si la chute est ou n'est pas prédéterminée : pratiquement, le recul paraîtra toujours possible et on s'estimera toujours libre de reculer, ou, si l'on préfère, déterminé à reculer, ce qui revient ici au même.

Jusque dans la question morale, pouvez-vous supprimer toutes les raisons, même *morales*, pour poser une entière indétermination ? *Non*. Et alors reviendra le problème : Est-ce bien moi qui librement ai voulu le bien, ou n'est-ce point le bien qui, par son idée et son amour, m'a déterminé à bien faire? Est-ce à mon individualité que revient tout l'honneur et ai-je un mérite absolu?

Il semble que, quand on fait le bien, on ne doive pas tant disserter sur ce qui revient ou ne revient pas à notre liberté individuelle, sur ce qui est indétermination morale ou détermination morale.

Nous ne nions pas pourtant, et nous avons cent fois montré nous-même l'importance d'une vraie liberté morale, où d'ailleurs il est difficile de distinguer ce qui est nôtre et ce qui vient de plus haut que nous. Nous avons dit quelque part que, pour un théologien intelligent, la *grâce* devrait être la même chose que la *liberté*. Nous sommes libres dans et par l'idée de la liberté parfaite, absolue, divine; libres dans l'*universel*, libres dans le Bien idéal, dont nous ne savons pas s'il est *réel*, mais dont nous *voulons* la réalité au moins en nous. C'est ce vouloir même qui est la *raison* et l'*essence* de notre liberté ou, si l'on veut parler jusqu'au bout en déterministe, de notre suprême détermination morale. Mais alors le déterminisme aboutit à un résultat qui le dépasse par sa portée, qui le limite et même le nie en tant qu'adéquation au réel.

La liberté est un attribut de l'être individuel; or, nous sommes dans l'absolue ignorance du rapport de l'individuel à l'universel. Cette ignorance fonde théoriquement la valeur pratique de l'idée de liberté en mettant un point d'interrogation au bout de tout déterminisme. *C'est donc l'impossibilité même de savoir théoriquement si nous sommes libres qui fonde la possibilité de notre liberté pratique et morale.* Il appartient à la volonté humaine d'agir soit sous l'idée de liberté, soit contre l'idée de liberté. Elle se caractérise moralement selon la direction qu'elle a prise.

Tel est le point de vue propre auquel nous nous sommes placé. Ce doute intellectuel est la condition même de la liberté morale.

La volonté bien interrogée se donne donc à elle-même la preuve théorique, non de sa liberté déjà *réelle*, mais de sa liberté *possible* et désirable ; en même temps, elle se donne la preuve *pratique* de son progrès vers l'idéal de la liberté, dans et par l'idée de liberté, qui, encore un coup, n'exclut pas une rationalité supérieure, mais, tout au contraire, la suppose.

Si donc il existe une unité mécanique du monde, c'est dans les lois psychiques les plus radicales que le mécanisme pourra trouver son unité. Cela ressort de l'*Introduction* à notre *Evolutionnisme des Idées-forces* : nous y ramenons les lois mécaniques à une loi psychique foncière : la tendance à la plus grande action avec la moindre peine. Dès *La Liberté et le Déterminisme*, nous avions montré, avant Nietzsche, le rôle de la volonté de puissance, qui n'est d'ailleurs qu'une partie de la vraie et complète volonté. Aujourd'hui, nous employons la formule : *volonté de conscience*, qui enveloppe volonté de puissance et de liberté, d'intelligence, d'amour et, finalement, de bonheur. C'est le principe fondamental d'où dérive tout le psychique et, par conséquent, tout le mécanique plus ou moins corrélatif au physique. De ce principe sortent toutes les formes de la *causalité* et toute la hiérarchie des *qualités*. Le même principe d'universelle volonté de conscience fonde les trois grands principes plus particuliers auxquels se ramène toute la philosophie des idées-forces : principe d'universelle activité enveloppant la tendance à la liberté, principe d'universelle intelligibilité, principe d'universelle amabilité radicale. Les divers règnes de la nature, matière, vie, esprit, manifestent certainement des qualités et modes de causalité irréductibles entre eux, dont les supérieurs ne peuvent se ramener aux inférieurs ; mais, ils sont tous réductibles à quelque loi dépassant le mécanisme, à la loi du développement de la volonté de conscience.

Alors se présentent, relativement au mécanisme, les deux hypothèses de la *discontinuité* ou de l'*unification* primordiale. L'enchaînement mécanique n'a de valeur à nos yeux qu'en tant qu'il peut dériver de l'enchaînement des *raisons*, le seul auquel l'intelligence tienne comme condition d'intelligibilité et même de vraie liberté raisonnée et raisonnable. Or, pour tout ce qui se passe dans l'espace et dans le temps, ici plutôt que là, maintenant plutôt qu'à un autre moment, nous ne voyons pas comment on échapperait à la nécessité de donner des raisons tirées elles-mêmes de relations spatiales et temporelles: ce qui nous ramène finalement à certaines raisons mécaniques. Au reste, l'hiatus mécanique entre des séries de phénomènes ne nous servirait à rien, car il faudrait toujours, au-dessus, rétablir la continuité psychique, à moins d'aboutir à des actes de liberté absolument sans raisons, arbitraires et fortuits, donc sans moralité vraie, sans lien avec la personnalité, et sans lien possible de cette personnalité avec les autres êtres, — le non-rien sortant de la non-cause, selon la formule bizarre admise par Jules Lequier et par Renouvier.

C'est pourquoi nous aboutissons à l'hypothèse qui place jusque dans l'origine des choses la loi animant tout ensemble la liberté et, de conséquence en conséquence, le mécanisme lui-même. La liberté humainement possible est, nous l'avons dit, l'indépendance croissante du moi par rapport aux mobiles extérieurs et sa dépendance croissante, *consentie*, par rapport aux motifs intérieurs et supérieurs. C'est, au fond, le dégagement de la volonté de conscience, qui est la bonne volonté radicale. Le mécanisme est le corrélatif du rapport des diverses volontés de conscience au sein de la volonté de conscience universelle. Au lieu d'être une équation de pures passivités, il constitue ou présuppose une « équation de libertés » que nous avons représentées ailleurs comme « entravées » l'une par l'autre. Dans la conclusion de notre *Histoire de la Philosophie*, n'avons-nous pas parlé de la lutte des égoïsmes et de l'opposition mutuelle des libertés, qui, peu à peu, se change en harmonie, en société universelle des consciences? Dans la *Science sociale contemporaine*, n'avons-nous pas admis que les voies de la coopération gagnent peu à peu sur celles de l'opposition et de la lutte? C'était aussi la conclusion de *La Liberté et le Déterminisme*. L'individu, dans la mesure même où il se *personnalise*, *s'impersonnalise*, vit de la vie universelle, qui est la vie libre et morale. La liberté humaine est donc un progrès qui n'exclut pas l'intelligibilité radicale et ne gagnerait rien moralement à être représenté comme foncièrement inintelligible.

Le monisme *mécaniste*, s'il existe, ne peut être qu'une conséquence du *monisme* panpsychique, que nous admettons. Ou plutôt, ce que nous admettons et avons toujours admis, c'est le *panpsychisme*, et, dans notre désir de synthèse conciliatrice, nous le voudrions à la fois moniste et pluraliste, faisant sortir la pluralité de l'unité fondamentale, d'*un plusieurs*, de *plusieurs un*. Dans cette terrible antinomie de la liberté et du déterminisme, nous avons dû mettre l'accent tantôt sur la thèse, tantôt sur l'antithèse, mais c'est la synthèse que nous avons toujours poursuivie (1).

Sur ces problèmes il restera toujours beaucoup d'obscurité, car il s'agit, en définitive, du rapport ultime entre l'unité radicale et la pluralité dérivée ; c'est le mystère même de notre existence individuelle et de son rapport au tout.

Pour le fatalisme oriental, le destin se réalise *contre* la volonté même ; pour le fatalisme moderne, il se réalise *par* la volonté, par l'illusion qu'elle a de son autonomie et par la réaction déterminée de cette illusion sur nos actes. On peut donc toujours se demander si notre idée de liberté et notre désir de liberté ne sont pas, en dernière analyse, des moyens

---

(1) En ce qui concerne le mécanisme et le déterminisme, voir l'*Évolutionnisme des Idées-forces*, Introduction, page LXXX, et, au dernier chapitre, sur les qualités et le mouvement : « La loi est une représentation objective et une traduction déterministe de l'activité ; mais, en elle-même, l'activité n'est pas l'esclave d'une loi ; la loi est plutôt sa borne, c'est-à-dire son *point de contact avec d'autres activités*. En un mot, le déterminisme extérieur est relatif à la nature intime d'une certaine activité ou d'un ensemble d'activités dont il est l'expression, et qui peut envelopper plus que les *lois actuelles* ne nous révèlent. On ne peut donc pas absorber la puissance causale tout entière dans le mécanisme brut, puisque de cette même puissance causale est sortie la pensée et la volonté, la finalité volontaire des êtres conscients ; on ne peut même pas l'enfermer tout entière dans les limites de notre pensée et de notre connaissance. » Le monde présent n'est qu'une manifestation partielle et provisoire de la causalité (page LXXX).

de la fatalité, d'ailleurs bienfaisants pour nous-mêmes et pour la société entière.

Il y a un doute ultime et suprême qui concerne le caractère absolument libre ou absolument nécessaire du fond des choses. De plus, en ce qui concerne la thèse de liberté absolue comme principe, on doit se poser cette alternative : — La liberté absolue est-elle la liberté d'un principe actuel et réel prédéterminant tout le reste et impliquant la nécessité de telle ou telle action humaine? Ou est-elle un idéal qui se réalise précisément par les activités individuelles arrivées à la conscience de l'unité de leur idéal commun, ainsi que du pouvoir qu'a tout l'idéal de se réaliser en nous et par nous? Et une troisième question se présente à qui admet la seconde alternative : — L'idéal suprême ne serait-il point en même temps réalité suprême, mais non déterminante, laissant aux activités individuelles leur liberté?

La perfection idéale n'est pas déterminée par autre chose, mais, en elle-même, elle est ce qu'il y a de plus déterminé. Quant à une liberté absolue et idéale qui, absolument indéterminée, se donnerait des déterminations, c'est, à nos yeux, une réalisation d'abstractions. Chez l'homme, l'idéal n'est pas indéterminé en soi; il est un ensemble de déterminations ou perfections intelligibles qui attend que nous le réalisions, soit par une détermination morale qu'il exerce sur nous, soit par une détermination que nous nous donnons à nous-mêmes. La question est toujours en suspens.

« Tout se passe *comme si* nous avions un réel pouvoir de liberté progressive », dira celui qui croit à la réelle moralité. Cette croyance est elle-même un acte moral, le premier acte moral, le fait *intellectuel* et *volontaire* d'où tout le reste procède en nous.

Nous sommes ainsi amenés à un point de vue encore plus important que les deux autres, le point de vue moral.

VI. — La liberté au point de vue moral.

La loi morale n'est pas une objection à l'existence des raisons suffisantes et de la causalité; la loi morale est une objection à l'existence du déterminisme *seul*, considéré comme excluant du fond de l'être l'activité propre et individuelle. La loi morale suppose que le déterminisme n'est pas, à lui seul, l'absolu ou le tout de l'être. Le déterminisme n'est que la vérité des relations mutuelles, la condition de la science et de l'expérience.

L'homme *peut* et *doit* s'attribuer une existence et une activité supérieure à l'existence et à l'activité matérielles, supérieure même à tous les *objets* dont il peut faire ses objets de science en les soumettant à des lois déterminées, car l'homme ne se conçoit pas seulement lui-même comme *objet*; il se conçoit comme *sujet* réellement existant (*cogito*) et agissant (*volo*), comme cause dans l'ensemble des causes, comme doué d'une indépendance réelle qu'il est en son pouvoir d'accroître indéfiniment en la *pensant* ou en l'*exerçant*.

On se demande comment l'admission de raisons intelligibles pour tout acte, surtout pour un acte *moral*, tendant à réaliser des idées universelles, peut constituer aux yeux d'un William James « l'absolutisme de mon intellect », qui est en réalité cet intellect *le même pour tous* que l'on appelait autrefois la raison. Il serait à désirer que les pragmatistes et vitalistes nous expliquassent comment l'*alogique* et l'*inintelligible* peut être moral plutôt qu'immoral; comment il peut y avoir liberté, et liberté moralement qualifiable, en dehors de la causalité et de la finalité, dans cette sorte de pénombre qui est la vie en évolution, allant devant elle sans que ses effets, nous dit-on, soient « proportionnels aux *causes* », et sans même que des *fins*, qui seraient des idées ou « concepts » idéaux, lui marquent un but. Le flux de vie est-il réellement moral, ou n'est-ce pas plutôt lui qui est la cause de toutes les luttes immorales pour la vie et pour le triomphe du moi?

L'acte le plus libre n'est donc pas l'acte sans motifs, mais celui qui a pour motifs simultanés : 1° l'idée de notre moi individuel et libre; — 2° l'idée de l'objet universel ou du bien universel, qui apparaît comme devant être préféré à notre bien propre. Nous concevons cet idéal moral, et, par cela même que nous le concevons, nous le désirons, nous l'aimons, nous ne pouvons donc le considérer comme une chose qui ne nous regarde pas, comme une chose étrangère à laquelle nous ne pourrions nullement contribuer nous-mêmes. Au contraire, nous ne saurions concevoir le bien suprême et souverainement aimable sans en faire par notre pensée notre propre bien et notre *loi:* capables de concevoir l'universel, nous sommes aussi capables de vouloir l'universel, de vouloir universellement.

A l'idée du *bien* moral comme loi universelle se joint ainsi l'idée de notre *liberté morale* comme condition de sa réalisation.

Dès lors la liberté, dont le caractère absolu restait *problématique* au point de vue métaphysique, mais qui avait acquis un caractère de *possibilité* et de *réalité* au moins relatives au point de vue psychologique (par le progrès de la conscience vers la liberté), acquiert, au point de vue moral, le caractère d'une idée directrice liée à la moralité même. *Il faut* que nous ayons le pouvoir de réaliser l'idéal suprême; il faut que nous ayons la liberté nécessaire; nous concevons donc et nous *voulons* en nous une volonté supérieure à toutes les déterminations fatales, mécaniques, physiques; nous nous imposons d'agir en êtres libres. L'idée du bien universel, du persuasif suprême, est ainsi une force libératrice, une force génératrice d'indépendance par rapport aux objets sensibles, donc de liberté morale.

La liberté est un nom insuffisant pour l'absolu. A elle seule, elle n'est que pure *puissance* sans limites, sans pourquoi et sans réponse au pourquoi. Il y faut joindre l'intelligence et la bonté; bref, la perfection. Qu'est-ce qui est *suffi-*

sant et absolu? Platon répond : le *Bien*. C'est seulement au delà du Parfait qu'il n'y a rien à chercher ni à demander, non au delà de la Puissance, qui est au contraire un ensemble infini de pourquoi sans réponse. Voyez Nietzsche. La puissance seule, c'est l'arbitraire, et, pour notre part, le jeu de l'arbitraire ne nous paraît pas « divin ». Si la souffrance universelle, la lutte, la mort, le mal sont des jeux de l'arbitraire, nous songerons plutôt à Satan qu'à Dieu. Il ne faut pas se griser de *liberté* absolue et pure, où la pensée et le cœur se perdent également.

ARTICLE ONZIÈME

Les trois « moi ».

Les Épicuriens et les utilitaires, — plus récemment Stirner et Nietzsche, — se sont imaginé que la sensibilité, que la volonté étaient uniquement et exclusivement « gravitation sur soi ». Tandis que, dans les particules matérielles qu'étudie l'astronomie, il y a à la fois deux forces en action, l'une vers le centre, l'autre centrifuge, l'être vivant, l'être doué de sensibilité et de volonté, serait livré à une seule force, celle qui le concentre en soi, sans qu'aucune *réelle* expansion le puisse ouvrir au dehors. Cette doctrine suppose que « l'énergie psychique » est isolée dans l'individu.

La doctrine des idées-forces n'accepte pas cette représentation radicalement égoïste de la sensibilité et de la volonté. Au point de vue de la philosophie, l'atomisme moral qui aboutit à la théorie de l'égoïsme n'a pas plus de base qu'au point de vue des sciences positives. Les disciples de Descartes et de Leibniz se figuraient la conscience comme inhérente à une *substance* qui lui servait de support et qui seule constituait l'individu même ; l'individu était donc un atome de substance, un petit morceau infinitésimal de l'être, une petite prison cellulaire « sans fenêtres sur le dehors », ou avec des fenêtres garnies d'inflexibles barreaux. Dès lors, l'abnégation vraie devenait impossible à cet être, qui, en vertu de la loi universelle, ne pouvait que « tendre à se conserver », ou qui, pour parler le langage moderne, subissait en esclave la loi de la conservation de l'énergie.

Cette notion d'une substance spirituelle n'était, au fond, que celle d'une *matière* spirituelle, car ce support brut et sans pensée, où vient apparaître, comme un feu follet dans la nuit, le mode appelé pensée, qu'est-ce autre chose, comme l'a montré Kant, qu'une représentation de l'esprit sur le modèle de la matière? L'imagination seule éprouve le besoin de chercher sous l'acte même de la conscience quelque support étranger à la conscience même, qu'on le nomme substance, âme, matière, ou de quelque autre nom. Aristote avait raison, pour peu qu'on prenne sa doctrine au sens psychologique, de dire que la pensée est un acte, et que c'est cet acte qui la constitue. Nous ajouterons, nous, que c'est la pensée qui constitue la véritable individualité existant pour soi.

S'il en est ainsi, la séparation des diverses individualités n'est plus absolue. L'être et l'énergie ne sont plus éparpillés en monades séparées par une sorte de vide : la personne n'a plus ces contours rigides qui rendraient impossible ce que depuis longtemps nous avons appelé la « pénétration des consciences ». Les vrais individus sont, au contraire, pénétrés de toutes parts, ouverts par tous les côtés de leur être, donnant et recevant, agissant et pâtissant, sans cesse traversés par le torrent de la vie universelle. Mais c'est dans la conscience et par la conscience que la véritable unité se réalise en se concevant et en se voulant.

Par l'analyse du *Cogito*, nous reconnaissons une pluralité inhérente à la pensée, sous la simplicité et l'unité de l'acte par lequel elle a conscience d'elle-même. La complexité intime du moi se manifeste, sous une forme anormale, dans les cas maladifs où l'on voit la personnalité devenir double et parfois triple. C'est là un grossissement morbide. Mais, à l'état normal, il y a réellement en chacun de nous plusieurs centres d'action et de gravitation, plusieurs grandes idées-forces, dont chacune, si elle était seule, entraînerait dans son tourbillon notre être tout entier. Il y a en nous, et par notre constitution naturelle et par l'accumulation d'effets que produit l'hérédité, trois centres principaux d'actions autour desquels gravitent toujours nos représentations, nos sentiments, nos désirs. Les religions les ont symbolisés sous diverses formes, mais les ont également reconnus.

Le premier de ces systèmes astronomiques, dans le firmament intérieur, c'est l'idée-force du moi. Le moi actuel anticipe par la pensée et par le désir son avenir indéfini ; il conçoit ainsi un moi idéal qui demande à se réaliser. Il y a un moi qui juge le moi au moyen de l'idée d'autrui et du tout ; la conscience s'évalue elle-même en s'apercevant et évalue aussi les objets qu'elle aperçoit ; elle est une mesure à la fois psychologique et morale, elle classe les phénomènes intérieurs et extérieurs en les saisissant, elle établit des plans, comme fait le regard même, avec un centre de perspective. Ce centre est la volonté consciente, tendant à réaliser la vraie satisfaction du vrai moi, qui est la satisfaction universelle.

Outre notre moi individuel, nous avons encore, en second lieu, un moi social. Ma famille, ma patrie, c'est moi en tant qu'il y a en moi tout un ensemble d'idées, de sentiments et de tendances qui me la rendent présente et intime, et qui sont bien encore moi-même. Ma personne est prolongée en autrui, fondue avec un ensemble de volontés qui poursuivent la même fin. Par la pensée, par le sentiment, par le vouloir, nous vivons tous les uns dans les autres, les uns par les autres ; nous vivons la vie même des morts, que nous faisons revivre en nous. Il se peut, a-t-on dit, que l'on découvre un jour les raisons pour lesquelles, si Platon ou Plotin n'avaient pas existé, l'âme du paysan français, qui ne les a pas lus et n'en a jamais entendu parler, ne serait pas ce qu'elle est aujourd'hui. La conséquence de cet étroit lien qui relie l'individu au groupe, c'est que la réalisation du vrai *moi individuel* finit par avoir pour condition intégrante celle du vrai *moi social*. D'où résulte encore cette conséquence que la réalisation de mon vrai moi enveloppe celle d'autrui. Toute solidarité, non plus abstraitement conçue, mais réellement sentie et, par cela même, agissante en nous, devient fonction de notre individualité même, elle s'intègre » avec le tout appelé *moi*. En fait, nous pouvons agir et nous agissons sous l'idée dominante de la société, comme si le groupe dont nous sommes membres était encore nous ; il y a un point de coïncidence entre nous et tous. Sans cette « intégration » ou fusion avec le moi, les idées de patrie ou d'humanité n'agiraient pas, comme elles agissent ; elles demeureraient des entités abstraites, de simples signes logiques, tandis qu'elles deviennent des éléments et facteurs réels de ma volonté, des idées-forces, par leur pénétration intime dans le moi et par leur « réalisation » dans la conscience. L'abnégation est la substitution d'un moi plus large à un moi plus étroit : celui qui se dévoue à la patrie devient tout entier patrie, celui qui se dévoue à l'humanité devient tout entier humanité : sa conscience se fait conscience de l'humanité. L'idée religieuse de *charité* et celle d'*église universelle* sont des équivalents de cette conscience.

Enfin nous dégageons au fond même de notre conscience ce qu'on peut appeler un moi universel qui est l'ensemble de nos tendances vers le tout. S'il est incontestable, d'une part, que nous avons la *volonté d'être*, de *conserver* notre être et d'accroître notre être, il n'est pas moins certain, d'autre part, que notre être n'est pas entièrement séparé de l'être total et ne peut se penser sans penser le tout, sans penser même l'unité du tout. Ne faut-il pas qu'il y ait quelque chose qui circule d'un être à l'autre, qui pénètre les atomes mêmes et les individus en apparence isolés, puisque tous subissent et conçoivent des lois communes en vertu de leur réciprocité d'action et du déterminisme universel? Chacun ne subit-il pas, physiquement et mentalement, l'action de tout? N'y a-t-il pas en moi, selon la science même, quelque chose qui vient de l'univers entier? L'individu intelligent, qui réagit sur le tout par la pensée, doit recevoir du tout, — non pas seulement du petit tout social, mais du grand tout, — une *impulsion correspondant à l'univers qu'il conçoit, et il doit y répondre par une impulsion* correspondante. Cette impulsion n'est plus seulement physique, elle est encore psychique. C'est elle qui se traduit, chez l'individu conscient, par une *aspiration à l'universel*, par une *volonté de l'universel*, par une tendance à la *conservation* et à l'*accroissement* de ce qui a une valeur universelle. On peut dire, tout ensemble, que je veux l'univers et que l'univers se veut en moi, en vous, en tous. Comme je ne puis me concevoir pleinement moi-même sans concevoir les autres et le tout, *je ne puis me vouloir pleinement sans penser et vouloir le tout.*

De même, nous l'avons dit déjà dans nos précédents ouvrages, *je ne puis être complètement heureux que si tous sont heureux.* Il y a, au fond de ma conscience personnelle, un amour qui n'a pas pour limite infranchissable le moi, un amour qui n'est pas cette sorte de monstre installé au fond de la conscience humaine par La Rochefoucauld, Helvétius, Stirner et Nietzsche, — « l'amour-propre » — que rien, selon eux, ne pourrait chasser, et qui, nouveau Protée, se déguiserait sous toutes les formes de l'amour d'autrui. L'idée même d'un sentiment impersonnel et ayant un objet universel commence en nous la réalisation du véritable amour. C'est à cette idée que, sous divers symboles, toutes les grandes religions ont fait appel.

Plus la science, la philosophie et les religions, d'un commun accord, mettent en lumière la solidarité des êtres au sein de l'être, des membres de l'univers au sein de l'univers, l'action réciproque de chacun sur tous et de tous sur chacun, plus elles démontrent que le moi n'est pas son tout à lui-même, qu'il est seulement une partie d'une existence plus large, une unité dans une société universelle, dans une église universelle, plus l'idée croissante de l'univers s'accompagne d'une tendance également croissante de la volonté vers l'universel. On ne peut pas, du haut d'une montagne, embrasser un horizon illimité sans éprouver une sorte d'impulsion parallèle à l'idée même de l'immensité que l'on conçoit, un vertige de l'immensité. Il y a de même, dans l'ordre moral et religieux, comme dans l'ordre scientifique, un vertige sacré auquel l'homme n'échappera jamais, celui de l'infini et de l'universel. Mais, loin d'être une sorte de trouble et de perturbation, comme le vertige physique, la volonté de l'universel est, au contraire, la volonté normale, celle qui se dégage dès qu'ont disparu les entraves apportées par les nécessités de la vie. Quand le besoin est apaisé, quand la lutte pour l'existence est suspendue par une trêve, aussitôt se manifestent les pensées et tendances désintéressées de notre être : la lumière infinie reparaît derrière les nuages mouvants de l'existence ; nous nous plaisons à la contemplation de l'univers, nous ne demandons pas mieux que de vouloir universellement et d'aimer universellement ; nous redevenons des « hommes de bonne volonté ». C'est qu'il y a effectivement en nous une bonne volonté radicale, une volonté morale primitive, une force morale antérieure à tout ce qui la révèle à elle-même dans la réflexion. Voilà le principe fondamental de la moralité, dont la religion n'est que le symbole. La morale a pour but d'élargir notre moi, en poursuivant, pour la société humaine, et autant qu'il est en nous pour le monde entier, la progressive réalisation d'un organisme contractuel embrassant la société universelle des consciences.

Il se produit sans doute des conflits de fait entre nous et autrui ; mais au delà et au-dessus de ces conflits, nous continuons de penser et, par cela même, de vouloir à un certain degré notre unité avec tous. Nous aimons l'universel, nous nous aimons dans l'universel ; nous aimons les autres en nous. Il y a un foyer de la pensée et de la volonté qui est à la fois personnel par son centre et universel par son rayonnement.

Comme on le voit, le réalisme idéaliste qui pose la conscience du moi, le *cogito*, comme principe premier de la Métaphysique, n'est nullement le « solipsisme égoïste » dont parlent les Anglais, puisque la vraie conscience du moi dépasse en même temps le moi. On peut conclure que nous avons divers modes d'existence : d'abord un mode individuel et égoïste, déterminé par notre organisme et par lequel nous nous opposons aux autres êtres vivants ; puis un mode universel, constituant notre *personnalité raisonnable*, non plus notre *individualité physique*, et où nous ne faisons plus qu'un avec les autres hommes, ou même avec le tout de l'être, la réalité étant une. C'est sur ce *monisme fondamental* que repose philosophiquement la morale. « Tu es moi », disent les boudhistes ; je dois t'aimer comme moi-même dans le fond commun de ton être conscient et de mon être conscient. Les Chrétiens, à leur tour, font de la charité l'amour de tous les êtres en Dieu.

L'individualité séparée et isolée en soi est une apparence. L'égoïsme, a dit Guyau, est une *illusion* métaphysique en même temps que morale, une *impossibilité* de fait comme de droit. Nous allons plus loin encore que Guyau et nous montrons dans l'égoïsme une impossibilité intellectuelle, une impossibilité de conscience et, comme on dit, de raison. L'individu doit, par la réflexion sur sa conscience, prendre conscience de cette radicale irrationalité de l'égoïsme ; il doit, par ses actions, montrer qu'il ne se pense pas comme *seul* au monde, mais comme *uni* à tous les autres êtres, à toutes les autres consciences. Par là, il est moral ; par là, du même coup, il est religieux.

ARTICLE DOUZIÈME

L'insuffisance de la morale kantienne comme substitut des religions dans l'éducation morale.

La morale kantienne, qui a régné en maîtresse dans notre enseignement, ne nous semble pas un substitut suffisant de la religion.

Criticistes et néo-criticistes, pour lesquels la philosophie n'est qu'une critique de nos connaissances, se réfugient, quand ils arrivent à la pratique, dans l'affirmation de la *loi morale* pour elle-même, indépendamment des faits positifs, indépendamment aussi des réalités que poursuit la métaphysique ; ils déclarent que, par la simple analyse de la « conscience morale », ou plutôt de la raison, nous trouvons la « loi morale » installée en nous, à l'état de commandement, de « forme » impérative réclamant de nous une « matière » pour la remplir, de cadre universel et inflexible s'imposant à toutes nos actions. Mais alors les intelligences imbues de l'esprit scientifique et philosophique demanderont : — Qu'est-ce qu'une loi vide, qu'est-ce qu'une forme sans contenu, qui commande au nom de l'universalité seule, sans considération d'aucune fin ni d'aucun bien antérieur à elle, ou intérieur à elle ? Nous voilà suspendus entre ciel et terre, obéissant par pur souci de la *légalité* à une législation qui descend d'un Sinaï inaccessible et inconnaissable.

Quand il s'agit de connaître la nature, y compris nous-mêmes, Kant admet une raison pure ayant le secours de l'intuition pour saisir la réalité : là seulement est la science. Dans la pratique il admet une raison pure qui agit par elle-même, par elle seule, sans aucune intuition, avec une entière autonomie : c'est la morale. Telle est l'idée maîtresse de Kant.

Elle suppose d'une part, que nous n'avons d'autre intuition que celle d'apparences sensibles qui comprennent tout ce que saisit notre conscience ou, pour mieux dire, notre *sens intime*. Elle suppose, d'autre part : 1° que nous avons une raison *pure* saisissant des conditions ou formes pures de l'expérience, qui seraient elles-mêmes dégagées de tout élément d'expérience même intérieur ; 2° que ces formes pures de la raison pure, sans aucun élément emprunté ni au sens extérieur ni à la conscience intérieure, ont cependant une efficacité pratique, soit pour nous faire juger que le devoir existe, soit pour nous faire vouloir qu'il soit réalisé.

Pour notre compte, nous n'admettons aucun de ces divers points, qui sont fondamentaux dans la morale de Kant. Il n'est pas exact, selon nous, que l'intuition soit toute réservée à la science et que, dans la morale, la raison pure agisse par une simple forme, sans aucune intuition même interne, sans saisir de sujet réel ni d'objet.

Il n'est pas vrai, à nos yeux, que toute intuition soit sensorielle ; il n'est pas vrai que nous ayons une raison *pure*, n'appréhendant que des formes ; il n'est pas vrai que des formes pures *puissent* et *doivent* mouvoir la volonté et que ce soit leur action qui seule est morale. Cette séparation de la forme et de la matière intuitive nous semble un songe d'ontologie, plus arbitraire encore que l'ontologie platonicienne, qui, du moins, admettait des intuitions supra-sensibles, non des conceptions de pures formes. Pour nous, nous nous en tenons à l'expérience, nous recherchons l'expérience totale et nous soutenons que, en dehors de l'expérience totale, comprenant la conscience et la volonté de conscience universelle, il n'y a plus rien, sinon des abstractions qui sont elles-mêmes des silhouettes de l'expérience.

Non seulement l'épistémologie doit envelopper, comme l'a dit Kant, la critique du savoir théorique, mais elle doit aussi envelopper celle de la pratique et en particulier de la morale, bien que Kant se soit trop dispensé de la critiquer.

Dans un autre ouvrage, *Le Moralisme de Kant et l'Amoralisme contemporain*, nous avons esquissé la vraie critique de la raison pratique, qui avait été annoncée par Kant mais non par lui réalisée.

1° Nous avons montré que la raison pure pratique n'existe pas, la raison pure elle-même, telle que Kant la représente, n'ayant pas d'existence.

2° Nous avons montré que, la raison pure pratique existât-elle, elle ne saurait autoriser les déterminations pratiques du monde intelligible dont Kant a besoin, dans son système, pour fonder son impératif catégorique sur le nécessaire et l'absolu.

3° Nous avons montré que le pouvoir pratique de liberté pure, indispensable à la réalisation de la raison pure pratique, est inconcevable en lui-même, inconcevable dans son rapport avec les phénomènes qui doivent l'exprimer, inconcevable enfin dans son rapport avec les autres libertés. Ce sont là, les trois points indiqués par Kant en personne comme fondamentaux pour son éthique.

Si, sur ces divers points, le moralisme kantien est impossible, il en résulte que la véritable critique de la raison pure pratique, éludée par Kant, doit s'effectuer contre Kant, quoique par le moyen même des principes que Kant a posés. S'il avait poussé jusqu'au bout la « critique » de la raison pure, il se fût trouvé devant l'impossibilité d'*affirmer* en fait et en droit ou même de concevoir d'une conception intelligible la « raison pure pratique ».

Le devoir, conçu à la façon kantienne, est vide de tout contenu intuitif, que ce contenu soit supérieur à l'expérience ou emprunté à l'expérience. Le devoir est représenté comme une « forme pure », sans fond accessible. Or, cette forme pure n'est, pour l'agent moral, qu'une moitié de raison suffisante en l'absence de l'autre moitié, c'est-à-dire du contenu. Kant veut en faire une raison totalement suffisante et suprême devant laquelle doit se taire à jamais la pensée critique. Mais il n'y a de « suffisant », comme disait Platon, que ce qui est total. La « raison pure pratique » n'est pas totale ; donc elle n'est pas suffisante et ne s'impose pas par une évidence qui exclue le doute.

Certes, l'idée de l' « universel » sur laquelle Kant insiste est une idée-force ; mais ce n'est pas quand elle est purement formelle ; c'est quand elle apparaît comme l'universalité d'un bien, et cette idée-force s'oppose pratiquement aux idées des biens individuels ou égoïstes. Cette idée nous désintéresse par la pensée, par le sentiment joint à la pensée, par l'inclination inséparable de la pensée et du sentiment. Le formalisme doit donc faire place, dans l'éducation morale, à un réalisme, et ce réalisme ne sera plus un réalisme pur, abstrait de tout sentiment capable de parler au cœur ; il fera une place au sentiment même, il le liera immédiatement à la pensée et à son action supérieure.

A une légitime défiance contre toute détermination transcendante du bien, Kant joignait une défiance illégitime à l'égard de l'expérience et de la conscience intime. A l'en croire, tout est perdu en morale, dès qu'un élément expérimental se glisse dans les principes. Cet élément expérimental est, à ses yeux, une matière qui altère la loi morale, pure forme dont le contenu ne peut être que supérieur à la sphère expérimentale. Dès que vous considérez un objet ou sujet quelconque d'expérience, une fin quelconque connue par expérience, vous introduisez du matériel, et voilà aussitôt la majesté de la loi compromise. D'une part, Kant fait du monde intelligible un simple objet de conception sans certitude spéculative et que la morale seule érige en réalité. D'autre part, il fait de la conscience un « sens » intime, qui n'est plus une possession du réel ni un véritable intermédiaire entre le monde sensible et le monde intelligible. Dès lors, la loi morale et la liberté morale deviennent en effet de pures formes sans contenu vivant, le monde intelligible lui-même n'est plus pour nous qu'un insondable mystère. La loi morale semble un majestueux portique devant le temple de l'Immensité et de l'Eternité où nous ne pouvons pénétrer : Kant se prosterne devant le portique.

Le bien en soi, répondent les partisans de Kant, est sans doute un mystère, mais le bien *moral* est, à l'en croire, ce qu'il y a de plus clair ; c'est l'obéissance à un principe d'action familier à la conscience de tous. Kant invoque le sens commun. Il trouve très clair un *ordre* dont nous ne voyons, selon lui, ni l'*origine* ni la vraie *raison*, ni l'*objet* réel et la matière, ni même le *sujet* réel auquel il s'applique (le « moi intelligible », la « liberté »). Il faut pourtant avouer qu'un tel ordre n'est pas si clair qu'on le prétend et qu'il ne se comprend pas même comme *ordre* ou *impératif*.

Selon nous, comme selon les Platoniciens et les Chrétiens, le point de vue de la « forme universelle » sans bien réel et intelligible, comme le point de vue empirique des biens réels sans forme universelle, demeurent deux aspects abstraits, séparés par artifice, rationnellement insuffisants, pratiquement insuffisants, parce qu'aucune ne satisfait totalement notre être à la fois raisonnable, actif et surtout sensible. Aucun des deux aspects, en définitive, n'offre la vraie universalité. Un bien que l'éducateur ne présente pas comme devant être aussi le bien de tous n'est assurément pas le bien *universel*, où la pensée humaine peut se reposer : c'est ce que Kant a le mérite d'avoir mis en pleine lumière. Mais une législation universelle dont l'éducateur ne montre pas les raisons dans le bien ne fournit pas non plus une raison d'agir complète et vraiment universelle. L'école éclectique, dans l'enseignement, s'est contentée de juxtaposer les deux termes, sans parvenir à justifier ni l'un ni l'autre en lui-même, ni l'un par l'autre, ni tous les deux par quelque principe supérieur à chacun d'eux pris isolément. Il faut absolument, croyons-nous, trouver et mettre à la portée des jeunes esprits une synthèse qui assigne à chaque chose sa place, attribue à chaque idée sa vraie valeur pratique et théorique, sans appeler certain ce qui est incertain ou n'est que probable, sans appeler catégorique et inconditionnel ce qui reste soumis à quelque condition.

Selon nous, il y a un idéal supérieur qui est concevable sans l'aide unique du plaisir ou du devoir, il y a un idéal de satisfaction plus que *sensible* et plus que purement *moral*; il y a un idéal de satisfaction *totale* pour un être doué d'intelligence en même temps que de sensibilité, pour un être qui n'éprouverait même pas de *sentiment* sans la *pensée*, car la pensée seule distingue les sentiments des sensations informes.

Si donc il existe une conception de valeur possible au delà du plaisir brut et aussi de l'impératif brut, il doit exister une suprême idée-force qui est primitivement *persuasive* et non impérative. Ce qu'on nomme le devoir n'en pourra être qu'une déduction plus ou moins exacte, une forme dérivée et adaptée aux besoins de l'homme. Il est bon que le bien soit réalisé; autrement dit, le bien *doit* être réalisé; s'il ne l'était pas, l'intelligence, la sensibilité, la volonté n'auraient pas leur complète satisfaction : le *meilleur* ne serait pas vraiment le meilleur.

Concluons, en premier lieu, qu'aux « formes » rationnelles de Kant la morale et l'éducation doivent substituer l'*expérience*, mais en poursuivant l'expérience la plus *radicale* et la plus *totale*. A la théorie kantienne de la *conscience* de soi que Kant représente soit comme *sens* intérieur, soit comme conscience *intellectuelle* d'une simple *forme* vide, nous opposerons la notion de la conscience comme expérience la plus profonde du *réel*.

En second lieu, le moraliste et l'éducateur ne doivent pas s'en tenir, avec Kant, à la forme impérative de la loi, au lieu d'en montrer le fond persuasif de bonté ou de beauté. Il faut que nous soyons préalablement *persuadés* par l'objet idéal de la loi pour nous déclarer obligés ou plutôt pour nous obliger nous-mêmes. Cette persuasion rationnelle n'est nullement impossible.

De deux choses l'une. Ou la morale de Kant vient s'absorber dans la morale réelle des idées-forces, fondées sur le contenu des idées et sur leur causalité psychologique et physiologique, ainsi que sur la causalité des sentiments et impulsions que les idées enveloppent ; et alors il faut avant tout établir scientifiquement la valeur scientifique et philosophique des idées-forces, en prolongeant les lignes de l'expérience dans un monde idéal, qui est encore un monde d'expérience possible. Ou la morale formelle de Kant se fonde sur une causalité vraiment nouménale, inconnaissable, supérieure à l'expérience interne comme à l'externe : alors, pour demeurer conforme aux principes de la raison pure, cette causalité doit se réduire à une abstraction problématique, X, dont on ne peut plus rien déterminer, même pour la pratique ; elle s'évanouit en une idée sans objet théoriquement définissable ou pratiquement réalisable, conséquemment sans action sur nous et sans « force ».

Comme les morales métaphysiques de l'antiquité et du christianisme, la morale de Kant a besoin d'être transposée en langage scientifique pour rester vraie, au moins en partie, et conforme à l'expérience psychologique, sociologique, biologique, cosmologique.

Le mérite de Kant est d'avoir analysé les conditions de la moralité, notamment l'universalité des maximes, comme il a analysé celles de la science ; son tort est de n'avoir pas assez vu que ce qui était causalité en science et en philosophie devenait finalité en morale. La situation intermédiaire de celui qui veut en morale rejeter au second plan la considération scientifique et philosophique des *fins* et des *objets*, pour mettre au premier plan, comme seule morale, la considération de la *forme* rationnelle, de la *loi* impérative et catégorique, nous semble intenable. Il ne suffit pas de dire : nous devons ; il faut dire *pourquoi* nous devons ; il faut déterminer aussi (et d'ailleurs Kant ne le nie pas) *ce que* nous devons et *comment* nous le devons. Or le *quare*, le *quid* et le *quomodo* sont des objets de science. La science doit donc de plus en plus pénétrer dans la morale sans que pour cela celle-ci cesse d'être philosophique en ses premiers principes et en ses dernières conclusions.

ARTICLE TREIZIÈME

La religion naturelle (1).

I. — LA RELIGION. — LA RELIGION NATURELLE.

La religion (*religare*, relier) est la représentation d'un lien à la fois métaphysique et moral entre nous, la société humaine, le monde entier et le principe de l'univers.

Son but est l'union des intelligences, des sensibilités, des volontés, par leur rapport avec une unité suprême, de nature essentiellement morale.

Elle aboutit donc, comme Guyau l'a montré, à la représentation d'une *société universelle* unie par des liens *moraux*.

L'homme est un animal métaphysique, dit Schopenhauer, c'est-à-dire élevant au-dessus du monde visible un monde invisible, au-dessus du relatif l'*absolu*.

D'autre part, l'homme est un animal moral, c'est-à-dire s'imposant comme idéal de réaliser la perfection de la bonté.

Par cela même, on peut dire que l'homme est un animal *religieux*, la religion étant la croyance à un monde métaphysique et moral comme plus vrai et plus réel que le monde de l'expérience et même de la science positive.

---

(1) Nous reproduisons cet article et le suivant — écrits l'un et l'autre en janvier 1912 — tels que nous les avons trouvés dans les manuscrits. La forme que l'auteur lui-même leur avait donnée semble indiquer qu'il s'agissait dans sa pensée de sommaires préparés en vue de chapitres futurs des *Équivalents philosophiques de la Religion*, dont cette étude en raccourci de la Religion naturelle devait sans doute constituer l'indispensable introduction. (E. B.)

Universalité et *pérennité* du sentiment religieux et de l'idée religieuse.

Ce sentiment et cette idée ont pris la forme :

1° Des religions *surnaturelles*, reposant sur la croyance à une communication *mystérieuse* et même *miraculeuse* avec des êtres supérieurs, ainsi qu'à une révélation de ces êtres à l'homme (mystères, miracles, révélation, conséquemment *dogmes et rites*, tels sont les éléments des religions surnaturelles révélées, appelées aussi religions positives).

2° De la religion *naturelle*.

On peut définir la religion naturelle : *une religion purement rationnelle et morale*, ou, selon le mot de Kant : la *religion dans les limites de la raison* (indépendamment de la foi à une révélation surnaturelle et miraculeuse).

En appelant naturelle la religion dans les limites de la raison, Kant n'exclut ni la *sensibilité* ou le cœur, ni la *volonté* et la *moralité*; au contraire. On pourrait même dire que la religion naturelle est la religion dans les limites non seulement de la raison, mais aussi de la sensibilité et de la volonté morale. Elle est donc la métaphysique et la morale fondées sur l'idée, l'amour et la volonté de la perfection infinie ou de Dieu.

II. — Hiérarchie des diverses religions.

1° Le rapport de l'homme au principe suprême peut être considéré, en premier lieu, comme la *dépendance* de l'homme et du monde par rapport à une *puissance* absolue et inconnaissable.

C'est la religion de la *puissance*, dans laquelle rentre la religion de l'*inconnaissable* admise par Spencer (agnosticisme). Spencer élève au fond de sa conscience un autel au Dieu inconnu, θεῷ ἀγνώστῳ.

Selon lui, le progrès même de notre connaissance aboutit à multiplier nos points de contact avec l'inconnaissable, comme l'agrandissement d'une sphère de lumière multiplie ses points de contact avec l'obscurité qui l'environne. Il y a un *mystère éternel* que la science ne pourra jamais pénétrer. C'est au fond la conception du *noumène* kantien, de la *chose en soi* opposée au monde des phénomènes et conçu comme une puissance infinie capable de les produire, comme une cause absolue.

Strauss et Lotze représentent la religion comme le sentiment de notre *dépendance* absolue par rapport à une puissance qui dépasse la nature.

Cette première conception religieuse est insuffisante.

Elle n'aboutit pas à l'*idée* d'un Dieu véritable, c'est-à-dire d'un être parfaitement bon.

Elle ne produit qu'un *sentiment* de dépendance voisin de la *crainte;* elle n'a que le sublime de la *puissance,* comme la mer en tempête ou la montagne couverte de glaciers. Elle ne justifie vraiment ni l'*adoration*, ni l'*amour* qui ne s'adressent qu'à une bonté infinie.

Primus in orbe deos fecit timor, dit Lucrèce. Les religions naturalistes ne se sont pas élevées au-dessus de l'idée d'une puissance absolue et redoutable, qui peut être la nature même aussi bien que Dieu, et inspire une horreur sacrée, *sacer horror.*

2° Le rapport de l'homme au principe suprême peut être considéré comme le rapport de l'intelligence humaine à une *intelligence* infinie, à une *raison* gouvernant le monde.

C'est la religion de l'intelligence, de la raison éternelle, du verbe éternel, λόγος. Elle est fondée surtout sur les idées d'ordre intelligible et de finalité dans le monde, de vérité intelligible et éternelle au-dessus du monde.

Cette conception religieuse est également insuffisante. Le déterminisme universel (avec le mécanisme qu'il enveloppe) ne justifie encore ni l'adoration, ni l'amour, malgré le mot des stoïciens : *amor fati*, reproduit par Nietzsche.

La finalité universelle elle-même, tant qu'elle ne prend pas la forme de la finalité morale, éveille, soit le sentiment de l'*utile* et du *bienfaisant*, soit celui du *beau*, mais non le sentiment du sublime *moral*, de la bonté infinie et parfaite.

3° Le rapport de l'homme au principe suprême peut être enfin considéré comme le rapport de la *volonté aimante* à une *volonté aimante parfaitement bonne*. C'est la conception *morale*. Dieu apparaît alors comme le souverain bien, objet de *respect* par la loi rationnelle qui en dérive, objet d'*amour* par la bonté infinie qu'il réalise. De là la *religion morale*, qui est la forme la plus haute de la morale *naturelle et rationnelle*, le bien moral étant l'*objet suprême de la raison*.

III. — LA RELIGION MORALE.

La religion morale n'est autre que la croyance aux postulats de la moralité, tels que Kant les a conçus, principalement aux postulats : 1° de la **spiritualité et de la liberté** ; 2° de l'**immortalité** ; 3° de la **divinité morale**.

1er postulat : le devoir suppose le pouvoir ; le pouvoir suppose une activité indépendante du monde sensible, capable d'agir selon les lois du monde intelligible, qui est le monde des *esprits*. Pour Kant, devoir, liberté, spiritualité s'impliquent. Si le monde des phénomènes matériels existait seul, il n'y aurait pas de véritable devoir, d'impératif catégorique, de loi supérieure au monde sensible et aux inclinations sensibles. Nous ne serions ni *obligés*, ni *libres*, ni *existants* d'une existence spirituelle.

2° postulat : l'*immortalité*. Les vraies raisons d'y croire, selon Kant, sont les raisons morales. Nous avons le devoir de réaliser en nous la bonté parfaite, qui serait ce que toutes les religions appellent *sainteté*, par opposition à cet effort qu'on nomme *vertu*. La sainteté est la *bonté* devenue tellement grande qu'elle n'implique plus d'effort et trouve en soi sa *béatitude*.

Cet état idéal, dont nous avons pour devoir de nous rapprocher sans cesse, est irréalisable dans la vie présente. Nous devons vouloir un perfectionnement moral infini, qui a pour condition l'immortalité. Déjà Aristote avait dit que nous devons réaliser en nous l'immortalité, ἀθανατιζεῖν, agir comme des immortels, non comme des êtres périssables.

3° postulat : la *divinité*, comme principe moral capable de réaliser l'accord final de la sainteté et du bonheur.

De là, la preuve morale de l'existence de Dieu. Cette preuve, selon Kant, n'est pas une *démonstration* et n'aboutit pas à un savoir, mais est une manière inévitable de nous représenter la condition suprême de la moralité et, à ce titre, entraîne une *croyance* morale.

La preuve morale se compose de deux éléments.

1° Notre raison nous juge *obligés* de poursuivre le *souverain bien*, c'est-à-dire le bonheur sous la condition de la *moralité*, le bonheur mérité, la béatitude résultant de la sainteté. Kant n'affirme pas que le souverain bien sera jamais réalisé en fait, mais qu'un homme qui agit moralement, agit *comme si* le souverain bien devait être réalisé, et comme si, personnellement, il devait contribuer à cette réalisation. La volonté morale veut que le souverain bien soit ; par cela même elle le suppose possible, sans pouvoir démontrer cette possibilité. De là le *désintéressement* de la vertu.

2° Dans la réalisation du souverain bien, il y a un élément qui dépend de nous, la moralité ; et un autre qui ne dépend pas de nous, la coopération de la nature et de l'humanité à notre idéal ; notre moralité, voyant autour d'elle-même le triomphe de la moralité universelle, de la bonté universelle, serait *béatitude*. Je ne puis être heureux que si tous les autres êtres sont bons et heureux.

En voulant le bien, nous supposons possible ce second élément du souverain bien, élément qui ne dépend pas de nous, le règne universel du bien même et de la bonté.

Or, ce que nous appelons la *Nature*, le monde sensible et matériel, objet de la *science*, ne nous offre pas les conditions de la réalisation du souverain bien. La Nature semble étrangère à la moralité ; elle semble *amorale*, et ses lois nécessaires sont également *amorales*.

Pour que le règne final du bien soit possible, il faut donc que le monde connu de nous ne soit pas le seul ni le vrai monde, le monde total, le tout de l'existence.

De là la croyance à un monde moral régi par des lois morales et où la moralité sera la vraie condition de la béatitude.

Reste à se représenter ce monde.

Selon Kant, croire que le souverain idéal de bonté est éternellement possible, c'est croire qu'il est éternellement réel dans un monde supérieur, parce qu'une possibilité éternelle doit se fonder sur une réalité éternelle. L'actuel doit précéder et fonder le possible ; l'acte, dit Aristote, précède la puissance.

Dieu est la réalisation éternelle de la bonté, que nous, hommes, nous nous figurons d'une manière plus ou moins humaine, comme une *personne* douée de *volonté*, d'*intelligence* et d'*amour*.

« Dieu est donc esprit » selon la religion chrétienne, comme selon Aristote et Platon.

La « religion de l'esprit », comme Hégel la nomme, consiste à croire que, dans les formes actuelles de notre existence, nous ne saisissons qu'un monde relatif à nous et à notre organisation, un monde de phénomènes liés dans l'espace et le temps, c'est-à-dire matériels ; mais qu'*il existe* une *réalité plus réelle* et *plus vraie*, où nous vivons dès à présent lorsque nous vivons d'une vie morale, lorsque nous agissons sous une loi universelle, comme si nous étions des esprits vivants dans une société d'esprits, ne faisant qu'un au sein d'un Esprit Suprême.

Sous ses formes populaires, la religion morale devient la croyance à un Dieu *législateur* et à un Dieu *rémunérateur*, à une *loi* divine et à une *sanction* divine (Voltaire et Rousseau : le dieu rémunérateur et vengeur).

En elle-même la religion consiste à croire que la moralité est le vrai sens de l'existence et que c'est l'homme vertueux et saint, en définitive, qui a raison, qui a compris le sens du monde, qui a travaillé à la béatitude universelle et à sa propre béatitude.

Toute la morale, pour Kant, consiste à vouloir quelque chose que nous n'accomplissons pas et ne pouvons accomplir en ce monde matériel : l'universelle sainteté, l'universelle béatitude. La morale est donc, selon la pensée de Schopenhauer, *la négation de la réalité de ce monde comme étant la seule, la vraie et définitive réalité.*

Si la réalité à nous connue et sous des formes matérielles était la seule et la vraie, si elle épuisait toute l'existence concevable et réalisable, nous serions bien sots de la sacrifier.

La morale est donc, par elle-même, *religion*, puisqu'elle est un *lien* entre l'existence à nous connue et une réalité meilleure, dont les conditions dernières nous sont inconnues.

La moralité, selon Kant, consiste à affirmer sans démonstration scientifique et pour des raisons morales que c'est le monde idéal qui est le vrai monde réel.

Si nous avions ici la certitude, il n'y aurait plus de *désintéressement* possible, ni, en conséquence, de vraie *moralité*.

La vraie moralité consiste donc à *vouloir* sans *savoir*.

IV. — LES VERTUS RELIGIEUSES.

De là dérivent les vertus appelées religieuses :

1° la *foi*, qui consiste à vouloir le bien absolu et à y croire, sans en avoir la science proprement dite ;

2° l'*espérance*, qui consiste à croire que la sainteté et la béatitude seront un jour identifiées pour tous les êtres (c'est ce qu'on appelle le règne de Dieu, que Kant nommait le *règne des fins*, et Hégel, le *règne des esprits*) ;

3° la *charité*, qui consiste à aimer la bonté parfaite et

tous les êtres capables de la réaliser, *à aimer Dieu et tous les hommes en Dieu,* disent les chrétiens.

La charité est la vertu religieuse par excellence.

Les actes de la religion morale, par rapport à la divinité, sont :

A. L'acte de *foi* ou d'*adoration,* qui consiste à affirmer un principe moral du bien comme éternellement réel et à le respecter comme infiniment supérieur à notre connaissance (adoration).

B. L'acte d'*espérance,* qui consiste à croire que nous atteindrons la sainteté et la béatitude et que les autres l'atteindront avec nous. De cette espérance dérive la *prière,* qui, sous sa forme désintéressée, n'a pour objet que la sainteté et la béatitude : *fiat voluntas tua, sanctificetur nomen tuum, adveniat regnum tuum, ne nos inducas in tentationem; libera nos a malo.*

La prière chrétienne contient cependant encore la demande du *pain quotidien.* Kant rejetait cette demande comme trop intéressée. Mais les chrétiens répondent qu'il s'agit seulement du pain du jour, condition matérielle, nécessaire à l'accomplissement du devoir moral, et que cette demande a ainsi pour objet le minimum matériel sans lequel la vie morale elle-même serait impossible.

Les objections contre la prière sont tirées :

1° De son caractère parfois *intéressé;* mais on vient de voir que la prière morale est une demande ayant pour objet unique la *sanctification,* qui dépend tout d'abord de nous-mêmes, mais qui est aussi soumise à des conditions extérieures : absence de *tentations* trop fortes, par exemple, milieu social, milieu matériel, misère ou richesse, pain assuré ou nécessité de tout sacrifier au pain de chaque jour, etc.

2° On objecte aussi l'inefficacité de la prière. Les partisans de la religion morale répondent d'abord que la prière morale s'exauce elle-même, en vertu de la loi des idées-forces, puisque vouloir énergiquement et demander de toute son âme le bien moral, la sainteté, c'est déjà en réaliser la première condition, c'est se sanctifier soi-même par la pensée et le désir.

Puis, nous ignorons les lois naturelles et profondes de l'univers qui peuvent attacher à toute prière, pourvu qu'elle ne demande pas des choses contraires à la nature, des moyens à nous inconnus de réalisation.

La prière selon les Stoïciens. (Le rossignol et le cygne). Adoration et désirs désintéressés de la vertu.

C. L'acte de *charité* ou d'amour universel. La charité est l'amour de l'être parfaitement bon et de tous les êtres en lui, comme capables de se rapprocher sans cesse de l'être parfait. « Soyez parfaits, dit le Christ, comme votre père céleste est parfait. »

La charité est la vertu religieuse par excellence, la consommation de la morale et de la religion tout ensemble.

La tendance des âmes religieuses est d'élever la *charité* au-dessus de toute loi *rationnelle*, comme un ordre de choses supérieur à la raison même. « Cela est d'un autre ordre », dit Pascal.

« Tous les corps, dit Pascal en une page célèbre sur les trois ordres (celui de l'étendue, celui de la pensée, celui de l'amour ou de la charité), — tous les corps, le firmament, les étoiles, la terre et ses royaumes ne valent pas le moindre des esprits, car il connaît tout cela, et soi; et les corps, rien. Tous les corps ensemble, et tous les esprits ensemble et toutes leurs productions ne valent pas le moindre mouvement de charité; cela est d'un ordre infiniment plus élevé.

» De tous les corps ensemble, on n'en saurait faire réussir une petite pensée : cela est impossible et d'un autre ordre. De tous les corps et esprits, on n'en saurait tirer un mouvement de vraie charité : cela est impossible, et d'un autre ordre. » (*Pensées*.)

Cette haute doctrine de Pascal ne peut se soutenir que si on entend par les deux premiers ordres : 1° un ordre de choses purement étendues; 2° un ordre de choses purement intellectuelles et rationnelles, sans intervention de la volonté et de l'amour. Mais la séparation tranchée établie par Pascal entre le règne de la *Nature* (étendue et pensée) et le règne de la *Grâce* divine (charité), est artificielle, empruntée aux mystères chrétiens et à la notion du surnaturel.

La religion naturelle admet la possibilité de la charité morale pour un être capable de concevoir le Bien parfait et l'unité de tous les esprits, la mutuelle *pénétration des âmes*, qui les ferait s'unir en un même amour, la *société* spirituelle, la *république des dieux et des hommes* des stoïciens.

La charité ne doit pas être comprise comme abolissant la justice, mais comme la consommant, au contraire, comme substituant à une justice imparfaite une justice plus entière, fondée sur l'amour. La charité ne doit pas être arbitraire et sans loi, parce que le véritable amour (divin et humain) est lui-même fondé sur l'ordre des perfections et qualités; il est un amour intellectuel (*amor intellectualis*, disait Spinoza) en même temps que moral; il est justice. Saint Augustin disait : *Ama et fac quod velis*, ayez le véritable amour, la vraie charité, et agissez ensuite comme vous voudrez, selon votre cœur; mais le précepte n'est admissible que s'il s'agit, en effet, d'une charité éclairée par l'intelligence, d'une charité enveloppant la justice et excluant l'arbitraire de la passion. Dans la pratique ordinaire, le précepte de saint Augustin peut entraîner les plus grands abus et des manquements au droit.

V. — Le culte intérieur et extérieur.

Toutes les religions naturelles admettent le culte intérieur et *moral* (adoration et prière désintéressée, actes de foi, d'espérance et d'amour).

Mais la religion a une tendance sociale et veut devenir universelle.

Le culte extérieur a pour but de mettre l'individu en communion de hautes pensées avec la société entière; il a donc un caractère *social*.

Auguste Comte, comme les Saints-Simoniens, a essayé de fonder un *culte* extérieur et collectif de caractère purement rationnel et positif. De là la religion positiviste, dont les *rites* extérieurs, imités des religions, sont difficiles à prendre au sérieux et qui, d'ailleurs, n'aboutissent qu'au culte de l'*humanité*.

Le vrai culte extérieur et social pourra prendre un jour la forme d'associations de toutes sortes, soit pour l'étude en commun des grands problèmes philosophiques et sociaux, soit pour l'action sociale et la transformation de la société dans un sens de plus en plus moral.

C'est toujours à la morale qu'il en faut revenir : morale individuelle et morale sociale.

La vraie religion naturelle, c'est donc en définitive la morale devenue un objet d'amour pour l'*individu*, et, s'il est possible, pour le *groupe* auquel l'individu appartient, pour l'association spirituelle dont il fait partie, et que les religions révélées appellent *Eglise* (*ecclesia*, assemblée, société).

ARTICLE QUATORZIÈME.

L'immortalité de l'âme.

I. — L'ARGUMENT MÉTAPHYSIQUE.

L'argument métaphysique par l'indestructibilité de l'être (substance ou cause) peut se décomposer en deux parties.

1° *Argument métaphysique subjectif de Platon.*

1) *Simplicité* et *identité* de l'être conscient. Impossibilité de la *décomposition*. (*Phédon.*)

Réponse de Kant : 1) Possibilité de l'*extinction* par affaiblissement et suspension de l'activité intellectuelle et volontaire ;

2) Insuffisance d'une immortalité purement substantielle ou causale ; continuer de faire partie des substances ou des causes, ce n'est pas continuer d'exister comme personne consciente et libre.

Réplique de Platon, d'Aristote et de Spinoza : « L'*être*, la *substance*, la *causalité* réside dans la *pensée* même, non dans une sorte de matière *inconnue* et étrangère à la pensée, indéterminée et indéterminable. Platon dit : l'essence de l'âme est la pensée de la vérité infinie et éternelle ; l'âme participe à l'éternité de son objet, avec lequel, au fond, elle ne fait qu'un.

Aristote dit : l'*acte* essentiel de l'âme, c'est la pensée, et la pensée de la pensée. L'âme est immortelle dans son acte le plus élevé, indépendant de la matière, et ses opérations inférieures, sensations, souvenirs, images, passions corporelles, appétits, sont seules périssables.

Enfin Spinoza dit : nous sommes des modes de pensée et d'étendue appartenant à la substance éternelle ; tout ce qui correspond au corps est périssable ; mais il y a, dans la substance éternelle, une idée éternelle de nous-mêmes, qui constitue notre vraie réalité et que nous-mêmes concevons lorsque nous nous représentons à nous-mêmes, sous l'idée de l'éternité, *sub speci æterni*. Nous vivons, dans cette idée divine, d'une vie éternelle : *sentimus, experimur nos esse æternos*. Il s'agit d'ailleurs, non d'une *durée* dans le *temps*, mais d'une existence intemporelle et éternelle. Nous vivons, dès cette vie, cette existence par la vertu.

On objecte : cette immortalité métaphysique et panthéiste nous laisse l'éternité, mais semble nous enlever la *personnalité*.

Les philosophes allemands répondent : Il faut distinguer l'individualité, dont nous ignorons la nature (*individuum ineffabile*), mais qui semble tenir, comme Aristote l'a montré, au corps, au point de l'espace et du temps où nous sommes, d'avec la *personnalité*, qui tient à la raison concevant l'universel et l'éternel. En mourant à la vie sensible, mais pour vivre d'une vie rationnelle et intelligible, nous perdons l'individualité physique en gardant la personnalité intellectuelle.

Les Chrétiens eux-mêmes considèrent l'immortalité, non comme une vie continuant de s'écouler dans le temps, mais comme une vie supérieure au temps, toute intellectuelle et divine et qu'ils appellent la vie éternelle, *vita æterna*. Kant, Hégel, Schopenhauer, Lotze admettent cette conception.

Mais cette immortalité toute métaphysique conserve un caractère à la fois trop élevé et trop problématique pour satisfaire entièrement les aspirations de l'homme, qui veut conserver quelque chose même de son *individualité* et surtout de l'individualité des autres avec lesquels il a vécu.

De là les doctrines qui insistent sur le côté individuel de

l'immortalité, même métaphysique. Ces doctrines ont trouvé leur complète expression chez Leibniz.

2° *Argument métaphysique objectif de Leibniz.*

Leibniz, par l'analyse de l'être tel que nous le connaissons dans l'expérience, arrive à poser des *unités d'être* simples et identiques, des *indivisibles* ou *individus*, dont nous trouvons le type en nous-mêmes, comme Platon l'avait vu, mais que nous sommes obligés de supposer aussi partout, même comme éléments derniers de ce que nous appelons les corps et la matière : *corpus, mens momentanea*.

Sans les indivisibles, sans les monades, *atomes* spirituels inétendus, distincts des atomes étendus, les composés seraient composés de composés à l'infini sans rien de *composant*, ni de vraiment *existant*. De là la *monadologie*.

Or, 1° les individualités simples et primitives, ou monades, sont *indestructibles*. Elles ne peuvent ni naître, ni périr autrement que par un *miracle* surnaturel que nous n'avons aucune *raison* de supposer.

2° Aucune monade n'a une existence isolée : elle est essentiellement représentative de l'univers en général et, plus particulièrement, de l'ensemble de monades auxquelles elle est liée et qui forment ce que nous appelons le corps.

Il n'y a donc, selon Leibniz, d'autre *esprit pur*, sans corps, que Dieu. Tous les autres esprits sont liés à une matière plus ou moins grossière ou subtile.

Aussi ne devons-nous pas considérer comme les seuls corps possibles ceux que nos sens nous font voir ou toucher. La matière est susceptible de transformation à l'infini et existe sous des formes infiniment plus subtiles que celles qui nous sont connues.

Nous n'avons aucune raison de croire que notre mode d'existence spirituelle et consciente, actuellement lié à un organisme encore grossier, soit le terme de la nature entière et le suprême développement de l'être. Tout, au contraire, nous fait *induire* que des formes supérieures de vie et de pensée doivent exister et que le *développement* des monades est *sans limites*.

La *naissance* et la *mort* sont des *moments* du développement des monades; ni la naissance n'est une vraie *création*, ni la mort n'est une vraie *annihilation*. L'individualité ou monade est donc, selon Leibniz, immortelle.

Objection. — Cette individualité indestructible ne semble être encore qu'une existence *impersonnelle*, analogue à celle des atomes matériels, s'il existait des atomes. Ce qui nous importe, c'est la subsistance de la *personnalité*.

Réplique de Leibniz. — La personnalité est en germe dans toutes les monades, dans tous les individus dont se compose le monde, mais elle y est plus ou moins développée.

Or, tout degré de développement est *acquis* et indestructible lui-même comme la monade, parce que rien ne se perd dans la nature, non seulement en fait d'*être*, mais même en fait de *qualités* positives et de *degré* de développement.

Les *qualités*, en effet, ne sont autre chose que des perceptions et appétitions par lesquelles la monade reflète plus ou moins clairement l'univers et, en particulier, le corps.

Ces perceptions peuvent être « confuses et enveloppées » ou, au contraire, « distinctes et développées », mais elles subsistent toujours, fût-ce sous une forme latente, parce que leurs conditions extérieures, amenées par le déterminisme universel, subsistent elles-mêmes et ne peuvent tout d'un coup être anéanties. *Natura non facit saltus*. Il y a *loi de continuité*.

Il existe seulement des périodes d'enveloppement et des périodes de développement, avec passage de l'une à l'autre, ou transformation et métamorphose.

La *métamorphose* est une autre loi générale de l'univers.

Elle a deux effets notables, la naissance et la mort, qui ne sont qu'*apparentes*, et qui consistent dans de simples *crises* de transformation, entraînant la monade dominante dans des *tourbillons* nouveaux de monades, — nouveaux en partie seulement.

De ces considérations sur les lois de la nature, Leibniz conclut que la monade est indestructible, non seulement dans son être, mais dans ses *qualités* ou *perceptions* et *appétitions*, qu'elle traverse des périodes d'oubli et de renveloppement, mais qu'elle peut toujours retrouver ses souvenirs et se développer de nouveau sans perdre ce qu'elle avait précédemment acquis, surtout quand elle a acquis un développement de degré supérieur, une vie vraiment spirituelle.

De là une immortalité à la fois individuelle et personnelle, qui consiste dans « un progrès à l'infini vers de nouvelles perfections ».

Ce n'est plus seulement la vie *éternelle*, c'est encore une vie vraiment *immortelle* dans la durée.

En un mot, aucune substance ne se perd ; aucune qualité ne se perd ; aucune cause ou activité ne se perd, aucun effet ne se perd. Il y a simplement composition de causes et transformations d'effets.

Cette haute conception conserve pourtant le caractère problématique des doctrines relatives au fond de l'existence et de l'action.

REMARQUE. — Les recherches récentes :
1° Sur la nature du système nerveux ;
2° Sur les états inconscients et subconscients ;
3° Sur l'hypnotisme, sur la transmission à distance des pensées et volontés, sur les hallucinations télépathiques et véridiques ;
4° Sur les états divers de la personnalité et sur ses dédoublements possibles, sur l'écriture automatique, sur la médiumnité (ou activité inconsciente des médiums) ;

Toutes ces recherches vont dans le sens de Leibniz et nous empêchent d'affirmer que les conditions ordinaires de la pensée à nous connues sont les seules existant dans le monde.

Le spiritisme, partant de ces recherches, va jusqu'à croire possible une communication avec les esprits des personnes décédées. Aucun fait n'a établi une pareille communication. Supposons cependant qu'un jour ou l'autre des communications de ce genre soient constatées (pure hypothèse); il faudrait bien alors que le matérialisme reconnût qu'il s'était fait une opinion prématurée et exclusive sur les conditions de la vie psychique et sur l'absolue nécessité du cerveau à nous connu pour l'exercice de la pensée.

La possibilité de ces hypothèses prouve que ni le matérialisme ni le spiritualisme ne sont prouvés par la *science*.

II. — L'ARGUMENT PSYCHOLOGIQUE.

L'argument *psychologique* par la *finalité* et la *destination* de l'âme peut se formuler ainsi :

Vue en sens inverse, la série des causes et effets apparaît comme *finalité interne*.

Cette finalité interne est visible, chez les êtres vivants et surtout pensants, dans l'*harmonie mutuelle* des *organes* et des *fonctions*.

Il y a en nous des fonctions psychologiques qui ont pour objet manifeste la conservation ou le développement du corps, la vie physique.

Ces fonctions n'enveloppent pas l'idée de l'indestructibilité. La partie de nos idées, de nos sentiments, de nos tendances, qui est relative au corps, peut donc être périssable ou transformable au point de devenir méconnaissable.

Cependant, Leibniz n'admettait pas, nous l'avons vu, que rien pût se perdre dans une monade dominante, même de ce qui a trait au corps, c'est-à-dire au tourbillon de monades auxquelles elle est plus intimement liée.

Toujours est-il qu'il existe chez l'être conscient, chez la *personne*, des opérations qui ont une fin supérieure au corps, une *fin* qu'on peut dire *infinie*, c'est-à-dire universelle, immense, éternelle et *parfaite*. La personne tend à la perfection infinie ;

1° par la science,
2° par l'amour et le sentiment,
3° par la volonté.

En d'autres termes, nous avons pour *fin* l'immortalité même ; nous pensons, nous sentons, nous agissons ou devons agir pour des choses immortelles et en vue de l'immortalité. Notre nature doit être en harmonie avec notre *destination*.

OBJECTION. — La finalité, même interne, n'est pas toujours satisfaite ; il y a des besoins et des désirs qui sont déçus ; les animaux eux-mêmes ont des aspirations que les lois de la nature tiennent, semble-t-il, pour nulles et non avenues.

RÉPLIQUE. — Il faut distinguer les fins bornées et finies des fins infinies et parfaites. La finalité de la nature ne satisfait pas toujours les premières, parce qu'elles ont un caractère relatif et ne s'imposent pas comme vraies *fins*, comme destination suprême.

Mais il est possible que la fin suprême, la perfection infinie, subsiste toujours, et qu'on en puisse toujours s'approcher.

Cette possibilité prend un caractère de *probabilité* quand on considère la loi d'harmonie générale entre les organes et les fonctions et le pouvoir qu'ont les fonctions elles-mêmes, en s'exerçant, de modifier les organes à leur service, de les recréer, de se créer aussi à elles-mêmes des organes pour leur propre satisfaction.

Cette loi générale de la nature vivante qui produit l'habitude et la mémoire, permet de penser que l'être qui a acquis un développement supérieur, l'être qui tend à l'infini et au parfait, peut se créer à lui-même des organes progressifs de satisfaction, acquérir les moyens de ne pas retomber tout entier en arrière et au-dessous de lui-même.

Notre ignorance des conditions matérielles de la pensée et des fonctions ultimes du cerveau ne nous permet pas d'affirmer que le cerveau même n'est pas un organe d'élaboration pour un organisme plus subtil et capable de survivre à l'organisme grossier. C'est ce que croyait **Leibniz**.

C'est aussi ce que semblait admettre Aristote quand il disait que, mortels, nous ne devons pas nous renfermer dans des choses mortelles, mais acquérir, autant qu'il est en nous, l'immortalité.

La preuve des causes finales par la *destination* supérieure de l'esprit, par la *fin infinie* de la pensée et de la volonté, n'en demeure pas moins, comme les autres, une grande *hypothèse* indémontrable, parce qu'elle roule sur le fond de l'être et sur les lois les plus cachées de l'univers.

Pour donner à ces hypothèses une valeur supérieure, non comme objet de *science*, mais comme objet de croyance *rationnelle* et morale, il faut faire appel à un dernier argument, de nature morale.

III. — L'ARGUMENT MORAL.

L'argument moral, tiré de la *loi* morale et de la *sanction* morale (argument déjà présenté par Platon et par les Chrétiens, mais développé avec une précision nouvelle par Kant), peut se décomposer en deux parties :

1° Argument tiré de la *loi morale* et de la moralité considérée en elle-même.

C'est l'argument kantien par excellence, qui n'a pas été toujours bien compris et que l'on confond sans cesse avec l'argument de la sanction.

Principe. — Il existe une *loi morale*, par cela même que nous sommes des êtres doués de raison et capables de concevoir l'universel. Notre raison, en effet, élève nécessairement l'universel au-dessus de tout le reste et commande des actions qui aient elles-mêmes une portée *universelle*, conséquemment désintéressée.

L'idéal suprême de la raison, étant l'idée la plus haute que nous puissions concevoir, prend donc pour nous la forme d'*obligation* par rapport aux idées et penchants inférieurs.

C'est ce que l'on exprime par le mot de *loi*, qui n'a plus ici le même sens que quand il s'agit des lois de la nature ; il désigne une loi que nous nous imposons à nous-mêmes parce que nous sommes *raisonnables* et capables de concevoir un bien *universel* (Autonomie de la volonté raisonnable).

Cette loi commande la *vertu* ; mais la vertu elle-même n'est qu'un moyen d'arriver à un état de désintéressement absolu, sans effort, appelé *sainteté* par Platon et par les Chrétiens.

Nous devons *vouloir*, pour *nous* et pour *tous* les êtres, la sainteté et y travailler dès à présent.

Or, la sainteté parfaite est impossible dans les conditions et dans les limites de la vie temporelle.

Donc nous devons vouloir une vie immortelle et même éternelle (par le contraste des conditions intelligibles avec les conditions sensibles), vie qui rende possible la *sanctification* de notre personne et de toutes les autres personnes.

Conséquence. — Puisque nous devons vouloir l'immortalité, nous devons la *croire* possible et agir *comme si elle* était possible, bien que nous n'ayons ici aucune vraie *science*.

La sanctification par l'immortalité est donc un objet de volonté et de simple croyance, et l'ignorance même où nous sommes de ses conditions ajoute à notre désintéressement, à notre vertu, à notre sainteté progressive.

Tel est l'argument vraiment et uniquement moral.

2° Argument tiré de la *sanction morale* ou des rapports de la vertu et du bonheur, de la sainteté et de la béatitude.

Cet argument se trouve aussi chez Kant.

Principe. — Un être à la fois doué de raison et de sensibilité ne peut séparer la satisfaction de la raison de la satisfaction sensible, parce que ce serait s'arrêter à un idéal inférieur et incomplet.

L'idéal suprême est que l'être le meilleur et le plus raisonnable, le plus désintéressé et le plus aimant, soit aussi le plus heureux ; par cela même qu'il n'a pas recherché son bonheur, nous voulons son bonheur.

La parfaite *sainteté* ne satisfait donc pleinement l'esprit et n'acquiert un sens complet que si elle est elle-même la parfaite *béatitude*. *Sanctification* doit entraîner *béatification*, selon les Chrétiens comme selon les Platoniciens et les Kantiens.

Or, la vertu et le bonheur sont-ils dès à présent unis de manière à produire une *sanction* parfaite ? Telle est la question.

Les anciens, dit Kant, établissaient entre vertu et bonheur un *rapport analytique*. Les Epicuriens disaient : le bonheur est, par lui-même, la vertu ; la vertu consiste à être heureux.

Les Stoïciens disaient : c'est, au contraire, la vertu qui constitue le bonheur ; soyez vertueux, développez dans leur harmonie les facultés de votre être, et, par cela même, vous serez heureux. *Virtutis præmium ipsa virtus*.

Spinoza dit pareillement que la béatitude n'est pas le prix de la vertu, mais la vertu même.

Cette théorie, vraie à la limite et pour une vie divine, suppose que le sage est : 1° un pur esprit ; 2° un esprit isolé et se suffisant à lui-même.

Or : 1° « Nous avons un corps, dont l'état n'est pas nécessairement conforme à notre perfection morale ; 2° nous vivons dans une société d'esprits dont le bonheur est un élément intégrant de notre bonheur propre et dont nous devons vouloir la moralité comme nous voulons la nôtre.

Donc il faut établir un *rapport synthétique* entre moralité et bonheur.

La synthèse parfaite et universelle des deux termes constitue le règne idéal des fins, c'est-à-dire la société universelle et parfaite des esprits ou, comme disent les Chrétiens, le royaume de Dieu : amour mutuel de tous les êtres en Dieu et béatitude résultat de cet amour.

Cette synthèse est en même temps l'*idéal* d'une vie immortelle et même éternelle, qui, manifestement, ne serait enfermée ni dans la *durée*, ni dans les *conditions* sensibles de la vie présente.

Or, cet idéal est celui-là même dont la moralité poursuit la réalisation.

Conséquence. — Nous devons *vouloir* la suprême identité de la sainteté et de la béatitude, vie immortelle et éternelle. Or, nous ne pouvons la vouloir que si nous *croyons*, sans le *savoir*, qu'elle n'est pas impossible.

La vie immortelle apparaît donc, au point de vue de la béatitude ainsi qu'au point de vue de la sainteté, comme un objet de croyance et d'espérance morale.

Agir en vue d'une existence immortelle et divine, c'est, dit Platon, le « beau risque » que nous devons courir et que la vertu consiste à courir.

Fais ce que dois, advienne que pourra. Le désintéressement moral consiste à se dévouer pour l'idéal le plus haut comme s'il pouvait être réel, comme si sa condition suprême était déjà éternellement réalisée au fond de l'être.

L'idée d'une vie supérieure est l'idée-force par excellence, d'où dérive l'idée de devoir moral.

La religion morale (spiritualité, immortalité, divinité) se confond avec la morale elle-même, dont elle ne fait que représenter plus ou moins symboliquement les conditions et les conséquences (1).

« La même raison, dit Guyau dans son *Irréligion de l'avenir* (il entend par irréligion l'absence de religions positives et dogmatiques), la même raison qui frappe d'incertitude toutes les hypothèses sur l'immortalité est aussi celle

---

(1) Cf. ce passage de l'*Avenir de la Métaphysique fondé sur l'expérience*, p. 254. « Nous devons *vouloir* que *Dieu* soit... Si le suprême idéal de la moralité et de l'amour n'est pas réel encore, *il faut le créer*; au moins qu'il existe en moi, en vous, en nous tous, s'il n'existe pas dans l'univers! Peut-être alors finira-t-il par exister lui-même; peut-être *la bonne volonté* se révèlera-t-elle comme la véritable expression de la volonté universelle; peut-être, à la fin, quand la lumière sera faite, toutes les volontés se concentreront-elles pour une seule et même volonté du bien dans les êtres différents. Non, l'homme ne peut dire, avec certitude, pas plus au nom de la morale que de la métaphysique : « Dieu est »; encore moins « Dieu n'est pas »; mais il doit dire en paroles, et en pensées et en actions : Que Dieu soit, *fiat Deus!* » — Cf. aussi ces lignes de la *Morale des idées-forces*, prises par Alfred Fouillée lui-même à la dernière page du livre (p. 383) pour inscrire plus tard sur sa tombe, comme résumant le mieux sa philosophie : « L'homme prononce pour son compte le *Fiat idea*, qui est le vrai *Fiat lux*, avec l'espoir que la lumière intellectuelle se propagera à l'infini. » (E. B.)

qui les rend et les rendra toujours possibles : notre ignorance irrémédiable du fond même de la conscience. Quelque découverte que la science puisse faire un jour sur la conscience et ses conditions, on n'arrivera jamais à en déterminer scientifiquement la nature intime, ni conséquemment la nature durable ou périssable. Qu'est-ce, psychologiquement et métaphysiquement que l'*action* consciente et le vouloir ? Qu'est-ce même que l'action qui paraît inconsciente, la force, la causalité efficace ? Nous ne le savons pas. Nous sommes obligés de définir l'action interne et la force par le mouvement externe, qui n'en est pourtant que l'effet et la manifestation. Mais un philosophe restera toujours libre de nier que le *mouvement*, comme simple changement de relations dans l'espace, soit le tout de l'action, et qu'il n'y ait que des mouvements sans moteurs, des relations sans termes réels et agissants qui les produisent. Dès lors, comment savoir jusqu'à quel point la véritable *action* est *durable* en son principe radical, dans la force interne dont elle émane, dont le mouvement local est comme le signe visible, dont la conscience est l' « appréhension » intime et immédiate ? — Nous retenons toujours quelque chose de nous, dans l'action comme dans la parole ; peut-être pourrons-nous retenir quelque chose de nous, même dans le passage à travers cette vie.

» Leibniz, lui, admettait qu'on retient *tout*, sous une forme latente et susceptible de développement ultérieur. « Il est possible, continue Guyau, que le fond de la conscience personnelle soit une puissance incapable de s'épuiser dans aucune action comme de tenir dans aucune forme.

» En tout cas, il y a là et il y aura toujours là un mystère philosophique qui vient de ce que la conscience, la pensée est une chose *sui generis*, sans analogie, absolument inexplicable, dont le fond demeure à jamais inaccessible aux formules scientifiques, par conséquent à jamais ouvert aux hypothèses métaphysiques. De même que l'*être est* le grand genre suprême, *genus generalissimum*, enveloppant toutes les espèces de l'objectif, la *conscience* est le grand genre suprême enveloppant et contenant toutes les espèces du subjectif; on ne pourra donc jamais répondre entièrement à ces deux questions : Qu'est-ce que l'*être*? Qu'est-ce que la *conscience*? ni par cela même, à cette troisième question qui présupposerait la solution des deux autres : la *conscience* sera-t-elle? (1) »

(1) Voy. Guyau, *l'Irréligion de l'avenir*, p. 474.

TABLE DES MATIÈRES

Préface	v
Esquisse d'une interprétation du monde	xvii
Introduction. — La tâche actuelle de la philosophie	xvii
I. *La philosophie et la science aux points de vue de l'être et de la pensée*	xx
II. *La philosophie et la science aux points de vue de la quantité, de la qualité, de la causalité et de la finalité*	xxv
III. *La critique du pragmatisme*	xxxiv
IV. *La critique de l'intuitionnisme*	xlii
V. *Le vrai rôle de l'intuition en philosophie*	lvi
VI. *Conclusion*	lx
Chapitre premier. — La réalité et l'intelligibilité du monde. Insuffisance de l'interprétation idéaliste du monde	1
I. *La réalité du monde. L'objectivation par la volonté de conscience*	2
II. *L'intelligibilité du monde*	9
III. *Insuffisance de l'interprétation idéaliste du monde*	11
Chapitre deuxième. — L'infinité de l'univers. — La première antinomie cosmologique	15
I. *La thèse finitiste*	15
II. *L'antithèse infinitiste*	20
III. *Conclusion*	27
Chapitre troisième. — La divisibilité à l'infini. — La seconde antinomie cosmologique	31
Chapitre quatrième. — L'interprétation du monde par l'étendue. — L'idée d'espace et la volonté de conscience	38
I. *La représentation et la réalité de l'espace*	38
II. *La conception pragmatiste de l'espace*	41
III. *Insuffisance de l'interprétation du monde par l'étendue*	43
Chapitre cinquième. — L'interprétation du monde par la durée et le changement temporel. — L'idée de temps et la volonté de conscience	46
I. *La réalité du temps*	46
II. *La genèse de l'idée du temps*	48
III. *Le temps et la qualité*	53
IV. *Le temps et la quantité*	57
Chapitre sixième. — L'interprétation du monde par la durée et le changement temporel (*suite*). — La critique de la philosophie de la durée	65
I. *La prétendue substantialité de la durée*	65
II. *La prétendue indivisibilité de la durée*	69
III. *La présence du passé*	74
IV. *L'explication de la vie et de la conscience par la durée*	78
V. *La durée et l'élan vital*	81
VI. *Conclusion*	85

TABLE DES MATIÈRES.

Chapitre septième. — L'interprétation du monde par le mouvement. — Le mécanisme universel... 88
    I. *La matière*.. 88
    II. *Le mouvement*.. 93
    III. *Les principes de la mécanique*.................................... 99
    IV. *L'atomisme*.. 107
    V. *Les objections contre le mécanisme*................................. 110

Chapitre huitième. — L'objectivité du mouvement et les objections de Zénon d'Élée.. 115

Chapitre neuvième. — L'interprétation du monde par l'énergie. L'énergétisme.. 122
    I. *La force*... 122
    II. *L'énergie et l'énergétisme*.. 127
    III. *L'énergétisme empiriste*.. 128
    IV. *L'énergétisme scientifique*.. 134
    V. *Conclusion*... 149

Chapitre dixième. — La volonté de conscience fonction commune de l'intelligence et de la réalité... 151
    I. *La volonté de conscience et ses fonctions*.......................... 151
    II. *Les catégories fonctions de la volonté de conscience*.............. 153
    III. *Objectivité des fonctions de la conscience*....................... 159
    IV. *Les catégories et le réel*... 166
    V. *Les catégories et l'espace*... 173

Chapitre onzième. — L'interprétation du monde par l'évolution, synthèse de la permanence et du devenir. — L'évolutionnisme............. 177
    I. *L'évolution*.. 177
    II. *L'évolutionnisme spencérien*....................................... 178
    III. *L'évolutionnisme anti-spencérien*................................. 180

Chapitre douzième. — Synthèse de la contingence et de l'auto-déterminisme.. 187
    I. *La quatrième antinomie*... 187
    II. *Les paralogismes de la contingence*................................ 191
    III. *Le « tychisme »*.. 195
    IV. *L'auto-déterminisme psychique*..................................... 199

Chapitre treizième. — Synthèse du pluralisme et du monisme panpsychique... 204
    I. *La critique du pluralisme*.. 204
    II. *La thèse du monisme panpsychique*.................................. 211

Chapitre quatorzième. — Les vues sur la destinée du monde. — Le retour éternel. — La mort de l'univers. — Le progrès possible......... 215
    I. *Hypothèse du retour éternel*.. 215
    II. *Hypothèse de la mort finale de l'univers*.......................... 222
    III. *Le progrès possible*.. 228

Appendice... 235

Article premier. — Les rapports de la philosophie et des sciences positives.. 237

Article deuxième. — L'analyse et la synthèse en philosophie............ 241
    I. *L'analyse*.. 241
    II. *La synthèse*... 245
    III. *La méthode de la philosophie*..................................... 251

Article troisième. — Le critérium de la rationalité.................... 259

Article quatrième. — L'unité fondamentale de la métaphysique intuitionniste.. 264

Article cinquième. La méthode intuitionniste en philosophie............ 267

ARTICLE SIXIÈME. — L'inintelligible est inconcevable............... 276
ARTICLE SEPTIÈME. — Les limites du connaissable et l'inconnaissable. 286
    I. Les limites de la conscience et de la connaissance........... 287
    II. L'idée de vérité et son origine dans la volonté de conscience. 300
ARTICLE HUITIÈME. — Le parallélisme du physique et du mental..... 308
    I. La théorie de la « conscience épiphénomène »................ 308
    II. La critique de l'épiphénoménisme........................... 310
    III. La théorie du « double aspect »............................ 315
ARTICLE NEUVIÈME. — La critique du déterminisme.................. 323
    I. L'antinomie de la cause libre et du déterminisme............ 323
    II. Les fausses objections contre le déterminisme. — Prévisibilité et liberté.. 329
    III. Les vraies objections contre le déterminisme................ 346
ARTICLE DIXIÈME. — La vraie conception de la liberté............... 349
    I. Les éléments de la solution du problème..................... 349
    II. Les inconnues métaphysiques du problème................... 352
    III. Les données psychologiques du problème.................... 353
    IV. L'idée-force de liberté..................................... 357
    V. La réalisation de l'idée de liberté........................... 363
    VI. La liberté au point de vue moral........................... 373
ARTICLE ONZIÈME. — Les trois « moi »............................. 376
ARTICLE DOUZIÈME. — L'insuffisance de la morale kantienne comme substitut des religions dans l'éducation morale................. 383
ARTICLE TREIZIÈME. — La religion naturelle........................ 390
    I. La religion. — La religion naturelle........................ 390
    II. Hiérarchie des diverses religions............................ 391
    III. La religion morale.. 393
    IV. Les vertus religieuses..................................... 396
    V. Le culte intérieur et extérieur.............................. 399
ARTICLE QUATORZIÈME. — L'immortalité de l'âme................... 401
    I. L'argument métaphysique................................... 401
    II. L'argument psychologique.................................. 406
    III. L'argument moral... 408

SAINT-CLOUD. — IMPRIMERIE BELIN FRÈRES.

www.ingramcontent.com/pod-product-compliance
Lightning Source LLC
Chambersburg PA
CBHW050251230426
43664CB00012B/1908